The Genesis Machine

바이오테크 레볼루션

지은이

에이미 웹은 세계에서 가장 존경받는 기업의 CEO, 방송 제작자와 콘텐츠 제작 책임자, 삼성 장군과 장성들, 은행과 국제기구 경영진을 컨설팅하는 미래학자다. 에이미는 선구적인 미래 예측 및 전략 수립 기업인 퓨처투데이연구소 설립자이자 CEO이며, 지금은 전 세계 수많은 기관이 채택한 데이터에 근거해 기술을 활용하는 미래 예측 방법론으로 지도자들과 그들이 이끄는 단체가 예측하기 힘든 미래를 대비하도록 돕는다. 웹은 뉴욕대학교 스턴경영대학원에서 전략적 예측에 관한 MBA 프로그램을 강의하며, 옥스퍼드대학교 사이드경영대학원의 방문 연구원이기도 하다. 외교협회의 종신회원이며 세계경제포럼의 세계미래위원회와 경영위원회에서 회원으로 일한다. 공상과학의 오랜 팬인 에이미는 할리우드 작가와 영화 제작자, TV 쇼와 광고 제작자에게 과학, 기술, 미래에 관한 컨설팅을 해 주며 친밀한 협력 관계를 맺고 있다. 미국 텔레비전 예술·과학 아카데미 회원으로 블루리본 에미상 심사위원이기도 했다. 유명한 저서를 여러 권 낸 작가로《빅 나인: 9개의 거대 기업이 인류의 미래를 지배한다》는 파이낸셜 타임즈 & 맥킨지 비즈니스 부문에서 올해의 책 후보에 올랐고, 싱커스50Thinkers50 어워즈 디지털 사고 부문에서 최종 후보에 올랐으며, 2020년 엑시엄 북어워드 비즈니스와 테크놀로지 부문에서 금메달을 받았다. 또 다른 저서《시그널스: 반짝하는 것과 롱런하는 것》은 싱커스50 어워즈 레이더 부문을 수상했고, 2016년《패스트컴퍼니》베스트셀러로 뽑혔으며, 2016년 아마존 베스트셀러, 2017년 엑시엄 북어워드 비즈니스와 테크놀로지 부문에서 금메달을 받았다. 포브스는 에이미를 세상을 바꾸는 여성 5인으로 선정했으며, 2020년에는 BBC 100인의 여성에 올랐고 싱커스50이 선정한 세계적으로 가장 영향력 있는 경영 사상가 50인에 뽑혔다.

앤드루 헤셀은 합성생물학 분야의 선구자이자 전문가로 개과 동물과 인간 종양학 분야에서 합성 바이러스를 개발하는 신생 기업인 휴먼지노믹스사의 사장이다. 국제적 협력 관계를 통해 인간 유전체를 포함한 거대 유전체를 연구하는 생물공학과 유전체 프로젝트연구소 회장이자 공동 설립자이기도 하다. 이전에는 오토데스크 라이프사이언스사에서 연구자로 일했다.

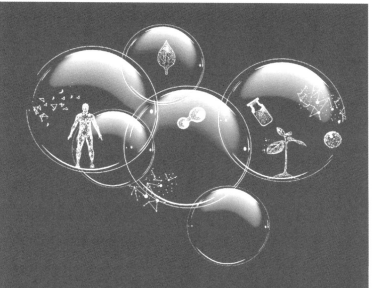

바이오테크
레볼루션

에이미 웹·앤드루 헤셀 지음 | 김보은 옮김

DNA 설계부터 생명 창조까지,
인류의 미래를 다시 쓸 합성생물학의 모든 것

부·키

옮긴이 김보은

이화여자대학교 화학과를 졸업하고 동대학교 분자생명과학부 대학원을 졸업했다. 가톨릭 의과대학에서 의생물과학 박사학위를 받은 뒤 바이러스 연구실에 근무했다. 글밥아카데 미를 수료한 후 현재 바른번역 소속 전문번역가로 활동 중이다. 옮긴 책으로는《페이크와 팩트》《자신의 존재에 대해 사과하지 말 것》《의학에 대한 위험한 헛소문》《인공지능은 무 엇이 되려 하는가》《크리스퍼가 온다》《집에서 길을 잃는 이상한 여자》《의사는 왜 여자의 말을 믿지 않는가》등이 있으며,〈한국 스켑틱〉번역에 참여하고 있다.

바이오테크 레볼루션

초판 1쇄 발행 2025년 5월 23일

지은이 에이미 웹, 앤드루 헤셀 | 옮긴이 김보은 | 발행인 박윤우 | 편집 김송은 김유진 박영서 백 은영 성한경 장미숙 | 홍보 마케팅 박서연 정미진 정시원 함석영 | 디자인 박아형 이세연 | 경영 지원 이지영 주진호 | 발행처 부키(주) | 출판신고 2012년 9월 27일 | 주소 서울시 마포구 양화로 125 경남관광빌딩 7층 | 전화 02-325-0846 팩스 02-325-0841 | 이메일 webmaster@bookie. co.kr | ISBN 979-11-93528-56-3 03320

만든 사람들 디자인 오필민 | 조판 홍보현 | 편집 장미숙

현자이자 빛인 카이야에게
그리고 나를 다시 움직이게 한 스티브에게
– 에이미 웹

삶을 알려 준 하니, 로, 덱스에게
– 앤드루 헤셀

합성생물학 기술은 가능하다.
그런데 우리는 정말 이것을 원하는가

이정모 전 국립과천과학관장

21세기는 인공지능으로 지식을 읽고 편집하고 재작성하는 시대다. 이게 다가 아니다. 우리는 이제 생명을 읽고 편집하고 재작성할 수 있다. 인공지능의 시대이자 생물학의 시대를 살고 있는 셈이다. 《바이오테크 레볼루션》은 이 두 흐름이 어떻게 함께 진화하고 있는지를 통찰력 있게 보여 준다. 유전자를 설계하고 생명을 재창조하는 합성생물학, 그리고 데이터를 학습해 예측과 결정을 보조하는 인공지능은 서로를 가속화하며 인류 문명의 향방을 근본적으로 바꾸고 있다. 이 책은 그 기술의 진보를 따라가면서도 우리가 무엇을 할 수 있는가에 머물지 않고 무엇을 해야 하는가를 묻는다. 기술적 가능성과 도덕적 판단 사이에서 독자가 고민할 수 있는 지적 토론의 장을 열어 준다.

《바이오테크 레볼루션》은 단순한 과학 해설서가 아니다. 합성생물학의 기초 원리부터 최신 연구 그리고 미래 시나리오까지 차분하게 짚어 가며 복잡한 주제를 누구나 이해할 수 있도록 안내한다. 이 책의 큰 미덕 중 하나는 복잡한 과학 개념을 흡인력 있는 이야기로 풀어낸다는 점이다. 저자들은 독자의 눈앞에 생생한 상황을 그려 낸다. 마치 잘 만든 SF 영화처럼 유전자를 맞춤 설계해 태어나는 아기, 노화가 멈춘 사회, 바이오 디지털화된 음식 체계

등 미래 사회의 다양한 풍경을 보여 주며 독자 스스로 질문하게 만든다. "이 기술은 가능하다. 그런데 우리는 정말 이것을 원하는가?"

이 책은 합성생물학을 둘러싼 논쟁에서 어느 한편에 일방적으로 서지 않는다. 과학으로 문제를 해결하려는 사람들 그리고 그 과학이 불러올 변화에 두려움을 느끼는 이들 모두를 설득하려는 태도를 일관되게 유지한다. 기술의 위험성과 가능성을 균형 있게 다루고 윤리와 정책, 경제와 공공 가치의 경계에서 진지하게 고민한다. 덕분에 독자는 단지 신기술을 배우는 데 그치지 않고 그것을 둘러싼 복잡한 세계와 마주할 수 있다.

한국 사회는 지금 과학기술 기반의 미래 전략이 절실하다. 고령화와 저출생, 팬데믹, 기후 위기, 식량 위기 등 다양한 도전 앞에서 우리는 합성생물학과 인공지능 기술을 어떻게 사용할 것인가를 스스로 결정해야 할 시점에 와 있다. 《바이오테크 레볼루션》은 그 고민에 지적 기반을 제공하는 책이다. 합성생물학과 인공지능, 두 기술이 만들어 갈 세계를 이해하고 싶은 독자에게 그리고 과학기술의 윤리적 방향과 정책 수립에 관심을 가진 모든 이에게 이 책은 강력하고도 친절한 길잡이가 될 것이다.

투자자들의 필독서이자
합성생물학에 대한 최고의 입문서다

신환종 한국투자증권 상무

더 건강한 아이를 낳을 확률을 높일 수만 있다면 이를 선택하지 않을 부모가 있을까. 지능이나 운동 능력도 대폭 개선시킬 수 있다면 어떨까. 감당할 만한 재력이 있다면 수십 개 수백 개의 배아를 만든 다음 유전적 장점의 조합이 최상인 배아를 선택할 수 있는 시대가 도래하고 있다. 중국의 BGI 그룹은 이미 유전자 선택으로 아이의 지능을 최대 20점 높일 수 있다고 홍보한다.

과거엔 생물학이 조직과 세포의 기능을 이해하는 데 집중했다면, 21세기에 등장한 합성생물학은 생명이 창조되는 과정을 밝힐 뿐만 아니라 재창조할 방법을 모색하고 있다. 이 책은 DNA를 '읽는 것'에서 '쓰고 편집하는 것'으로 변화시킴으로써 생명공학을 프로그래밍할 수 있음을 생생하게 보여 준다. 현재 진행 중인 바이오테크 레볼루션은 앞으로 인간이 아이를 갖고 가족을 이루는 방식을 새롭게 결정하고, 수명 증가로 인한 세대 간 갈등을 심화시킨다는 점에서 중대한 인류사적 사건이다.

이 책은 유전자 프라이버시의 장점을 두고 치열하게 논쟁 중인 미국이나 유럽과 달리, 대량의 유전자 정보를 수집해도 문제 삼지 않는 중국 정부가 머지않아 다른 국가와는 비교할 수 없는 강력한 유전자 데이터 세트를 손에 쥘 것이라고 경고한다. 이런 측면에서 미래의 바이오 패권 전쟁을 둘러싼 복잡한 역학을 이해하는 데 꼭 필요한 책이다. 또한 합성생물학 이해에 필요한 적절한 질문과 접근법을 알려 주는 동시에 바이오테크 레볼루션이 만들어 갈 엄청난 사회 변화에 대한 통찰력을 제공한다. 기업의 리더들뿐 아니라 투자자들의 필독서가 될 만하다. 합성생물학에 대한 최고의 입문서로도 손색이 없다.

아직 깨닫지 못했을 수 있지만 여러분 및 모든 생명 자체는 변화를 앞두고 있다. 프로그래밍 가능한 유전자부터 맞춤형 의약품까지 합성생물학은 모든 것을 바꿀 것이다. 이 책은 놀라울 정도로 상세하면서도 예리하고, 우리 앞에 다가올 멋진 신세계의 기회와 위험, 도덕적 딜레마를 재미있게 알려 주는 지침서다.

- 스티븐 스트로가츠, 《미적분의 힘Infinite Powers》 저자, 코넬대학교 교수

걸작이다! 에이미 웹과 앤드루 헤셀은 거장답게 인류의 위대한 변혁을 이끌 새로운 힘 즉 사람, 연구소, 컴퓨터 시스템, 정부 기관, 기업의 네트워크를 밝혀냈다. 인간 생태계가 실제로 프로그래밍될 수 있으리라는 매혹적이면서도 무서운 결론은 미래의 모든 측면을 다룬다. 이 뛰어난 저작은 미래의 바이오 패권 경쟁을 지배하는 복잡한 역학을 이해해야 할 국가 안보 전문가와 국방 기획자라면 꼭 읽어야 한다.

- 제이크 소티리아디스, 미국 공군 수석 미래학자

극적이며 술술 읽히는 이 책은 우리의 삶, 그리고 생명 그 자체에 가장 중요한 혁명을 명확하고도 사려 깊게 고찰한다. 정보를 충분히 알고 자격을 갖춘 21세기의 개인이자 시민이 되려면 우리와 미래 세대가 우리 몸속과 주변 세계를 변화시키기 위해 합성생물학 도구를 어떻게 사용할지 이해해야 한다. 이 책은 바로 이것을 설명해 주는 필독서다.

- 제이미 메츨, WHO 인간유전체편집 전문가위원회 위원, 《다윈을 해킹하다Hacking Darwin》 저자

미래 기술이 서서히 다가와 겉보기에 갑자기 나타난 것처럼 보인다면, 생명공학 기술이 만드는 미래는 우리의 상상력을 훌쩍 뛰어넘는 방식으로 오면서 바로 우리의 문을 두드릴 것이다. 에이미 웹과 앤드루 헤셀은 생명공학을 이해하는 데 꼭 필요한 지침을 제공하며, 지금 고려해야 할 중요한 질문과 접근법을 알려 준다. 기업의 리더들을 위한 필독서다.

- 베스 콤스톡, 《미래를 상상하라Imagine it forward》 저자, 제너럴 일렉트릭 전 부사장

이제 우리는 컴퓨터를 프로그래밍하듯이 생물 시스템을 프로그래밍할 수 있다. 인공지능과 머신러닝은 혁신과 합성생물학의 적용 속도를 더 높이고 있다. 이해하기 쉽고 아주 흥미로운 이야기를 통해 이 책은 여러 학문을 아우르며 모두가 알다시피 생명을 영구히 개조하는 합성생물학의 로드맵을 펼쳐 보인다.

- 라나 엘 칼리우비, 《걸 디코디드Girl Decoded》 저자, 스마트 아이 부사장

합성생물학의 가장 최근 혁신은 위기를 극복할 단순한 기적일까, 아니면 완전히 새로운 삶의 방식을 찾을 돌파구일까? 이것이 미래학자 에이미 웹과 미생물학자 앤드루 헤셀이 이 매력적인 책을 통해 내놓은 질문이다. 세계 역사는 좋든 나쁘든 의도치 않았던 결과의 역사이며, 웹과 헤셀은 앞으로 일어날 기술과 생물학의 융합을 생생하게 드러낸다.

- 이언 브레머, 《충돌 진로Collision Course》 저자

이 책은 DNA 분야가 유전자 암호를 읽는 것에서 쓰고 편집하는 쪽으로 변화하는 이야기를 쉽게 풀어 썼다. 에이미 웹과 앤드루 헤셀은 세상을 바꾸는 이 신기술이 만들어 낼 사건들로 독자를 안내한다.
- 크레이그 벤터 박사,《빛의 속도로 사는 삶Life at the Speed of Light》저자, JCVI 최고경영자

환상적이다. 이 책은 유전자 암호가 대부분의 미래를 기록할 알파벳이라고 설명한다. 에이미 웹과 앤드루 헤셀은 합성생물학이라는 매우 복잡한 주제를 택해 예리한 산문과 날카로운 분석으로 이해시켜서 21세기 인문주의와 과학의 신비를 꿰뚫었다.
- 알렉 로스,《미래산업The Industries of the Future》,《분노의 2020년대The Raging 2020s》저자

가슴 뭉클한 이야기 두 편이 생명공학의 현재와 미래에 대한 이 흥미로운 전망에 담겨 있다. 미래학자 에이미 웹과 합성생물학자 앤드루 헤셀은 최첨단 기술을 활용해 개인의 불임 문제를 해결하려는 그들의 시도를 소개한다. 저자들은 머지않아 사람, 연구소, 컴퓨터 시스템, 정부 기관, 기업 등 "삶에 대한 새로운 해석과 새로운 형태를 만들어 내는" 사람들의 "창조 기계genesis machine" 덕분에 이러한 어려움은 사라질 것이라고 주장한다.
-《네이처》

저자들은 DNA 편집 및 프로그래밍 기술이 우리의 생명 개념에 '큰 변화'를 가져올 것이라고 예측하면서 합성생물학 분야의 기회와 위험을 헤쳐 나갈

로드맵을 제시한다. 이러한 기술이 책임감 있게 활용된다면 인류는 식량 공급을 확보하고, 기후 변화에 맞서 싸우며, 질병을 퇴치하는 데 도움을 줄 수 있다. 반대로 이 기술이 바이러스를 생물무기로 사용하거나, 부유한 사람이 자손을 유전적으로 '개량'하려 한다면 어떤 일이 일어날까? 이 책은 바로 그러한 논의의 시작이다.

- 《더 뉴요커》

이 책은 인간의 미래를 멋지게 설명한다. 웹과 헤셀은 복잡한 문제를 전문가와 생물학 지식 따위는 오래전에 잊어버린 일반인 모두가 이해할 수 있게 설명한다.

- 《한델스블라트》(독일경제신문-옮긴이)

놀라우면서도 두렵기도 한 과학인 (…) 합성생물학에 대한 흥미로운 입문서다. 책임자는 누구이며, 브레이크는 어디에 있는가?

- 《북리스트》(미국도서관협회가 발행하는 잡지-옮긴이)

깊이 있는 내용이지만 읽기 쉬운 글 (…) 많은 독자가 생각해 보지 못했지만 고려해야만 할 근미래에 드리운 그림자.

- 《커커스 리뷰》

차례

4부 앞으로 나아갈 길

생명은 확률 게임의 결과여야만 하는가?

에이미 – 배에서 날카로운 통증을 처음 느꼈을 때 나는 중요한 고객과 회의를 하고 있었다. 테이블에 마주 앉은 고객은 다국적 정보기술 회사의 고위 간부였다. 고객과 기업의 장기 전략을 논의하는 도중 예리한 통증이 다시 나를 덮쳤다. 나는 동료에게 회의를 맡기고 화장실로 뛰어갔다. 끈적거리는 탁한 피가 검은색 바지를 적시고 허벅지 안쪽에 들러붙었다. 숨이 턱 막혔다. 실제로도 공기를 들이쉴 수가 없었다. 화장실 바닥에 털썩 주저앉아서 누구에게도 들리지 않게 숨죽여 흐느꼈다.

나는 임신 8주 차였다. 다음 주에는 첫 초음파 검사가 예약되어 있었다. 아기 이름도 아들이면 제브, 딸이면 사샤로 하기로 정해 두었다. 화장실 바닥과 다리에 묻은 피를 닦아 내면서 원인을 찾아보았지만 분노와 자책이라는 같은 자리로 되돌아올 뿐이었다. 내 탓이었다. 내가 뭔가 잘못한 게 틀림없었다.

찌르는 듯한 통증이 세 번째로 찾아왔을 때 나는 무슨 일이 일어날지 알 수 있었다. 피가 쏟아지고, 약국에서 특대형 패드를 사는 굴욕을 겪고 나면 이어서 깊은 우울감과 불면이 뒤따를 테고, 답을 알 수 없는 의문이 끝없이 생길 것이다. 남편과 나는 맨해튼과 볼티모어 최고의 불임 전문가를 찾아가서 할 수 있는 모든 검사를 했다. 호르몬을 측정하기 위해 혈액 검사를 하고 나서 난자 수가 충분한지, 문제가 될 양성 종양이나 물혹이 있는지도 검사했다. 그러나 이런 것은 최첨단 기술을 동원한 예측일 뿐 답은 아니었다.

우리는 포기하지 않았다. 뒤이은 임신에서는 놀랍게도 넉 달까지 임신을 유지했으므로 마음껏 기뻐할 수 있었다. 우리는 함께 산부인과에 정기검진을 하러 갔다. 임신 18주에 들어선 배는 나오기 시작했다. 진찰대에 눕자 초음파 기사가 다가와 내 배에 차가운 젤을 짜내고 초음파진단기 프로브로 펼쳐 가며 발랐다. 기사는 키보드를 몇 번 두드리더니 검은색이 대부분인 거친 영상을 확대해 보았다. 그러다가 장비가 낡았다고 중얼거리며 사과를 하고는 검사실을 나갔다가 다른 기계를 들고 주치의와 함께 돌아왔다. 기사는 다시 내 배에 차가운 젤을 짜서 배 주위에 넓게 발랐다. 그는 키보드를 두드려 영상을 확대하면서 주치의를 잠깐 쳐다보다가 머뭇거리며 다시 나를 흘깃 보았다.

두 사람이 무슨 이야기를 했는지 정확하게 기억은 나지 않지만 내

손을 잡던 주치의와 남편의 울음소리는 기억한다. 나는 태아 조직을 제거하기 위해 입원했다. 늘 그렇듯이 남편도 나도 의학적으로 이상이 없다는 말을 들었다. 우리 부부는 삼십 대 초반이었다. 그리고 건강했다. 우리는 임신할 수 있었다. 문제는 임신을 유지하는 내 능력이었다.

여성 여섯 명 중 한 명은 평생 한 번은 유산하고, 여기에는 여러 원인이 있다. 대개는 배아가 분열하다가 뭔가가 잘못되는 염색체 이상chromosomal abnormality이 원인이고, 이는 부모의 건강이나 나이와는 전혀 상관없다. 내 잘못이 아니라고 모두 말했다. 다만 내 몸이 협조하지 않을 뿐이었다.[1]

앤드루 – 열 살이 되고 나서 나는 절대 아이를 낳지 않겠다고 단단히 마음먹었다. 우리 가족은 몬트리올 외곽에 있는 시골 농장에 살았다. 부모님은 몹시 애를 쓴 끝에 세 아이를 낳았다. 우리는 연년생으로 내 동생은 나보다 한 살 어렸고 누나는 나보다 한 살 많았다. 부모님이 이혼한다고 했을 때 화가 나지는 않았지만 엄마에게는 수녀의 삶이 더 행복했으리라고 생각했던 건 기억난다. 엄마는 수녀가 되는 대신 비혼모이자 야간 근무조 간호사가 되었다.

엄마는 우리가 학교에 가 있는 낮에 주무셨다. 덕분에 우리 형제는 모두 독립적이고 유능한 아이가 되었다. 나는 가끔 제2의 고향인 도

서관으로 탈출해 서가에서 시간을 보내곤 했다. 양팔 가득 책을 안고 돌아와서 오후 열 시에 출근하는 엄마를 배웅하고 형제를 돌보면서 가끔은 엄마가 퇴근하는 새벽까지 책을 읽어 주기도 했다. 전통적인 핵가족 이야기는 내게 낯설기만 했다. 이해할 수도 없었다. 내가 이해할 수 있는 건 신뢰할 수 있는 공학 논리와 생물학의 경이로움, 과학소설의 선견지명이었다. 때로 동생과 누나가 잠이 들면 혼자서 생명에 관한 책을 읽으며 거대하거나 아주 작은 생명체가 어디서 왔는지, 어떻게 진화했는지, 앞으로 이들은 무엇이 될지 생각했다.

열여덟 살이 되자 생명의 근본을 연구하는 유전학, 세포생물학, 미생물학을 연구하고 싶었지만, 자녀를 낳겠다는 생각은 없었다. 당시 나는 소프트웨어와 데이터베이스를 만들고 유전학과 컴퓨터 코드를 동시에 탐구했으며, 내 앞에는 평생의 연구 과제가 놓여 있었다. 섹스는 흥미롭지만 아이는 그렇지 않았다. 남성 피임은 의학적 방법이 아니라 물리적 방법뿐이었고 믿을 수도 없었다. 정관 절제술만이 확실한 해결책이었으므로 나는 주치의를 찾아가서 수술을 요청했다. 처음에 주치의는 열여덟 살은 갓 성인이 된 나이이므로 정관 절제술처럼 극단적인 선택을 할 때가 절대 아니라고 거절했다. 나는 정관 절제술은 복원할 수 있다고 반박했고, 만약을 대비해 정자를 저장할 수 있었지만 나는 그것도 거절했다. 주치의는 결국 내 결심을 꺾지 못하고 비뇨기과 전문의를 소개했지만 정관 절제술을 받기까지는 6년이나 걸렸다. 전문의는 대부분 내가 경솔하고 치기 어린 행동을 하고 있다고 여겼다. 그런 그들에게 나는 책임감 있게 행동할 뿐이라고 주장했다. 그래도 결국 정관 절제술을 받았으니 앞으로 아이를 가질 일은 없었다.

30년 후 나는 세포에 관한 내 이야기에 눈을 반짝이고, 소프트웨어로서의 DNA를 향한 장황한 비난을 즐겁게 들어 주는 아름다운 여성을 학회에서 만났다. 그의 맨해튼 아파트에 나란히 누워 있던 어느 날 아침, 나는 끔찍하고도 새로운 감정에 사로잡혔다. 바로 아이를 갖고 싶다는 감정이었다. 내 옆에 누운 여성과 아이가 있는 가족을 이루고 싶었다. 그러나 그때 나는 사십 대 후반이었고, 의학적으로나 생물학적으로 어떤 일이 일어날지 정확하게 알고 있었다.

아이를 낳기로 했을 때 우리는 희망에 부풀었지만 현실도 알고 있었다. 정관복원 수술을 받는 날, 간호사가 내게 수술복을 입힐 때 나는 천장에 눈을 고정했다. 빛이 규칙적인 패턴으로 흐릿해지면서 스쳐 지나갔고, 빛이 폭발할 때마다 아주 오래전 의사가 경고하던 순간으로 돌아갔다. 나는 삶이라는 길이 얼마나 갑작스럽게 바뀌는지 생각했다. 정자가 내 몸에서 빠져나가는 길인 고환과 요도를 연결하는 관은 꽉 조여지거나 묶여 있지 않았다. 그랬다면 정관복원 수술이 쉬웠을 것이다. 하지만 그러는 대신 옛날 내 담당 외과의는 연결관을 완전히 잘라내고 지져서 몸속에 정자가 새어나가지 않도록 처치했다. 관을 다시 연결하려면 전신마취를 하고 정교한 현미경 수술을 해야 했다.

우리는 18개월 동안 임신을 시도했고 번번이 실패했다. 무엇이 문제인지 알았고, 상황을 바꾸기 위해 내가 할 수 있는 일이 거의 없다는 점도 알았다. 수술은 성공했지만 내 몸은 너무 오랫동안 쓰지 않았다. 물리적으로 나는 이상이 없었다. 그저 내 몸이 나를 돕지 않을 뿐이었다.

⫸⫷⫸⫷⫸

지금, 과학자들은 우리의 현실을 다루는 규칙을 재정립하고 있다. 부모가 되려 노력하는 와중에 우리 두 사람이 겪은 괴로움은 앞으로 수십 년이 지나면 예외적인 사례가 될 수도 있다. 새롭게 출현한 과학 분야는 생명이 창조되는 과정과 재창조할 방법을 밝히겠다고 약속한다. 여기에는 다양한 목적이 있다. 처방 약 없이 병을 고치고, 동물을 죽이지 않고 고기를 얻으며, 자연이 실패했을 때 가족을 이루도록 돕기 위해서다. 합성생물학Synthetic Biology이라고 부르는 이 과학의 목적은 하나다. 새로운, 그리고 아마도 더 뛰어난 생물 암호를 창조하기 위해 세포를 조작하는 것이다.

20세기 생물학자들은 조직, 세포, 단백질의 기능을 이해하기 위해 이들을 분리하는 데 집중했다. 이번 세기에 등장한 새로운 과학자 집단은 생명의 기본단위로 새로운 물질을 만들려 시도하고 있으며, 이미 많은 사람이 초기 단계인 합성생물학 분야에서 성공하고 있다. 공학자들은 생물학에 사용할 새로운 컴퓨터 시스템을 설계하고, 스타트업은 컴퓨터 코드를 생물로 바꾸는 프린터를 판매한다. 네트워크 설계자는 DNA를 하드 드라이브로 사용한다. 연구자들은 인체 칩bodyon-a-chip 시스템도 개발하고 있다. 말하자면 인체 외부에서 살고 자라는 나노 크기의 인간 장기 기관이 내장된 반투명의 도미노 패를 상상하면 된다. 생물학자, 공학자, 컴퓨터 과학자, 그 외 많은 사람이 함께 창조 기계를 구축했다. 연구자, 연구실, 컴퓨터 시스템, 정부 기관, 기업이 참여한 이 복잡한 기계는 생명을 새롭게 해석할 뿐 아니라 새로운 형태의 생명을 창조한다.

창조 기계genesis machine는 인류의 위대한 변화를 이끌 것이며 이미 변화는 일어나고 있다. 곧 생명은 확률 게임에서 벗어나 설계, 선별, 선택의 결과가 될 것이다. 창조 기계는 인간이 아이를 갖고 가족을 이루는 방식을 결정할 것이다. 질병을 진단하고 노화를 치료하는 방법도 결정할 것이다. 나아가 어디에 가족을 이룰지, 어떻게 스스로를 성장시킬지도 결정할 것이다. 기후 변화라는 긴급 상황을 다룰 때도 중요한 역할을 할 것이고, 결국 장기적으로 인간이라는 종의 생존에 결정적 역할을 할 것이다.

유전자는 생명을 편집하고 재설계하는 다양한 생명공학 기술이 결집한 기계다. 폭넓게 보면 합성생물학의 범주에 드는 일련의 새로운 생물학 기술과 기법은 DNA 암호를 읽고 편집할 뿐 아니라 창조할 수 있게 한다. 곧 살아 있는 생물을 초미니 컴퓨터처럼 프로그래밍하게 되리라는 뜻이다.

2010년대 초부터 이런 기술의 하나인 크리스퍼 캐스9CRISPR-Cas9이라는 기술로 DNA 암호를 편집할 수 있었다.[2] 과학자들은 유전자를 자르고 붙이는 생물 기전을 활용하는 이 기술을 '분자 가위molecular scissors'라고 부른다. 크리스퍼는 주로 시각 장애인의 유전자를 편집해서 시력을 회복한다는 식의 획기적인 치료법으로 뉴스 제목을 장식하곤 한다. 과학자들은 크리스퍼의 물리적인 분자 가위로 DNA 분자를 자르고 이어 붙여 암호 문자를 새로운 곳에 재배치해서 일종의 생물학적 콜라주 작품을 만든다. 문제는 작업하는 분자에 일어나는 변화를 직접 볼 수 없다는 점이다. 각 단계는 실험실에서 조작해야 하고, 조작 단계마다 실험으로 확인해야 하며, 따라서 전 과정이 간접적이고 노동 집약적이며 오래 걸린다.

합성생물학은 이 같은 조작 과정을 디지털화한다. DNA 서열을 DNA 암호 전용 문서 편집기인 소프트웨어 프로그램에 입력하면 워드 프로세서를 사용하듯이 간단하게 편집할 수 있다. 과학자가 원하는 대로 만들거나 편집한 새로운 DNA 분자는 3D 프린터와 비슷한 기계로 프린트한다. 이 같은 DNA 합성(디지털 유전자 암호를 DNA 분자로 바꾸는 것) 기술은 엄청난 속도로 발전하고 있다. 현재는 수천 개의 염기쌍에 이르는 DNA 사슬을 일상적으로 만들어 내며, 이 DNA 사슬을 조립하여 세포의 새로운 대사 경로를 창조하거나 완벽한 세포 유전체를 만들 수도 있다. 이제 컴퓨터를 프로그래밍하듯이 생물을 프로그래밍할 수 있다.

이런 과학적 혁신은 최근 생체 재료biomaterials, 연료 및 특수 화학 물질, 약물, 백신, 심지어 마이크로 크기의 로봇 기계로 작동하는 조작된 세포를 포함하여 고부가가치 산업에 집중하는 합성생물학 산업의 빠른 성장을 이끌었다. 인공지능의 발전은 합성생물학의 발전을 촉진했으며, 인공지능이 발전할수록 생물학적 응용법의 시험과 현실화도 늘어났다. 소프트웨어 설계 도구가 더 강력해지고 DNA 프린팅과 조립 기술이 발전하면서 개발자들은 점점 더 복잡한 생물을 만들 것이다. 중요한 사례를 하나 들자면 우리는 곧 바이러스 유전체를 직접, 처음부터 만들 수 있을 것이다. 이 책을 집필하는 동안 코로나바이러스감염증-19(이하 코로나19로 약칭함)를 일으키는 SARS-CoV-2 같은 코로나바이러스가 전 세계적으로 420만 명을 사망하게 만든 결과를 생각해 보면 두려운 미래로 여길 수도 있다.[3]

SARS-CoV-2나 이전에 유행했던 SARS, H1N1, 에볼라, HIV 같은 바이러스를 억제하기 어려운 이유는 이러한 바이러스가 무방비 상태의 숙주에서 번성하고 번식하는 강력하고도 극미한 암호이기 때문이다. 바이러스는 컴퓨터에 업로드하는 USB와 비슷하다. 이들은 세포에 달라붙어서 새로운 암호를 집어넣는다. 코로나바이러스가 전 세계적으로 대유행하는 지금 이런 말은 괴이하게 들릴지도 모르겠지만 바이러스는 인간에게 더 나은 미래를 선사할 희망일 수도 있다.

세포, 미생물, 식물 혹은 동물에 새로운 능력을 주입해 덧붙일 수 있는 합성생물학 앱스토어를 상상해 보라. 2019년에 영국 과학자들은 최초로 대장균을 합성하고 프로그래밍했다.[4] 다음에는 염기쌍 수십억 개 규모의 유전체를 가진 다세포 생물 즉 식물, 동물, 그리고 우리 인간의 유전체가 합성될 것이다. 언젠가는 인류의 유전병을 치료할 기술적 토대를 갖출 것이고, 그 과정에서 지금으로서는 활용도를 상상하기도 어려운 공학engineered 식물과 동물의 캄브리아기 대폭발 (고생대 캄브리아기에 갑자기 다양한 종이 출현하는 시기를 이르는 용어-옮긴이)에 불을 붙일 것이다. 더불어 수십억 명의 인간이 먹고 입고 살고 치료하는 문제에서 전 지구적 변화를 맞이할 것이다.

생물은 프로그램이 가능한 대상으로 바뀌고 있으며 합성생물학은 인간이라는 존재를 향상하겠다고 대담하게 약속한다. 이 책의 목적은 곧 다가올 도전과 기회를 여러분이 심사숙고하도록 돕는 것이다. 다가오는 십 년 안에 우리는 중요한 결정, 즉 질병과 싸우는 새로운 바이러스를 프로그래밍할지, 유전적 프라이버시는 어떻게 보장할지, 누가 생물을 '소유'할지, 기업은 조작한 세포로 어떻게 이익을 얻을지, 연구실에서 합성한 생물을 어떻게 통제할지를 정해야 할 것이다. 내 몸을 다시 프로그래밍할 수 있다면 여러분은 어떤 선택을 할 것인가? 앞으로 낳을 자녀를 편집할지, 아니면 어떻게 편집할지 고심할까? 유전자 변형 식품(GMOs)이 기후 변화를 늦춘다면 먹을 것인가? 우리는 인간이라는 종을 위해 천연자원과 화학 과정을 활용하는데 능숙해졌다. 이제 우리는 모든 지구 생명체가 공유한 구조에 근거해서 새로운 암호를 쓸 기회를 얻었다. 합성생물학은 미래에는 인류가 가졌던 것 중 가장 강력하고 지속할 수 있는 제조 플랫폼을 구축하겠다고 약속한다. 우리는 새로운 산업이 진화하기 직전의 숨 막히는 순간을 마주하고 있다.

현재 인공지능에 관한 토론은 부적절한 공포와 낙관론, 시장 잠재력에 대한 비이성적인 흥분, 선출직 공무원이 내뱉는 고의적인 무시로 가득하다. 이런 현상은 곧 새로운 코로나바이러스 때문에 투자가 늘어나는 합성생물학 관련 논의에도 그대로 반영될 것이다. 그 결과 mRNA 백신, 가정용 진단 검사, 항바이러스제 개발의 획기적인 발전이 점점 더 빨라지고 있다. 바로 지금이 대중의 의식 수준에서 논의를 발전시켜야 할 때다. 더는 기다릴 여유가 없다.

이 책이 하는 약속은 간단하고 직설적이다. 지금 합성생물학에 관한 사고와 전략을 마련하면 기후 변화, 세계적인 식량 불안정, 인류의 장수로 일어나는 즉각적이며 장기적인 실존적 문제의 해결책에 가까워질 것이다. 이후 미지의 바이러스가 창궐할 때 우리가 조작해서 전장으로 보낼 바이러스로 맞설 준비를 지금 할 수 있다. 당장 행동하지 않으면 합성생물학의 미래는 지식재산권과 국가 안보, 끝없는 소송과 무역 전쟁으로 추락할 것이다. 유전학의 발전이 돌이킬 수 없는 해악을 입히는 대신 인류를 돕게 해야 한다.

우리의 미래를 위한 암호가 지금 창조되고 있다. 이 암호를 인식하고 그 의미를 해독하면 인류의 새로운 기원이 시작될 것이다.

이 책은 생명을 다룬다. 생명의 기원, 암호화한 방식, 곧 우리에게 유전적 운명을 통제할 힘을 주는 도구를 설명한다. 더불어 과학적, 윤리적, 도덕적, 종교적 용어로 정의한 새로운 세대를 위한 생명 결정권도 다룬다. 강력한 시스템이 마련된다면 우리는 누구에게 생명을 프로그래밍하고, 새로운 형태의 생명을 창조하며, 이전에 멸종한 생명체를 복원할 권한을 주어야 할까? 이 질문에 답하려면 인류는 경제적, 지정학적, 사회적 긴장을 해결해야 한다.

- 생명을 조작할 사람은 인간의 생존에 필요한 식량 공급, 의약품, 원료를 통제할 수 있다.
- 인간의 미래 건강과 번영은 적어도 부분적으로는 유전자 암호와 이 암호를 변형하는 과정에 대한 법적 권리에 투자하고 통제하는 기업에 의해 결정될 것이다.
- 유전체 편집과 DNA 합성은 합성생물학의 초석이 되는 기술이며, 이 기술과 관련한 세계 시장은 급속하게 발전하고 있다. 그러나 이 기술과 인간의 유전자 원천 자료를 모두에게 공개할지, 아니면 특허 데이터베이스에 보관하고 허가받은 사람에게만 공개할지를 두고 의견 충돌이 일어나고 있다.
- 모험적인 스타트업은 기초 연구만으로는 투자금을 회수할 수 없으므로 종종 시장성 있는 제품을 적절한 기간 안에 개발하라는 압박을 받는다. 개인 투자를 받는 기업은 자유롭게 혁신할 수 있지만 공적 투자를 받는 생명공학 연구는 진행 속도가 더디며 관습에 얽매이는 경향이 있다.
- 우주 개발 경쟁에서 승리하거나 효과적인 백신을 배포하는 것과

같은 권한이 없으면 정부 지원금은 역량과 안전 제일주의에 돌아
가고, 속도와 혁신이나 대담한 접근은 장려하지 않는다.

- 법률을 제정하고 정책을 입안하고 규제를 만들어 집행하는 사람
들은 인류의 미래에 엄청난 영향을 미친다. 현재는 누가 인간, 동
물, 식물을 조작할지를 결정할 상황에 대한 합의가 이루어지지
않았다.

- 인간에게 유리한 결정을 내릴 방법에 대해서도 세계적인 합의가
없다. 미국에서는 이전에는 존재하지 않았던 완전히 새로운 생명
체가 이미 개발되고 있으며, 이 중 일부는 컴퓨터 암호에서 살아
있는 조직으로 탄생했다.

- 중국의 시진핑 주석은 중국이 "과학기술을 힘차게 발전시켜 세
계 주요 과학의 중심으로 올라서고 혁신에서 우위를 차지해야 한
다"라고 선언했으며, 특히 이들은 생명체를 창조하는 기술에 초
점을 맞추었다.[5] 중국의 전략적 로드맵은 포괄적인 유전체 정보
데이터베이스와 조작한 생명체의 상업화를 위한 공격적인 개발
기간을 포함한다. 중국 지도부는 중국의 가치사슬(기업 활동에서 부
가가치가 생성되는 과정-옮긴이)을 '세계의 공장'에서 생명공학과 인
공지능 같은 현대 산업의 세계적 지도자로 끌어올리려 애쓰고 있
다.[6]

- 미국과 중국은 상호 의존적이며 서로의 경제에 기대어 번영하지
만 중국이 기술, 과학, 경제 분야에서 초강국이 되기를 추구하면
서 오랫동안 두 국가 사이는 긴장이 조성되어 왔다. 현재의 지정

학적 긴장은 과거의 갈등과는 상관없기 때문에 서로 협력해서 시행할 수 있는 계획이 필요하다.

- 생명을 편집하고 조작하는 능력은 사회적 영향력이 엄청나며, 따라서 대중의 신뢰와 생명공학의 발달 속도 사이에서 균형을 잘 잡아야 한다. 사생활을 보호하려는 욕망과 유전자 암호로 이루어진 거대한 데이터세트(컴퓨터가 처리 및 분석할 수 있는 한 단위의 정보 집합체-옮긴이)가 가져올 발전을 잘 조화시켜야 한다.
- 누구나 공정하게 이 기술에 접근할 방법을 찾아야 한다. 그러나 모두가 과학을 신뢰하지는 않으며 최신 기술을 잘 알지도 못하므로 분열은 피할 수 없다. 따라서 유전자 격차를 해결할 방법 같은 어려운 사회 문제에 대비해야 한다. 분열은 유전자 암호를 개선해서 특별한 능력이나 특권을 부여받은 사람과 유전자 암호를 조작하지 못한 사람 사이에 나타날 것이다.

이 책은 여러분과 여러분의 삶, 그리고 여러분이 살아가면서 내려야 할 결정에 관한 책이기도 하다. 우리는 전면적인 변화라는 벼랑 끝에 서 있다. 여러분은 지금 충분한 정보를 바탕으로 결정을 내려 우리 자신의 미래에 적극적으로 개입해야 한다. 여러분은 자신의 유전체 서열을 분석해서 그 데이터로 무엇을 할지와 같은 선택을 해야 할 것이다. 자녀를 가질 계획이라면 난자를 냉동 보관할지, 체외수정 in vitro fertilization 같은 보조 생식 기술을 사용할지, 가장 좋은 배아를 선별하는 유전자 스크리닝(배아의 유전적 질병 발견과 예방을 목적으로 하는 유전자 검사-옮긴이)을 할지 결정해야 할 것이다. 이는 매우 중요한 선택이며, 사실 우리가 이 책을 쓴 동기이기도 하다.

창조 기계가 언젠가 구축할 미래를 살펴보기 위해서는 과거를 돌아보아야 한다. 이 책의 1부에서는 컴퓨터를 부모로 삼아 합성 생물을 창조하는 합성생물학의 기원과 과학자들이 생명의 암호를 해독하고 조작한 역사를 설명한다. 2부에서는 창조 기계가 만들어 내는 새로운 바이오경제를 설명한다. 여기에는 수많은 환상적인 의약품, 식품, 도료, 섬유, 맥주와 와인 등 사업가들이 만들고 싶어 하는 상품뿐 아니라 바다를 뒤덮은 플라스틱, 극단적인 기후 변화의 증가, 현재 진행형이자 새로운 범유행의 가능성을 품은 위험한 바이러스의 생명공학적 해결책도 포함된다. 사이버-바이오 해킹부터 어렴풋이 나타나는 유전자 격차, 즉 유전자를 조작한 부유층과 기술의 도움을 받아 생식할 여유가 없는 빈곤층의 분열처럼 합성생물학이 제기하는 위험도 조명한다. 3부에서는 창의적인 발상에 근거한 시나리오를 통해 창조 기계가 가져올 다양한 미래를 탐색한다. 마지막으로 4부에서는 창조 기계가 수많은 미래 시나리오 중에서 최상의 미래를 창조하도록 보장할 권고안을 제시한다.

그러기 전에 먼저 빌이라는 청년을 만나 보자.

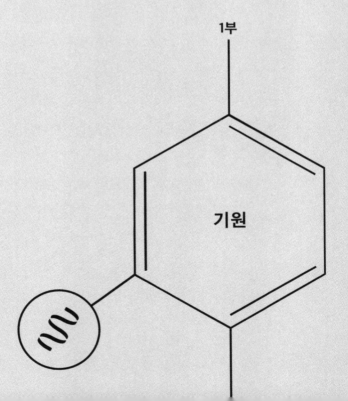

The
Genesis
Machine

1부

기원

1

나쁜 유전자에 '아니'라고 말하기
: 창조 기계의 탄생

길었던 낮이 짧아지고 밤이 서늘해지면서 가을이 소리 없이 다가온 매사추세츠주 덕스베리는 보스턴 남쪽의 아름다운 해변 마을이다. 빌 맥베인Bill McBain은 사진, 수학, 저널리즘 등 다양한 분야에 관심을 가진 재능 있는 학생이었지만 다른 면에서는 평범했다. 8학년(우리나라 학제로는 중학교 2학년-옮긴이)이 된 첫날, 빌은 친구들처럼 여름을 지나며 폭풍 성장한 것이 뚜렷하게 보였다. 빌은 10센티미터나 자랐다. 하지만 또래와 달리 체중은 줄었다. 소년들은 청소년답게 근육이 붙기 시작했지만 빌은 꼬챙이처럼 말라서 팔꿈치, 갈비뼈, 무릎이 도드라졌다.

빌은 매일 밤 일찍 자고 매일 아침 탈진한 채 일어났다. 마시는 물의 양도 엄청나게 늘어났지만 갈증은 가시지 않았다. 1999년 당시

학교에서는 야외용으로 판매하는 투명 플라스틱 날진Nalgene 물통이 갑작스럽게 패션 아이템으로 유행했다. 그러나 빌에게 날진 물통은 필수 아이템이었다. 빌은 쉬는 시간마다 물통을 가득 채워 계속 물을 마셨다. 수학을 사랑하는 빌은 물통 한쪽에 새겨진 눈금을 응시하면서 머릿속으로 이것저것 계산하다가 잠든 적도 있었다. 빌은 하루에 물을 15리터, 가끔은 19리터까지 마신다고 어림잡았다.

2월 어느 날 오후, 집에 지인이 놀러 왔다가 빌이 끊임없이 물을 마시는 모습을 보았다. 간호사였던 그는 바로 위험 신호를 알아채고 재빠르지만 조심스럽게 화장실로 가서 자기가 짐작한 게 맞는지 확인했다. 변기 시트를 만지니 끈적거렸고, 변기 위로 몸을 숙이자 역겨울 정도의 단내가 났다. 지인은 빌의 부모에게 내일 아침 바로 빌을 병원에 데려가 혈액 검사를 하라고 권했다.

다음 날 병원에 가는 길에 빌의 가족은 간단하게 아침 식사를 해결했는데, 빌은 시나몬슈가 베이글과 게토레이 큰 캔을 주문했다. 공복 혈당 검사 전 식사로는 적절하지 않았지만 빌은 아무것도 몰랐다. 병원에서 의사는 빌의 손가락을 가는 바늘로 찌른 후 혈액 한 방울을 측정기에 연결된 검사지에 묻혔다. 몇 초 지나자 측정기가 삑삑거렸고, 화면에는 '높음'이라는 글자가 깜빡거렸다. 빌의 혈당 수치가 500밀리그램/데시리터(mg/dL) 이상으로 치솟았다는 뜻이었다. 췌장이 정상이라면 공복 혈당은 대개 70~99밀리그램/데시리터 수준이거나 0.001그램/0.1리터 이하다. 다시 말하면 사실상 혈액 속에 당이 거의 없다고 보면 된다. 건강한 사람의 몸은 빠르게 당을 분해해서 에너지로 전환하기 때문에 혈액에 당이 많지 않다. 만약 건강한 사람이 식사 후 바로 혈당 검사를 하면, 먹은 음식을 처리하는 몇 시간 동안은 혈당 농도가 높겠지만 그래도 140밀리그램/데시리터 이하일 것이다.

의사는 혈액을 더 뽑아서 연구실로 가져가 상세하게 분석했다. 그렇게 나온 결과에 의사는 말문이 막혔다. 진료실에 있는 빌과 그의 부모에게 돌아온 의사는 자리에 앉았다. 의사는 파일을 보다가, 빌과 그의 부모를 보다가, 다시 파일을 들여다보았다. 빌의 혈당은 놀랍게도 1380밀리그램/데시리터였다. 나트륨, 마그네슘, 아연 농도도 정상보다 지나치게 높아서 혈액 pH가 실제로 바뀐 상태였다. 빌은 당뇨병성 혼수diabetic coma 직전, 아니 어쩌면 그보다 더 위험한 상태였고 죽을 수도 있었다.

빌과 그의 부모는 1형 당뇨병의 기전과 치료법에 관해 벼락치기 특강을 들었다. 건강한 췌장은 우리 세포가 에너지를 만드는 데 필요한 호르몬인 인슐린insulin을 항상 일정하게 분비한다. 음식을 먹으면 췌장은 인슐린을 더 많이 분비해서 섭취한 당을 대사한다. 그러나 빌의 췌장은 갑자기 인슐린 생산을 멈춰 버렸다. 1형 당뇨병은 대개 청소년기에 나타나며 빌은 전형적인 증상 즉 피로, 지나친 갈증, 점도 높고 단 소변, 다뇨로 화장실에 계속 가는 증상을 모두 보였다. 해소되지 않는 갈증은 빌의 몸이 미숙하나마 스스로 치유하려는 시도였는데, 물을 많이 마시면 대사되지 않은 혈액 속의 당을 몸 밖으로 배출하는 데 도움이 되기 때문이었다. 그러나 결국 빌은 생명을 위협하는 연쇄 반응에 직면할 것이다. 그의 몸은 살아남기 위해 지방을 에너지원으로 사용할 것이고, 그 과정에서 케톤이라는 화학 물질이 배출될 것이다. 산성도가 매우 높은 케톤은 빌의 혈액에 쌓이면서 유독한 물질이 될 것이다. 케톤 농도가 지나치게 오르면 빌은 당뇨병성 혼수라고 부르는 당뇨병케토산증diabetic ketoacidosis에 빠질 수 있다. 그때까지도 당뇨병을 치료하지 않는다면 죽음이 빠르게 찾아올 것이다.

빌의 부모는 아들의 병에 어떤 식으로든 영향을 미쳤을까 봐 걱정스러워하며 빌이 병에 걸린 원인을 물었다. 그날 아침 서둘러 먹은 베이글과 게토레이는 예외적인 식사였고, 빌의 가족은 대개 건강한 식사를 하고 운동도 열심히 했다. 의사는 "그저 나쁜 유전자 탓입니다"라고 답했다. 사람의 몸이 인슐린 저항성을 나타내거나 빌 같은 일부 청소년의 췌장이 갑자기 기능을 멈추는 이유는 정확하게 알지 못한다고 의사는 말했다. 그래도 희망은 있었다. 빌의 몸이 저절로 해내던 기능을 수동으로 수행할 치료법이 있었다. 이제 빌은 식사 시간 동안 짧게 합성 인간 인슐린을 분비하는 속효성 인슐린인 휴물린 레귤러Humulin Regular와 밤새 천천히 인슐린을 분비하는 중간형 인슐린인 휴물린N *NPH* *neutral protamine hagedorn*(약효 지속 시간을 연장하기 위해 프로타민과 아연을 첨가한 인슐린-옮긴이)를 스스로 주사해야 했다.[1]

인슐린의 발견

1형 당뇨병과 연관된 임상 증상은 잦은 배뇨, 착란, 과민성, 집중력

저하, 때로는 사망까지 다양하며 대략 3000년 전 이집트에서 최초로 기록이 남아 있다. 서력기원전* 1550년경에 이집트인은 '계량 유리컵에 새 연못의 물, 엘더베리, 아시트 식물의 섬유질, 신선한 우유, 다량의 맥주, 오이꽃, 녹색 대추야자를 가득 담아' 마시는 것으로 다뇨를 치료한다고 기록했다. 이집트 의사는 이미 사람들이 먹는 음식과 당뇨병과 관련된 증상 사이에 연관성이 있음을 인지하고 있었다. 그러나 카파도니아 출신의 그리스 의사 아레타에우스Aretaeus가 "살과 팔다리가 소변으로 녹는다"라고 설명하고 그리스어 '사이편siphon'(빼돌리다라는 뜻-옮긴이)에서 따와 당뇨병diabetes이라고 이름 붙이기까지는 1500년이 더 지나야 했다. 거의 같은 시기에 중국과 남아시아 의사들도 비슷한 발견을 했다.[2]

1674년에 옥스퍼드대학교의 의사 토머스 윌리스Thomas Willis는 꽤 역겹게 들릴 법한 절차를 사용하여 연구를 시작했다. 그는 당뇨병 증상이 있는 환자의 소변을 작은 유리잔에 받아, 음, 혹시 뭔가 먹는 중이라면 이 부분은 읽지 않아도 괜찮다, 냄새를 맡고 맛을 보았다. 빌의 혈액에 있는 당이 측정기의 전자 화면에 데시리터당 밀리그램으로 표시되듯이, 윌리스는 환자의 소변 맛을 보고 당도가 높아지는지를 확인했다.[3]

그러나 당뇨병의 원인을 명확하게 이해하기까지는 이후 몇 세기가 더 지나야 했다. 1900년대 초에는 환자가 모든 형태의 당을 먹지 않으면 당뇨가 저절로 나으리라는 생각에 '기아식starvation diet'을 지지

● BCE는 '서력기원전'을 뜻하며 '예수 탄생 이전'을 뜻하는 BC의 다른 표기이다.

하는 의사도 있었다. 당연한 말이지만 이 식단은 문제를 더 악화시켰고, 환자들은 병이 낫기는커녕 굶주려 사망했다.

그러다가 1921년에 돌파구를 찾았다.[4] 당시 의학계는 그때까지 증명되지 않았던 오래된 가설 즉 췌장에서 나오는 분비물이 혈당을 조절한다는 가설을 믿었는데, 캐나다 의사 프레더릭 밴팅Frederick Banting과 그의 학생 찰스 베스트Charles Best는 과학자들이 이 분비물을 추출하기도 전에 소화효소가 그것을 파괴할 수 있다는 가설을 세웠다. 두 사람은 췌장관을 묶어 소화효소를 만드는 세포가 퇴화할 때까지 기다렸다가 남은 것을 분석하기로 했다.[5] 불행하게도 두 사람 모두 외과의 훈련을 받지 않았기에 실험용 개를 대상으로 한 초기 연구는 솔직하게 말하면 소름 끼치는 수준이었고, 개는 대부분 죽었다. 그래서 두 사람은 실험용 개 대신 암시장에서 유기견을 사서 몇 차례 연습한 뒤에야 개를 죽이지 않고 췌장을 떼어 내는 데 성공했다. 분리한 췌장은 냉동해서 간 뒤 여과했고, 그 액체를 다시 개에게 주입했다. 그런 뒤 30분마다 혈액을 뽑아서 혈당이 변화하는지 관찰했다. 너무나 놀랍게도 이 가여운 개는 췌장이 없는데도 혈당이 정상 수준으로 돌아왔다. 이들은 훗날 인슐린으로 알려진 물질이 일으키는 중대한 변화를 측정했다.[6]

만약 개를 제대로 치료했다면 사람도 치료할 수 있지 않을까? 그럴 수도 있었다. 하지만 계속해서 시체를 수천 구씩 찾는 일은 말할 것도 없고, 치료가 효과 있다면 생겨날 새로운 수요를 맞출 것을 고려하면 건강한 인간 시체의 췌장을 찾는 데는 명확한 한계가 있었다.

따라서 밴팅과 베스트는 새로 합류한 연구 팀과 함께 실험 대상을 소로 바꾸고, 지역 정육점에서 소의 췌장을 받아다가 공업용 그라인더로 갈았다. 커다란 장갑을 낀 사람이 거대한 기계 꼭대기에 달린 깔때기에 췌장을 꾸역꾸역 밀어 넣고, 기계 아래에서는 분쇄된 조직이 밀려 나와 커다란 통에 담기는 풍경을 떠올려 보라.

연구 팀은 인슐린을 추출해서 정제한 뒤 빌과 같은 처지에 있던 소년에게 주사했다. 소년은 열네 살의 소아당뇨병 환자로 치료받지 않으면 사망할 수도 있었다. 이 소년은 상태가 놀랍도록 호전되었다. 관대하고 통찰력 있는 연구 팀은 제약 회사가 자신들의 연구 결과를 무료로 사용하도록 허락했다. 이 조치는 인슐린의 상업적 생산을 자극했다. 밴팅, 베스트, 그리고 연구 팀은 전 세계 수백만 명의 삶을 바꾼 공로를 인정받아 1923년에 노벨상을 받았다.[7] 시간이 흐르면서 당뇨병은 점점 늘어났지만 추출할 수 있는 소의 췌장은 한계가 있었다.

생명공학의 탄생

소 인슐린을 주사하면서 빌의 주치의가 언급했던 '나쁜 유전자' 문제는 완전하게는 아니더라도 어느 정도 해결할 수 있었다. 그러나 2형 당뇨병을 진단받은 성인 환자 수가 늘어나는 문제는 해결할 수 없었다. 과학자들은 2형 당뇨병의 원인으로 당뇨병에 걸리기 쉬운 소인素因에 더해 비만, 정적인 생활 습관, 단 음식을 지나치게 섭취하는 식단 같은 환경 요인을 지목했다. 이것이 겉으로는 건강하고 탄탄해 보이는 사람도 빌처럼 이상한 경계 징후를 겪는 이유였다. 이런 현상을 설명하는 것으로 우선 정상이라면 해로운 바이러스나 세균과 싸우는 면역계가 때로 혼란을 일으키면서 판단 착오로 인슐린을 생산하는 세포를 파괴한다는 가설이 있다. 다른 가설로는 당뇨를 일으키는 바이러스가 원인이라는 이론과 다른 방식으로 몸을 은밀하게 공격하는 바이러스의 2차 효과 때문이라는 설이 있다. 지난 100년 동안의 표준 치료법은 환자가 음식을 얼마나 먹고 에너지를 얼마나 사용하는지 대략 계산하거나 더 최근에는 디지털 혈당 측정기로 정확하게 기록하게 했다. 인슐린과 알약을 포함한 일부 약물로 혈당 수치를 정상 범위로 조절하기도 한다.

소의 췌장을 으깨서 인슐린을 추출하던 치료법이 어떻게 현재 성인이 된 빌이 사용하는 최첨단 인슐린 펌프와 합성 인간 인슐린으로 진화했을까? 밴팅과 베스트가 소의 인슐린이 치료 효과가 있다고 증명한 직후 제약 회사 일라이 릴리Eli Lilly사는 인슐린을 제조하기 시작했다. 그러나 1923년에 인슐린 제조 과정이 느리고 비용도 많이 들며, 생산 및 공급 과정에서 예측하지 못했던 문제점이 드러났다. 즉 인슐린 대기 목록이 길어지는 속도가 농부들이 소를 키워 도축할 때까지 걸리는 시간보다 압도적으로 빨랐다.[8] 과학자들은 사람에게 효과가 있는 다른 선택지인 돼지 췌장을 찾아내 인슐린을 만들었지만, 합리적인 규모로 제조 및 공급을 지속할 수 없었다. 대략 동물 2만 3500마리에서 췌장 3629킬로그램을 얻었지만, 여기서 인슐린은 겨우 450그램 만들어졌다. 이는 인슐린 40만 병vial 분량으로 한 달 동안 환자 10만 명을 치료할 수 있었다. 그러나 수요가 급증하고 있어서 충분하지는 않았다.[9] 1958년에는 대략 환자 160만 명에게 인슐린이 필요했지만, 1978년에는 이 숫자가 미국에서만 500만 명으로 늘어났다.[10] 즉 일라이 릴리사는 한 해에 동물 5600만 마리에서 췌장을 꺼내야 미국인에게 필요한 만큼 인슐린을 공급할 수 있었다. 대안을 찾아야 했다. 그것도 아주 빨리.

조부가 자신의 이름을 내걸고 설립한 회사를 물려받은 일라이 릴리 주니어는 사망하기 직전인 1977년에 췌장 문제를 해결하기 위해 전략적인 계획에 착수했다.[11] 소와 돼지를 사용할 수 있다면 다른 동물 후보도 분명 많을 것이었다. 그는 하버드대학교와 캘리포니아대학교 샌프란시스코 캠퍼스를 포함한 몇몇 대학교와 손잡고 다른 동물에서 새로운 인슐린 원형을 개발하기 시작했다. 연구 기관들은 쥐의 인슐린 유전자를 연구하기 시작했다. 릴리 주니어는 공급 문제를 해결하고 최종적으로 인슐린 생산 속도를 높이는 최초의 기관에 수익성이 높은 계약을 약속했다.[12]

그러나 미래를 내다보고 장기 추출이 아니라 근본적으로 다른 방법을 생각해 낸 연구 팀도 있었다. 당뇨병 치료제가 없다면, 그리고 당뇨병을 진단받는 사람들이 계속 늘어난다면, 다른 거대 제약 회사는 물론이고 일라이 릴리사는 또다시 생산 및 공급 차질에 부닥치게 될 것이다. 이 연구 팀은 장기적으로 볼 때 실제로는 두 가지 문제가 있다고 생각했다. 첫 번째는 공급 문제다. 이 문제는 살아 있는 가축을 키워서 인슐린을 쥐어짜 내기보다는 인간 인슐린을 생산하도록 조작한 세균을 이용하면 해결할 수 있었다. 두 번째 문제는 '나쁜 유전자'가 제대로 작동하도록 재프로그래밍하는 방법으로 미래에나 해결할 수 있었다. 하버드대학교, 캘리포니아대학교 샌프란시스코 캠퍼스, 그리고 스타트업인 제넨테크Genentech사는 모두 재조합 DNA 기술을 갖고 있었다. 제넨테크사가 다른 연구 팀과 달랐던 점은 곧바로 인간 인슐린을 대장균E.coli에 클로닝cloning(특정 DNA 조각을 벡터나 바이러스에 옮겨 해당 유전자를 분리하거나 활용하는 기술-옮긴이)한 것이었다.

제넨테크사는 이 분야에 뛰어든 지 겨우 일 년밖에 안 된 신생 업체로, 연구원들은 재조합 DNA라는 논란이 많은 신기술을 연구했다. 저명한 대학과 제약 회사가 훌륭한 생의학자와 함께 진부한 기술을 개량하는 동안, 제넨테크사는 서투른 기술로 두 개의 DNA 가닥을 '재'조합하는 분자 수준의 연구를 했다.[13] DNA 즉 디옥시리보핵산은 생명체의 유전물질이며, 재조합 DNA 기술은 서로 다른 종 예를 들면 인간과 세균의 DNA를 이어 붙여 자가복제하고 합성해서 어쩌면 우리가 가진 유전자 암호를 향상할 수 있을지도 모른다.[14]

제넨테크사는 이미 1977년에 일부 실험에 성공했지만 다른 연구 기관은 이 방법을 진지하게 고려하지 않았다. 여기에는 몇 가지 이유가 있었다. 첫째, '합성'은 곧 유전물질 '클로닝'이었고, 이는 유전자 조작 같은 다른 위험으로 이어질 수 있었다. 당시 체외수정법in vitro fertilisation(IVF)이 일으킨 논란을 보면, 미래에는 인간이 머리색과 눈동자색, 근육계, 그 외 다른 특성을 원하는 대로 설계하는 맞춤 아기를 창조하리라고 예견하는 사람도 있었다. 이에 따라 광범위한 디스토피아적 주장과 변화에 대한 확고한 저항이 나타났다.[15] 결과적으로 제넨테크사의 재조합 DNA 기술은 전통에 어긋나며 추가로 정밀 조사가 필요하다고 여겨졌다. 설상가상으로 제넨테크사의 생명공학 연구 자금은 연방 정부가 아닌 벤처 투자자가 지원했으며, 이는 기업에는 또 다른 적신호였다. 당시 스타트업 벤처 투자사였던 클라이너 퍼킨스 코필드 앤드 바이어스Kleiner Perkins Caufield & Byers사는 제넨테크사에 시드 펀딩Seed Funding으로 13억 8000만 원을 투자했다(인플레이션을 고려하면 현재 가치로는 대략 63억 6900만 원이다).[16,17] 이 벤처 투자사는 반도체에 투자한 적은 있었지만 생명공학 분야 투자는 처음이었다. 투자자들은 제넨테크사의 미래 비전에 운을 맡기고 뛰어들었고, 제넨테크사는 연방 정부와 달리 투자에 대한 대가를 요구할 후원자와 일하는 위험을 부담했다.

스타트업이었던 제넨테크사는 현대적 장비나 편의에는 돈을 쓰지 않았다. 스티브 잡스Steve Jobs와 스티브 워즈니악Steve Wozniak이 차고에서 컴퓨터를 만들 때, 제넨테크 연구 팀은 샌프란시스코 남부에 있는 한 소박한 산업 단지의 항공 화물 창고에 생화학 연구소를 세웠다. 제넨테크사는 초기에 재조합 DNA 기술에서 몇 가지 성공을 거두었다. 연구 팀은 내분비계를 조절하는 또 다른 췌장 호르몬인 소마토스타틴somatostatin을 합성했다. 일라이 릴리사가 인슐린 연구를 시작했다는 소문이 퍼지자 제넨테크사는 많이 다르기는 하지만 자신들의 기술로 인슐린 공급 문제를 해결할 수 있다고 생각했다.

제넨테크사의 재조합 DNA 기술이 통념에 도전적이었음을 고려할 때 제넨테크와 협력하거나 이 기술을 집중적으로 연구하겠다고 제안한 연구 대학은 수십여 곳에 불과했다. 제넨테크사가 경쟁에 뛰어들려면 인슐린 생산을 위해 재조합 DNA 기술의 한계를 뛰어넘을 과학자를 더 고용해야 했다. 성공했을 때 받을 잠재적 보상은 어마어마했지만 이 경쟁에 은메달이나 동메달은 없었다. 일라이 릴리사는 오직 안전하고 대규모로 생산을 확장할 방법을 찾은 단 하나의 연구 팀에만 관심 있었다. 제넨테크사는 제일 먼저 연구 결과를 내놓고 계약을 맺어야 했다. 어쩌면 치열한 연구가 빈손으로 끝날 수도 있었다.

제넨테크사가 소마토스타틴을 합성할 때 처음 개발했던 유전자 조작 기술을 발전시키려면 끊임없이 연구해야 했다. 릴리사는 연구 자금을 더 제공했고, 설립자들은 대학원을 갓 졸업한 젊은 과학자들로 연구 팀을 확장했다. 제넨테크사는 일반적인 연구 팀이 아닌 다양한 전문가로 이루어진 슈퍼 연구 팀을 구성했고, 여기에는 유기화학자(스탠퍼드연구소에서 DNA 클로닝을 연구하던 데니스 클라이드Dennis Kleid와 데이비드 괴델David Goeddel), 생화학자(뉴클레오타이드 변형 전문가인 로베르토 크리Roberto Crea), 유전학자(최초로 세균에서 인공 유전자를 발현시킨 아서 리그스Arthur Riggs), 분자세포생물학자(재조합 DNA 기술을 발전시킨 케이치 이타쿠라Keiichi Itakura)도 있었다.[18,19]

인슐린을 합성하던 제넨테크사는 인슐린의 아미노산 사슬이 너무나 길다는 문제에 부딪혔다. 소마토스타틴은 아미노산 14개가 전부였지만, 인슐린은 아미노산 51개로 이루어졌고 A와 B 사슬이 화학결합으로 연결되었다. 각각의 아미노산 사슬을 만들려면 DNA 암호를 정확하게 조립해야 했고, 각기 다른 세균주에 아미노산 사슬 암호 두 개를 각각 이식해야 했으며, 세균의 세포 기관을 활용해서 아미노산 사슬을 합성해야 했다. 여기까지 성공했어도 겨우 절반을 지나왔을 뿐이다. 제넨테크 연구 팀에게는 살아 있는 세포 속에서 일어나는 반응 대부분을 촉진하고 거의 모든 세포 과정을 조절하는 단백질은 인슐린을 만들 열쇠였다.

그러나 연구 팀이 단백질을 형성하는 분자인 51개 아미노산 사슬을 정확한 순서로 만든다고 해도, 인슐린을 만들려면 아미노산 사슬을 다시 재조립해야 했다.[20] 그러려면 정확한 DNA 서열을 잘라서 화학 결합으로 연결한 뒤, 서로 이어 붙이고 세균에 집어넣어서 세균의 소기관이 합성 인슐린 사슬을 생산하도록 하는 지난한 작업이 기다리고 있었다. 이 모든 과정이 잘 끝나면 인슐린 사슬을 정제해서 완전한 분자로 재결합시켜야 했고, 이 결과물이 인간 췌장이 만든 분자와 똑같기를 바라야 했다.

그것은 실로 세포 수준에서의 문샷moon shot(달 착륙 계획처럼 기존의 틀을 깨는 혁신적인 연구-옮긴이)이었다. 제넨테크사의 미래 비전이 누군가에게는 혼란스럽고 너무나 위험해 보였지만, 이들은 영세하고 자원이 부족한 상황에서도 도전했다. 복잡한 작업 과정과 경쟁의 기회는 제넨테크 연구 팀이 하버드대학교와 캘리포니아대학교의 신성한 홀과는 거리가 먼, 잊힌 창고 건물 속 연구실에서 가족에게도 알리지 않고 극심한 스트레스와 무자비한 마감에 쫓기면서 모든 시간을 쏟아붓게 했다. 먼저 연구 팀은 단백질 합성을 지시할 유전자를 정확한

DNA 서열로 합성해야 했다. 그다음에는 원하는 단백질, 이 경우에는 인슐린의 암호를 읽고 생산할 수 있는 정확한 위치에 유전자를 이식해야 했다.

연구 팀은 공들여 화학 물질을 섞고 다양한 순열을 반복해 실험하면서 올바른 DNA 서열을 구축했다. 합성한 유전자를 대장균 유전자의 정확히 어느 부분에 붙여야 인슐린 단백질을 생산할 수 있을지 알려면 세균도 연구해야 했다. 연구 과정은 베이킹 경연 프로그램 같았다. 심사위원들이 여러분에게 재료 한 상자와 조리도구 한 상자, 오븐을 주면서 낡은 구식 부엌에서 그 어떤 설명도 없이 열두 층짜리 초콜릿케이크를 리얼리티 쇼답게 빡빡한 마감 시간 안에 미친 듯이 구우라고 말하는 장면을 상상해 보라.

그러나 1978년 8월 21일 이른 아침, 경쟁자들보다 훨씬 앞서서, 모두에게는 참으로 놀랍게도(연구 팀도 놀랐다) 그들은 완벽한 케이크를 오븐에서 꺼냈다.[21] 제넨테크사는 정확한 DNA 서열을 만들고 세균에 생산 명령을 내려 인간 인슐린을 만들었다. 생명공학 기술의 탄생이자 합성생물학*synthetic biology*이라는 새로운 과학 분야가 창조되는 순간이었다.

릴리사는 제넨테크사와 수십억 원에 달하는 20년짜리 계약에 서명했고, 세계 최초의 생명공학 제품인 휴물린Humulin을 개발해서 1982년에 미국 식품의약국(FDA)의 승인을 받아 판매했다.[22]

생명의 공장

제넨테크사의 너무나 놀라운 성취는 인간 사회가 흘러가는 방향을 바꾸었다. 인간은 처음으로 세포와 분자를 조작하고, 신체가 자연스럽게 하는 일에 관한 암호를 고쳐 쓰면서 생물 과정에 개입했다. 건강한 사람의 세포는 선진적이며, 자동화되고 컴퓨터화되어 높은 효율을 자랑하는 공장과 비슷하다. 필요한 모든 것을 수요에 맞춰 주문형으로 제조하는 3D 프린터, 최대 생산량에 최적화한 생산 및 공급 과정과 운송 체계, 끊임없이 수행되는 수십억 줄의 암호로 움직이는 운영 체계 등 집합적으로 운용되는 최상급 로봇들의 네트워크를 상상해 보라. 인간 역사상 우리가 만든 그 어떤 기계나 공장도 이보다 더 진보하거나 정교하지 않았다. 여러분의 몸은 그야말로 기동성 있는 기가 단위의 복합체이며, 여러분이 살아 있도록 합심해서 움직이는 40조 개에 이르는 초현대적 세포 공장의 집합체다.[23]

각각의 세포 공장은 주요 요소 세 가지, 즉 사용 설명서와 설명서를 전달하는 의사소통 체계 그리고 설계한 제품을 만드는 생산 설비를 갖추고 있다. 이 요소는 각각 DNA, RNA 그리고 단백질이다. 모든 생명체를 책임지는 상상도 할 수 없을 만큼 방대한 유전자 생태계는 오직 이 세 가지 주요 분자로 구성된다.

우리는 모두 생물 수업에서 비틀린 사다리 형태의 이중나선 DNA에 관해 배웠다. DNA는 명백한 상징이며 A(아데닌adenine), T(티민thymine), G(구아닌guanine), C(시토신cytosine)라는 네 종류의 염기와 당(데옥시리보스

deoxyribose)과 인산(산성acidic) 뼈대가 화학적으로 결합한 뉴클레오타이드로 구성된다. 이들 뉴클레오타이드는 서로 짝을 지어 강하게 결합한다. 그러나 상대적으로 쉽게 분리되기도 한다. DNA 가닥은 지퍼가 열리듯이 두 가닥으로 분리된다. 열린 DNA 가닥이 다시 닫히기전까지 세포는 열린 DNA 가닥을 주형鑄型으로 삼아 새로운 상보적 DNA 가닥의 정확한 복사본을 만들 수 있다. DNA 사슬에서 네 가지 뉴클레오타이드의 순서, 즉 DNA 서열은 세포가 살아가고 번성하는데 필요한 모든 정보를 암호화한다. DNA는 유전자 정보를 저장하며, 바이러스 같은 다른 미생물이 자신의 정보를 운반해 들여올 수 있지만 세포를 운영하는 주체는 DNA다. DNA가 가장 중요한 분자라는 말은 과장이 아니다(물론 물과 카페인 신봉자도 있다).

DNA는 세포에 유전자 정보를 저장하지만, DNA가 무엇을 하려는지 세포 공장에 전달하려면 리보핵산 즉 RNA가 필요하다. RNA는 세포 속에 있는 리보솜ribosome이라는 복잡한 기계에서 아미노산 사슬로 전환 즉 번역translation된다. RNA가 리보솜으로 들어가면 마술 같은 과정이 일어난다. 전령RNA 즉 mRNA는 리보솜에 결합해서 세 염기로 이루어진 코돈codon 중에서 생물학적 '시작' 버튼을 찾는다. 리보솜은 mRNA 가닥을 세 염기씩 읽어 내려가면서 '멈춤' 버튼이 나올 때까지 번역한다. 그러면서 세포 공장의 생산품인 단백질을 생산한다.

아미노산 사슬인 단백질은 세포의 주요 구성 물질로 대부분의 일을 하며, 수천 종의 단백질은 다양한 기능을 수행한다. 예를 들어 콜라겐collagen 같은 구조단백질은 힘줄tendon과 연골cartilage을 구성한다. 헤모글로빈hemoglobin은 적혈구를 이용해 귀중한 산소를 운반하는 수송 단백질이다. 항체는 Y자 형태의 단백질로 특별한 인식 능력이 있다. 항체는 미생물을 처음 만나면 그들에게 달라붙어서 파괴되는 과정을 돕거나 다른 세포에 감염되는 상황을 막는다. 몸이 감염에서 회복되면 항체를 만드는 소수의 면역세포가 면역기억세포memory cell로 남게 되며, 감염을 일으켰던 미생물이 또다시 침입하면 곧바로 항체를 만든다. 백신은 이와 동일한 반응을 일으키도록 설계되었다. 아미노산은 500종 이상이 알려졌지만 생물체는 20종만 꾸준히 사용한다.[24]

세포가 초현대적 공장이라면 유전체genome는 유전자를 켜고 끄는 초현대적 운영 체계다. 두 생물체에 특정 형질을 나타내는 유전자가 똑같이 존재해도 스위치가 꺼져 있다면 유전자는 발현되지 않는다. 어떤 유전자의 스위치를 켜고 끌지, 혹은 어느 정도나 발현할지는 복잡한 조절 기전으로 통제한다. 여기에는 촉진자promoter(RNA중합효소가 전사를 시작하기 위해 결합하는 DNA 서열-옮긴이)와 증폭자enhancer(인접한 유전자의 전사를 촉진하는 DNA 서열-옮긴이), 다양한 단백질 전사 인자transcription factor(특정 유전자의 전사 조절 영역에 결합해 해당 유전자의 전사를 활성화하거나 억제하는 단백질-옮긴이) 같은 비단백질 코딩 서열(실제로 단백질로 번역되지 않는 염기서열-옮긴이)이 포함된다. 이런 요소들은 실시간으로 측정하기가 매우 힘들어서 연구하기 어려웠지만 자연에서 훌륭한 표본을 발견하면서 상황이 바뀌었다. 납작한 연골어류인 윈터가오리winter skate는 기후 변화로 인해 따뜻해지는 겨울 수온에 적응하기 위해 몸 구조를 바꾸려 자동으로 유전자 스위치를 켠다.[25]

논리와 구조 조직이 분리된 전형적인 공장이나 컴퓨터와는 달리, 생명체의 운영 체계는 완벽한 상호 운용성(둘 이상의 과정이 정보를 유의미하게 교환하는 능력-옮긴이)이 중요하며, 우리는 이들이 어우러져 움직이는 과정을 이제 막 밝혀내기 시작했다. 예를 들어 새 컴퓨터에는 최신 버전의 윈도가 탑재되어 있지만, 게임과 다른 소프트웨어는 따로 사서 설치해야 한다. 하지만 기계와 정보가 완벽하게 뒤얽힌 생물은 그럴 필요가 없다.

현대의 전자 컴퓨터는 여전히 고급 계산기에 불과하다. 게다가 에너지는 엄청나게 소모하면서 불안정하고, 스스로 복구하거나 제조할 수 없으며, 프린터에 연결하지 않으면 실재하는 무언가를 만들지도 못한다. 세포는 스스로 제조하고 스스로 복구하며 어떤 에너지원이든 사용할 수 있는, 컴퓨터가 꿈꾸는 컴퓨터다. 아, 물론 컴퓨터가 꿈꿀 수 있다면 말이지만.

제넨테크사의 선구적인 연구가 그토록 의미심장했던 이유, 합성생물학이 현재 우리가 아는 바와 같이 생명을 개조하게 될 이유가 바로 여기에 있다. 일단 우리가 생물의 언어를 말하고 조작하게 되면 세포 안에서 무슨 일이 일어나는지 탐색하는 임무를 맡게 될 것이다. 인슐린을 클로닝하거나 소소한 손상을 회복하는 것처럼 암호를 읽고 편집하는 수준을 넘어 새로운 암호를 쓰고, 이 암호를 전달해 새로운 생물 생산품을 만들 힘을 갖게 될 것이다. 휴물린은 여전히 새롭지만 계속 성장하는 합성생물학의 초기 제품이다. 과학자들은 합성생물학의 경계선을 정의하려 애쓰고 있지만 합성생물학은 하나의 목표,

즉 세포 공장과 생명체의 운영 체계에 접근해서 새롭고 가능하다면 더 나은 생물 암호를 창조하기 위해 화학, 생물학, 컴퓨터과학, 공학, 설계를 아우르는 포괄적인 학문이다.

합성생물학은 컴퓨터과학과 맞닿아 있으며, 특히 머신러닝과 방대한 데이터 속에서 유의미한 패턴을 찾는 인공지능과 접점을 갖는다. 머신러닝은 유튜브와 스포티파이의 추천 영상과 노래처럼 여러분이 항상 사용하는 서비스에 활용되며, 알렉사와 시리 같은 음성 비서와의 상호 작용에도 적용된다. 생물학적 맥락에서 머신러닝은 과학자들이 수많은 패턴을 찾도록 돕는다. 여러 변수를 두고 실험할 때는 종종 양, 자료, 입력값 등을 미세하고도 체계적으로 바꾸어야 하며, 그렇게 해도 마지막에 유의미한 결과를 얻지 못할 수도 있다. 인공지능 시스템을 연구하고 구축하면서 복잡한 문제를 촉발했던 구글의 딥마인드DeepMind 부서는 긴 아미노산 사슬이 접히는 복잡한 패턴을 시험하고 모델링할 방법을 개발하면서 오랫동안 과학자들을 성가시게 했던 문제를 해결했다. 딥마인드 시스템인 알파폴드AlphaFold는 인간과 20종의 모델 생물에서 35만 개 이상의 단백질 구조를 예측하는 성취를 이루었다. 2022년이면 데이터집합에 포함되는 단백질 구조가 1억 3000만 개를 넘어설 것이다.[26] 그러면 제넨테크사가 시행착오를 통해 휴뮬린을 개발했을 때보다 더 빨리 질병을 치료할 약품을 개발할 것이다.[27] 이 기술은, 그리고 다른 합성생물학 기술은 연구 팀이 더 나은 가능성과 그 이상, 예를 들면 신약을 시장에 내놓기까지의 비용 절감을 이룰 것이다.

제넨테크 연구 팀은 인공지능과 방대한 데이터집합을 활용하는 컴퓨터, 머신러닝, 인류의 가장 영리한 사람보다 더 깊이 생각하는 심층 신경망deep neural network 시대가 오기 *전에* 인간 인슐린을 합성했다. 이제는 단백질과 대사 데이터베이스가 방대하며, 수십억 번의 모의실험을 반복해서 계산 문제를 해결할 컴퓨터도 있다. 같은 과학자들에게 지금 인슐린 문제를 해결하라고 하면, 여러 달을 쉬지 않고 연구실에서 시험관과 페트리 접시를 살피지 않아도 될 것이다. 인공지능을 활용하는 플랫폼에서 다양한 세 글자 암호의 조합을 모의실험해서 몇 시간 안에 이상적인 해결책을 내놓을 것이다.

아주 작은 40조 개의 공장은 온종일 여러분에게 허락이나 정보를 받지 않아도 지시 사항을 따르고, 결정을 내리며, 복제하고, 자체적으로 서로 소통한다. 합성생물학은 다가오는 십 년 안에 궁극적인 슈퍼컴퓨터인 세포를 프로그래밍할 능력을 인간의 손에 쥐여 줄 것이다.

나쁜 유전자를 재창작하다

빌의 1형 당뇨병 유전자처럼 나쁜 유전자는 어쩔 수 없는 불행한 현실이라는 오래된 가설에 도전하는 것은 어떨까? 빌은 행운아였다. 그의 부모는 빌을 돌보는 방법을 알았고, 무엇보다 그럴 만한 경제적 여유가 있었다. 빌의 당뇨병은 가족 모두의 문제가 되었다. 학기가 끝나자 빌의 부모는 여름 방학 때 빌을 당뇨 캠프에 보내서 아들이 당뇨에 걸린 또래들과 함께 지내며 의사에게 당뇨병에 대처하는 방법을 배우게 했다. 그러나 당뇨 캠프에 참가할 수 있고 부모가 자녀의 건강을 면밀히 살펴보는 빌 같은 사람도 여전히 당뇨병의 불확실성에 직면해야 한다.

코로나19 범유행이 절정에 이르렀을 때, 미국인 수백만 명이 직장과 함께 건강보험도 잃었다. 그러자 당뇨병 환자들이 공유하는 새로운 비밀 네트워크가 페이스북에 생겼다. 인슐린이 추가된 보험에 가입한 사람들이 보험이 없어서 사망할 위기에 처한 환자들에게 여분의 인슐린을 공급하기 시작한 것이었다.[28,29] 실크로드 방식이 아니라 인터넷 뒷골목에서 마약을 몰래 유통하는 형태였지만 이들은 다른 사람의 생명을 구하려 했다. 그러나 코로나19가 대유행하기 전에도 미국의 당뇨병 환자 25퍼센트는 어둠의 경로로 약을 구해야만 했다. 이유는 인슐린 가격이 비싸기 때문이었다.[30] (라티노, 아메리카 원주민, 흑인처럼 당뇨병과 빈곤 비율이 모두 높은 집단은 특히 약을 구하기가 더 어려웠다.) 코로나19 범유행으로 국경이 폐쇄되기 전에는 미국보다 인슐린 값이 싼 멕시코나 캐나다로 가서 인슐린을 사 오곤 했다.[31]

미국인의 10퍼센트가 매일 투약해야 하는 것으로 추정되는 인슐린은 사노피Sanofi, 노보 노르디스크Novo Nordisk, 일라이 릴리 등 세 기업에서만 만들며 가격은 엄청나게 비싸다.[32,33] 한 달 분량의 인슐린 가격이 2012~2016년 사이에 32만 원에서 62만 원으로 두 배나 뛰었다.[34] 현재 인슐린 한 병의 가격은 34만 원이다. 한 달에 인슐린 여섯 병이 필요한 환자도 있으므로, 좋은 건강보험이 없는 사람은 이런 상황에서 유혹에 빠지기 쉽다. 혹은 인슐린을 사는 대신 식품을 사거나 월세를 내는 쪽을 선택할 수도 있다. 제약 회사는 혁신 비용 때문에 가격을 올릴 수밖에 없다고 주장한다. 제넨테크사나 밴팅과 베스트의 연구에서 살펴보았듯이 더 효율적인 제조법, 시험, 기술을 연구하려면 시간과 돈이 들며, 상장 회사는 연구개발에 넣은 투자금을 반드시 회수해야 한다.

여기서 역사적인 아이러니가 나타난다. 밴팅과 베스트 연구 팀이 1923년에 처음 인슐린을 발견하고 만들었던 상황을 떠올려 보자. 연구 팀은 그들이 발견한 것을 상업화하거나 이를 이용해서 돈을 벌려고 하지 않았다. 그 대신에 생명을 구하는 약품이 모든 환자에게 제공되길 바라면서 그들은 이 특허를 토론토대학교에 겨우 1달러에 넘겼다. 그러나 《뉴잉글랜드의학저널New England Journal of Medicine》 편집위원회는 "인슐린 가격 위기의 해법이 논의 중이다. [밴팅과 베스트 모두] 인슐린이 인류 모두의 것이라고 생각했다는 점을 (…) 기억할 필요가 있다. 거의 백 년이 지난 지금 인슐린은 미국인 수천 명의 손에 닿지 않는 비싼 약이 되었다"라고 지적했다.[35]

현재 인슐린은 공장에서 합성하지만 아직은 몸이 저절로 수행하는 과정을 모방하는 수준이다. 합성생물학이 발전하면 우리는 모방에 머무르지 않고 훨씬 더 정확하고 정교한 방식으로 작동하는 개인 맞춤형 인슐린 생산 세포주를 만들 것이다. 재제작 세포 개발에서 가장 유망한 신개발품은 필요할 때만 인슐린을 제조하는 세포이며, 그 영향력은 지대할 것이다. 앞으로는 비싼 인슐린 약병이 필요 없다면?

인슐린 펌프와 인슐린 주사 대신 혈당에 반응하는 합성 세포 1회분을 먹어서 스스로 인슐린을 만든다면?

공상과학 소설처럼 들리겠지만 미래는 생각보다 더 가까이 다가와 있을지도 모른다. 2010년에 걸출한 생명공학자 존 크레이그 벤터John Craig Venter 연구 팀은 세균의 전체 유전체를 합성했다. 자연에 이미 존재하는 유전체를 복제했지만 연구 팀은 여기에 살짝 반전을 넣었다. 합성 유전체에는 이 연구를 도운 과학자 46명의 이름과 함께 로버트 오펜하이머J. Robert Oppenheimer의 인용문, 제임스 조이스James Joyce의 시구, 퍼즐처럼 해독해야 하는 비밀 메시지가 들어 있었다. 세균은 증식하면서 이 새로운 생물 암호 즉 시구, 인용문, 메시지를 그대로 후손에게 물려주었다. 지정된 과업을 완수하도록 프로그래밍한 새로운 형태의 생명이 창조되고 번식할 수 있다는 최초의 증거였다.[36]

이는 인간 인슐린을 합성하는 일과는 비교도 할 수 없다. 컴퓨터로 생성한 유전체를 활용해서 만든 계획적이고 의도적인 생명체의 진화다. 벤터 연구 팀이 유전체 암호를 창조할 수 있다고 입증했던 2019년에 우리는 빌 같은 사람들을 유전자 공학의 힘을 빌려 치료하는 미래를 엿보았다.[37] 다시 말해 세포를 다시 프로그래밍할 수 있다면 당뇨병 환자는 체내 약국에서 인슐린을 생산할 수 있다는 뜻이다.

이를 폭넓게 살펴보면 심오하지만 문제도 많다. 과학자들이 "살아가고, 실수하고, 실패하고, 승리하고, 생명에서 생명을 재창조하기 위해"라는 워터마크가 새겨진 새로운 세균주를 창조할 수 있다면, 살아 있는 인간에게는 어떤 기능과 특징을 구축할 수 있을까?[38] 미래에는 모든 생명을 프로그래밍할 수 있다면 정확한 지식과 능력을 갖춘 사람은 불가해한 힘을 갖게 될 것이다. 그들은 좋은 일이든 나쁜 일이든 상관없이 무슨 일이든 하면서 생명을 창조하고 존재하는 생명체를 수정할 것이다.

단지 세포 하나, 인슐린 같은 단백질 하나가 아니라 인간의 전체 유전체를 향한 두 번째 경쟁이 예상 밖의 승자를 낳는 이판사판의 추격전이 된 이유이자 인간이 공유한 생물 암호를 사용하도록 승인할 주체가 누구인지에 대한 우려가 쏟아지는 이유다.

2

출발선에 서기 위한 경쟁

생명의 암호를 해독하면 생명체를 재구축하고 복구하는 데 더해 수많은 목적에 알맞은 생명체를 재설계할 수 있으리라는 가설을 발전시키려면 과학자들에게는 도구가 필요했다. 인슐린을 발견하고 합성하면서 인간은 지도, 도구, 결국에는 컴퓨터 시스템까지 구축했지만, 이 과정에서 새로운 문제가 다수 나타났다. 새로운 것을 발견하는 일은 과학 자체의 조직 및 정치 구조와 맞서는 일보다 오히려 쉬웠다. 더욱이 이 경쟁은 어마어마한 경쟁자들이 맞붙었다. 한쪽은 새로운 파수꾼, 최신 과학, 개인 투자자로 대표되고, 다른 한쪽은 전통적 방법을 선호하고 정부에서 자금을 조달하는 전통주의자를 대표했다.

이 경쟁의 윤곽은 과학자들이 유전자 서열을 읽기 전에 해결해야 할 결정적인 질문의 답을 찾으려 시도하면서 명백해졌다. DNA 가닥에 유전자는 얼마나 밀집해 있을까?

1980년대 초에 미국 에너지부와 미국 과학기술국은 유타주에서 열린 유전학 및 에너지 학회를 후원했다. 이 학회의 주제는 매우 끔찍한 사건과 그 여파에서 비롯되었다. 1945년에 미국이 나가사키와 히로시마에 원자폭탄을 투하하고 수년이 지난 뒤 미국 정부는 마지못해 일본인 생존자에 대한 연구를 진행했다. 의회가 에너지부 전임자와 원자력위원회, 에너지 연구개발위원회에 방사능의 영향에 관한 연구를 하도록 책임을 부여했기 때문이다.[1] 수십 년 동안 과학자들은 당시 사용했던 화학 물질과 방출된 방사능이 나타낸 결과를 분석하면서 유전체 구조와 방사능으로 인한 돌연변이를 연구해 왔다.

이 연구는 과학자들이 유타주에 모였던 1984년에도 여전히 진행 중이었다.[2] 학회에는 영향력 있는 실력자들도 참석했는데, 생물학자 데이비드 밧스타인David Botstein(매사추세츠 공과대학교), 생화학자 로널드 데이비스Ronald Davis(스탠퍼드대학교), 유전학자 마크 스콜닉Mark Skolnick과 레이 화이트Ray White(유타대학교)도 있었다.[3] 그러나 유전학자 조지 처치 George Church(하버드대학교)가 원자력과 인간 진화의 결과를 논박하면서 학회는 예기치 않은 방향으로 흘러갔다. 처치는 더 완벽한 유전체 지도가 필요하다는 생각에 사로잡혔고, 이는 새로운 논의로 이어졌다. 이론적으로는 DNA가 분열했다가 재조합될 때 분리되는 빈도에 근거해서 두 유전자 사이의 거리를 예측할 수 있었다. 과학자들은 이를 이용해서 인간 유전자 연관 지도genetic linkage maps를 만들 수 있으리라고 생각했다. 아직 기술적으로 실현할 수는 없어도 인간 유전체 지도를 만드는 일은 그럴듯해 보였다.

처치와 그에 동조하는 과학자들에게 유전체 프로젝트는 생각할수록 더 타당해 보였다. 그러나 이 연구는 엄청난 규모의 노력이 필요한 것이었다. 처치는 프로젝트의 아이디어를 탐구하기 위한 초기 노력의 촉매 역할을 했고, 이는 여러 학술회로 이어지면서 결국 인간 유전체 전체 서열을 해석하자는 계획이 마련되었다.[4] 하지만 곧 여러 연방 기관이 제시된 범위, 연구 자금, 주도권 등을 놓고 영역 다툼에 휘말렸다. (이전에는 시도하지 않았던) 인간 유전체 전체 지도를 만드는 프로젝트는 유타주 학회의 후원자인 에너지부가 아니라 미국 국립보건원(NIH)이 지휘해야 한다는 주장도 나왔다.[5] 한편, 미국 국립과학아카데미National Academy of Sciences는 의원들에게 의견을 제시하고 자문을 하기 위해 특별위원회를 구성했다. 1987년에 의회는 국립보건원에 새로운 조직이 필요하다고 결정했으며, 이를 인간유전체연구사업Human Genome Project(HGP)으로 명명했다. DNA 이중나선 구조를 밝혀 노벨상을 받고 국립보건원에서 연구하던 제임스 왓슨James Watson은 1988년에 분자 수준에서 유전체를 해독하는 일이 매우 중요하며, 수십 년이 걸리고 수조 원이 들더라도 반드시 해야 한다고 의회를 설득했다.[6]

국립보건원과 에너지부는 "인간 유전체 관련 연구 및 기술 활동에 협력한다"라는 제안서에 서명했고, 왓슨은 국립보건원에 설치된 새로운 인간유전체연구소Office of Human Genome Research를 이끌며 연구 프로젝트를 총괄했다.[7] 기본적으로 2005년까지 인간 유전체를 해독하는 15년짜리 계획으로, 5년 주기로 세 번의 연구 자금이 지원되었다. 미국 국립보건원이 연구 자금 대부분을 지원했고 에너지부는 보조만 했다.[8]

당시 국립보건원에는 빠른 연구 속도와 영향력으로 유명했던 전도유망한 젊은 과학자 존 크레이그 벤터가 있었다. 그가 세포 속에 조이스가 발표한 시구를 허락받지 않고 삽입해서 조이스를 귀찮게 하기 몇 년 전이었다.

벤터는 노동자 계급이 주로 거주하는 샌프란시스코 국제공항 바로 서쪽인 캘리포니아주 밀브레에서 자랐다.[9] 어릴 때부터 벤터는 위험한 일에 특출한 흥미를 드러내곤 했다. 그는 자전거로 비행기와 경주하기를 즐겼고, 공항 경비대로부터 하지 말라는 경고를 듣고도 경주를 멈추지 않았다. 평범했던 벤터의 집 근처에는 철도가 있었는데, 벤터는 종종 기차가 자신을 향해 달려오는 마지막 순간까지 철길 위에 서 있다가 피하기도 했다. 고등학교 시절에는 기술 과목과 생물학에서 모두 가능성을 드러냈고, 견실한 땜장이였던 벤터는 졸업할 때까지 고속 모터보트를 두 대나 만들었다. 그는 날이 좋으면 늘 해변에서 서핑을 즐기면서 시간을 보냈다. 물론 날이 좋지 않을 때도 서핑을 하곤 했다.[10]

1964년에 벤터는 징병을 피하려고 해군에 입대해서 샌디에이고 해군병원의 위생병, 즉 의사 보조로 일했다. 그는 오전에는 요추천자와 간 조직검사를 하고, 오후에는 라호이아의 모래 해변으로 나가 파도를 탔다. 그러나 벤터는 결국 베트남전에 파병되었고 1968년 구정 대공세 때 다낭의 해군병원에서 피로 얼룩진 복무 기간을 보냈다. 그는 상관들과는 내내 사이가 좋지 않았다. 복무를 마치고 돌아온 벤터는 캘리포니아대학교 샌디에이고 캠퍼스에서 박사 학위를 받았고, 맨해튼 프로젝트에 참가했던 유명한 생화학자 네이선 캐플런^{Nathan} Kaplan 밑에서 연구했다.[11]

벤터는 1984년부터 국립보건원에서 일하기 시작했다. 이때는 연구하는 유전자 서열을 읽으려면 많은 시간과 노력을 들여야 했던 시절이었다. 다른 과학자들이 연구하는 과정을 지켜본 벤터는 실험대에서 힘들게 프로젝트를 연구하던 때와 베트남에서 크게 다친 환자를 치료하던 때를 떠올렸다. 양쪽 모두 불완전한 정보를 바탕으로 문제를 해결해야 하는 상황이었다. 벤터는 경험에서 배운 대로 유전자 서열을 더 빨리 읽을 방법을 궁리한 끝에 유전자를 조각내어 서열을 읽은 뒤 퍼즐 맞추듯이 다시 서로 연결하는 방법을 생각해 냈다.

벤터는 유전자 전체가 아니라 유전자 조각을 해독하는 특이한 아이디어를 고안했다. 그는 역전사효소(RNA를 주형으로 상보적 DNA를 합성하는 효소-옮긴이)를 사용하여 mRNA 가닥을 DNA 가닥으로 재합성한 발현 유전자 단편^{expressed sequence tags} ESTs를 분리했다.[12] 이 짧은 DNA 조각들은 어떤 유전자가 있는지, 해당 DNA 조각이 유전체 어디에 위치하는지, 특정 세포나 조직에서 활성화되는지에 대한 통찰을 제공한다. 벤터는 ESTs를 이용해서 이전에는 알려지지 않았던 인간 유전자 단편을 찾기 시작했다. 만약 ESTs가 퍼즐 조각이라면, 주문 제작한 컴퓨터로 ESTs 서열을 확인하고 연결해서 더 큰 유전체 그림을 볼 수 있으리라고 생각했다.

동료 과학자들은 대충 훑어 읽는 이 방식이 자신들이 선호하는 꼼꼼하게 읽는 전통적인 방법에 비해 조잡하다고 여겨 받아들이지 않았다. 벤터는 동료들 의견을 묵살했다. 1991년까지 벤터는 약 350개의 새로운 인간 유전자 조각을 찾아냈는데, 그 수는 당시 다른 어느 과학자보다 훨씬 많았다.[13] 이 숫자를 쉽게 설명해 보면 인간 유전체는 최소 64억 개의 유전자 암호를 포함하며, 이는 대략《모비딕》 4000권에 든 글자 수에 해당한다.[14] 그러나 350개라는 숫자는 시작에 불과했다. 벤터의 새로운 방법은 이전의 전통적인 방법보다 더 쉽고, 더 강력하며, 더 빠르다는 사실이 드러났다. 자연스럽게 그의 방법에 위협을 느끼는 과학자들이 생겨났다. 벤터가 연구 결과를 발표하기 위해 동료 심사를 준비하자, 자신들의 평판이 떨어지고 유전체 서열 연구 지원금이 위태로워질까 염려해서 벤터에게 발표를 중단하라고 부탁한 과학자도 있었다. 그러나 벤터는 초강력 컴퓨터와 DNA 염기 서열 분석기를 활용한 연구 결과 발표를 강행했다. 그는 자신이 제안한 방법이 더 많은 정보를 더 빠르게 분석할 수 있으며, 그 기술을 설명한 자신의 논문은 인간 유전체 서열 분석에 도움이 될 것이라고 주장했다.[15]

제임스 왓슨은 젊은 부하 직원의 공격적인 방식을 허용하지 않았다.[16] 인간유전체연구사업은 거대하고 복잡한 사업이었고, 여러 연구팀이 수행하는 것이 가장 좋다고 생각했다. 왓슨은 다양한 미국 내 학술기관을 골라 DNA를 각각 서열 분석하게 했고, 대단히 난해한 이 프로젝트를 위해 미국 정부 기관과 세계에서 가장 큰 의학 재단인 런던 웰컴트러스트재단이 제공한 30억 달러(4조 1460억 원. 현재 가치로 따지면 대략 8조 3000억 원이다)라는 엄청난 예산을 소비했다.[17,18] 왓슨과 동료들은 연구 목표를 설정하기 위한 초기 5개년 계획의 초안을 작성했다. 우선 각각의 염색체와 클론 조각을 분리해 클론 라이브러리를 만듦으로써 인간 유전체 염기서열을 결정하는 데 필요한 기술을 개선하고 개발한다. 유전학과 물리학 기술을 모두 활용해서 이런 클론 중에 서열이 겹치는 클론을 찾아 분류한다. 1990년대 중반까지 이 클론들의 염기서열을 결정하고 컴퓨터로 서열을 분석해 유전자를 확인한 뒤 불치성 유전 질병, 예를 들어 헌팅턴병Huntington's disease, 취약X증후군fragile X syndrome 등과 연관된 유전자를 찾아낸다. 이 과정에서 더 빠르고 더 자동화된 DNA 염기서열 결정법을 개발한다.

왓슨은 변화를 반대하는 보수파를 대표했다. 그는 새로운 방법을 찾지 않고 벤터가 개발한 방법의 속도를 우려한 전통주의자였다. 그러나 왓슨의 좁은 견해는 과학적 발견을 제한하는 것에만 그치지 않았다. 왓슨과 프랜시스 크릭Francis Crick이 DNA 이중나선을 발견해서 유명해지기 전, 킹스 칼리지 런던에는 명민하고 젊은 과학자 로절린드 프랭클린Rosalind Franklin이 X선결정학x-ray crystallography 기술로 DNA 분자를 연구하고 있었다.[19] 그는 당시 세포 형질전환에 관여한다고 알려진 DNA가 어떻게 유전 정보를 암호화하는지 연구하는 중이었다. 프랭클린이 결정화한 DNA 분자 표본에 X선을 쬐자 DNA는 특징적인 패턴을 보여 주었지만 그는 이것이 어떤 구조인지 확신할 수 없었다. 한 선임 연구자가 프랭클린에게 알리지도 않은 채 그의 연구 결과를 왓슨에게 가져가 보여 주었고, 나머지 이야기는 여러분도 익히 알고 있을 것이다. 왓슨은 크릭과 함께 DNA 분자가 두 개의 뉴클레오타이드 사슬로 이루어진 이중나선이라고 제안했다. 왓슨은 이 발견에 대한 프랭클린의 공로를 인정하지 않았을 뿐 아니라 나중에 저서인 《이중나선The Double Helix》에서 프랭클린에게 성차별적 표현을 쓰기도 했다. 왓슨은 프랭클린은 절대 사용하지 않았던 '로지'라는 애칭으로 그를 부르며 어린애 취급을 했고, 프랭클린의 과학적 공헌보다는 외모만 평가했다.

처음에 모리스Maurice는 로지가 진정하기를 바랐다고 생각한다. 하지만 조금만 생각해 봐도 로지가 쉽사리 굽히지 않을 것임을 알 수 있었다. 로지는 자신의 여성성을 강조하지 않았다. 이목구비가 억셌지만 매력이 없지 않았고 옷에 조금만 신경을 썼더라면 꽤 아름다웠을 것이다. 하지만 로지는 그러지 않았다. 검은 직모와 대비되는 립스틱도 바르지 않았고, 서른한 살이나 먹고도 영국 블루 스타킹(18세기 영국 사교계에서 문학에 관심 있던 여성을 조롱하던 말-옮긴이)처럼 입고 다녔다. 영리한 소녀가 어리석은 남성과 결혼하지 않도록 원하는 전문직을 가지라고 지나치게 강요하는 불평 많은 어머니가 키웠다는 걸 쉽게 알 수 있었다.[20]

왓슨은 명백하게 여성, 유색인종, LGBTQ 단체에 편견을 드러냈고,

이들이 자연 과학 분야나 연구자로 일하는 데에는 적합하지 않다고 생각했다. 왓슨은 1997년에 런던《선데이 텔레그래프 Sunday Telegraph》와의 인터뷰에서 '게이 유전자'가 발견된다면 '게이 유전자'를 가진 태아를 임신한 여성은 낙태를 허용해야 한다고 말했다.[21] 캘리포니아대학교 버클리 캠퍼스 초청 강연에서는 자신은 뚱뚱한 사람은 고용하지 않으며, 어두운 피부색과 성적 능력은 유전적 연관성이 있다는 잘못된 견해를 말했다.[22] 2003년 BBC 다큐멘터리에서는 유전학 연구의 실용적인 현실 응용법은 그가 재앙이라고 여겼던 매력 없는 여성의 단점을 고치는 일이라고 말하면서 "모든 소녀가 예뻐지면 끔찍할 것이라고 사람들은 말한다. 하지만 나는 그렇게 되면 정말 좋겠다고 생각한다"라고 말하기도 했다.[23] 2007년에는《런던타임스 London Times》에서 아프리카인이 유럽인처럼 영리하지 않은 이유가 '품종' 탓이라고도 했다. "모든 [영국] 사회 정책은 흑인의 지성이 우리와 같다는 사실에 기반하지만, 모든 연구 결과가 이는 사실이 아니라고 말한다."[24] 같은 해《에스콰이어 Esquire》인터뷰에서는 유대인에 관한 편견을 강화했다. "왜 모든 이가 아시케나지 유대인처럼 영리하지 못할까?"라고 물으면서 왓슨은 영리한 부유층은 유대인이 아니더라도 자녀를 더 많이 낳도록 지원해야 한다고 주장했다.[25] 2019년에는 PBS 다큐멘터리에서 "흑인과 백인의 평균 IQ는 분명한 격차가 있으며, 이 격차는 유전자에서 기인한다고 본다"라고 명확하게 편견이 가득한 발언을 했다.[26]

왓슨이 벤터를 위협적으로 여긴 이유는 분명하다. 벤터는 항상 머리를 길게 길렀고, 여성에게 친화적이었으며, 어떤 사람이든 상관없이 현명한 사람들과 교류했다. 벤터에게는 오직 과학만이 중요했다.

벤터 역시 분노를 감추지 않았고, 이는 국립보건원과의 균열을 만들었다. 벤터는 자신의 방법이 인간 유전체 서열 분석을 더 빠르고 더 낮은 비용으로 할 수 있다고 믿었다. 그의 방법이 거부당한 이유는 벤터도 알다시피 국립보건원이 이미 확립된 구조와 접근 방법에 안주하기 때문이었다. 그러나 벤터는 그 이유를 무능한 관리자라고 생각했던 왓슨의 책임이라고 여겼다. 그는 왓슨이 조직한 관료 체제를 "과학과 동떨어진 무의미하고 짜증스러우며 절망스러운 방해물이 되었다"라고 비난했다.[27] 그러나 벤터도 부드럽게 설득하는 기술을 발휘할 인내심이나 능력이 없기는 마찬가지였다. 매력과 협상 기술은 거대한 조직에서 성공하는 비결이지만, 벤터는 도전적이고 퉁명스러운 태도로 인해 동료를 잃었다. 솔직하게 말하면 사람들은 벤터를 싫어했다. 벤터는 "나는 인간 유전체를 분석하는 아웃사이더에게는 전혀 관심 없는 집단과 싸우면서 시간과 에너지, 감정을 소모하고 있었다"라고 말했다.[28]

그런데도 국립보건원은 벤터가 발견한 유전자 단편의 특허를 신청하기로 했다. 특허를 가진 사람이 유전자 단편 사용을 허가할 결정권을 가지므로 이는 중요한 사안이었다. 벤터는 생물 물질 자체에 특허를 낼 생각은 하지 않았는데, 미국 특허상표청US Patent and Trademark Office이 이런 특허는 인정하지 않았기 때문이다. 따라서 벤터는 유전자 단편보다는 자신이 염기서열을 결정한 유전자 암호에만 특허를 내려 했다. 벤터의 이런 태도는 왓슨을 화나게 했다. 왓슨은 국립보건원 책임자인 베르나딘 힐리Bernadine Healy에게 소리를 지르면서 국립보건원의 특허 지원금을 철회하라고 요구했다. (힐리는 여기에 동의했다.)[29] 그러나 이 논쟁은 국립보건원을 넘어 의회까지 흘러갔다. 1991년에 왓슨과 벤터는 상원 공청회에 출석했다. 공청회장은 대부분 비어 있었다. 이때 미국은 걸프전에서 54만 명의 군인을 모두 철수시키기 시작했고, 로스앤젤레스 경찰관 네 명이 로드니 킹을 폭행하는 영상이 공개되었던 시기라 당시에는 극소수만이 이해할 수 있었던 모호한 주제를 두고 다툴 여력이 많지 않았다.[30,31] 소수의 상원 의원이 공청회에 나타났지만 이들 중 유전학을 깊이 이해하는 사람은 없었다. 상원 의원들은 연구와 특허에 대해 기본적인 질문만 했다. 도중에 격분한 왓슨은 벤터를 원숭이에 비유하면서 그의 연구에 대한 자신의 우려를 드러냈다. "그건 과학이 아니오!"라고 왓슨은 소리쳤다.[32]

10월에 특허청은 국립보건원의 특허 신청을 거절했다.[33]

왓슨과 국립보건원을 향한 절망이 점점 더 깊어지던 차에 벤터는 이전에 EST 염기서열 분석을 위해 국립보건원에서 받았던 연구 지원금을 사용하려 했다. 그제야 조직의 생태를 이해한 벤터는 연구 자금 사용을 요청했지만 유전체 프로젝트는 그의 요구와 연구 참여를 거부했다. 넌더리가 난 벤터는 연구 지원금을 반환하고 왓슨에게 통렬한 비난 편지를 보냈다. 얼마 뒤 벤터는 국립보건원을 떠났고, 벤처 투자자 월리스 스타인버그Wallace Steinberg를 만나 자신의 EST 방법을 활용하는 기업을 세우겠다는 제안을 받았다. 벤터는 기업 운영에는 신경 쓰지 않고 기초 연구에만 전념하고 싶었으므로 두 사람을 타협점을 찾았다. 벤터는 유전체 학자이자 미생물 유전체 전문가인 아내 클레어 프레이저Claire Fraser와 함께 유전체연구소The Institute for Genomic Research(TIGR)에서 연구했다. 스타인버그는 영리 목적의 기업인 휴먼게놈사이언스Human Genome Sciences사를 설립했다. 두 기관은 함께 일하면서 벤터가 유전체연구소에서 연구한 결과를 휴먼게놈사이언스사가 상업적으로 개발했다. 그 여파로 왓슨은 1992년에 인간유전체연구사업 책임자 자리에서 물러나야 했다. 퇴진 사유는 그가 벤터와 일으킨 분쟁과 특허 획득 실패였다.[34] 왓슨은 격분했지만 결국 대중의 관심에서 멀어진 채 뒤에서 조용히 인간유전체사업을 조종하며 조언할 수밖에 없었다.

1994년에 인간유전체연구사업은 초파리, 효모, 회충, 대장균의 유전체 지도를 만들 기술과 방법을 축적했다. 그러나 연구는 더디게 진행되었다.[35] 한편 벤터와 당시 존스홉킨스의과대학교에 있던 해밀턴 스미스Hamilton O. Smith는 여러분이 짐작했듯이 또 다른 논란을 몰고 온 기술로 작업 속도를 높이는 방법을 제안했다. 바로 숏건 염기서열 분석법shotgun sequencing이다. 전통적인 유전체 지도 작성 방법을 살펴보면, 과학자들은 시간과 노력을 들여 각각의 염색체를 분리하고, 이를 일정 간격의 작은 DNA 조각으로 자른 뒤 이 조각들을 순서대로 정렬하고, DNA 염기서열 분석기에 집어넣어 염기 순서를 '읽는다'. 이 과정은 논리적이고 질서정연하지만 느리다. 눈보라 속에서 긴 고속도로를 달리면서 바로 앞의 짧은 거리만 보면서 운전하는 것과 같다.[36]

스미스와 벤터는 숏건 염기서열 분석법으로 유전체 DNA 여러 개를 짧게 잘라서 그 조각을 세균 플라스미드bacterial plasmid(세균 염색체와는 별개로 존재하는 원형 DNA로 자율적으로 증식함-옮긴이)에 클로닝했다. 각 플라스미드는 수백 개의 DNA 염기를 포함하게 되며 이것으로 염기서열을 결정한다. 소프트웨어로 각 DNA 조각의 서열을 불러들인 뒤 서열이 일치하면서 겹치는 부분을 찾는다. 이런 방식으로 전체 유전체를 조립한다. 이는 클로닝한 플라스미드 순서를 정하느라 시간을 낭비할 필요가 없었다.

쉽지는 않은 방법이다. 숏건 염기서열 분석법은 이전에 소규모 연구에서 활용한 적은 있지만 인간 유전체처럼 복잡하고 거대한 프로젝트에는 사용해 본 적이 없었다. 겹치는 부분이 나오게 하려면 DNA를 무작위로 잘라야 하므로 염기서열을 결정하고 조립할 DNA 조각 수가 엄청나게 많아진다. 이를 위해서는 맞춤형 소프트웨어와 컴퓨터 하드웨어가 필요하다. 그래도 이 기발한 방법은 과학계를 놀라게 했다.

스미스와 벤터는 어린이에게 뇌수막염meningitis을 일으키는 헤모필루스 인플루엔자Hemophilus influenzae 세균의 숏건 염기서열 분석 연구비를 국립보건원에 신청하면서 연구 기한은 1년이면 충분하다고 장담했다.[37] 이 세균의 암호는 180만 개였고, 따라서 1년 안에 연구를 완료하려면 주말을 포함해서 매일 5000개의 암호를 정확하게 읽고 조립해야 했다.[38] 국립보건원의 연구계획서 심사위원회는 이 연구신청서에 낮은 점수를 매기면서 숏건 염기서열 분석법으로 유전체를 분석하기는 불가능하고 위험하다고 지적했다. 스미스와 벤터는 그 결정에 불복했다. 하지만 국립보건원이 항소위원회를 거쳐 답을 줄 때까지 기다릴 가치가 없다고 판단한 벤터는 연구를 강행했다.

일 년 뒤인 1995년 5월, 벤터와 스미스는 워싱턴 DC에서 열린 미국미생물학회 총회에서 기조 강연을 맡았다.[39] 앤드루는 청중으로 참석했는데, 이때 그는 동료인 켄 샌더슨Ken Sanderson과 켄 러드Ken Rudd와 함께 *살모넬라 티피무륨*Salmonella typhimurium의 하이브리드 지도(반은 유전자 지도, 반은 물리적 지도)를 연구하고 있었다. 앤드루는 벤터와 스미스가 *헤모필루스 인플루엔자* 유전체의 완벽한 염기서열 분석을 발표한 강연을 들으면서 수천 명의 과학자가 충격으로 침묵에 잠겼던 순간을 기억한다. 벤터와 스미스는 컴퓨터가 생성한 지도를 사용해 유전체 구조를 놀라울 정도로 상세하게 보여 주면서 분석 과정의 각 단계를 세세하게 설명했다. 독립 생활 생물의 완전한 유전체가 최초로 밝혀진 순간이었다. 그 뒤 스티브 잡스가 "한 가지 더One more thing"라는 그의 유명한 어구를 유행시키기 4년 전에, 벤터와 스미스는 두 번째 세균 *마이코플라즈마 제니탈륨*Mycoplasma genitalium의 완전한 유전체 지도까지 공개하면서 강연을 마무리했다.

앤드루는 이 강연이 매우 중대한 발표라는 사실을 깨달았다. 그는 최초로 유전체 서열이 결정되는 생물은 널리 연구되며 유전체 지도가 부분적으로 작성된 대장균일 것이라고 생각하고 있었다. 그러나 벤터와 스미스는 미생물학계 전체를 역전하며 앞서나갔다. 앤드루는 곧 학계를 떠나 벤터 수준의 유전체 염기서열 분석 기술과 재정적 자원을 대규모로 갖춘 바이오 제약 기업 암젠Amgen사에 합류했다.

두어 달 후에 벤터와 스미스는 계획대로 두 미생물 유전체의 상세 지도를 저명한 과학 학술지《사이언스 Science》에 발표했다.[40,41] 틀림없이 벤터를 기쁘게 했을 작은 아이러니라면, 이 논문이 국립보건원 항소위원회에서 그들의 연구계획서에 대한 최종 거절 편지를 보내온 시기에 발표되었다는 점이다. 국립보건원의 거절 편지에는 스미스와 벤터의 숏건 염기서열 분석법이 실현될 수 없는 방법이라고 쓰여 있었다.

한편 유명한 의학유전학자 프랜시스 콜린스Francis Collins는 왓슨이 축출된 후 인간유전체연구사업의 새 책임자가 되었다. 하지만 왓슨은 계속 개입했고, 비공식 루트를 통해 콜린스에게 자기 의견을 전달했다. 유전체연구소 과학자들은 새 연구 프로젝트를 시작했지만 벤터는 유전체 서열 분석을 완성할 더 나은 방법이 있다는 사실을 알고 초조해졌다. 벤터의 생각은 일리가 있었다. 인간유전체연구사업이 현재의 속도로 진행된다면 계획 마감 시일인 2005년까지 성공적으로 서열이 결정되는 유전자는 소수일 것이라는 사실이 내부 감사에서 드러났다. 왓슨이 구성한 복잡한 조직에서는 수많은 다양한 연구 집단이 연구 지원금을 받았지만 모두가 제대로 연구 사업을 수행하지는 않았다. 비대한 조직은 추진력을 잃으면서 인간유전체연구사업 자체를 질식시키고 있었다.

속도는 중요하다

퍼킨엘머Perkin-Elmer사를 엑슨Exxon사나 프록터앤드갬블Procter & Gamble사와 혼동하는 사람은 없을 것이다. 그러나 퍼킨엘머사는 특수 분야의 거인으로, DNA 염기서열을 분석하는 과학자들이 사용하는 시약 및 화합물 시장의 90퍼센트를 장악했다. 1990년대에 퍼킨엘머사 사업 부문의 하나인 어플라이드 바이오시스템스Applied Biosystems는 비밀 프로젝트를 통해 DNA 염기서열 자동분석기기 ABI 프리즘 3700을 만들었다. 빠른 속도로 DNA 서열을 연속해서 분석하는 ABI 프리즘 3700은 당시 사용하던 크고 평평한 시퀀싱 겔을 겔이 채워진 얇은 모세관 혹은 튜브로 대체한 기계였다.[42]

앤드루는 미국미생물학회가 열리기 몇 달 전에 앨버타주 에드먼턴에 놈 도비치Norm Dovichi 박사를 만나러 갔다가 이 기기의 원형 장치를 보았다. 앤드루는 저명한 분석화학자이자 단일 분자 검출법 전문가인 도비치 박사에게 새로운 '합성을 이용한 염기서열 분석' 개념에 대한 공동 연구를 제안했다. 도비치 박사는 예의 바르게 앤드루의 설명을 들었지만 자신은 너무 바쁘다고 말했다. 게다가 그는 이미 새로운 염기서열 분석기를 개발하고 있었고, 앤드루에게 이를 흔쾌히 보여 주었다. ABI 프리즘 3700 원형 기기는 32개의 모세관을 장착했으며 각 모세관은 이전의 평판 시퀀싱 겔의 한 '레인lane'에 해당했다. (최종 버전에는 모세관 96개를 장착했는데, 이는 자동화 기기 시스템에서 사용하는 표준 마이크로플레이트 웰 수와 같다.) 도비치 박사는 성능 지수performance number(다양한 작업을 하는 기계 장치가 작업 부하를 받으면서 예상 작업을 잘 수행하는지 여부를 나타내는 점수-옮긴이)도 알려 주었다. 재빨리 계산해 본 앤드루는 이 기기 하나로 2주 만에 세균 유전체를 염기서열 분석할 수 있다는 사실을 깨달았다.[43]

ABI 프리즘 3700 기기 하나로는 인간 유전체를 분석하기에 충분하지 않았지만, 퍼킨엘머사 경영진 중에는 이 기기 수백 대를 동시에 사용하면 전통적인 방식보다 인간 DNA를 더 빨리 해독할 수 있다고 믿는 사람도 있었다. 결과에 일부 결함이 있을 수도 있겠지만 그 정도는 1차 과정에서 발생하는 오류에 지나지 않고, ABI 프리즘 3700으로 반복해서 분석하다 보면 잃어버리거나 왜곡된 암호 조각이 모두 수정될 것이었다. 이 부분은 회사 재무 담당자들이 관심을 보였다. 근본적으로 염기서열 분석을 다시 하면 알려진 것처럼 몇 달이 아니라 몇 년이 걸릴 수도 있는 문제였고, 사실 기기 판매보다는 시약과 화합물 판매가 회사에 훨씬 더 높은 이익을 안겨 주었기 때문이다.

퍼킨엘머사 경영진은 벤터와 그의 숏건 염기서열 분석법을 알고 있었으므로 자신들의 ABI 프리즘 3700을 벤터의 분석법과 연계하면 유전학의 놀라운 돌파구로 이어질 것이라고 생각했다. 벤터도 곧 이 방식이 유전체 해독 속도를 높일 것이라는 사실을 깨달았다. 결국 1998년에 벤터와 연구팀은 인간 유전체 염기서열 분석을 위해 벤터의 기술과 ABI 프리즘 3700 기기를 기반으로 구축한 민간 기업을 설립한다고 국립보건원에 알렸다.[44] 그들은 민관 협력을 제안했다. 벤터의 방법론과 기기, 그리고 정부 소속 과학자들의 보다 전통적인 연구를 결합하면 연구 마감 시한인 2005년 이전에 인간 유전체 해독을 마칠 수 있었고, 그 과정에서 공적 지원금을 크게 아낄 수 있었다.[45] 벤터는 데이터를 공유하자고 제안했고, 인간 유전체 서열이 발표되면 인류 역사상 가장 위대한 과학적 성취를 완수하는 영광을 나누게 될 것이었다. 누구도 감히 입 밖에 내지는 못했지만, 노벨상을 받는다면 그 영광도 함께 나누게 될 것이다.

콜린스는 벤터에게 그의 제안을 고려해 보겠다고 말했다. 그러나 벤터의 제안을 완전히 신뢰할 수는 없었다. 벤터는 이미《뉴욕타임스New York Times》와의 인터뷰에서 자신의 새로운 회사인 셀레라Celera(라틴어로 '속도'라는 뜻이다)사가 2001년까지 인간 유전체 서열을 분석할 것이라는 내용을 슬쩍 흘렸던 터였다. 이는 인간유전체연구사업이 동일한 연구를 완수하겠다고 약속한 기한보다 4년이나 빠른 것이었다. 이 기사는 셀레라사가 공적 연구사업 예산의 일부에 지나지 않는 비용인 3억 달러(4137억 원) 이하로 연구를 수행할 것이라고도 보도했는데, 이 비용은 연방 정부가 끌어온 공적 자금의 10분의 1도 안 되는 금액이었다.《뉴욕타임스》기사는 결국 벤터의 연구 팀이 입증된 방법과 최신 슈퍼컴퓨터를 사용하면 더 느리고 전통적인 방법을 사용하는 인간유전체연구사업은 문제가 될 수 있음을 시사했다.[46] 기사가 나간 뒤 벤터의 다음 일정은 인간유전체연구사업 회의였고, 여기에서 벤터는 참석자들에게 순식간에 연구에서 뒤처질 테니 연구사업을 그냥 중단하라면서 조롱했다.

벤터의 모욕적인 언사는 여기서 그치지 않았다. 인간유전체연구사업 회의가 끝난 뒤 어떤 진전이 있었는지 설명하는 기자회견이 열렸다. 연단에서 콜린스 옆에 앉은 벤터는 기자들에게 인간유전체연구사업은 성공할 가능성이 더 큰 연구, 즉 생쥐 유전체 서열 분석을 하는 게 나을 것이라고 말하기도 했다. 자기가 말하고도 너무 심했다고 생각했는지 벤터는 뒤늦게 덧붙였다. "생쥐는 인간 유전체를 해독하는 데 중요한 생물입니다." 기자회견이 끝난 뒤, 벤터나 콜린스와 달리 연단에 오르지 못했던 왓슨은 이성을 잃고 공개적으로 벤터를 히틀러에 비유하며 비난을 퍼부었다.[47] 후에 왓슨은 체임벌린이 아니라 처칠처럼 행동하라며 다른 사람들 앞에서 콜린스를 나무랐다.[48]

인간유전체연구사업을 수행하는 다른 과학자들이 벤터의 방법론이나 가차 없는 평가에 화만 낸 것은 아니었다. 그들은 인간유전체연구사업처럼 중요한 연구를 수행하기 위해 영리를 추구하는 기업을 세우는 일은 옳지 않다고 믿었다. 또한 벤터가 목표를 이루는 데 있어 그들을 앞서갈 뿐 아니라 연구 결과물을 공유하지 않을까 봐 걱정도 했다. 기술적으로 셀레라사는 누구나 유전자 암호를 보고 활용하도록 공개할 수 있었다. 그러나 적절한 컴퓨터 시스템이 구축되지 않는다면, 그리고 벤터의 방법론에 관한 깊은 지식이 없다면 공유한 데이터베이스를 이해할 수 없을지도 모른다. 여기에 더해 누구든 진짜 분석 결과, 즉 유전체 어디에 무엇이 있는지에 관한 중요한 정보를 원한다면 돈을 내야 할 수도 있었다.

런던에 본사를 둔 인간유전체연구사업의 주요 후원 기관인 웰컴트러스트재단 고위층은 이 모든 소동을 전해 듣고는 민간 기업, 특히 오랫동안 지원해 왔던 프로젝트의 이탈자가 운영하는 기업이 갑자기 끼어들어서 공공 연구사업이 돈을 낭비하고 있다고 말하자 근심에 휩싸였다. 웰컴트러스트재단 경영자들은 상당한 액수의 자선 기부금을 낭비하고, 연구사업 전체가 위험에 처할 수 있는 상황을 우려하면서 미국으로 왔다. 콜린스는 벤터의 자아가 팽창되어 허풍을 떠는 경향이 있으며 자동화 기기와 숏건 염기서열 분석법을 사용하는 벤터의 방법은 제대로 작동하지 않을 것이라고 말하면서 연구사업은 문제가 없다고 재단 경영자들을 설득해야 했다. 여기에 더해 콜린스는 《USA투데이USA Today》에서 셀레라사는 "간단한 요약본이나 《매드Mad》 잡지(미국의 오래된 유머 잡지-옮긴이) 버전"의 인간 유전체 지도밖에 만들지 못할 것이라고 언급했다.[49]

  경쟁이 시작되었다. 벤터는 2001년에 인간 유전체 염기서열 분석 초안을 작성하고 2003년에는 완전판을 발표하겠다고 말했다. 인간 유전체연구사업은 선택의 여지가 없었다. 연구의 속도를 높여야 했다. 왓슨은 인간유전체연구사업에서 사용할 30만 달러(4억 1370만 원)에 달하는 자체 ABI 3700 기기를 사들일 자금을 가외로 마련하기 위해 의회에 로비를 시작했다. 국립보건원은 프로젝트를 통합하고 세 개의 학술 기관 즉 베일러대학교, 매사추세츠 공과대학교, 워싱턴대학교로 사업을 집중시켰다. 그러나 이 과정에서 많은 연구자가 연구사업에서 밀려났다. 그때까지 수백 명의 과학자가 이 프로젝트를 위해 거의 십 년을 일했지만 지원되던 연구 자금이 갑자기 삭감되었기 때문이다. 왜 이런 일이 일어나는지는 뻔했다. 갑자기 나타난 새로운 경쟁자가 프로젝트를 재편한 결과였다.

암호를 해독하다

경쟁이 시작되면서 국제 컨소시엄과 셀레라사의 협력을 조성하려는 시도가 있었지만 2000년 2월에 긴장이 그 어느 때보다 높아지면서 협상은 결렬되었다. 대부분의 언쟁은 언론을 통해 일어났다. 인간유전체연구사업이 셀레라사에 보낸 편지에서 그들의 방법적 문제점을 상세히 지적한 내용을 언론에 흘리자 이에 격분한 벤터가 기자들에게 인간유전체연구사업은 그저 '저열한low life' 대응에 기대고 있다고 말했다. 한편 인간유전체연구사업의 한 주요 멤버는 공개된 유전체 데이터와 함께 소유권을 가진 연구 결과를 판매하려는 셀레라사의 계획은 '사기'라고 말했다.[50]

  2000년 3월, 벤터는 중대한 발표를 했다. 자신의 기술과 ABI 프리즘 3700 기기를 사용하는 셀레라사가 초파리Drosophila 유전체 서열을 분석했다는 내용이었다.[51] 이 연구 결과는 벤터가 내내 했던 주장과 셀레라사의 방법론을 모두 입증했다. 이제 수백 대의 ABI 프리즘 3700 기기는 제임스 본드 시리즈 〈스카이폴Skyfall〉에 나오는 거대한 규모의 현대 서버 팜server farm(데이터 관리를 위해 서버와 운영 시설을 모아 놓은 곳-옮긴이)처럼 암호를 해독하면서 질주하고 있었고, 이 모든 일이 '서버 팜'이라는 용어가 만들어지기 수년 전에 일어났다. 벤터는 셀레라사가 인간 DNA 분석을 시작했다고 말하면서 곧 12억 개 암호로 이루어진 인간 유전체 지도 초안을 완성할 것이고, 인간 유전자 6500개의 임시 특허 출원을 신청했다고 밝혔다.

특허는 수익성이 높은 사업 모델과 연결되며, 특허를 소유한 사람은 막대한 부를 이룰 수 있었다. 무슨 일이 일어나고 있는지 알고 싶다면 모노폴리 게임을 떠올려 보자. 단, 이 게임은 주사위 놀이나 무작위 우연이 아니라 과학적 발견을 통해 부여되는 수단과 특권으로 진행된다. 유전자에 제일 먼저 다다른 연구 팀은 그 소유권을 주장할 수 있었다. 특허는 게임에서 집이나 호텔을 짓는 것에 비유할 수 있으며, 그 유전자를 사용하려는 사람은 누구나 특권에 대해 요금을 내야 한다(여기서는 특허 사용료). 벤터의 게임은 단순하고 분명한 전략으로 뒷받침되었다. 벤터는 기본적으로 임시 특허 출원을 낼 수 있는 모든 유전자에 특허를 신청해 두었고, 어느 특허가 소유할 가치가 있는지는 나중에 결정하겠다는 의도였다.

건강, 의학, 유전학에서 특허는 난치병을 치료하는 신약처럼 특허 소유자가 수익성 높은 상업 제품을 만들 수 있으므로 중요하다. 셀레라사가 특허를 소유한다는 말은 해당 유전자에서 나오는 모든 것이 셀레라사에 17년간 귀속된다는 뜻이다. 그러나 여러 회사가 인간 생명을 이루는 핵심 요소인 유전자에 관한 특허를 서로 나누어 가졌다고 생각해 보자. 셀레라사가 특정 유전자에 대해 권리를 주장하면 인간유전체연구사업에서는 다른 유전자에 대한 소유권을 주장할 테고, 그 외 다른 기업이나 정보 기관은 또 다른 유전자에 관한 권리를 주장할 것이다. 인간 유전체 분석은 중요하지만, 유전자 지도의 권한을 분할하는 행위는 이 연구사업에서 도출할 중대한 정보를 축적하는 과정을 지연할 수 있다. 얽히고설킨 의료 문제를 새로운 유전자 치료법으로 해결하기 위한 협력을 어렵게 할 수도 있고, 치료법의 비용이 쓸데없이 비싸질 수도 있다. 모노폴리 게임에서 빨간색과 주황색 자산은 통계적으로 말들이 머물 확률이 더 높은 부지이며, 따라서 임대료를 더 많이 받을 수 있다. 만약 인간유전체연구사업과 셀레라사가 모노폴리 게임판 안에서 서로를 추격하면서 빨간색과 주황색 자산, 즉 일반적인 유전자 치료법에 가장 유용한 유전자 서열과 특허를 더 많이 확보하려 경쟁한다면 문제가 될 것이다.

과학계는 이런 지식재산권 문제로 고민했다. 셀레라사는 인간 유전자 수천 개의 특허를 출원할 수 있었고, 일단 특허가 출원되면 벤터가 무슨 일을 하려 할지 누가 알겠는가?

이런 우려는 실존적인 문제이기도 했다. 만약 셀레라사가 성공한다면 전통적인 방식의 기초 연구, 보통은 거대 연구소와 정부 기관이 진행하는 연구가 최선의 방식이 아닐 수도 있으며, 소규모의 기민한 엘리트 집단이 훨씬 더 효율적이라는 신호탄이 될 것이다. 전통에서 벗어난 벤터의 방식은 위협적이었다.

셀레라사는 실험적인 신기술 연구 외에도 생명공학 기술과 관련된 새로운 사업 모델을 준비하고 있었다.[52] 벤터가 가공하지 않은 원천 자료를 대중에게 공개하는 대신 그의 기업은 소프트웨어를 판매하고, 가공한 데이터의 사용료를 받으며, 데이터를 활용할 수 있는 엄청난 염기서열 분석기를 사용할 권한을 판매한다는 계획을 세웠다. 한때 셀레라사의 기업 가치는 35억 달러(4조 8265억 원)에 이르렀고, 이는 인간유전체연구사업 예산보다 5억 달러(6895억 원)나 많은 액수였다.

이에 더해 인간 유전체처럼 보편적이고 선천적인 것을 대상으로 이익을 얻겠다는 동기는 많은 사람의 우려를 불러왔다. 인간 유전체는 공공재가 되어야 하지 않을까? 특히 이때까지 연구에 투입된 자금은 몇몇 국가의 세금으로 충당하지 않았는가? 왜 특정 기업이 재정적으로 뜻밖의 횡재를 독점하는가?

과학계가 논쟁을 벌이는 동안 2000년 4월 6일, 벤터는 셀레라사가 필수 DNA 염기서열 분석을 완료했으며, 인간 유전체의 '첫 번째 조립'을 시작했다고 발표했다.[53] 인간 유전체 초안이 완성되기까지는 몇 주 정도면 충분했고, 이는 예상보다 너무나 빠른 속도였다.[54] 이 인간 유전체는 한 사람의 유전체였다. (이 사람이 누구인지는 밝혀지지 않았지만 벤터의 DNA가 아닐까 생각하는 사람도 있다. 벤터는 이것이 자기 유전체라고 확답하지 않았지만 부인하지도 않았다.) 반면에 인간유전체연구사업은 여러 사람의 유전체를 사용했다.

이제 셀레라사가 공공 연구사업과의 경쟁에서 승리할 것이 확실해졌지만 공공 자금이 상당량 투입되었으므로 관련 단체는 모두 인간 유전체 염기서열을 결정하는 경쟁과 여기에서 나오는 지식, 발견, 새로운 프로세스는 무승부로 끝나리라고 생각했다. 셀레라사와 인간유전체연구사업은 명예를 나누게 될 것이었다. 그러나 까다로운 문제가 남아 있었다. 제약사와 생명공학 기업은 결국 학계 과학자, 정부 기관, 스타트업 같은 다른 단체가 유전체 염기서열과 특허를 사용해야 한다는 점을 알고 있었다. 새로운 치료법을 개발하려면 유전체의 원천 자료와 해당 데이터를 해석할 능력이 있어야 했지만, 여기에 비용을 지불하고 싶지는 않았다. 또한 셀레라사는 휴먼게놈사이언스사와 인사이트Incyte사라는 작은 경쟁 상대가 있었는데, 두 기업은 유전체 서열 분석을 위해 엄청난 재정적 위험을 감내했으므로 사용한 비용을 다시 회수해야 했다.

이 같은 복잡한 문제는 모두 이런 형식의 연구가 가진 엄청난 영향력을 보여 주었다. 유전자에 대한 접근을 통제하는 자가 누구든 생물학의 미래에 대한 접근을 통제할 수 있었다. 다른 사업 분야에서는 어떤 조직이 자신의 연구를 어떻게 포장해서 통제권과 이익을 가져갈지를 두고 논쟁을 벌이지는 않을 것이다. (가장 비슷한 사례를 들자면 아마 개인정보에 접근하고 통제하는 권한을 두고 벌어진 최근의 논쟁을 들 수 있겠다. 하지만 이 글을 쓰는 지금 어떤 조치도 취해지지 않았고 아무런 결론도 나지 않았다.) 그러나 이는 생명공학 분야와 이제야 서서히 드러나는 합성생물학의 세계가 지구상에 나타났던 그 어떤 사업과도 다른 이유를 잘 보여 준다.

평화 회담

관련된 모든 문제에 관한 우려가 커지면서 결국 정부가 개입했다. 2000년 6월 26일, 벤터와 콜린스는 백악관에서 빌 클린턴 대통령과 만나 협력하는 척해야 했다. 콜린스와 웰컴트러스트재단을 통해 이 문제에 엮인 영국 총리 토니 블레어도 위성으로 만났다.[55] 왓슨은 이 회담에 초청받지 못했지만 클린턴 대통령은 정중하게 그의 권위를 인정했다.

약 200년 전에 바로 이곳, 이 방에서 토머스 제퍼슨 대통령과 그의 신임을 받는 보좌관이 장엄한 지도, 오랫동안 제퍼슨 대통령이 생전에 보기를 염원했던 지도를 펼쳤습니다. 보좌관은 메리웨더 루이스였고 지도는 미국 영토를 가로질러 태평양에 다다른 그의 위대한 탐험의 결과물이었습니다. 이 지도는 국경선을 명확하게 결정했고, 아메리카 대륙과 우리의 상상력의 한계를 끝없이 확장했습니다.

오늘 세계는 여기 이스트룸에 모여서 그보다 더 중요한 지도를 함께 보고 있습니다. 우리는 인간 유전체의 첫 번째 지도가 완성된 것을 축하하기 위해 여기 모였습니다. 분명 이 지도는 인류가 만들어 낸 가장 중요하고 가장 놀라운 지도입니다.

젊은 영국인 크릭과 자신만만하고 더 젊은 미국인 왓슨이 인간 유전자 암호의 우아한 구조를 처음 발견한 지 50년도 채 지나지 않았습니다. 왓슨 박사님, 박사께서 《네이처Nature》에 발표했던 "이 구조는 생물학적으로 상당히 흥미로운 새로운 특징을 보여 준다"라는 문장은 겸손함의 표본이었습니다.

감사드립니다.[56]

대통령은 이어서 인간 유전체 지도를 만드는 경쟁은 끝났지만, 이제부터는 정부와 민간의 과학자가 협력해서 모두의 이익을 위해 오류 없는 최종적인 인간 유전체 지도를 완성할 것이라고 발표했다. 그후에는 모든 유전자를 찾아내고 궁극적으로는 모든 데이터를 이용해서 새로운 의학 치료법을 개발할 것이다.

그러나 이 역사적 선언은 경고로 끝이 났다. 클린턴 대통령은 과학 자체는 현재 인류가 지닌 "윤리적, 도덕적, 영적 힘"의 결정권자가 될 수 없다고 말했다. 유전자 정보는 특정 집단을 낙인찍거나 차별하는 데 사용되어서는 안 되며, 사생활을 파헤치는 데 활용되어서도 절대 안 된다고 말했다. 토니 블레어 총리는 이어서 "우리는 모두 인간 유전체의 공동 재산이 인류 전체의 공익을 위해 자유롭게 활용되도록 보장할 의무를 공유한다"라고 강조했다.[57]

클린턴 대통령이 벤터와 콜린스에게 축하를 건네고 악수를 하기 전에 벤터는 이렇게 말했다. "바이러스부터 세균, 식물, 곤충, 이제 사람에 이르기까지, 스물네 종 이상의 DNA를 해독하면서 나와 동료들은 모든 생물에게서 유전자 암호와 진화라는 공통점을 발견하고 경이로움을 느꼈습니다. 생명의 가장 깊숙한 본질까지 파고들면 인간은 지구상의 모든 종에 보편적으로 존재하는 유전자를 다수 갖고 있으며, 서로가 크게 다르지 않다는 사실을 알게 됩니다. 아마 여러분의 DNA 염기서열이 다른 동물의 단백질 서열과 90퍼센트 이상 일치한다는 점을 알면 놀랄 것입니다."[58]

무신론자인 벤터는 신성을 엿보고 온 사람처럼 예전과 달리 겸손한 태도로 말했다.[59] 벤터가 겸손해진 데는 다른 이유도 있었다. 유전자 염기서열 분석에서 그가 이룬 성취는 위대했지만, 그는 출발선에 서기 위한 경쟁에서 승리했을 뿐이라는 사실도 알았다. 합성생물학의 미래를 설계하는 진짜 게임은 이제 막 시작되었을 뿐이다.

3

생명의 기본 단위

세포는 정보를 전달하는 우아한 만능 기계다. 정보를 저장하고 검색하고 가공하는 등 컴퓨터처럼 움직이지만 모두 다르게 보인다. 세포는 또한 완전히 자동화된 최첨단 공장처럼 움직이는데, 각 부서는 원하는 물질을 만들기 위해 특별한 업무를 수행한다. 이런 비유는 생물을 블랙박스처럼 생각하는 인간의 정신 모델에 이의를 제기한다. 우리는 입력값을 인지하고(아마 통제도 할 수 있고) 결과물도 볼 수 있다. 그러나 생물이 창조되는 몸속 과정과 조작 체계는 이해하기 어렵다. 만약 생물의 기본단위인 세포를 조작할 수 있다면 우리는 이 기계를 조종해서 원하는 일을 할 수 있을 것이다.

　세포가 제품과 서비스를 생산하기 위해 명령을 수행하는 축축한 생물 컴퓨터라는 비유에 동의한다면, DNA의 프로그래밍 언어가 이

진법이 아닌 디지털이라는 생각도 도움이 될 것이다. 여러분의 책상 위에 있는 컴퓨터와 스마트폰 속에 든 컴퓨터는 1과 0, 두 개의 기호로 구성된 언어(따라서 이진법이다)를 이해하며, 각 기호는 참(1)과 거짓(0)을 나타낸다. 1이나 0을 보통 8개씩 묶어 바이트byte로 처리하고, 이는 디지털 정보의 기본 단위가 된다. A를 나타내는 이진법 암호는 01000001이다. AMY를 쓰고 싶다면 3바이트가 필요하고 1과 0을 정확하게 조합해야 한다.

반면에 DNA의 프로그래밍 언어는 A-C-T-G를 사용하며, DNA 버전의 바이트는 코돈으로 8개가 아니라 3개가 필요하다. 예를 들어 ATG는 아미노산 중 메티오닌methionine을 나타내는 암호다. 세포는 제일 처음 나오는 ATG 암호를 보면 거기서부터 단백질 생산을 시작하라는 신호로 인식한다. ATG는 생물계의 "헬로 월드!"(컴퓨터를 배우는 학생들이 처음 배우는 프로그램으로 "Hello World!"라는 말을 출력한다-옮긴이)인 셈이다.

인간유전체연구사업 컨소시엄과 크레이그 벤터 연구 팀은 인간 유전체 염기서열을 분석하면서 대략 2만 개의 유전자를 찾았다. 이를 통해 인간의 발달과 진화의 구조, 조직, 기능을 상세하게 기록한 설명서인 인간의 원시 코드source code(컴퓨터 프로그램을 기록한 텍스트 파일로 소프트웨어에 있는 모든 코드 자체를 가리킴-옮긴이)를 더 깊이 이해할 수 있었다. 이는 질병을 확인하고 치료하고 예방하는 통찰을 제공할 인간 세포에 관한 상세한 개요였다. 동시에 더 크게 생각할 기회였다.

세포는 유전체의 완벽한 복제본을 갖고 있으며, 각 세포는 자기 미래를 스스로 결정할 수 있다. 근육 세포이면서 피부 세포일 수는 없으므로 세포는 반드시 한쪽을 선택해야 한다. 세포는 평생에 걸쳐 분열하며, 각각의 새로운 세대는 점점 더 분화된다. 그러나 또 다른 유형의 세포인 줄기세포는 배타적이지 않고 보편적이며, 분열과 자가 복제를 끝없이 반복할 수 있어서 매우 유용하고 재생 가능한 자원이다. 줄기세포는 항암 화학요법 치료 중에 손상된 세포를 대체할 새로운 세포를 생성하고 면역계가 혈액 관련 질병과 싸우도록 도우며, 손상된 조직이 재생하도록 돕는다.

21세기 초에 우리는 염색체에 있는 유전자의 위치와 서로의 거리 같은 기본 지식을 알려 주는 유전체 지도를 완성했고, 이 지식을 활용해서 생명을 향상할 방법에 관한 대담한 가설도 세웠다. 부족한 것은 세포를 프로그래밍할 도구와 표준 언어뿐이었다. 생물학과 기술이 교차하는 대담하고 새로운 분야의 최전방에서 연구하는 과학자들은 만약 생명이 신비로운 것이 아니라면 그저 기계학의 문제, 말하자면 연구해야 하는 도전적인 공학 프로젝트가 아닐까 생각했다. 그러나 일반적으로 공유하는 용어나 표준화, 조직 계층(주요 요소, 기구, 방법론) 없이는 과학자들은 자신의 발견을 공유할 수 없었고, 새롭게 확인한 생물학적 구조에 대한 특허를 발표할 수도 없었으며, 서로의 연구 결과 위에 자신의 결과를 쌓아 올릴 수도 없었다. 다른 분야는 기본 구성 단위가 표준화되었으며, 그렇기에 철물점에서 나사산 크기가 정확한지 묻지 않고도 볼트를 한줌 살 수 있다. 볼트, 스크루, 못, 그 외 많은 것이 특정 기준에 맞춰 제작된다. 공학에서 사용하는 금속, 중합체, 그 외 다른 물질도 마찬가지다. 컴퓨터 분야에서 하드 드라이브와 메모리는 표준형 폼 팩터form factor(컴퓨터 하드웨어의 형태, 크기, 물리적 배열 등 외형 규격-옮긴이)로 제작되며, 따라서 드라이브가 망가지면 온라인으로 주문해서 컴퓨터를 열고 드라이브만 바꿔 끼우면 된다. 생물학적 부품은 그러지 말란 법이 있을까?

　잠시 이 접근 방식이 만들어 낼 마법을 생각해 보자. 때가 되면 상점에서 표준 생물 부품과 분자 합성에 특화된 프린터를 판매하는 놀라운 날이 올 것이다. DNA는 재기록할 수 있는 데이터 저장 장치로, 세포는 마이크로 규모의 생산 공장으로 재해석될 것이다. 이 모든 일이 일어나리라고 예견한 사람들은 보편적인 생물 인터페이스를 구축할 새로운 생명공학자를 필요로 하기 시작했다. 우리가 자연을 통제할 새로운 암호, 어쩌면 인류가 앞으로 겪을 진화를 수행할 프로그램을 만들려면 누군가는 이 하드웨어 상점을 지어야 했다.

⫸⫷⫸⫷⫸

학교에 다닐 때 마빈 민스키Marvin Minsky는 사고에 관해 생각하며 공상에 잠기곤 했다. 그는 동그란 안경을 끼고 숱이 많고 제멋대로 뻗친 갈색 머리를 하고 있었는데, 아버지의 서재에서 책을 읽을 때면 머리를 헝클어뜨리곤 했다. 뉴욕 브롱크스에 사는 소년들이 스틱볼을 하며 놀 때 민스키는 프로이트의 저작에 열중해 있었다. 그는 사람 두뇌의 복제품, 즉 자동 장치가 아니라 진짜 인지력을 가진 기계를 만드는 것을 상상했다. 인간의 순수한 계산 능력과 더불어 창조하고 상상하고 지각하는 능력까지 갖춘 기계였다. 민스키는 명문인 브롱스 과학고등학교에서 호감 가고 붙임성 좋은 학생으로 지내며 이 상상을 탐구했는데, 이 학교 졸업생 중에는 노벨상 수상자도 여럿 있었다. 나중에는 유명한 유전학자 조지 처치가 공부하게 될 매사추세츠주 앤도버에 있는 필립스 아카데미에서 공부했다.

민스키는 1946년 하버드대학교에 진학해서 수학을 공부했지만 곧 학업적 진로가 불분명해졌다. 그는 수학과 물리학을 공부했고, 심리학과 언어학, 심지어 에런 코플런드Aaron Copeland와 레너드 번스타인Leonard Bernstein을 제자로 둔 어빙 파인Irving Fine에게 작곡까지 배웠다. 학부생일 때 민스키는 자신의 실험실도 운영했다. 이는 학부생으로서는 매우 드문 일이었는데, 심지어 연구 주제는 여러 분야를 아우르는 것이었다. 일부는 생물학이고 다른 일부는 심리학이었다. 하지만 민스키는 연구 시간 대부분을 인간 정신을 연구하는 데 바쳤다. 인간의 정신은 어떻게 작동하는지, 사고는 어디서 생겨나는지, 정신이 몸의 다른 기능을 어떻게 통제하는지, 장기 및 세포와는 어떻게 상호 작용하는지, 인간에게 자유의지가 정말로 존재하는지 등을 연구했다. 민스키의 채워지지 않는 호기심은 시간이 갈수록 그가 세상에서 가장 흥미로운 문제로 꼽은 세 가지에 집중되었다. 바로 유전학, 물리학, 인간 지능이었다.[1,2,3]

1950년대 중반에 민스키는 수학 박사 학위를 받았지만 기본적인 수준에서 인간의 뇌가 어떻게 작동하는지 밝히고 싶은 집착을 떨쳐

버릴 수 없었다. 1956년 민스키는 존 매카시John McCarthy(수학자), 클로드 섀넌Claude Shannon(수학자이자 벨연구소의 암호학자), 너새니얼 로체스터Nathaniel Rochester(IBM의 컴퓨터과학자) 등 친구들과 함께 인간 정신을 연구하고, 기계가 언젠가는 인간처럼 사고할 가능성을 주제로 2개월짜리 워크숍을 제안했다. 컴퓨터과학, 심리학, 수학, 신경과학, 물리학 등 다양한 학문 분야에서 각자 독립적인 연구를 수행하는 과학자들이 다트머스에 모여 여름 두 달 동안 정신과 기계의 연관성을 탐색했다. 워크숍이 끝날 무렵, 그들은 '인공 지능artificial intelligence'이라는 새로운 학문 분야를 제안했다. 오늘날 우리가 알고 있는 바로 그 AI와 같은 개념이었다.[4]

그 여름에 모였던 민스키와 동료 과학자들이 인간 사고와 세포가 독자적으로 움직이는 것처럼 보이는 이유를 연구한 최초의 인물은 아니었다. 고대 그리스의 플라톤과 소크라테스도 '너 자신을 아는 것'이 무엇을 의미하는지 궁금해했고, 그들 역시 인간 사고와 그 본질을 분해하고 모방하려 했다. 아리스토텔레스는 연역 추리라는 최초의 형식 체계와 삼단 논법을 만들었고, 이를 활용해서 유클리드는 두 수의 최대공약수를 찾는 방법을 밝히면서 최초의 수학 알고리즘을 창조했다. 이런 업적이 세포와 인간 유전체와는 관련 없는 듯 보이지만, 합성생물학에서 중대 개념인 특정 물리 체계는 논리적 규칙으로 작동할 수 있으며, 인간 사고 자체는 암호와 규칙인 상징 체계일 수도 있다는 개념의 토대를 닦았다.

철학과 수학의 초기 개념은 수백 년 동안 과학자들이 인간의 정신과 몸이 연결되는 방식을 파헤치게 했다. 인간의 몸은 세포 수백만 개로 이루어진 그릇이며, 각각의 세포는 개별적으로 움직이는 동시에 복잡한 체계를 이루어 의사결정을 하고 우리를 계속 살아 있게 한다. 인간의 생물 체계는 자주 비유되곤 하는 정교한 할아버지 시계처럼 작동하는 이유는 무엇일까? 프랑스 수학자이자 철학자인 르네 데카르트René Descartes는 인간의 의식과 생각이 실제인지를 어떻게 확신할 수 있는지 의문을 제기했다. 데카르트의《제1 철학에 관한 성찰 Meditations on First Philosophy》은 독자에게 의도적으로 자신의 세계에 대한 환상을 창조하는 악마를 상상하는 사고실험을 제안했다. 여러분이 호수에서 헤엄치는 신체적 감각적 경험이 악마의 환상일 뿐이라면, 여러분은 자신이 헤엄치고 있는지 실제로 알 수 없을 것이다. 그러나 데카르트의 관점에서, 만약 여러분이 자신의 존재를 스스로 인식한다면 지식의 기준을 충족할 것이다. 데카르트는 "내가 말할 때마다, 혹은 마음속으로 상상할 때마다, 내가 존재한다는 것은 필연적인 사실이다"라고 말했다. 다른 말로 하자면, 우리 가운데 환상을 만드는 악마가 있더라도 우리가 존재한다는 사실은 의심의 여지가 없다. 데카르트의 더 유명한 명제 "나는 생각한다, 그러므로 나는 존재한다"를 인용할 수도 있겠다. 훗날 데카르트는《인간론 Treatise of Man》에서 인간은 자동 장치를 만들 수 있으며, 이 자동 장치 로봇은 작은 동물 형태로 실제 동물과 구분할 수 없을 것이라고 주장했다. 그러나 언젠가 기계 인간을 만들더라도 이것에는 정신이 결핍되었고, 따라서 영혼도 없으므로 진짜로 여겨지는 일은 없을 것이라고 데카르트는 주장했다. 인간처럼 자기 인식을 할 수 없는 기계는 인간과 달리 지식의 기준을 충족할 수 없을 것이다. 데카르트에게 의식은 내부에서 나오는 것이었다. 영혼은 인간의 몸이라는 기계에 깃든 유령이었다.

1836년에 찰스 다윈Charles Darwin은 비글호를 타고 떠났던 세계 일주 항해에서 돌아왔다. 긴 항해를 하면서 다윈은 지구의 원시 환경에서 고대 땅늘보의 머리뼈와 화석을 다수 발견했고, 갈라파고스 제도에서는 다양한 종의 핀치새와 코끼리거북을 관찰하면서 섬마다 종들이 조금씩 다르다는 사실에 놀랐다. 수년 뒤 고국에 돌아온 다윈은 분류 체계와 유전율heritability에 흥미를 느끼고 탄생과 멸종이라는 생애 주기에 집중했고, 모든 종이 '자연선택natural selection' 과정을 통해 생존한다는 가설을 발전시켰다. 성공적으로 적응하거나 진화해서 환경의 도전을 극복한 생명체는 번식하고 번성하며, 적응하거나 진화하지 못한 생물은 결국 소멸한다는 것이다. 이 가설은 새와 거북의 경우 사실이었고, 다윈이 수집한 동물 화석에서도 사실이었으며, 양치식물과 나무, 인간에게서도 사실이었다. 모든 생명체는 공통 조상에서 탄생해서 아주 오랜 시간 동안 진화했다고 다윈은 상정했다. 여기에 신의 개입은 없었다. 빅토리아인들이 믿었던 것처럼 신이 지구에 사는 모든 동물과 최초의 남성과 여성을 창조한 날도 없었다. 신은 창조자가 아니었다. 그저 인간이 자연선택 과정의 일부로서 스스로 만들어 낸 강하고 뿌리 깊은 종족 생존 전략만이 있었다.[5]

다윈이 모든 생물을 연결하는 보편적인 생물 언어를 찾고 있을 때, 영국 수학자 에이다 러브레이스Ada Lovelace와 과학자 찰스 배비지Charles

Babbage는 공학을 이용해서 생물의 일부 즉 인지 기능을 모방하려 했다. 이들은 1820년대에 숫자 표를 계산하는 '차분 기관difference engine'이라는 기계를 만들었고, 여기에서 더 발전시켜 미리 결정된 여러 단계를 거쳐 수학 문제를 풀 수 있는 '해석 기관analytical engine'을 고안했다. 1842년에 번역한 과학 논문의 각주에서 러브레이스는 명령을 수행하고 음악과 예술을 생산하는 더 복잡한 체계, 즉 개념적이기는 하지만 최초의 컴퓨터 프로그램을 효율적으로 설명했다.

이론적인 사고 기계에서 인간의 생각을 모방하는 컴퓨터로의 도약은 1930년대에 발표된 중요한 논문 두 편에서 시작되었다. 바로 수학자 앨런 튜링Alan Turing의 〈계산 가능한 수와 결정 문제의 응용에 관하여On Computable Numbers, with an Application to the *Entscheidungsproblem*〉와 클로드 섀넌의 〈계전기와 스위치 회로의 기호학적 분석A Symbolic Analysis of Switching and Relay Circuits〉이었다. (섀넌은 민스키와 함께 다트머스에서 마법 같은 여름을 보내면서 수학과 공학 그리고 인간 사고의 경계를 한계까지 밀어붙였다.)[6]

이런 배경은 인간이 오랫동안 생명이 무엇인지, 인간의 생물 조직과 인간의 정신, 그리고 이 두 부분이 어떻게 협력해서 움직이는지를 고민해 왔다는 사실을 보여 주기에 모두 중요하다.

1960년대 중반까지 민스키는 인공지능에 관한 중대한 논문을 발표하면서 자기 인식 능력이 있는 기계의 무시무시한 도전이 기다리는 미래를 설명했다. 그는 매사추세츠 공과대학교에 인공지능 연구소를 세우고, 컴퓨터가 언어를 재생하고 이해하게 가르치는 방법 등 다양한 인간-기계 문제를 연구했다. 톰 나이트Tom Knight는 민스키의 학생 중에서 가장 유망한 인물이었고, 기술적인 면에서는 학부생 수준을 뛰어넘었다. 나이트는 매사추세츠주의 오래되고 고즈넉한 마을인 웨이크필드에 사는 고등학생이었다. 거대한 숲과 호수를 품은 웨이크필드는 매사추세츠 공과대학교 캠퍼스에서 북쪽으로 20분을 자동차로 달려가야 하는 거리에 있었다. 나이트는 고등학교 2학년과 3학년 여름 방학을 민스키의 연구실에서 일하면서 매사추세츠 공과대학교에서 컴퓨터 프로그래밍과 유기화학 강의를 들었다. 고등학교를 졸업한 나이트는 매사추세츠 공과대학교 학생이 되었지만, 민스키처럼 나이트도 자신에게 맞는 학문을 찾느라 힘든 시기를 보냈다. 당시 컴퓨터과학은 여전히 정립되는 단계여서 학부가 없었고, 대학은 여전히 학제 간 연구를 꺼렸다.[7]

그래서 나이트는 민스키처럼 기계가 사고할 수 있도록 하는 데 자기 에너지를 쏟아부었다. 나이트는 입술 위쪽은 말끔히 면도했지만 턱수염을 길렀고, 뻣뻣하고 두꺼우며 어두운 색의 머리카락에 안경까지 끼고 있어서 영락없이 컴퓨터만 아는 괴짜처럼 보였다. 메노파 교도 같기도 한 외모로 나이트는 단숨에 캠퍼스의 명물이 되었다. 1967년에는 사용자들이 컴퓨터에 소비하는 시간을 추적하는 운영 체제의 독창적인 핵심 부분을 프로그래밍했다. 이것은 중요한 과업이었다. 당시에는 대학교나 정부 연구소에만 컴퓨터가 있었고, 한 번에 한 사람만 컴퓨터를 사용할 수 있었기 때문이다. 나이트는 훗날 미국 과학재단 네트워크(NSF Net)가 되고, 결국에는 오늘날 우리가 사용하는 인터넷이 되는 ARPANET을 구축하는 연구 팀에도 있었다. 1970년대에는 최초의 반도체 메모리 기반 비트맵 디스플레이와 비트맵 프린터를 설계했다. 1978년에는 매사추세츠 공과대학교 동료인 리처드 그린블랫Richard Greenblatt과 함께 훈련받은 프로그래머뿐 아니라 궁극적으로 누구나 사용할 수 있는 더 단순한 컴퓨터를 만들기 위해 힘썼다. 두 사람은 컴퓨터를 만드는 데는 성공했지만 사업화하는 데는 실패하고 말았다. 그래도 이들은 각각 회사를 세워서 컴퓨터를 제작하기 시작했다. 그린블랫은 리스프 머신Lisp Machines사를, 나이트는 심볼릭스Symbolics사를 세웠고, 1985년에 심볼릭스사는 최초로 닷컴 도메인을 등록했다.[8]

그 과정에서 나이트는 컴퓨터과학과 전기공학 분야에서의 공헌으로 수십 개의 특허를 획득했고, 1983년에 받은 박사 학위 논문에서는 집적회로(수많은 전자회로 소자를 반도체 기판에 결합한 초소형 회로 소자 집합-옮긴이)를 제작하는 방법을 고안했다. 동일 비용으로 집적회로에 결합할 수 있는 트랜지스터(전류나 전압을 조절해서 신호를 증폭하거나 스위치 역할을 하는 반도체 소자-옮긴이) 수는 18~24개월마다 두 배가 된다는 무어의 법칙Moore's Law이 여전히 통용되고 있었지만, 나이트는 가까운 시일 내에 전통적인 공학 기술로는 집적회로에 더 많은 트랜지스터를 물리적으로 결합할 수 없는 시기가 오리라고 예측했다. 그리고 어느 시점부터는 나노미터 수준에서 두 배가 되리라고 생각했다. 10나노미터는 원자 60개가 일렬로 늘어선 길이에 불과했다. 그때가 되면 적절하게 작동하는 시스템을 만드는 일이 통계적으로 불가능할 것이라고(하지만 기술적으로 불가능하지는 않을 것이라고) 그는 생각했다.

나이트는 매사추세츠 공과대학교에서 십 대 시절에 들었던 유기화학 강의를 회상하며 분자를 자기 조립self-assembly으로 유도해 더 나은 컴퓨터 칩을 만들 수 있을지 궁리했다. 대학교 1학년 때 보았던 오래된 생물학 책을 뒤지다가 그는 단순한 유기체에 관한 최신간을 발견했다. 생물물리학자 해럴드 모로위츠Harold Morowitz가 "모든 생명 과정은 태양 광자를 흡수하면서 시작하고 열이 외부 환경으로 흘러 나가면서 끝난다"라고 주장하며 완벽한 피자를 만드는 데 필요한 열역학을 설명한 저작이었다.[9] 사실 원자를 정확하게 움직일 수 있는 입증된 기술은 이미 널리 사용되고 있었다. 바로 화학이었다.[10]

나이트는 매사추세츠 공과대학교 교수로 강의하면서 1995년에 대학원에 다시 입학해서 생물학 핵심 강의를 들었다.[11] 그는 생물 정보의 흐름과 이를 주관하는 물리적 구조를 탐색하고 싶어 했다. 유전 정보의 기본단위는 유전자이며, DNA는 암호인 동시에 저장 장치이고, 유전자 발현은 단백질 생산을 허용하거나 중단하게 했다. 단백질은 세포 안에서 명령을 수행하는 분자이며, 효소라고 불리는 단백질이 화학반응을 촉매한다. 이렇게 연결된 일련의 반응은 한 반응의 생성물이 다음 반응의 입력값이 되는 대사 경로를 형성한다. 생물 정보의 흐름은 어떤 유전자가 발현되고 언제 유전자 스위치가 켜지고 꺼질지로 나타난다. 생물학자에게 이 사실은 중심 교리였다. 나이트에게 이 사실은 아직 잠들어 있는 가능성이었다.

고등학교 생물 수업에서 여러분은 개구리를 해부해서 장기를 관찰하고, 관찰한 것을 기록한 뒤 해부한 생물을 다시 수습했을 것이다.

(어쨌든 에이미는 그랬다.) 마찬가지로 1990년대 중반의 초기 생명공학 분야는 여전히 해체와 관찰에 초점을 맞추고 있었다. 하지만 나이트는 분자 수준의 개구리 해부와 비슷한 연구는 하고 싶지 않았다. 당시 생명공학 기술의 핵심이었던 유전자와 세포, 조직의 클론을 만들고 싶지도 않았다. 그런 실험으로는 나이트가 탐색하는 질문의 답에 다가갈 수 없었다. 인간은 그저 축축한 기계일 뿐일까? 세포를 컴퓨터처럼 프로그래밍할 수 있을까? 생물 부품으로 컴퓨터를 재설계할 수 있을까?

답을 얻으려면 깊이 탐색해야 했고, 그러려면 오랫동안 학계를 지배했던 신념 즉 다른 학문을 침범하지 않는다는 신념에 맞서야 했다. 컴퓨터과학이나 로봇 공학, 인공지능만으로는 답에 이를 수 없었다. 생물학 혹은 화학의 전통적인 방법도 소용없었다. 하지만 기계, 정보 전달, 연결성, 네트워크, 자율 결정과 같은 컴퓨팅을 이해하는 데 활용되었던 공학적 접근법은 세포 조직에 적용할 수 있었다. 그러려면 과학자들은 생물의 복잡성과 다양성을 수용해야 했다.

새로운 도구와 표준화 시도는 다양한 접근법을 열어 줄 수 있었다. 여러 생물 부품은 생물 기능을 나타내며, 생물 부품으로 만든 장치는 정의된 기능을 수행하고, 조직은 과업을 완수할 것이다. 다트머스에서 열렸던 민스키의 학제 간 워크숍은 인공지능 창조를 학문의 한 분야, 다음 세대의 컴퓨팅, 수많은 연구 영역의 돌파구로 이끄는 데 지대한 영향을 미쳤고, 나이트가 1995년 코드곶에서 여름 워크숍을 직접 열었을 때도 그의 마음 한편에 자리 잡고 있었다. 코드곶 워크숍에서 나이트는 과학자들을 불러모아 공학, 컴퓨터과학, 생물학, 화학을 융합해서 생물을 기술 플랫폼으로, 유전체를 암호로, 살아 있는 생물을 프로그래밍할 수 있는 대상으로 정의하는 전례 없는 시도를 했다. 그는 이를 세포 컴퓨팅cellular computing이라고 불렀다.[12]

다음 학사 연도에 나이트는 대학 측을 설득해서 매사추세츠 공과대학교의 유명한 컴퓨터과학 연구실 안에 설치할 분자생물학 연구실의 연구 자금을 지원받았다. 그러나 곧 세포 컴퓨팅에 이르는 길목을 막아선 다른 장애물과 마주쳤다. 연구실에서 시도한 모든 실험은 필요한 DNA 조각을 직접 만들어야 했고, 모든 과정을 완전히 처음부터 시작해야 할 때도 많았다. 나이트는 이를 위해 독자적인 실험을 하면서 많은 시간을 낭비해야 했다.

합성생물학의 시대

톰 나이트가 새로운 과학 분야를 구축하는 동안 아프리카에서는 기존 약에 내성이 생긴 신종 말라리아가 대륙을 유린하고 있었다. 감염된 모기에 한 방만 물려도 심각한 질병을 앓거나 사망했다. 모기에 물린 2억 명이 매년 말라리아에 걸렸고, 거의 200만 명이 사망했다.[13] 가장 대표적인 치료약인 클로로퀸chloroquine은 새로운 변종이 내성을 획득하면서 빠르게 효능을 잃었다. 새로운 말라리아 변종은 클로로퀸을 사용해 보지 않은 환자들까지 장악하는 중이었다. 또한 넓은 지역에서 빠르게 번식하는 모기를 통해 다른 질병도 전파되었다.

더 복잡한 문제는 말라리아 자체였다. 말라리아는 소리소문없이 전파되며 가끔은 다른 질병처럼 보이기도 한다. 증상은 오한부터 식은 땀, 설사, 두통까지 다양하며 그저 몸이 좀 안 좋은 것처럼 느껴진다. 때로는 일 년간 휴면기에 들어갔다가 갑자기 발병하기도 한다.[14]

다른 나라처럼 중국도 수천 년 동안 말라리아에 시달려 왔다. 고대 약초의는 칭하오 *qing hao*, 즉 자라는 시기가 상대적으로 짧은 방향성 약초인 개똥쑥 sweet wormwood 을 사용했다. 개똥쑥의 잎은 짙은 녹색으로 당근잎과 비슷하다. 중국 한의사 갈홍葛洪이 쓴 《주후비급방肘後備急方, Handbook of Prescriptions for Emergency Treatments》은 말라리아라는 질병의 이름이나 전파 경로를 이해하기도 전인 기원후* 340년에 이미 말라리아 증상에 개똥쑥을 치료제로 추천했다.

베트남전쟁에서는 모기가 온갖 곳에서 예상치 못한 문제를 일으켰다. 아프리카에서 클로로퀸이 효능을 잃기 한참 전에 이미 동남아시아에서는 치료제에 내성을 가진 말라리아가 전파되고 있었고, 질병은 군대를 덮쳤다. 따라서 중국은 동맹인 북베트남을 돕기 위해 효과적인 말라리아 치료제를 찾는 비밀 프로젝트를 시작했다. 중국 식물화학자 phytochemist 인 투유유 屠呦呦가 이 연구에 참여했다. 투유유 연구팀은 갈홍의 문헌을 포함해 고대 의학 문헌을 자세히 조사했고, 중국 전통 의학의 지식을 활용해서 말라리아 증상을 치료할 2000개 치료법과 640개 약초를 찾았다. 결국 연구 팀은 아주 오래된 약초인 갈홍의 개똥쑥을 치료제 후보로 선정했다. 1972년에 연구 팀은 독성이

• 기원후인 CE는 라틴어로 '그리스도의 해'라는 뜻의 AD 즉 Anno Domini의 대안 표기다.

없는 추출물에서 활성 성분을 정제해서 칭허후青蒿素라고 명명했는데, 이 성분이 바로 아르테미시닌artemisinin이었다. 당시 중국 과학자들은 연구 결과를 외부 세계에 알리는 것이 금지되었으므로 그는 논문을 발표할 수 없었다. 마침내 1980년대 초에 투유유가 연구 결과를 출판하면서 새롭고 더 나은 치료제의 기반이 마련되었다. 투유유는 2015년에 뒤늦은 노벨상을 받았다.[15]

개똥쑥은 생육 조건이 까다로웠다. 볕이 길게 들고 배수가 원활한 토양에서 잘 자랐고 습한 곳에서는 자라지 않았다. 새로운 약초인 개똥쑥의 수요를 맞추기 위해 중국, 동남아시아, 아프리카에서 상업적 생산이 늘어났다. 하지만 지나치게 까다로운 이 식물은 품질, 공급량, 가격이 들쭉날쭉했다. 생산량을 예측하기 어려웠기 때문에 전 세계 아르테미시닌 공급망은 불안정했다. 1990년대 초에 여러 치료제와 함께 처방하는 아르테미시닌은 유일하게 말라리아에 일관된 효능을 보였지만, 치료제의 수요는 약초를 재배하고 수확하는 농부들의 능력을 한참 상회했다.

나이트가 수천 킬로미터 떨어진 케임브리지의 캘리포니아대학교 버클리 캠퍼스에서 세포 프로그래밍을 연구하는 동안, 생화학공학자이자 조교수인 제이 키슬링Jay Keasling도 공학, 컴퓨터과학, 화학, 분자생물학의 교집합을 궁리하고 있었다. 그의 선배 동료들은 키슬링에게 지금 인정받는 연구, 예를 들어 세포에 새로운 유전자를 삽입한 결과를 예측하는 연구에 집중하라고 조언했다. 그러나 키슬링은 새로운 도구를 구축한다는 가능성에 빠져 있었다. 그는 특히 대사 경로에 관심이 많았고, 세포를 재구성해서 진화에 따른 결과 이상을 이루게 할 새로운 방법에도 흥미가 있었다. 그는 이미 침실 조명을 서서히 높이거나 낮출 수 있는 조광기처럼 유전자 흐름을 조절하는 생물 스위치를 개발했다. 키슬링은 이 스위치를 여러 생물의 다양한 대사 경로에 적용해서 결과를 조절하는 새로운 생물 회로를 설계하거나 심지어는 발명하려 했다.

키슬링과 연구 팀은 식물의 대사 경로에서 만들어지는 부산물인 터페노이드terpenoids에 주목했다.[16] 작약의 독특하고 달콤한 향기, 강황과 겨자씨의 밝은 노란색, 송진이나 수지처럼 끈적한 잔여물(방수를 위해 배에 바른다), 대마초에서 나오는 유익한 화합물이 터페노이드에 속한다. 1995년에는 터페노이드를 재창조하기가 쉽지 않았다. 다양한 식물 유전자를 미생물에 이식해서 터페노이드를 처음부터 생산하려 한 과학자도 있었지만, 이 방법은 비용이 많이 들고 생산량도 적었다. 이 때문에 키슬링 연구 팀은 다른 대사 경로를 탐색했다.[17] 밀접한 연관성이 있는 식물이 아니라 완전히 다른 생물, 효모를 선택했다.

피자 반죽이나 빵 반죽을 만든 적이 있다면 갈색 효모 과립을 따뜻한 물과 설탕에 넣고 살짝 섞어 두면 거품이 많은 슬러리slurry(미세한 고체 입자가 액체 속에 현탁되어 유동성이 적은 혼합물-옮긴이)로 바뀌는 마술 같은 단계를 틀림없이 기억할 것이다. 효모는 단세포 미생물로 설탕을 먹는다(이 과정에서 이산화탄소를 배출해서 반죽을 부풀린다). 키슬링 연구 팀은 미생물 집락colony,集落에 대사 경로를 삽입해서 다양한 반응을 만들어 냈다. 그 뒤 식물에서 분리한 또 다른 대사 경로를 더해서 터페노이드와 비슷한 부산물이 나오길 기대했다. 그러나 어떤 것이 만들어질까? 수선화의 밝은 노란색과 토마토의 붉은색을 만드는 카로티노이드carotenoid? 아니면 메탄올이나 장뇌camphor?

연구 팀에는 투유유의 개똥쑥과 아르테미시닌 연구를 아는 과학자가 있었다. 아르테미시닌은 유망해 보였지만 당시에는 주요 제약 회사들이 아직 신약 개발보다는 이전의 말라리아 치료제 판매에 매달리고 있었다. 클로로퀸은 값싸고 이윤이 많이 남아서 하나를 팔 때마다 10센트(138원)나 남았다. 여기에 아르테미시닌을 더하면 약값은 합법적으로 2.40달러(3300원)까지 올릴 수 있었고, 암시장에서는 최고 가격이 27달러(3만 7000원)까지 치솟았다.[18] 키슬링 연구 팀은 아르테미시닌을 합성할 수 있다면 아르테미시닌 수확량은 문제가 되지 않으리라는 사실을 깨달았다. 연구 팀은 스위치를 최대로 올려 전구체 분자인 파르네실피로인산farnesyl pyrophosphate을 만들고, 파르네실피로인산을 효모 세포벽의 뼈대를 만드는 물질로 전환하는 유전자 스위치를 껐다. 그런 뒤 파르네실피로인산을 아르테미시닌으로 바꾸는 개똥쑥 유전자를 효모 유전체에 삽입하고 효모를 배양했다. 아르테미시닌 자체를 만든 것은 아니었지만 훌륭한 출발이었다.

키슬링과 나이트는 각각 미 대륙의 정반대편 해안에서 비슷한 결론에 도달했다. 세포를 프로그래밍할 수 있는 컴퓨터나 공장으로 재해석하면, 그리고 정보의 흐름을 조절할 도구가 있다면, 인류는 더는 자연선택의 필연성을 힘없이 수용하지 않아도 될 것이다. 현대 합성생물학 시대가 시작되었다.

합성생물학을 괴짜들의 연구실에서 학계 주류로 밀어 올리려면, 그래서 궁극적으로 외부 세계에 알리려면, 이 새로운 혼종 학문에 더 견고한 토대가 필요하다는 사실을 키슬링과 나이트는 깨달았다. 공학, 컴퓨터과학, 생물학의 교집합에 관심 있는 학생을 더 많이 끌어올 파이프라인이 필요했다. 핵심 요소를 표준화할 방법도 필요했다. 바닥에서부터 DNA 조각을 만들고 다양한 대사 경로를 발견하는 작업은 지루하고 시간이 많이 들어서 연구 팀이 더 흥미롭고 사회적으로 유익한 새로운 생물체를 창조할 시간을 빼앗았다. 생물 부품을 파는 하드웨어 상점과 즉시 사용할 생물 부품, 장비, 조직을 보관하는 창고가 운영된다면 훨씬 더 나을 것이다.

키슬링 연구 팀과 나이트 연구 팀은 각각 2002년에 새롭고 대담한 계획에 착수했다. 나이트 연구 팀의 생명공학자이자 생화학공학자인 드루 엔디Drew Endy는 DNA 조립 부품이 장비나 대사 경로, 조직에 결합할 수 있도록 조립 부품을 표준화하는 작업을 하고 있었다. 나이트는 레고의 오랜 팬으로, 레고의 상징인 블록과 부품에서 영감을 얻었다. 그는 필요할 때마다 조립하고 해체한 뒤 재조립할 수 있는, 표준화된 생물 부품이 들어 있는 바이오브릭스BioBricks라는 일종의 도구함을 상상했다. 그러나 이를 실현하려면 다른 사람들이 이 도구를 활용해서 무엇을 할지, 매사추세츠 공과대학교 캠퍼스에서 얼마나 관심을 보일지, 프로젝트의 토대를 어디에 두고 어디에 처음 활용할지 파악해야 했다.[19] 합성생물학 강의도 고려했지만 이 개념은 너무나 새로운 것이라 강의할 교육 환경이 갖춰지지 않았다. 교과서도 표준 교육과정도 없었고, 사례 연구로 활용할 실제 실험 연구도 거의 없었다.

어쨌거나 나이트 연구 팀은 컴퓨터과학자이자 전기공학자인 린 콘웨이Lynn Conway가 1978년 여름에 매사추세츠 공과대학교에서 했던 유명한 강의를 모델로 삼아 강의를 개설했다. 캘리포니아공과대학 교수 카버 미드Carver Mead와 콘웨이는 새로운 마이크로칩 설계 강의를 개설했는데, 당시 마이크로칩은 여전히 발명하는 중이었다. 콘웨이와 미드는 학생들과 함께 빠르게 회로 원형을 설계해서 아르파넷 ARPANET(미국방위고등연구계획국이 1969년에 미국의 연구소와 대학교 컴퓨터를 연결한 네트워크-옮긴이)을 통해 설계도를 캘리포니아에 있는 칩 파운드리에 보냈다. 미국방위고등연구계획국(DARPA)이 연구 자금의 일부를 지원한 이 프로젝트는 한 달 뒤에 실제 칩을 생산했다. 이 강의는 칩을 설계하고 이용하는 과정에 혁신을 일으켰다. 칩 설계와 제조를 위한 대안의 사회 기반 시설이 적절한 규모로 활용될 수 있다는 점을 증명하면서 칩 설계 과정, 칩을 사용하는 기계, 해당 기계를 사용하는 기업 생태계가 진화할 통로를 마련했다.[20]

매사추세츠 공과대학교는 겨울에 학생과 교수가 특이하고 실험적인 주제의 단기 강의를 다양하고 폭넓게 듣는 독립 활동 기간

Independent Activities Period을 진행했다. 엔디와 나이트는 콘웨이의 강의가 성공하고 그로 인해 불붙었던 혁명을 떠올리며, 독립 활동 기간에 바이오브릭스와 합성생물학 강의를 계획했다. 학생들이 DNA 회로를 설계하고 구축하면 이를 현대 상업 인터넷을 통해 시애틀에 있는 파운드리에 보내 프린팅하기로 했다.[21] 이 강의에서 나온 첫 프로젝트 중에서 억제기repressilator는 2000년에 학생인 마이크 엘로위츠Mike Elowitz와 스타니슬라스 리블러Stanislas Leibler가 설계했다.[22] 억제기는 억제 유전자 세 개가 있는 작은 회로로 대장균에 넣는다. 편의를 위해 억제 유전자 세 개를 각각 A, B, C라고 부르자. 이 억제 유전자는 피드백 고리로 서로 연결된다. 유전자 A가 만드는 단백질은 유전자 B가 만드는 단백질 생산을 억제한다. 유전자 B가 만드는 단백질은 유전자 C가 만드는 단백질 생산을 억제한다. 이 피드백 고리를 닫으려면 유전자 C가 만드는 단백질이 유전자 A가 만드는 단백질 생산을 억제해야 한다. 단백질 C는 녹색형광단백질(GFP)을 만드는 다른 유전자도 억제하는데, 이 녹색 형광을 통해 세포 안에서 무슨 일이 일어나는지 시각적으로 확인할 수 있다. 세포 안에서 이 시스템이 처음 작동하면 녹색형광단백질을 포함한 각 단백질이 생산되고, 세포는 녹색으로 빛날 것이다. 다양한 억제기가 각각의 유전자에 작용하기 시작하면 주기가 생성된다. C는 A를 억제하고(녹색형광단백질도 억제하므로 세포는 어둡게 보인다), 이에 따라 B가 늘어나므로 얼마 뒤 C를 억제한다(따라서 세포는 밝은 녹색으로 빛난다). 세포 안에서 시스템 다이내믹스system dynamics가 안정되면서 녹색형광단백질 생산이 늘어났다가 줄어드는 변동이 나타날 것이다. 즉 세포는 천천히 녹색으로 밝아졌다가 어두워지길 반복한다.

혹은 최소한 이런 변화가 일어나야 했다. 그러나 엔디가 시애틀 파운드리에서 결과물을 받았을 때 이 회로는 의도한 대로 정확하게 작동하지 않았다. 바이오브릭스 첫 세대는 설계한 대로 조립했지만 좋은 결과를 만들지는 못했다. 활용할 수 있는 유전물질이 충분하지 않았기 때문이다. 이들은 필수 조각 몇 개만 가지고 최상급의 레고 프로젝트를 구축하려 했던 것이다.

다행히 엔디와 나이트의 2003년 독립 활동 기간 강의는 인기 있어서, 학생들은 두 팀으로 나뉘어 각각 다른 프로젝트를 진행했다.[23] 나이트와 엔디는 두 팀에게 이미 존재하는 표준 부품과 함께 새로운 DNA 염기 5000개를 합성할 연구 지원금도 제공했다. 하지만 학생들이 설계한 DNA는 모두 너무 길었다. 학생들의 데이터를 기록할 등록소와 표준 부품 보관소가 더 커야 했다.

2004년 여름에 엔디와 나이트는 매사추세츠 공과대학교에서 제1회 국제 합성생물학회인 SB1.0을 개최했다.[24] 사흘간 열린 학술대회에는 표준 생물 부품을 설계하고 구축하는 방법과 이것이 사회에 어떤 의미가 있는지에 관심 있는 연구자들이 모여들었다. 이 모임은 결국 국제유전공학기기(iGEM) 대회와 최초의 표준 생물 부품 등록소 Registry of Standard Biological Parts가 매사추세츠 공과대학교에 세워지는 계기가 되었다. 이 단체의 발전을 주의 깊게 관찰하던 앤드루는 학회에 참가하고 싶었다. 그는 엔디와 다른 사람들이 오클라호마의 새로운 유전체연구소에서 더 작은 학회를 개최하는 일을 도왔고, 2005년에는 토론토에서 열린 국제유전공학기기 대회를 조직했다. 2006년에는 국제유전공학기기 대회 홍보대사가 되어 대회 규모를 열세 팀에서 서른아홉 팀으로 확장했다.

생물 부품 말고도 표준 측정법도 지정해야 했다. 바이오브릭스를 데이터로 설명해야 다른 과학자도 활용할 수 있는 더 광범위한 지식의 토대를 쌓을 수 있었다. 곧 과학자 공동체는 생물 부품, 장치, 필요한 조직을 분류하고 설명하는 시스템을 구축하기 시작했고, 동료 검토를 거친 데이터베이스를 체계적으로 정리했다. 규모가 더 큰 공동체는 특수 컴퓨터 언어인 SBOL 즉 합성생물학 오픈 랭귀지를 표준화하는 작업에 들어갔다. 이는 기계가 정보를 읽고 다른 소프트웨어에 통합하기 쉽게 할 것이다.

엔디의 친구인 물리학자 롭 칼슨Rob Carlson은 다양한 분야의 생명공학 기술이 발전하는 속도를 추적해 왔다. 그는 특히 DNA 합성에 관심 있었고, 2010년에는 연구자가 여러 인간 유전체를 처음부터 매일 염기쌍당 10~12센트(138~165원)가량으로 합성하게 될 것이라고 계산했다. 인간유전체연구사업과 크레이그 벤터 연구 팀이 연구하는 데 걸린 시간과 수조 원에 달하는 비용을 생각해 보면 대담한 주장이었다. 그러나 칼슨은 자신의 예측을 데이터와 합리적인 모델로 뒷받침했다. 엔디, 나이트, 키슬링, 그 외 다른 과학자들은 생물 시스템을 적절한 규모로 생산하는 미래를 기대했다. 새로운 혁명이 시작되었다.

최초의 기업

한편 2002년에 키슬링 연구 팀은 대사 경로 조작 기술로 아르테미시닌을 수 마이크로그램가량 만들어 냈다. 이 결과는 유명한 학술지인 《네이처 바이오테크놀로지Nature Biotechnology》에 실렸고, 대장균에 유전자를 삽입하는 새로운 과정을 상세히 기술했다.[25] 그러나 연구실에서 성공했어도 아직 말라리아 환자 수백만 명을 구할 수는 없었다. 키슬링은 빌앤드멜린다게이츠재단Bill and Melinda Gates Foundation에서 4260만 달러(587억 원)를 지원받아 아르테미시닌 생산량을 늘리는 방법을 연구했고, 2003년에 아미리스 바이오테크놀로지Amyris Biotechnology사를 설립했다. 아미리스사는 제품 생산을 목적으로 한 최초의 합성생물학 기업으로, 누구나 사용할 수 있는 아르테미시닌 치료제를 만든다는 목표를 내세웠다.[26] 키슬링과 엔디는 새로운 혹은 이미 만들어진 생물 부품을 전문적으로 분류하고 개발하기 위해 국제유전공학기기대회에 상응하는 기구인 바이오팹BIOFAB도 설립했다.[27]

2008년에 아미리스사는 연구실에서 아르테미시닌을 생산했지만 대량 생산할 방법을 확립하지는 못했으며, 이에 프랑스 거대 제약 기업인 사노피 아벤티스Sanofi-Aventis사에 사용료를 받지 않고 특허를 제공하기로 했다. 사노피 아벤티스사는 키슬링의 합성생물학 기술로 아르테미시닌을 제조하는 대신 "이익도 손해도 없는" 가격인 1킬로그램당 350~400달러(48만~55만 원)로 판매하기로 약속했다. 아르테미시닌은 2012년이 오기 전에 약국에 진열될 것으로 내다보았다. 그러나 이 신약이 수백만 명의 말라리아 환자를 구할 가능성은 전 지구적인 뉴스가 되었고, 개똥쑥이 돈이 된다는 소문을 들은 농부들은 너도나도 수백 제곱킬로미터에 이르는 대지에 개똥쑥을 심기 시작했다. 아시아 시장은 빠르게 과포화 상태가 되었다. 개똥쑥이 너무 많이 생산되면서 가격은 1킬로그램당 1100달러(150만 원)에서 200달러(27만 원) 이하로 무너졌다.[28] 설상가상으로 사노피사는 중국을 포함해서 개똥쑥이 원산지인 시장에 다른 약품을 판매하고 있었다. 지역의 제약 회사들은 이제 사노피사를 경쟁자로 인식하면서 함께 일하기를 주저했다.

그러나 아미리스사가 이룬 성취를 생각해 보라. 몬산토Monsanto사는 거대 농업 기업으로 전 세계에 소비자가 있었고, 당시 연구개발 예산은 10억 달러(1조 3787억 원)에 이르렀다. 그때 몬산토가 소유한 유전자는 옥수수 유전자와 새로운 유전자 여덟 개뿐이었다. 아미리스사는 캘리포니아주 에머리빌 근처에 있는 버클리의 상대적으로 작은 연구실에서, 훨씬 더 적은 예산으로 효모에서 새로운 유전자 열세 개를 만들어 냈다.

전설적인 실리콘 밸리 벤처 투자자가 접근해 왔다. 클라이너 퍼킨스 코필드 앤드 바이어스(KPCB)사의 존 도어John Doerr는 아미리스사의 합성생물학에 투자하고 싶었다. 선마이크로시스템즈Sun Microsystems사의 공동 창립자인 비노드 코슬러Vinod Khosla와 TPG바이오테크TPG Biotech사의 제프 다이크Geoff Duyk도 투자 의향을 밝혔다. 이들은 말라리아에는 별 관심 없었고, 오픈소스 데이터베이스나 무료 사용료에도 관심 없었다. 대신에 그들은 이 새로운 혁신으로 석유 산업계를 붕괴시키려 했다. 투자자들은 아미리스사가 합성생물학으로 바이오연료를 만드는 데 집중하게 했다. 아미리스사를 세운 키슬링은 박사후 연구생 네 명을 데려와서 아르테미시닌으로 무엇을 할 수 있는지 시험하고 있었다. 그러나 이들 중 누구에게도 투자자가 요구한 최고경영자 역할을 노련하게 하면서 사업을 이끌 경험이나 배경이 없었다.[29]

이야기가 대개 그렇듯이 투자자들은 자신들의 뜻을 관철했다. 아미리스사는 키슬링의 효모 기술을 활용해서 조작할 수 있는 연료와 화학 물질을 중심으로 한 생명공학 기업이 되었고, 브리티시 페트롤리엄British Petroleum사의 미국 지사장이었던 존 멜로John Melo를 최고경영자로 고용했다. 그러자 바로 문제가 생겼다. 멜로와 새 임원들은 노련한 연구 팀의 생산성을 측정하려 했지만, 돌파구는 원하는 때가 아니라 일어날 때가 되었을 때 나타난다는 사실을 아는 연구 팀은 연구개발 결과를 일정에 맞추어 내놓는 일에 익숙하지 않았다. 멜로는 브라질에 자회사를 세워서 설탕을 값싸고 풍부하게 생산했는데, 설탕은 바이오연료 생산품을 제조하는 효모의 먹이이기 때문이었다.

멜로와 아미리스사 이사회는 회사를 공개하고 수천억 원의 자금을 투자받기로 했다. 그들은 2010년에 기업공개 설명회를 열고 연료의 미래 수요와 효모를 이용해서 값싸게 합성한 연료의 가능성을 설명했다. 합성생물학으로 연료를 얼마나 생산할 수 있을지에 관한 추정치는 열광과 함께 점점 커졌다. 2010년 9월, 아미리스사는 주당 16달러(2만 2000원)에 나스닥에 상장해서 초기에 8500달러(1172억 원)였던 기업 가치를 6억 8000만 달러(9375억 원)까지 부풀렸다. 나스닥과 인 터뷰하면서 멜로는 "브라질은 생물량(일정 지역에 존재하는 생물 총량, 혹은 양적 생물 자원-옮긴이)에 있어서는 사우디아라비아나 마찬가지다"라고 말하며 활짝 웃었다.[30]

멜로는 2012년이 되면 아미리스사가 패네센farnesene을 5000만 리터 씩 생산할 것이라고 약속했다. 패네센은 디젤 연료를 대체할 자동차 와 제트기 연료로 환경에 무해한 화학 물질이다. 그러면 천연 연료의 시대는 끝나고 바이오연료의 시대가 열리리라고 그는 장담했다. 사 노피 아벤티스사는 같은 해에 합성 아르테미시닌을 대량 생산하겠 다고 발표했다. 어딘가 익숙한, 스스로 정한 또 하나의 마감이었다. 2012년이 다가오고 지나갔다. 그해 말 신약은 나오지 않았고, 더 값 싼 디젤 대체 연료 역시 등장하지 않았다.[31]

과학 대 사업

복잡한 신기술의 문제점은 신약이나 새로운 서비스에 대한 기대치 와 비현실적인 마감을 동시에 높인다는 점이다. 인간 유전체 염기서 열 분석은 시작과 끝이 명확한 프로젝트였다. 합성생물학의 등장은 생명을 직접 감독하고 진화시킬 황홀한 가능성을 드러냈지만, 아직 은 기초 연구에 불과하고 새로운 과학 분야로 이제 막 출현한 단계 였다.

아미리스사의 약속은 생물 제품의 합성이라는 새로운 접근법이었지만, 회사도 과학도 아직은 성숙할 시간이 필요했다. 키슬링이 원래 생각했던 풍경은 미래에는 생물학자가 가상의 유전자 암호를 컴퓨터로 설계하고, 설계한 암호를 알고리즘 모델로 시험하며, 여기서 가장 훌륭한 조합을 프린트하면 로봇과 기계들이 자동으로 필요한 생물체를 생산하는 것이었다. 언젠가는 패네센이 그렇게 생산될까? 물론 미래의 언젠가는 그럴 것이다. 하지만 설탕을 연료로 바꾼다는 약속은 그 자체로 투자자들 사이에서 연쇄 반응을 일으키는 화학 시약과 같았다. 투자자의 열기가 단계적으로 증가할수록 인내심은 꺾여갔고, 결국 투자자들은 십 대들이 레드불과 스키틀즈에 열광하듯이 바이오연료 경제에 열광했다.

그러나 테크 스타트업의 렌즈로 새로운 과학의 시대를 바라보는 것은 기대감을 한껏 높였다가 산산이 부술 뿐이라는 데 더 큰 문제가 있다. 합성생물학은 생물학 위에 쌓아 올린 기술로 공학, 컴퓨터과학, 인공지능에서 나왔지만 이들 분야와는 근본적으로 다르다. 빠르게 성장하지만 성숙하는 데는 시간이 걸린다. 투자자들은 합성생물학의 발전 속도를 정확하게 예측하는 데 실패했고, 따라서 이 분야가 여전히 '곡괭이와 삽' 단계라는 사실을 인지하지 못했다. 지구에 사는 인간이라는 존재, 어쩌면 지구 외부의 존재도 바꿀 놀라운 제품이 등장할 것이라는 점은 확실하지만, 아직 투자는 재료와 물품 보관소, 생산 및 공급 과정과 모든 가치사슬 같은 하드웨어 생태계를 구축하고 개선하는 데 집중해야 한다.

아르테미시닌은 제조 및 판매 사업 모델을 만드는 데 실패했지만 합성생물학 최초의 성공작으로 일컬어진다. 아미리스사의 실패는 경고다. 키슬링은 자신의 연구 팀이 발견한 대사 경로는 150년에 걸친 연구가 축적된 결과라고 추정한 적이 있다.[32] 다음 단계는 모든 기초 사업에 씨앗을 뿌리는 것이어야 했다. 그러나 그렇게 하는 대신 투자자, 기자 그리고 솔직히 수많은 과학자가 합성생물학에 잔소리를 퍼붓고, 모든 과대광고가 학술 연구와 시장에 내놓은 가치에 걸맞았는지 추궁했다.

물리학이나 항공우주 과학, 화학 같은 다른 분야의 과학적 발견과 비교하면 합성생물학의 조상 격인 키슬링, 나이트, 엔디, 벤터, 처치, 콜린스, 그리고 왓슨이 20년도 안 되는 기간에 이룬 성취는 실로 놀라울 정도다. 믿기 힘든, 숨이 턱 막히는 업적이다. 그런데도 정부 기관과 자선 기관이 이들의 다음 연구를 후원하겠다며 줄을 서지 않았다는 사실은 새로운 과학 분야를 확립하는 도전이 얼마나 어려운지를 말해 준다. 지금은 전 세계적 규모의 거대한 생태계를 갖추고 든든한 발판을 마련한 인공지능도 1960년대와 1970년대의 투자와 담대한 약속이 자동으로 언어를 실시간 번역하는 컴퓨터 같은 상업 제품이나 정부의 인공지능 도구로 바뀌는 데 실패하면서 인공지능의 겨울이라고 불리는 1980년대의 침체기를 견뎌야 했다.[33]

이 새로운 과학의 시대에는 속도, 신기술, 이질적인 분야의 융합 등 전통주의자가 혐오하는 모든 것이 들어 있다. 생명과 그 기원에 관한 우리의 소중한 믿음의 대본을 뒤엎는 것이다. 합성생물학이라는 존재 자체가 현재 상황에 대한 도전이며, 이는 많은 사람을 불편하게 만들었다. 많은 과학자는 바이오브릭스를 비판했고, 조립 방법론이 너무 느리거나 너무 단순하다거나, 너무…레고 같은 발상이라고 주장했다. 그때까지 나이트는 생물학자가 아닌 사람들에게 생물 부품과 하드웨어 상점의 개념을 설명하느라 레고 비유를 계속 활용했다. 레고 비유가 공감대를 형성하기 쉬웠기 때문이었지만 한 단체는 이비유를 글자 그대로 받아들이면서 아이들은 레고가 재미있겠지만 실제로 레고로 지은 집에는 누구도 살지 않는다고 비난했다.

여기서 배워야 할 교훈이 있다면 과학은 열린 마음과 끝없는 인내심을 요구한다는 점이다. 아직은 바이오연료를 대량 생산하지 못하지만, 우리는 미래를 대비해서 엄청난 토대를 쌓았다. 다음 장에서는 다가올 수십 년 동안 합성생물학이 우리의 삶을 변화시키는 모든 과정을 때로는 단편적이고 때로는 심오하게 살필 것이다. 우리에게는 이미 모든 것의 토대가 될 완전히 새로운 연구 및 학문이 있다. 생물도구와 과정을 설명할 새로운 용어집도 있다. 생물 부품, 장치와 조직, 생물 데이터를 저장하고 접속할 새로운 방법을 그린 청사진도 있다. DNA 기계가 읽을 수 있는 새로운 코딩 언어도 있다. 생명의 미래를 설계하는 데 필요한 모든 것이 구비된 하드웨어 상점의 시작이다.

4

신, 조지 처치, 그리고 (대체로) 털이 많은 매머드

1816년 5월에 한 남성과 십 대 여성 그리고 여성의 이복자매가 스위스 제네바 호수 근처의 수수한 숙박 시설인 당글르테르 호텔에 도착했다. 시인인 남성의 어린 연인 메리는 2년 전에 임신했었다. 그러나 출산하고 며칠 뒤 아기 이름을 짓기도 전에 메리는 아이를 잃고 말았다. 아기의 사망 원인을 모르는 데서 오는 두려움에 순진한 메리는 울혈이 생긴 가슴에서 나온 모유가 독성이 있는 것은 아닌지, 이 독성에 자신도 중독되지 않을지 걱정했다. 메리는 실제와는 다른 행복한 현실을 보여 주는 꿈을 계속 꾸었다. 눈을 뜨는 순간 메리에게는 악몽이 시작되었다. 메리는 일기에 "내 작은 아기가 다시 살아나는 꿈을 꾸었다. 살아 있는 아기와 난로 앞에 앉아 서로의 온기를 나누는, 무정하기만 한 꿈을"이라고 썼다.[1]

메리가 제네바 호수에 도착했을 때는 다시 임신한 상태였고, 이번에는 건강한 아들을 낳았다. 하지만 메리는 여전히 떠나보낸 아기를 떠올리며 슬픔에 잠겨 있었다. 어느 날 밤 호수 근처에 머무르던 메리의 친구인 다른 시인이 모두 같이 유령 이야기를 써 보자고 제안했다. 다작하는 작가였던 메리는 자신의 고통을 새로운 이야기에 쏟아부었고, 이 이야기는 스위스 과학자 빅터가 시체 조각을 이어 붙여 만든 생명이 없는 몸에 생명을 불어넣는 이야기가 되었다. 메리는 괴물에게 이름을 붙이지 않았다. 이야기는 익명으로 출판되었지만 지금 우리는 메리 셸리Mary Shelley가 《프랑켄슈타인Frankenstein: or the Modern Prometheus》의 저자라는 사실을 안다.

이 소설의 한 문단에서 빅터는 선언한다. "정말로 많은 일을 해냈다. (…) 더, 더 많은 것을 이룰 것이다. 단단하게 다져진 계단을 밟고 올라서서 새로운 길을 개척하고, 알려지지 않은 권능을 탐색하며, 세상에 가장 심오한 창조의 신비를 드러낼 것이다. (…) 세상이 창조된 이래 가장 현명한 사람들이 연구하고 염원하던 것이 지금 내 손안에 있다."《프랑켄슈타인》은 인간의 기원을, 오랫동안 창조와 통제를 이해하려 했던 인간의 분투를 상기시켰기에 살아남았다. 인간에게 이런 질문은 언제나 매혹적이다. 생명이란 무엇인가? 생명은 어떻게 시작되었을까? 정말 끝은 있는가? 우리의 취향대로 조종할 수 있을까?

거의 모든 문화가 생명의 기원에 관한 질문에 여러 인물이 등장하는 이야기로 답한다. 그리스 신화에서는 태초에 혼돈 즉 공허가 있었다. 이 공허에서 가이아 즉 지구가 나타났고, 가이아는 하늘인 우라노스를 낳았다. 가이아와 우라노스는 타이탄, 외눈박이 키클로페스, 손이 백 개인 헤카톤케이레스, 신(헤스티아, 데메테르, 제우스)을 낳았고, 마침내 인간이 나타났다. 고대 수메르인은 어머니의 형상을 한 남무Nammu라는 여신을 믿었으며, 남무는 하늘과 지구를 낳은 뒤 식물과 동물 그리고 인간을 낳았다. 라코타족Lakota의 전승에는 이 세계가 존재하기 이전에 세계가 있었다. 이전 세계의 인간은 올바르게 살지 않았기 때문에 위대한 영혼이 지구를 홍수로 덮었고 오직 까마귀인 강기Kangi만이 살아남았다. 세 동물에게 진흙을 가져오게 한 위대한 영혼은 진흙으로 대지를 빚고 지구에 동물을 뿌린 후 결국 붉은색, 흰색, 검은색, 누런색 진흙으로 남성과 여성을 빚었다. 기독교에서는 신이 적막한 무정형의 공간을 창조한 뒤 빛, 하늘, 대지, 동물을 차례로 창조하고 마지막으로 아담과 이브를 만들었다. 아담과 이브는 살아 있는 모든 것을 지배했고 인간의 시조가 되었다.

이 모든 이야기는 아주 오래전 인간이 생물학, 자연선택, 생물의 진화를 이해하기 전에 기록되었다. 창세기에는 위험에 처한 세상, 아이를 갖기 위해 애쓰는 가족, 미래를 위해 대지를 구축하는 과업처럼 놀라운 이야기가 담겨 있다. 이 이야기의 작가들은 수 세기 후에야 밝혀진 다윈의 자연선택설이나 그레고어 멘델Gregor Mendel의 유전 법칙을 전혀 모른다. (성경에 나오는 유명한 가족 중 세라, 리베카, 레이철의 유전자 서열을 보면 이 여인들이 임신하기 힘들었던 이유를 일부 설명할 수 있다.)

스코틀랜드 철학자 데이비드 흄David Hume은 인간에게는 주변 세계를 이해하기 위해 인과관계를 설명하는 이야기가 필요하고, 규칙에 맥락이 있을 때 사회가 더 원활하게 돌아가므로 보편적인 창조 신화가 탄생했다고 주장했다.[2] 합성생물학이 패러다임을 부수고, 규칙을 재고하게 하며, 인간의 기원에 의문을 제기하는 지금 무슨 일이 벌어지고 있는가? 현재 수백 개의 연구실에 있는 과학자들이 생명의 미래를 상상하고 설계하고 만들고 있으며, 유명한 한 과학자는 과학과 믿음에 관한 신념을 조화시키라고 권한다.

조지 처치는 누구나 인정하는 생물학계의 거목이다. 신을 벗고도 198센티미터에 육박하는 거구로, 자신이 연구실을 운영하고 교수로 재직하는 매사추세츠 공과대학교와 하버드대학교 어느 캠퍼스에서도 문을 편하게 지나가지 못한다. 처치는 환하고 순박한 웃음, 붉은 뺨, 숱이 많은 백발, 길고 풍성한 턱수염을 지니고 있다. 요컨대 상냥한 산타클로스와 유전적으로 형제일 듯하다. 처치의 연구 업적을 두고 사람들은 그를 찰스 다윈, 혹은 그보다 더 위대한 과학자에 비유한다. 합성생물학을 활용한 생명의 미래를 언급하며 제멋대로 뻗어 나가는 대화에서 코미디언 스티븐 콜버트Steven Colbert는 처치의 말을 끊고 다급하게 물은 적이 있었다. "우리가 다른 모습이 될 필요가 있습니까?" 콜버트는 말을 이어 갔다. "우리는 이미 창조되었습니다. 신, 전지전능하신 아버지, 천국과 지구의 창조자에 의해서요. 당신은 신이라도 되려는 겁니까? 확실히 수염은 신 역할에 잘 어울리겠네요."[3] 콜버트가 의도했든 무심코 나왔든 이 비유는 농담으로만 들리지는 않았다. 처치는 멸종한 동물을 부활시키고 새로운 생명체를 창조하는 연구에 깊이 관여하고 있었기 때문이다.

처치는 1954년에 플로리다주 맥딜 공군기지에서 태어나 탬파만 근처의 평범한 중산층 마을에서 자랐다. 그의 아버지는 공군 중위이자 경주용 자동차 레이서였고, 맨발로 수상스키를 즐기면서 아드레날린이 넘치는 삶을 추구했다. 안정적인 가정생활과는 거리가 멀었다는 말이다. 변호사이자 심리학자, 작가인 그의 어머니는 뛰어난 사상가였고, 온갖 색다른 활동에 넌더리를 냈다. 처치의 어머니는 두 번 재혼했는데, 마지막은 게일로드 처치Gaylord Church라는 의사와 결혼했다. 그는 조지를 합법적으로 입양했는데 그때 조지의 나이는 아홉 살이었다. 조지는 곧 양아버지의 가방에 든 의료 도구에 빠져 버렸다. 게일로드는 호기심 많은 조지에게 바늘을 소독하는 방법을 알려주고 때로는 조지가 실제로 약물을 주사할 수 있게 도와주었다.[4]

처치는 가톨릭계 학교 교사들에게 두통거리였다. 예의는 발랐지만 수녀 교사들이 답하기 어려운 질문을 너무 많이 해댔고, 가끔은 교사들을 난해한 신학상의 혼란 속으로 밀어넣곤 했다. 고등학교는 마빈 민스키가 다녔던 매사추세츠주의 유명한 기숙학교 필립스아카데미로 갔고, 조지에게는 이 학교가 딱 알맞았다. 필립스아카데미에서 조지는 컴퓨터, 생물학, 수학에 빠져들었지만 점차 밤에 푹 잠들지 못하고 낮에는 깨어 있을 수 없는 날이 반복되었다. 그가 사랑하는 수학 수업에도 깨어 있을 수 없었다. 다른 학생들은 이를 트집 잡아 조지를 괴롭혔다. 엎친 데 덮친 격으로 조지의 대수학 교사는 수업 시간에 잠잘 거라면 혼자서도 대수학을 깨우칠 수 있을 것이라고 말하면서 더는 수업에 들어오지 말라고 선언했다. 조지는 선생님을 실망시키고 사람들과 어울리지 못했다는 생각에 부끄러워했다.

듀크대학교에 입학한 뒤에도 이 문제는 계속되었다. 회의나 세미나에서도 처치는 의도치 않게 몇 분간 졸곤 했다. 그의 이름이 불리면 처치는 번쩍 깨어나 계속 정신을 차리고 집중한 척했다. 한번은 학생이 감히 졸고 있다는 사실에 분노한 학과장이 처치에게 분필을 던진 일도 있었다. 하지만 처치는 화학과 동물학 학사 학위를 단 2년 만에 받았다. 그 뒤 대학원에 진학한 그는 생화학을 전공했다. 그러나 이내 DNA를 해독해서 유전 정보를 세포의 다른 부분으로 전달하는 전사RNA^{transfer RNA}의 3차원 구조를 연구하는 새로운 학문인 결정학^{crystallography}이라는 곁길로 나가 버렸다.[5]

처치의 수면주기 장애는 계속되었다. 사람들 대부분은 처치가 그저 지루하거나 몽상에 빠져 있다고 생각했다. 사실 처치는 본의 아니게 꿈을 꾸는 단계인 렘수면으로 빠르게 빠져들고 깨어나길 반복하는 중이었다. 이러한 자각몽 상태에서 처치는 꿈이 아니라면 생각해낼 수 없는 다양한 과학적 해결 방안을 미지의 괴상한 기술로 탐색하는 대안 미래를 엿보았다.

학생 시절에 처치는 지적 호기심과 종잡을 수 없는 생각(아무 때나 잠드는 것은 말할 것도 없다) 덕분에 종종 곤란해지기도 했다. 그는 매주 백

시간 이상을 획기적인 결정학 연구에 쏟아붓느라 꼭 들어야 할 전공 강의에 출석하지 않았고, 당연히 유급했다. 생화학과에서 유급당한 처치는 연구를 이어 가려고 다른 학과로 전과하려 했다. 그러나 내키는 강의를 뒤죽박죽으로 골라 들은 데다가 괴짜라는 평판, 이상한 연구 분야 탓에 교수들은 처치를 내켜 하지 않았다. 처치는 겨우 스무 살이었다. 그는 주목할 만한 논문을 발표했고, 권위 있는 미국국립과학재단National Science Foundation의 장학금을 받았다. 그러나 학계의 관료주의에 좌절해야 했다.[6]

처치는 간신히 하버드대학교로 옮겨 학위를 마치기로 했다. 초가을 첫 학기의 어느 날, 강의에 지각한 처치는 조용히 강의실에 숨어들어 맨 뒷줄에 앉았다. 노트북을 꺼낸 뒤 이미 시작된 강의 화면을 힐끗 본 처치는 깜짝 놀라고 말았다. 그날 강의는 처치가 발표했던 논문을 중심으로 진행되었던 것이다. 강의를 맡았던 선구적인 분자생물학 교수 월터 길버트Walter Gilbert는 처치가 강의를 듣는 줄 몰랐다. (3년 뒤 길버트는 최초의 DNA 염기서열 분석법을 개발한 공로로 노벨상을 받는다.)

처치는 계속 생화학에 대한 꿈을 꾸었고 대담한 아이디어를 수없이 생각해 냈다. 그중에는 값싸고 빠르게 DNA 서열을 읽는 장치도 있었다. 자연의 창조물을 개선하는 방법의 하나로, 규격품으로 생산해 놓은 분자를 이용해서 유전체를 고쳐 쓰는 아이디어도 있었다. 처치는 유전체를 일부만 편집하는 효소를 상상했고, 자폐나 강박장애처럼 신경다양성(자폐나 주의력결핍과잉행동장애 등이 질병이 아니라 정상 범주 내에서 발생하는 두뇌의 다양성이라는 관점-옮긴이)을 가진 사람들을 치료로 억제하기보다는 그들의 특별한 능력을 드러내거나 숨기는 조절 능력을 부여하는 상상도 했다. 이런 아이디어는 연구실에서 실현되었고, 처치는 유전체 서열 분석과 여러 DNA 가닥을 동시에 서열 분석하는 분자 다중화 기술에 집중했다. 이 기술은 새로운 것은 아니었으나 터무니없다고 여겨졌다. 당시 과학계는 한 번에 DNA 한 가닥만 분석했던 것이다. 이 기술이 제대로 작동한다는 사실을 처치가 증명하면서 이 기술은 유행했고, DNA 서열 분석 비용이 크게 줄어들었다.[7]

그 과정에서 처치는 하버드대학교 박사인 분자생물학자 우자오팅嗚昭婷을 만났다. 우자오팅은 윤리와 창조성의 경계를 넘나드는 처치의 자유로운 연구를 존경했고 다듬어지지 않은 그의 아이디어를 지지했다. 두 사람은 서로에게 깊이 빠져 1990년에 결혼했다. 몇 년 뒤 딸이 태어났는데 딸도 처치의 기이한 수면 패턴을 물려받았다. 두 사람 모두 진료받아야 한다는 우의 주장에 따라 병원에 간 처치와 딸은 기면증narcolepsy을 진단받았다. 처치는 기면증을 치료하면 자각몽 상태가 없어질지도 모른다는 생각에 치료를 받지 않았다. 운전은 할 수 없었지만 서서 몸무게를 양쪽 발에 교대로 싣는 등 깨어 있는 요령을 깨우쳤다.[8]

그의 별스러운 점에도 아랑곳하지 않고 지지해 준 가족에게 힘을 얻은 처치는 다른 사람들의 아이디어를 옹호하는 사람이 되었다. 2000년대 초 처치는 다양한 분야로 뻗어 나가는 제자들과 함께 수백 편의 논문을 발표했고, 대부분은 현재 합성생물학의 토대를 닦은 논문이었다. 2004년에 발표한 논문은 더 값싼 DNA 합성을 위해 DNA 가닥을 마이크로칩에 심는 방법을 보여 주었다.[9] 2009년의 획기적인 연구에서는 수백만 개의 유전체 서열을 동시에 분석하는 신기술을 밝혀냈다.[10] 그 후 처치는 실험실에 혁명을 일으키며 유전자를 구축하고 조립하는 속도를 높일 아이디어를 내놓았다. 아르테미시닌 합성에 대략 2500만 달러(340억 원)의 자금과 약 150명의 연구원이 필요했다는 사실을 상기해 보라. 게다가 이 연구는 단지 유전자 수십 개를 조작했을 뿐, 생명체를 합성하는 일과는 거리가 한참 멀었다. 처치는 DNA를 처음부터 완벽하게 써 내려가기보다는 대략적인 설계도만 가지고 합성을 시작해서 자동으로 다양한 변이를 개발한 다음 가장 좋은 버전을 선별하는 기계를 생각했다.

처치와 그의 연구실에 있는 소규모 팀은 바로 그 기계를 만들기 시작했다. 로봇 팔, 플라스크, 튜브, 전선, 센서 등이 이들을 조작할 컴퓨터와 함께 뒤죽박죽 얽힌 시스템이었다. 첫 번째 실험은 대장균을 살짝 비틀어서 토마토의 빨간색을 만드는 카로티노이드의 일종인 리코펜lycopene을 더 많이 생산하도록 하는 것이었다. 이 기계는 유전자 조작을 거쳐 150억 개의 새 균주를 만들었고, 이 중에는 원래 균주보다 리코펜을 다섯 배 더 많이 만드는 균주가 있었다. 처치는 이를 다중자동화유전체공학multiplex automated genome engineering 즉 메이지MAGE라고 불렀다. MAGE는 진화였지만 매우 강력했다. 처치는 MAGE로 다양한 인간 세포주 변이를 만들어 연구하는 현실적인 적용법을 상상했다. 이 방법으로 돌연변이가 질병을 일으키는 과정을 연구하고,

의학에 접근하는 방식을 근본적으로 바꿀 수 있었다. 바이러스에 내성이 있는 줄기세포를 만들어 세포 기반 치료법에 활용할 수도 있었다. 혹은 질병에 내성이 있는 새로운 장기를 만들어 배양할 수도 있었다. 이론적으로는 유전체를 살짝 비틀고 체외수정으로 배아를 착상시켜 바이러스 내성을 가진 아기를 만들 수도 있었다.

특히 2012년에 DNA 염기서열을 쉽게 변형하고 유전자 기능을 수정하는 방법을 찾아내서 유전자 편집의 초석이 된 기술인 크리스퍼CRISPR의 토대를 닦은 일은 가장 주목할 만하다. '크리스퍼'는 "규칙적으로 떨어져 무리 지은 짧은 회문 구조가 반복되는 서열clustered regularly interspaced short palindromic repeats"의 두문자어로, 여기서 회문回文 구조는 유전체에서 앞으로 읽어도 뒤로 읽어도 서열이 같은 특정 DNA 서열이 반복되는 형태를 가리킨다. 그러나 더 폭넓게는 유전적 결함을 교정해서 식물에 더 강한 내성을 부여하거나 병원체를 제거하는 기술을 말한다.

처치는 하버드대학교 브로드연구소Broad Institute에서 자신의 박사후 연구생이었던 장평張鋒과 함께 《사이언스》에 인간 세포에서 크리스퍼 기술을 활용해 세균 효소인 캐스9Cas9을 정확한 목표 서열로 이끌어서 DNA를 자르는 방법을 입증하는 논문을 발표했다. 이 논문은 당시 스웨덴 우메오 미생물연구센터Umeå Centre for Microbial Research의 미생물학자 에마뉘엘 샤르팡티에Emmanuelle Charpentier와 캘리포니아대학교 버클리 캠퍼스의 생화학자 제니퍼 다우드나Jennifer Doudna의 초기 발견을 토대로 이루어졌다. 샤르팡티에와 다우드나는 크리스퍼 관련 단백질로 알려진 효소를 사용해서 DNA를 효율적으로 자르고 붙이는 방법을 증명했다.[11] 이들의 논문은 2010년대에 골드러시를 일으켰고 2020년에는 노벨 화학상을 받았다. 이는 여성 과학자로만 이루어진 연구 팀이 과학 분야 노벨상을 받은 최초의 사례였다.[12] 처치는 노벨 상을 받지 못했지만 이에 신경 쓰지 않고 기자에게 "훌륭한 선택이 라고 생각합니다. (…) 그들은 중요한 발견을 했습니다"라고 말하면 서 샤르팡티에와 다우드나의 연구에 찬사를 보냈다.[13]

지난 20년 동안 처치는 거의 매년 새로운 기업을 공동 설립했는데, 주로 자신이 훈련한 박사후 연구원들을 연구실에서 진짜 세상으로 내보내기 위해서였다. 처치는 60개의 특허를 출원했으며 미래를 만 들어 가는 차세대 유전공학자들의 멘토가 되었다.[14] 2000년대 중반 처치는 석유 화학 물질을 사용하지 않고 플라스틱 컵을 재발명할 궁 리를 하기 시작했다. 기본적으로 처치와 그의 팀은 미생물이 설탕을 먹고 짧은 기간 동안 액체를 담을 수 있는 강력하고 생분해되는 물 질인 폴리하이드록시뷰티르산polyhydroxybutyrate을 배출하도록 미생물을 유전적으로 재프로그래밍했다. 이 플라스틱 컵은 구내 매점에서 사 용하기에 적절했고, 2009년 케네디 센터의 휴식 시간에 "100퍼센트 식물이 만든 플라스틱"이라고 선명하게 새겨진 라벨을 자랑스럽게 달고 데뷔했다.[15]

처치는 또한 브레인 계획BRAIN initiative을 제안한 소규모 과학자 단 체에도 속해 있었다. 브레인 계획은 뇌가 어떻게 작동하는지 이해하 기 위해 미국국립과학재단, 미국방위고등연구계획국과 그 외 기관들이 참여한 야심 찬 민관 협력 연구였다. 2005년에 처치는 개인 유전체 프로젝트Personal Genome Project를 시작해서 공개 유전체, 건강, 형질 정보를 보관하는 센터를 만들었다.[16] 이 프로젝트에는 처치와 과학계의 다른 유명한 거물들, 투자자이며 자선가이자 우주비행사인 에스더 다이슨Esther Dyson, 하버드 의과대학교 과학기술 학장 존 할램카 John Halamka, 개인 맞춤 건강기업 사이오나Sciona사의 설립자 로잘린 길 Rosalynn Gill, 저명한 심리학자이자 작가 스티븐 핑커Steven Pinker가 참여해서 유전체 정보를 공개했으며, 인간을 구성하는 유전자와 형질에 관한 연구를 발전시키고, 개인 유전자 암호의 투명성과 프라이버시에 관한 논의를 자극하려 했다.[17,18,19,20] 저명인사들이 유전자 정보를 공개한 결과를 생각해 보라. 유전체 열 개를 두고 거대한 데이터세트라고 할 수는 없으며 정보가 익명이더라도 이들의 신원은 공개되었다. 완벽한 사생활을 보장할 실제적인 방법은 없다. 그런데도 그들이 자원한 이유는 이를 요청한 사람이 바로 처치였기 때문이다.

부활

여기까지 읽었다면 여러분은 처치가 매우 뛰어나고 도발적인 사상가이자 영감으로 가득한 멘토, 어쩌면 한 사람이 다루기에는 너무 많은 일을 하는 경향이 있다는 사실까지도 알았을 것이다. 또한 그가 멸종한 동물을 부활시키겠다고 생각할 만한 사람이란 점도 깨달았을 것이다. 처치가 부활시키려는 동물은 특히 털이 북슬북슬한 매머드로 대략 4000년 전인 홍적세Pleistocene에 멸종했다.

털로 뒤덮인 매머드는 멸종하기 전 수천 년 동안 지구 최북단을 배회했다. 매머드는 현대 코끼리의 친척이며 거친 털과 겹겹의 지방층으로 빙하기의 추위를 막았고, 긴 상아로는 먹이를 찾았다. (나중에 알려진 바로는 〈스타워즈Star Wars〉에 등장하는 반타bantha가 매머드에서 영감을 받았다고 한다.) 매머드가 멸종한 원인은 정확히 밝혀지지는 않았지만, 연구자들은 과도한 사냥과 기온 변동으로 무리가 줄어들고 먹이가 감소했던 것을 지적했다.

매머드는 생태계 내 다른 종이 안전성을 위해 여러 면에서 의존하는 '핵심 종'이었다. 매머드는 무리 지어 여러 곳을 돌아다니면서 먹이인 죽은 풀을 찾느라 나무를 쓰러뜨리고 눈 층을 밟아 다지며 영구 동결층 표층을 안정시켰다. 매머드와 다른 거대한 초식 동물들이 멸종하면서 눈을 다지고 죽은 풀을 제거하는 일이 중단되자 생태계는 변하기 시작했다. 눈은 더 쉽게 녹았고 태양 빛이 영구 동토층에 파고들었던 것이다. 영구 동토층은 이제 무서운 속도로 녹고 온실가스를 대기 중으로 방출하면서 악순환이 시작된다. 대기 온도가 높아질수록 영구 동토층은 더 빨리 녹고, 이로 인해 더 많은 온실가스가 배출되며, 이것이 다시 기온 상승을 일으키면서 끝없는 악순환이 이루어진다. 매머드를 부활시켜 캐나다와 러시아에 풀어놓으면 생태계를 복원할 수 있으며, 기후 변화가 가져오는 존재적 위협에 맞서는 새롭고 매우 근사한 해결책이 될 수 있다.

처치는 매머드를 어떻게 복원할지 수없이 고민했다. 멸종 동물의 복원을 시도한 사람이 처치가 처음은 아니다. 1996년에 세계 최초의 복제 양 돌리가 태어났다.[21] 핵 치환술nuclear transfer이라는 기술을 활용한 돌리의 탄생은 멸종 동물을 부활시킬 가능성을 열었다. 핵 치환술은 완전한 세포핵을 조심스럽게 추출해서 같거나 비슷한 종의 난자에 삽입하는 기술이다. 나머지는 체외수정과 비슷하다. 교배 난자를 자궁에 이식해 임신하고, 그 뒤의 과정이 잘 진행되면 건강한 생명체가 태어난다. 2000년에 야생 염소의 한 종인 피레니안 아이벡스Pyrenean ibex의 마지막 개체가 죽었다. 이 최후의 생존자 세포는 액체질소에 냉동되었다가 2003년에 과학자들이 핵 치환술을 이용해 성공적으로 복제해 되살려냈다. 비록 단 몇 분에 불과했지만 말이다.[22] 이 기술은 오직 완벽하게 기능하는 유전체가 있을 때, 말하자면 대단히 완벽하게 보존된 냉동 사체가 있을 때만 가능한 작업이었다. 그리고 완벽한 매머드는 북극권 여기저기에 산재해 있다. 그런데도 멸종한 매머드를 성공적으로 부활시킬 수 있다고 확신할 수 없었다. 아니면 복제한 동물이 살아남지 못할 수도 있었다. 수천 년 전에 멸종한 동물이니, 현재 지구 환경에 적응해서 살아갈 유전체를 갖추지 못했을 수도 있다.

처치가 다른 방식, 이를테면 매머드와 친척 관계인 종의 완벽하고 건강한 세포와 멸종한 매머드의 유전자 조각을 이용해 거꾸로 거슬러 올라가는 작업 방식을 생각한 이유도 여기에 있었다.[23] 한때는 너무 많아서 머리 위로 수백만 마리가 날아오르면 태양을 가릴 정도였지만 1914년 이후 미국에서 멸종한 나그네비둘기를 예로 들어 보자.[24] 나그네비둘기는 가까운 친척 관계인 양비둘기의 줄기세포를 이용해서 복원했다. 나그네비둘기의 유전자를 양비둘기의 줄기세포에 삽입한 뒤, 정자 세포로 변형시켜 난자에 수정한 다음 배아로 발달시켰다. 그러자 나그네비둘기의 특성을 가진 보통 비둘기가 나왔다.

이 개념은《지구백과Whole Earth Catalog》와 선구적인 온라인 서비스 더 웰The WELL(지구백과의 온라인 링크)을 만든 전설적인 기술자 스튜어트 브랜드Stewart Brand와 생명공학 기업의 경영진이자 브랜드의 아내이기도 한 라이언 펠런Ryan Phelan을 사로잡았다. 브랜드와 펠런, 처치는 핵심 종을 부활시키는 계획을 시작했고, 여기에는 나그네비둘기와 매머드가 포함되었다. 정확하게 말하자면 *대체로* 털이 많은 매머드인데, 매머드의 가까운 친척인 현대 아시아코끼리의 줄기세포에 멸종한 매머드 유전자를 넣는 방식이기 때문이다.

매머드 복원 계획은 2013년 테드 멸종 생물 복원 학회(TEDx)에 모인 분자생물학자, 환경보호 활동가, 기자들이 털북숭이 매머드, 태즈메이니아 호랑이, 그 외 다른 종의 복원 가능성을 논의하면서 널리 퍼지기 시작했다. 여기서 브랜드는 생물다양성이 줄어든다고 설명하면서 처치의 기술을 활용해서 멸종된 동물을 부활시키겠다는 도발적인 강연을 했다. 브랜드는 학회와 테드TED를 활용해서 멸종 원인을 조사하고, 생물다양성과 유전자다양성을 보존하며, 생명공학 기술로 생태계를 복구하는 리바이브 앤드 리스토어Revive and Restore 계획을 시작했다.[25]

브랜드의 테드 강연은 큰 인기를 끌었다.[26] 동시에 오래전에 멸종한 동물을 복구한다는 비전에 놀란 수많은 과학자, 환경보호 활동가, 그 외 다양한 사람들의 분노를 자아냈다. 이건 보통의 복제, 예전에 살았던 무엇인가의 복제품을 만드는 수준이 아니었다. 그보다는 현존과 멸종의 뚜렷한 경계를 흐리는 일이었다. 게다가 처치는 매머드와 비둘기에만 관심 있는 게 아니라고 분명하게 말했다. 그는 네안데르탈인의 DNA를 수정할 계획이며, 이는 다른 인간종의 부활이 아니라 우리 자신을 향상하기 위해서라고 말했다.[27]

어쩌면 여러분은 한때 과학자들이 그랬던 것처럼 네안데르탈인을 투박하고 우둔한 원시적인 인간아종으로 여길지도 모른다. 그러나 최근 연구에 따르면 네안데르탈인은 지능이 매우 높았다. 그들은 잘 조직된 문명을 성공적으로 건설해서 25만 년이나 지속했다. (가장 오래된 호모 사피엔스는 30만 년으로 추정한다.) 네안데르탈인의 몸은 열을 효율적으로 보존하는데, 이는 네안데르탈인이 혹독한 환경에서도 생존할 수 있었다는 뜻이다. 우리의 선입견 일부는 사실로 드러났는데, 그들은 놀라울 정도로 강인한 데다가 정교하고 뛰어난 운동 기능도 갖추었다. 호모 사피엔스와 호모 네안데르탈인을 섞어서 새로운 네안데르탈인을 만들면 기후 변화와 극단적인 날씨 같은 문제를 더 잘 견뎌내고, 새롭고 다양한 환경으로 이주했을 때 더 잘 생존할 수도 있을 것이다.

유럽과 아시아에서 발굴한 화석에서 분리한 DNA를 통해 네안데르탈인의 유전체 몇 개가 분석되었다. 과학자들은 이 작은 유전체 조각을 분석하고 합성해 인간 줄기세포 안에 정확한 서열로 조립할 것이고, 이는 이론적으로 네안데르탈인 클론을 만들 것이다. 그러나 먼저 처치의 설명을 들어 보자.

성인 인간의 줄기세포 유전체에서 시작해서 점차 네안데르탈인 유전체, 혹은 그와 매우 유사한 유전체를 역설계할 것이다. 이 줄기세포들은 조직과 기관을 만들 수 있다. 사회가 복제에 관대해지고 진정한 인간다양성의 가치를 알게 되면 비로소 네안데르탈인 전체를 복제할 수 있을 것이다.[28]

물론 현대의 네안데르탈인에게는 어려움이 있을 것이다. 하나만 말해 보자면 전형적인 서구식 식단은 유제품, 정제된 곡물, 초가공 식품이 많다. 타코벨사의 나초 치즈 도리토스 로코스 타코(도리토스로 만든 타코쉘 안에 값싼 양념 고기와 질긴 체다 치즈 혼합물이 든 것을 상상하면 된다)는 제아무리 튼튼한 위장을 가진 사람이라도 부담스럽다. 네안데르탈인은 강인하지만, 이 나초 치즈 도리토스 로코스 타코 두어 개라면 그들을 때려눕히기 충분하고 선사 시대의 위장관을 뻗어 버리게 할 것이다.

네안데르탈인을 부활시키는 것은 어리석어 보일 수도 있다. 그러나 네안데르탈인의 유전자를 몇 개만 빌려와서 우리 몸을 조금만 수정한다면 어떨까? 네안데르탈인에게는 글루텐에 알레르기가 있는 현대인을 고통스럽게 하는 셀리악병이 없다. 그들의 면역계는 현대인과 다르게 반응하므로 류마티스관절염, 다발경화증, 크론병 같은 자가면역 질병을 치료하는 데 관한 통찰을 얻을 수 있다. 또 네안데르탈인의 뼈는 엄청나게 강하므로 골밀도와 관련된 유전자를 빌려다가 수억 명의 여성 노인이 앓는 골다공증을 치료할 수도 있다.

현대인과 네안데르탈인 유전자를 섞어서 대리모에게 이식한다는 이야기가 공포 영화나 디스토피아적 공상과학 소설처럼 들린다면 크게 틀린 생각은 아니다. 대개 인간이 신의 위대한 계획에 개입할 때는 재앙이 따르며, 이는 웰즈H.G. Wells의 《모로 박사의 섬The Island of Dr. Moreau》(1896), 올더스 헉슬리Aldous Huxley의 《멋진 신세계Brave New World》(1931), 프랭크 허버트Frank Herbert의 《듄Dune》(1965), 어슐러 르 귄Ursula Le Guin의 《어둠의 왼손The Left Hand of Darkness》(1969), 낸시 크레스Nancy Kress의 《스페인의 거지들Beggars in Spain》(1991), 리처드 모건Richard Morgan의 《얼터드 카본Altered Carbon》(2002)만 봐도 알 수 있다. 〈스타트렉Star Trek〉과 마블의 〈X-맨〉 시리즈에서도 끈질기게 되풀이되는 주제로, 악당 마그네토는 "호모 사피엔스는 호모 슈피리어에게 경배를!"이라고 외치며 계획을 세운다.

역사적으로 과학이나 사회는 인간이 신 행세를 하는 걸 좋아하지 않았고, 신 역할을 하는 주제도 좋아하지 않았다. 메리 셸리는 괴물, 강조하건대 진짜 괴물은 아닌 괴물에 관한 이야기를 썼지만, 이야기가 지나치게 체제 전복적인 성향을 띠었으므로 이 소설에 자기 이름을 노출하면 정부에 아이들의 양육권을 뺏길까 봐 두려워했다. 복제양 돌리가 성공하자 전 세계에서 긴급 회의와 기자회견이 열렸다. 거의 모든 사람이 세포가 발달하면서 거치는 변화에 관한 지식을 넓혀 줄 것이라는 돌리 프로젝트의 공식 발표를 무시했다. 그 대신에 반응은 신속했고 대체로 부정적이었다. 세인트루이스에 있는 미주리 대학교 의학윤리학자 로널드 먼슨Ronald Munson 박사는《뉴욕타임스New York Times》와의 인터뷰에서 "지니가 램프에서 뛰쳐나왔습니다"라고 선언한 뒤, 이어서 "다음은 무엇입니까. 십자가의 핏방울에서 예수 그리스도를 복제할 겁니까?"라고 말했다.[29] 보스턴공중보건대학교 보건법학과장인 조지 애나스George Annas 교수는 생물학계와 유전학계를 책망했다. "반발은 끔찍할 겁니다"라고 말한 그는 논리적으로 완전한 인간 복제가 다음 단계라고 주장했다. "부모에게는 아이를 복제하기 위해 아이에게서 세포를 선택할 권리가 없습니다. 인간 복제를 향한 대중의 저항은 옳습니다."[30] 스코틀랜드 국교는 국제연합이 복제를 강제로 금지하라고 요구하는 공식 성명을 발표했다. 구약성서 중 예레미야서 1장 4~5절을 인용한 교회는 인류가 신의 자리를 차지해서는 안 된다고 주장했다. "신은 (…) [말했다] (…) '너를 자궁에 만들기 전에 나는 너를 알았고, 네가 태어나기도 전에 나는 너를 눈여겨보았다."[31] 당시 대통령이었던 빌 클린턴은 연방 정부는 인간 복제와 관련된 연구를 후원하지 않겠다고 TV를 통해 발표했다.[32]

CNN과《타임Time》지의 여론조사가 1997년 3월 1일에 발표되었는데, 미국인 다수는 복제의 한 형태인 핵 치환술에 갑자기 단호한 태도를 드러냈다.[33] 상상하기 어렵지만 복제 양 돌리 이전에는 미국인들은 복제나 관련 기술에 관해 생각한 적이 없었다. 응답자의 3분의 1은 돌리의 존재만으로도 혼란스러우며 공개 시위와 저항에 참여하겠다고 답했다. 한편 복제 양 돌리가 태어난 이후 거의 사반세기가 지나자 우리는 중요한 지식과 새로운 생명공학 기술, 생물의 작동 방식에 대해 방대한 지식을 얻게 되었다. 내가 마지막으로 확인했을 때, 지구는 악마의 양이 들끓는 곳으로 바뀌지 않았다. 하지만 복제 양 돌리를 계기로 과학자들은 성인 줄기세포를 복제하기 시작했고, 이는 의학 연구에서 활용할 인공적인 유도만능줄기세포induced pluripotent stem cells의 창조로 이어졌다. 유도만능줄기세포가 만들어지면서 오랫동안 많은 사람의 윤리적 우려를 일으켰던 배아 실험이 줄어들었다. 과학자들은 노화 과정을 연구할 수 있었고, 처음으로 성인 세포를 재프로그래밍해서 다시 젊어진 것처럼 만들었다. 이 연구는 줄기세포를 기반으로 한 온갖 새로운 치료법의 수문을 열어젖혔다. 치료법이 환자의 유전자 암호에서 유래했다면 면역계가 거부 반응을 보이지 않을 것이다. 현재는 백혈병leukemia, 림프종lymphoma, 다발골수종multiple myeloma 같은 혈액 관련 질병과 심부전heart failure 같은 퇴행성 질병을 치료하는 재생 치료법이 여러 개 있다.

인간의 신념과 인식은 아주 천천히 바뀔 것이다. 수백 년 동안 내려온 지식과 깊이 믿어 온 사회적 가치가 우리의 생각에 미치는 영향을 고려한다면 이는 이해할 만하다. 가끔은 획기적인 과학 발견이 전혀 언질도 없이 갑작스럽게 나타나며, 따라서 우리는 인간의 정신 모델에 도전하는 뉴스에 충격을 받고 혼란에 빠지며 불안해하기도 한다. 때로는 과학계 내부도 우려에 잠식되기도 한다. 처치의 부활에 관한 견해가 널리 알려지면서 2013년에 《사이언티픽 아메리칸Scientific American》 편집부는 통렬하게 질책했는데, 대체로 이 실험적인 기술에 낭비할 연구 자금을 전통적인 보호 노력에 쏟는 편이 낫다는 주장이었다.[34] 처치는 《사이언티픽 아메리칸》에 발표한 자신의 논문에서 침착하게 부활 프로젝트는 "멸종한 생물의 완벽한 복제품을 만드는 일이 아니며, 연구실이나 동물원에서 단발성의 묘기로 끝나지도 않을 것"이라고 설명했다. 요점은 우리가 일으킨 환경 변화에 현존하는 생태계를 적응시켜 인간의 생존을 보장할 방법을 연구하는 것이라고 그는 설명했다.[35]

2020년 12월, 하버드대학교 처치 연구 팀은 매머드 복원 프로젝트를 진행하고 있었다. 아시아코끼리 유전체는 대략 99.96퍼센트가 털북숭이 매머드와 유사했고 0.04퍼센트만이 달랐는데, 이 0.04퍼센트가 DNA에서 140만 개의 차이점을 만들었다. 대개는 중요한 차이가 아니었고, 현재 처치 연구 팀은 이 중 1642개 유전자를 밝혀냈다. 이 연구는 계속되고 있으며, 연구 팀은 이 작업과 동시에 설계하고 시험하고 연구실에서 만든 세포를 조금씩 수정하며 매머드와 유사한 아시아코끼리가 생존할 올바른 유전자 서열을 공들여서 만들고 있다. 일반 코끼리를 기본으로 매머드의 두꺼운 털, 추위에 독특하게 적응한 헤모글로빈, 여러 층의 지방을 축적하는 능력, 나트륨 이온을 통과시키는 막을 가진 세포처럼 여러 개선점을 부여해서 이 생물이 혹독한 겨울 환경에 더 잘 적응하게 하는 것이 연구 팀의 목표다.[36] 올바른 조합으로 특성을 수정하면 이 피부 세포를 줄기세포에 주입해서 대체로 털이 많고 살아 있는 매머드를 만들 수 있다. 2021년 9월, 처치와 텍사스의 사업가 벤 램Ben Lamm은 매머드 프로젝트를 후원하는 벤처 기업 콜로설colossal을 세웠다.

성공적으로 창조되면 21세기 털북숭이 매머드는 소설가 마이클 크라이튼Michael Crichton이 상상했던 장소에 둥지를 틀 것이다. 물론 그곳에는 쥬라기 공원이 아니라 플라이스토세 공원이라는 이름이 붙겠지만. 플라이스토세 공원(정말 이름이다)은 산업화 시대 이후 떼죽음했던 야쿠티안 말, 엘크, 들소, 야크, 그 외 여러 고유종이 시베리아의 야생에서 살아가는 자연보호 지역이다.[37] 변형 매머드는 거대한 야수가 눈과 영구 동토층을 밟아 다지면서 기후 변화라는 인간의 고민을 해결할지 보여 줄 것이다.

이런 야수들을 복원해서 야생에 풀어놓으면, 인간이 창조자 역할에 전보다 더 깊이 몰입한 것처럼 보일 수 있다. 실제로 인간은 수천 년 동안 창조자 역할을 해왔다. 진짜 문제는 우리가 그 역할을 끔찍할 정도로 못 했다는 데 있다.

❊❊❊

15세기에 유럽인이 대서양을 건넜을 때 그들은 체계적으로 환경을 바꾸었다. '신세계'를 찾았을 뿐 아니라(정확하게는 유럽인에게 새로운 세계였다) 만나는 사람들에게 유럽의 토착 식물과 동물, 질병까지 전해 주었다. 1492년에 크리스토퍼 콜럼버스Christopher Columbus는 현재의 도미니카공화국에 상륙했다. 일 년 뒤에 그는 원주민 1500명, 수십 종의 식물 종자와 꺾꽂이 순(밀, 보리, 양파, 오이, 멜론, 올리브, 덩굴식물), 말, 수소, 돼지 수백 마리와 함께 돌아왔다. 이것이 콜럼버스의 대전환 Columbian Exchange의 시작이었고 생물이 대서양을 넘어 신세계로 향하는 위대한 전환이었다. 지금 시점에서는 이상하게 들리겠지만, 콜럼버스의 대전환 이전에는 브라질이 원산지인 고추류 식물은 향신료가 강한 인도 음식에서 기본 식료품이 아니었고, 아일랜드는 아직 감자가 무엇인지도 몰랐다. 16세기 이전에는 아프리카에 땅콩이 없었고, 이탈리아에는 토마토가 없었다. 콜럼버스의 대전환 이전에는 북아메리카에는 밀이 없었다. 콜럼버스의 대전환은 농업을 근본적으로 바꾸었고, (사람과 가축 모두의) 식단을 바꾸었으며, 삶과 문화를 새롭게 바꾸었다.[38]

그러나 유럽인은 낯선 땅에 상륙하면서 면역력이 없었던 원주민에게 위험한 병원체도 함께 전해 주었다. 배에 탔던 사람들과 함께 두창, 폐렴, 성홍열, 말라리아, 황열, 홍역, 백일해, 발진티푸스, 리노바이러스까지 새로운 감염병이 파도처럼 몰려왔다. 새로운 질병은 원주민의 80퍼센트를 사망하게 했고 지역 동물과 식물까지 대량으로 살상했다. (콜럼버스와 그의 선원들도 병에 걸렸다.)[39]

콜럼버스의 대전환은 결국 전 지구적 경제 조직을 형성했다. 이어진 디스토피아적 결과는 수백 년 전 선원들은 상상조차 못 했던 사악한 인간성이었다. 질병의 전파, 산업적 규모의 농업을 위한 토지 전환, 과도한 사냥, 수 세기에 걸친 광물 채굴, 세계 무역로에서 발생하는 공해는 오늘날 우리가 겪는 기후 변화와 생물다양성을 훼손하는 토대가 되었다.

2000~2019년에 세계에는 거대한 자연재해가 7348번 닥쳐 왔으며 대부분은 기후 변화가 원인이었다.[40] 홍수는 두 배로 늘었다. 심각한 재산 피해를 줄 만큼 거대한 폭풍은 40퍼센트 늘어났다. 2019~2020년의 역사적인 호주 산불로 발생한 엄청난 재와 오염 물질이 대기로 유입되면서 태양 빛을 가릴 정도였고, 일종의 나노 빙하시대가 찾아왔다. 기후과학자들은 지구 온도가 일시적으로 아주 조금 낮아졌다고 보고했다(정확히 몇 도나 낮아졌는지는 아직 알 수 없다). 열기로 가득한 천둥 구름인 화재 적란운은 자체적으로 바람을 일으켜서 다른 국가에 위험한 회오리를 발생시켰다. 지금까지 산불로 인해 일어난 전 세계의 누적 경제 손실액은 거의 3조 달러(4조 770억 원)에 달한다.[41]

2100년에 이르면 세계 도시 기온은 대략 4.4도가량 높아질 것으로 추정된다. 지구 기후 시스템에 엄청난 양의 에너지를 추가하는 셈이다. 만약 여러분이 에어컨과 난방이 되는 실내 온도 조절기와 공기 순환기가 설치된 집에 살고 있다면 그다지 재앙으로 여기지 않을 수도 있다. 그러나 2500만 명이 사는 파리나 런던 같은 대도시는 건물이 낡아서 실내 온도 조절기나 공기 순환기를 설치하기 어렵다. 무더운 여름이 며칠만 이어져도 사람들의 삶에는 심각한 문제가 생긴다. 몸이 과열되기 시작하면 신체는 장기로 돌아오는 혈액을 피부로 다시 내보내서 열기를 식히려 한다. 극단적인 더위가 이어지면 이 과정이 계속되며, 결국 장기는 혈액이 부족해져서 기능을 멈춘다. 만약 더운 데다가 습도도 높다면 몸의 열기를 식히는 정상적인 과정인 땀 흘리기는 더 이상 소용없다. 마노아에 있는 하와이대학교 과학자들은 폭염이 건강한 사람도 죽일 수 있는 독특한 방법을 27가지로 분류했다.[42] 현재 우리의 기후 궤적을 보면 2100년을 살아가는 사람 대부분은 정기적으로 인간을 죽일 수 있는 폭염에 노출되리라는 점을 짐작할 수 있다.

이후 몇십 년 동안은 세계 인구가 77억 명에서 97억 명으로 늘어난다는 추정도 고려해야 한다. 설사 기후 변화가 농업에 영향을 미치지 않더라도 20억 명을 더 먹여 살릴 여유는 없다. 인구의 대부분은 인도에서 늘어날 것으로 예상되는데, 인도는 대략 10퍼센트의 식량을 지하수를 퍼 올리는 관개시설로 경작하며 지하수는 빠르게 줄어들고 있고 재생 불가능하다. 캘리포니아주 센트럴밸리(미국 캘리포니아주 중앙부의 대지구대로 관개시설로 농업을 유지한다–옮긴이)와 중국 북동부, 파키스탄도 사정은 비슷하다. 이곳은 주요 식량 생산 지역으로 인간과 경제가 의존하는 주식인 곡물, 채소와 과일, 목화, 건초, 쌀의 생산을 책임진다. 인간은 온갖 방법으로 농업을 발전시켜 왔지만 세계 작물의 대략 80퍼센트는 비에 의존하고, 따라서 농업은 여전히 예측할 수 있는 날씨 패턴이 중요하다. 비정상적인 강수량은 세계 식량 공급에 큰 타격을 준다. 기후 변화, 인구 증가, 극단적인 날씨 변화에 대한 증거에 기반한 연구를 수용한다면, 현재 인간이 걷는 길은 잘 해봐야 수많은 불필요한 죽음으로, 최악이라면 전 세계적인 기근과 혼란으로 이어진다는 것이 논리적 결론이다.

게다가 지구의 생물다양성은 곤두박질치고 있다. 인간이 총 생물량에서 차지하는 분량은 지구에 존재하는 모든 생명체의 0.01퍼센트보다 적다. 즉 살아 있는 유기체의 1만분의 1에 지나지 않는 인간이 동물 종의 83퍼센트를 쓸어내 버렸다는 뜻이다. 생물다양성과 생태계 서비스에 관한 국제연합 정부 간 과학정책 플랫폼UN Intergovernmental Science-Policy Platform on Biodiversity and Ecosystem Services은 2019년에 100만 종의 동물과 식물 종이 멸종 위기에 처했다는 종말론적인 데이터를 발표했다. 토끼 100만 마리, 수선화 100만 포기가 아니라 100만 종이다. 이들이 사라졌다.[43]

이것이 인간이 창조한 세계, 지적인 계획과 의도적인 설계가 아니라 수 세기에 걸친 선택과 행동으로 이루어진 무관심한 진화가 만든 세계, 모든 것이 종잡을 수 없는 방향으로 계속 진행된 세계다. 높아지는 해수면이 미국 남동부의 풍경과 동물상을 어떻게 바꾸었는지 소소한 예를 하나 살펴보자. 해수면이 높아지면서 아주 작고 눈에 잘 띄지 않으며 굴을 파는 습성이 있는 자주색 습지 게인 *세사머 레티쿨라툼*Sesarma reticulatum이 번성하기 좋은 완벽한 조건이 갖춰졌다. 개체수가 폭발적으로 늘어나면서 이 작은 게는 토착 식물로 가득한 연안 습지대를 지키던 풀을 먹어 치우기 시작했다. 지금은 인접한 초원을 황폐화시키면서 조류 세곡(연안의 조류로와 조간대를 연결하는 작은 수로-옮긴이)을 점점 넓혀 가고 있다.[44] 해당 지역의 물줄기에는 침전물이 더 많아졌고, 폭풍이 몰려오면 홍수가 더 자주 일어나며, 수상 스포츠를 즐길 장소가 사라졌고, 상업 낚시터도 줄어들었다. 이 습지 게들은 이미 너무나 큰 피해를 주었고, 이 사실은 우주에서도 눈으로 확인할 수 있을 정도다. 덕분에 과학자들은 생태계의 계층 구조를 재조정해야 했다. 습지 게는 이제 핵심 종으로 분류된다.

이제 우리가 지켰던 이전의 믿음을 반박할 대안을 탐색할 때가 왔다. 사실 때는 이미 늦었지만, 위험은 감정적이기보다는 객관적으로 평가해야 한다. 여기에 합성생물학이 도움이 될 만한 사례 두 가지를 설명하려 한다.

인간을 개선한다 우리는 이미 이 일을 하고 있다. 다만 '개선한다 upgrading'라고 표현하지 않을 뿐이다. 인간은 태어날 때부터 특정 바이러스에 취약한데, 여기에는 로타바이러스, A형 간염, B형 간염, 폴리오, 폐렴, b형 헤모필루스 인플루엔자, 수두varicella, 홍역, 볼거리mumps, 풍진rubella, 디프테리아diphtheria, 파상풍tetanus, 백일해pertussis가 포함된다. 미국과 여러 선진국의 아기는 대부분 태어난 첫해에 백신을 맞고 '개선된다.' 성인은 매년 독감 백신을 맞으며 50세가 되면 대상포진 백신을 맞는다. 2021년 초에는 많은 사람이 평생 가장 중요한 개선 사항, 바로 코로나19 백신을 두고 소란을 벌였다.

다음은 무엇이 될까? 처치에게 단서를 얻어 신경다양성을 가진 사람들의 삶을 향상할 도구를 개발할 수 있다. 에이미는 삼십 대에 스스로도 오랫동안 의심해 왔던 강박장애obsessive compulsive disorder를 진단받

왔다. 그는 조용히 자신의 걸음 수를 세거나, 통계 모델을 반복해서 재검토하거나, 조금의 오차도 없이 똑같은 길로 출근해야 한다는 생각 때문에 일상에 타격이 심했다. 이런 순환 고리는 때로 그를 다른 사람들로부터 고립시켰지만 슈퍼맨 수준의 체력을 주기도 했다. 에이미는 며칠 동안이나 쉬지 않고 집중해서 어려운 문제를 해결할 수 있었다. 강박장애는 세로토닌이 뇌의 앞부분과 뇌 안쪽 깊숙한 구조물을 연결하는 의사소통 경로를 망쳐놓은 결과다. 치료는 세로토닌 농도를 정상화하는 약물이나 대화로 신경 전달 물질을 재배치하는 인지행동치료, 혹은 두 치료를 동시에 하기도 한다. 세로토닌 억제제는 에이미의 순환 고리를 끊어 줄 테지만 그의 창조성과 동기를 해칠 수도 있다. 조광기調光器 따위는 없다. 마음대로 에이미의 세로토닌을 높였다가 낮출 방법은 없는 것이다. 주치의의 조언에 따라 에이미는 인지행동치료를 선택했지만 가끔은 엔디와 나이트의 억제기를 떠올리면서 이 억제기가 있다면 필요할 때마다 강박장애를 활용할 수 있지 않을까 생각한다. 그럴 수 있다면 강박장애는 에이미의 시스템에서 버그가 아니라 강점이 될 것이다.

농업을 개선한다 아몬드는 맛있고 영양가가 풍부하며 다양하게 활용할 수 있는 훌륭한 식품이다. 그러나 물을 많이 먹는 작물로 악명 높다. 아몬드 나무 유전체는 2019년에 서열 분석이 완료되었으므로, 물을 덜 흡수하거나 식물 개체당 맺는 열매 수를 두 배로 늘리거나, 거대하고 가지 많은 나무가 아니라 작은 식물로 자라도록 유전체를

수정할 수 있다.[45]

　그러면 아몬드는 완전히 다른 방식으로 경작할 수 있다. 인간이 먹는 거의 모든 식량은 우리가 날씨를 조절할 수 없는 야외에서 재배한다. 유전자 편집, 맞춤 미생물, 인공지능과 로봇을 활용한 정밀한 농업 시설은 대안 생산법을 제시한다. 예를 들어 수직 농장(밀폐되고 통제된 환경에서 수직으로 식물을 재배하는 농경 시스템으로 식량난 해결 방법의 하나-옮긴이)은 거대한 창고에서 수직으로 여러 층을 쌓아 작물을 재배한다. LED 조명이 태양 역할을 하고 감지기와 인공지능이 물과 양분을 관리하면서 공급량을 조절한다. 로봇이 열을 따라 움직이면서 스노우피snow pea, 마늘, 시금치, 양상추를 키운다. 이 같은 운영 체제는 전통적인 농업보다 수확량이 10~20배 더 많으면서 쓰레기는 더 적게 배출한다.

　우리는 인간 진화의 다음 단계를 지적으로 설계할 수 있지만 그러려면 창조와 창조자에 관한 오래된 믿음을 재고해야 한다. 사실 선택의 여지는 곧 없어질 것이다. 오늘날 일부 종교학자와 종교 단체는 합성생물학이(그리고 다른 과학과 기술도) 인간 진보와 성장의 사례라고 여기며, 신의 사명이 창조의 변형과 개선을 포함한다고 믿는다. 수많은 종교에서 질병, 기아, 죽음에 대한 저항을 중요한 가치로 여긴다. 합성생물학은 이 같은 진보의 자연스러운 발현이다.

미국 국립보건원장 프랜시스 콜린스 박사는 헌신적인 기독교인이다. 그는 과학과 종교의 관계를 다룬 베스트셀러를 썼는데, 여기에는 신의 존재를 과학적으로 주장한《신의 언어The Language of God》, 신과 믿음의 수수께끼를 탐색하는《믿음: 믿음을 위한 독서Belief: Readings on the Reason for Faith》도 있다. 조지 처치와 크레이그 벤터처럼 콜린스도 유전학의 선구자로 해당 분야에서 중요한 연구 업적을 쌓았다. 2009년, 버락 오바마 대통령이 그를 국립보건원장으로 지명하면서 콜린스는 과학자와 직원 2만 명, 보건원에 속하지 않은 과학자 32만 5000명, 연구소와 연구센터 27곳을 책임져야 했다.[46] 재직하는 동안에는 같은 기독교인들의 반대에도 아랑곳하지 않고, 그리고 자신의 개인적인 믿음에 근거한 우려에도 불구하고 줄기세포 연구를 허가하고 지지했다. 콜린스는 오바마, 트럼프, 바이든 정부에서 일하면서 유전자 편집 연구를 계속 지원했다.

콜린스처럼 대안 미래를 감정적이 아니라 객관적으로 볼 수 있다면 신과 유전체 변형 모두를 수용할 수 있을 것이다. 처치처럼 정신을 생산적으로 떠돌게 하다 보면 신세계가 열릴 것이다. 새로운 바이오경제, 까다로운 문제에 대한 혁신적인 과학적 해결책, 그리고 우리가 알고 있는 생명체를 완전히 개선하고 심지어 구할 수 있는 수많은 창의적 방법으로 특징짓게 될 신세계가 눈앞에 있다.

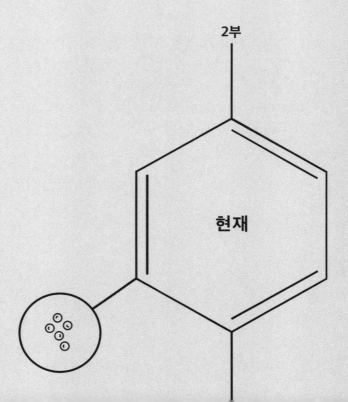

The
Genesis
Machine

2부

현재

5

바이오경제

2019년 말, 중국이 새롭게 출현한 극도로 위험한 신종 코로나바이러스의 증거를 민첩하게 은폐하면서, 상하이 공중보건센터의 바이러스 학자 장용젠張永振 박사는 정체 모를 병원체에 대한 걱정이 점점 깊어 갔다. 장용젠 연구 팀은 이미 2000종 이상의 바이러스를 발견했지만, 그의 연구실로부터 서쪽으로 여덟 시간 거리에 있는 우한시를 짓밟는 새로운 바이러스는 성가신 특징이 있었다. 무엇보다도 이 바이러스에 감염되면 10~14일이 지나야 증상이 나타났다. 장 박사는 정부가 빨리 조치하지 않으면 이 바이러스가 우한시의 시민, 외국인 노동자, 관광객을 통해 그들이 돌아가는 공동체로 빠르게 퍼져 나가리라는 두려움에 사로잡혔다. 신종 병원체의 존재를 인지한 다른 중국 과학자들처럼 장 박사 연구 팀도 이 코로나바이러스의 유전체 염

기서열 분석을 시작했다.[1]

　장 박사의 연구 팀은 신종 바이러스를 발견했던 풍부한 경험과 현대 기술을 활용해 유전체 서열을 단 40시간 만에 해독했다.[2,3] 연구 팀이 의심했던 것처럼 이 코로나바이러스는 2003년에 많은 나라를 괴롭혔던 중증 급성 호흡기 증후군 severe acute respiratory syndrome 인 사스SARS 바이러스와 비슷했다. 중국 정부가 코로나바이러스의 위험을 무시하자, 장 박사는 이 바이러스의 유전체 서열을 발표했을 때 닥쳐올 개인적이고 정치적인 결과와 바이러스 전파를 막을 가능성이 줄어드는 상황을 두고 저울질해야 했다. 다행스럽게도 장 박사는 오래 고민하지 않았다. 2020년 1월 5일, 장 박사는 생물학판 위키피디아인 진뱅크GeneBank에 바이러스 유전체 서열을 발표했다.[4,5] 과학자들은 진뱅크에 자신들이 해독한 유전자 서열과 함께 이에 대한 중요한 메모도 제출한다. 진뱅크 관리자가 제출된 유전자 서열을 검토하고 승인하면 게시된다. (위키피디아처럼 작업물의 결과로 돈을 받지 않지만 모든 사람이 혜택을 누린다.) 이 과정은 전통적인 동료 심사를 거친 논문이 발표되는 데 걸리는 시간보다 훨씬 빠르지만, 장 박사는 소식을 전파하기에 너무 늦을지 모른다고 우려했다. 그러자 장 박사의 오스트레일리아 친구가 훨씬 더 자유분방한 토론 사이트인 바이럴로지컬(Virological.org)에 발표하라고 권했다. 여기는 바이러스 학자를 위한 레딧Reddit 사이트(미국 최대의 소셜 미디어 플랫폼으로 사용자들이 올리는 다양한 콘텐츠를 투표를 통해 순위에 따라 게시한다-옮긴이)라고 생각하면 된다. 2020년 1월 10일, 신종 코로나바이러스에 관한 소식이 바이럴로지컬에 발표되었고,

소식을 확인한 진뱅크도 빠르게 움직였다.[6]

며칠 뒤, 사업가 누바르 아페얀Noubar Afeyan이 매사추세츠주 케임브리지에서 딸의 생일을 맞아 함께 식사하다가 CEO인 스테판 방셀Stéphane Bancel이 보낸 긴급 문자 메시지를 받았다. 아페얀은 당시 아직 무명이었던 모더나Moderna사의 설립자였다. 모더나라는 회사명은 '변형된modified'과 'RNA' 두 단어를 합성한 것으로 합성생물학 기술로 메신저RNAmRNA를 개량해서 개인 맞춤형 암 치료제를 개발한다는 아이디어를 나타냈다. 이 기술은 연구실에서는 실현되었지만 아직 시장에 내놓을 제품을 만들지 않은 상태였고, 따라서 연구 팀은 mRNA를 개량해서 다른 질병 치료제를 만드는 방향으로 선회했다. 즉 인간 세포에 새로운 기능, 예를 들어 항체를 만들거나 조직을 치유하는 기능을 부가하는 새로운 암호를 개발하고 있었다.

아페얀은 방셀에게 전화하기 위해 추운 거리로 나왔다. 방셀은 장 박사가 발표한 유전체 서열을 확인하면서 신종 바이러스의 mRNA 백신을 설계하는 기초 작업을 하고 있었다. 설계가 끝나자 방셀은 모더나사가 개발 중인 20가지 제품의 원재료를 신종 바이러스의 mRNA 백신으로 전환할 수 있는 허가가 필요했다. 국립보건원과 함께 코로나바이러스 mRNA 백신 원형을 개발했던 모더나는 경험이 풍부했다. 그러나 개발한 백신을 아직 시장에 내놓지는 못했고, 처음부터 시작해야 하는 완전한 규모의 백신 프로그램에 돌입하기에는 손에 쥔 여유 자금이 없었다. 이런 위험에도 방셀은 무언가 엄청난 일이 일어나고 있다는 것을 직감했고 아페얀도 동의했다. 아페얀은 말했다. "일단 시작합시다."[7]

　장 박사가 진뱅크에 공개한 유전자 서열을 사용하여 모더나사는 코로나바이러스 스파이크 단백질의 특정 RNA 서열을 설계했다. 여러분도 이미 너무나 잘 알겠지만 이 바이러스는 스파이크가 박힌 공처럼 생겼다. 이전 연구 결과를 토대로 연구 팀은 바이러스의 스파이크 단백질이 반응 촉발 인자라고 생각했다. 인간 면역계는 크고 뚜렷한 단서에 집중하는 경향이 있기 때문이다. 본질적으로 모더나 백신은 옛날 서부영화에서 "지명 수배자! 스파이크로 뒤덮인 이 공을 주목할 것! 발견하면 즉시 사살할 것!"이라고 적힌 생물판 현상 수배 전단지였다.

　모더나사는 mRNA를 단백질이 만들어지는 장소인 세포질로 나오게 하는 방법처럼 mRNA 백신 개발에서 어려운 작업은 이미 대부분 해결한 상태였다. mRNA는 세포핵 외부에서 일시적으로 머물다가 정보를 단백질로 번역하고 즉시 떠날 것이고, 이는 세포가 안전한 코로나바이러스 조각을 생산하도록 자극해서 면역계를 작동시킬 것이다. 그런 다음 몸이 자신의 방어 기제를 활용해서 싸우게 한 뒤 mRNA는 분해될 것이다.

　맞춤형 도구를 활용해서 모더나사는 유전체 암호에서 유전자 스위치, 전사 중에 유전자의 끝을 알리는 핵산 서열, 다양한 단백질의 시작 및 멈춤 지점을 정하는 명령 등 특별한 영역을 찾았다. 유전체 암호를 해독하는 데는 겨우 이틀이 걸렸다. SARS-CoV-2 바이러스와 다른 코로나바이러스의 차이점은 유전체의 열두 글자뿐이었다. 바로 CCU CGG CGG GCA다. 이 열두 개 글자가 신종 바이러스를 치명적으로 만들었다. 이 암호 영역이 신종 바이러스의 스파이크 단백질을 활성화해서 인간 세포에 침입하게 했다. mRNA는 이 열두 개 암호를 표적으로 해서 바이러스의 공격을 좌절시킬 명령을 세포에 전달할 수 있었다.[8]

합성 RNA를 활용하는 방법은 이전의 백신보다 더 효율적이고 적용하기 쉬웠다. 이전 백신은 약화된 바이러스를 활용하거나 매년 만드는 독감 백신처럼 필요한 분량을 생산하는 데 수백만 개의 달걀이 필요했다. 모더나사의 백신은 사실상 소프트웨어처럼 작성해서 나노 크기의 USB 드라이브에 넣을 수 있는 유전자 명령이었다. 일단 이 생물 USB 드라이브가 세포에 들어가면, 세포는 mRNA 명령을 충실하게 내려받아 실행했다. 이런 백신은 더 안전하고 통제하기도 쉬웠다. 오래 남아 있거나 심지어 물려줄 수 있는 유전자 변화로 이어지는 유전자 치료와 달리 mRNA는 세포 속에서 찰나만 존재한다. 백신 생성 프로그램은 단기간 작동하고 스스로 파괴될 것이다.

모더나사는 생명공학 스타트업인 바이오앤테크BioNTech사와 함께 모두가 비현실적이며 환상에 지나지 않는 기술이라고 생각했던, 그러나 분명히 실재하는 적용법을 마침내 찾아냈다. 그러나 합성생물학 과정을 뒷받침하는 시스템과 기술이 수십 년 동안 발전하지 않았더라면 현재 우리가 가진 mRNA 백신은 존재하지 않았을 것이다. 이 모든 기술, 장치, 보조 시스템과 이들이 만들어 내는 것, 즉 합성생물학에서 유래하고 그와 관련된 생산 및 소비와 관련 기업들의 전체 수요를 조절하는 활동이 바이오경제다. 코로나19의 mRNA 백신은 내일의 바이오경제가 창조해 낼 수많은 경이로움의 첫 번째 산물일 뿐이다.

　마지막 문장이 공상처럼 들리는가? 역사가 그렇지 않다고 답한다.

⫸∽⫸∽⫸

알렉산더 그레이엄 벨Alexander Graham Bell과 토머스 왓슨Thomas Watson은 뉴욕시 치커링홀에 모인 삼백 명의 청중에게 나무와 금속으로 만든 신기한 기계 장치를 선보였다. 1877년 5월 17일이었다. 두 사람은 당시로서는 너무나 비현실적 개념을 알아내는 데 몰두하면서 무명의 세월을 보냈다. 바로 인간의 목소리를 전선을 타고 흐르는 전기 신호로 전송하는 방법이었다. 이윽고 그들은 말소리를 전기 신호로 바꾼 뒤 이 신호를 다시 말소리로 변환하는 수화기와 진동 막을 발명했다. 치커링홀은 두 사람이 처음으로 이 신기술을 시연하는 자리였다. 이들은 청중에게 자신들의 발명품을 뉴저지주 뉴브런즈윅에 있는 장치와 전선으로 연결한 다음 뉴욕의 또 다른 장치와 연결했으며, 그곳에서는 굵고 낮은 음색의 바리톤 가수가 유명한 찬송가인 〈요새를 지키리Hold the Fort〉를 부를 것이라고 말했다.[9]

　벨이 연결 상태가 조악한 발명품에 대고 말하자, 갑자기 보이지 않는 가수의 노랫소리가 들려왔다. '말하는 전화'가 정교한 속임수라고 확신하고 무대 뒤편에 숨어 있을 가수를 찾으라고 소리 지른 청중도 있었다. 벨은 시연을 계속했고, 소리의 전기적 설계와 과학을 상세하고도 빠짐없이 설명했다. 벨의 강연을 듣고 무대 뒤편을 뒤지고 온 청중은 결국 전화가 진짜라고 인정했다.[10]

  사업가가 이 혁신적인 기술의 가치를 깨닫기까지는 몇 년이 더 걸렸지만, 결국 새로운 전화 경제의 수요를 뒷받침하는 수십 개의 사업체가 설립되었다. 공용 배터리 시스템, 금속 회로, 전선, 스위치, 수화기와 벽걸이 전화기, 전화 교환망 설계, 전화 신호를 전달할 거대한 안테나와 안테나를 설치할 기업, 교환대와 전화 교환원, 전력을 생산하고 분배할 공공 사업, 꽃줄과 깃발로 화려하게 장식한 기둥에 전선을 연결하는 특수 기능공까지 다양했다.

  1918년 미국 전역에는 벨 시스템 전화가 1000만 대나 있었고, 비슷한 지역 전화망이 유럽과 스칸디나비아까지 뻗어 있었다. 문제는 이 전화망을 설치하는 데 지리적 한계가 있다는 점이었다. 전화가 바다를 건너 연결되기 전에 세계는 전기 스위치 시스템, 마이크로웨이브파 기술과 트랜지스터 같은 미래의 발명품을 필요로 했다.[11] 전화망 운영자들이 이후 수십 년 동안 서서히 개선에 집중하는 동안 영국 왕립공군 소속 아서 클라크Arthur C. Clarke는 더 대담한 통신 아이디어를 떠올렸다. 1945년에 클라크는 '지구 외부 중계기extra terrestrial relays'와 미래형 전화 교환기를 활용해서 지구의 두 지점에 즉시 메시지를 전달하는 방법에 관한 논문을 썼다. 클라크가 제시한 중계기는 지상에 세워 예쁜 꽃줄로 장식하지 않는 대신 저 멀리 우주에서 지구 궤도를 따라 돌고 있었다.[12] 훗날 전설적인 SF 작가가 되는 클라크는 지구 위

3만 5785킬로미터에서 지구 자전 속도와 같은 속도로 움직이는 중계기를 상상했다. 지상의 안테나는 지구 위 어디에서나 무선 전파 영역을 제공하기 위해 중계기에 지속적으로 신호를 보낸다.

이 기발한 아이디어에 찬동하는 사람은 별로 없었다. 이 프로젝트를 뒷받침하려면 소비에트 연방이 비치볼 크기의 금속 덩어리인 스푸트니크1호를 궤도에 쏘아 올린 일처럼 세계적으로 중요한 사건이 있어야 했다. 1958년에 미국은 스코어SCORE(궤도 중계기를 이용한 신호 통신) 위성을 발사했으며, 이 위성은 당시 대통령이었던 드와이트 아이젠하워Dwight Eisenhower의 목소리로 단 하나의 메시지인 "지구에 평화를, 모든 곳에 인간을 향한 선한 의지를"이라는 크리스마스 메시지를 방송했다.[13,14] 1960년대에 AT&T(미국전신전화회사) 산하의 벨연구소는 미국항공우주국 나사NASA와 함께 이 기술을 개선했고, 결국 현대 역사에서 가장 중요한 발명 중 하나를 만들어 냈다. 바로 동기 궤도(주기가 지구 자전축에 대한 회전주기와 같은 궤도-옮긴이)를 따라 움직이는 양방향 통신 위성으로, 이 위성은 지구 표면에서 볼 때 같은 지점에 정지해 있다. 이 위성은 텔레비전 방송을 중계했고, 세계의 우주 계획을 앞당겼으며, GPS를 만들어 냈고, 스마트폰을 작동하게 했다. 일상적으로 사용하기에는 너무나 기이해 보여서 한때 비웃음거리였던 벨의 '말하는 전화'는 통신 산업의 골리앗이 되었다. 오늘날 그 가치는 1조 7000억 달러(2309조 원)에 이른다.[15]

전화와 전화를 뒷받침하며 성장한 통신망은 거의 모든 기업과 사회의 진화에 중요한 역할을 했으며, 1962년에 발표된 믿기지 않는 논문에서 유래한 또 다른 발전을 이끌었다. 매사추세츠 공과대학교 과학자 조지프 리클라이더J. C. R. Licklider는 미국방위고등연구계획국에서도 일했는데, 믿기 어려운 가설을 내세워서 초기 독자들 몇몇은 이를 농담으로 여길 정도였다. 어쩌면 이름 때문이었을 것이다. 리클라이더는 서로 의사소통을 하는 컴퓨터들의 '은하 네트워크'를 제안했다.[16] 그의 논문은 냉전의 긴장이 최고조에 이르렀을 때 발표되었고, 리클라이더는 이 네트워크가 실현되면 소비에트 연방이 전화 시스템을 파괴해도 정부 기관이 서로 의사소통할 수 있다고 설명했다. (스푸트니크 발사 이후 소비에트 연방의 기술력이 미국에 미칠 영향에 대한 두려움이 만연해 있었다.) 결국 1969년에 미국 국방부는 리클라이더의 주장을 시험하기 위해 캘리포니아대학교 로스앤젤레스 캠퍼스(UCLA)와 스탠퍼드대학교의 컴퓨터들을 연결한 네트워크인 아르파넷ARPANET을 구축했다. 캘리포니아대학교 교수는 '로그인login'이라는 단순한 단어를 캘리포니아 북부에 있는 동료에게 전송하려 했지만 'o'를 입력하는 순간 시스템이 다운되어 버렸다. 따라서 인터넷으로 전송한 최초의 단어는 실망스럽게도 허망한 두 글자 'lo'로 기록되었다.[17]

　1970년대가 저물 무렵 컴퓨터과학자 빈턴 서프Vinton Cerf는 전송 제어 규약Transmission Control Protocol 즉 TCP를 발명했는데, 이는 멀리 떨어진 컴퓨터 간의 핸드셰이크handshake(가상 응답 확인 방식, 둘 이상의 장치가 서로 보조를 맞추어 처리하는 것-옮긴이)로 컴퓨터들이 정보를 여기저기로 전송할 수 있는 구조였다.[18] 이러한 발전은 1991년에 팀 버너스 리Tim Berners-Lee가 누구나 정보를 공유하고 검색할 수 있는 분권화한 '월드와이드 웹world wide web'을 제안하는 길을 열었다.[19] 1992년에 일리노이 대학교의 학생들 한 그룹이 아직 초기 단계인 웹을 검색하기 쉽게 도와주는 모자이크Mosaic 브라우저를 만들었다.[20] 모자이크 브라우저를 사용하면 단순한 문자 인터페이스에서 벗어날 수 있었고 컴퓨터를 프로그래밍할 줄 몰라도 상관없었다. 영상을 볼 수 있었고 링크를 클릭해서 다른 웹페이지를 탐색할 수도 있었다. 상업 인터넷이 뒤따라 나왔다. 웹 호스트, 이메일 제공 업체, 컴퓨서브CompuServe와 아메리카 온라인America Online 같은 새로운 통신망과 함께 구글과 온갖 검색 엔진, 아마존Amazon을 포함한 전자상거래 사이트 등 수많은 기업이 출현했다. '인터넷' 하면 대부분의 사람이 떠올리는 독설이 가득한 소셜 미디어는 인터넷의 일부에 불과하다. 인터넷은 현대 삶의 거의 모든 측면을 구축하는 보이지 않는 사회 기반 시설이며, 급여 체계부터 도시 서비스, 건강보험 기록, 학교 시험, 식료품점 공급망에 이르기까지 다양한 곳에서 활용된다.

오스턴 굴즈비Austan Goolsbee, 피터 클레노Peter Klenow, 에릭 브리뇰프슨 Erik Brynjolfsson처럼 선구적인 여러 경제학자는 인터넷이 창출한 가치를 계산하려 시도했다.[21] 그들은 모두 비슷한 결론에 도달했다. 인터넷은 이제 전기처럼 범용 기술이기 때문에 어떤 연구에든 결함이 있을 수밖에 없을 것이다. 사회에서 전기를 없애 버리면 생산성, 소득, 상품과 서비스 생산 능력에 끔찍한 경제적 파장을 몰고 올 것이다. 인터넷도 마찬가지다.

합성생물학은 지금 치커링홀에서 전화를 시연하는 단계에 들어섰다. 합성생물학은 존재한다. 그리고 작동한다. 그러나 합성생물학을 지지할 방대한 네트워크와 관련 사업, 기업, 보조 요인들이 아직 확립되지 않았다. 언젠가는 합성생물학이 범용 기술이 될 것이다. 전화와 인터넷처럼, 합성생물학이 사회에 가져올 가치는 지금 우리가 상상하는 것보다 훨씬 더 넓게 확장될 것이다. 이를 짐작할 만한 초기 지표도 있다. 미국 국립과학·공학·의학 아카데미National Academies of Science, Engineering, and Medicine는 철저한 연구 끝에 2020년 1월 미국 바이오 경제의 가치가 국내총생산(GDP)의 5퍼센트, 9500억 달러(1290조 원) 이상이라고 발표했다.[22] (이것은 코로나19 범유행 이전의 수치이며, 코로나19의 대유행으로 합성생물학이 발전하면서 모더나사 같은 기업이 엄청난 성장을 이루었다는 점을 기억하자.) 2020년 5월에 맥킨지 연구는 400개에 이르는 합성생물학 관련 혁신이 지구 경제에 미친 영향을 분석하고, 이 발전이 지금부터 2040년까지 매년 평균 4조 달러(5434조 원)를 창출하리라고 내다봤다.[23] 4조 달러는 합성생물학 산업이 발전하면서 필연적으로 나타날 연관 산업, 서비스, 제품의 경제적 영향은 계산에 넣지 않은 숫자다.

이러한 연쇄적인 영향력의 발전은 가치 네트워크value network라고 하며, 하버드대학교 클레이턴 크리스텐센Clayton Christensen 교수가 1997년에 펴낸 획기적인 저서《혁신자의 딜레마The Innovator's Dilemma》에서 도입한 개념이다. 일반적으로 가치 네트워크는 소비자에게 매력적인 제품과 서비스를 창출하기 위해 협력하는 기업들의 건강한 생태계다. 인터넷의 아주 작은 부분, 예를 들어 사물 인터넷Internet of Things을 들여

다보면 가치 네트워크에는 소프트웨어, 플랫폼, 인터페이스, 연결성, 보안, 농업, 건강 보건, 운송 수단, 공급망, 로봇 공학, 산업용 웨어러블, 그 외 수십 종의 하위 범주 사업이 존재한다. 또한 수백여 개의 스타트업과 유명 기업이 더 편하고 모두가 즐기는 삶을 위해 통신으로 서로 연결된 장치를 만들고 있다.

합성생물학의 가치 네트워크는 이제 막 생성되기 시작했다. 물론 코로나19 범유행에 대한 대응으로 성장이 빨라졌지만, 아직 각 분야의 기업은 소수에 지나지 않는다. 그러나 이런 상황은 빠르게 바뀌고 있다. 2020년에 투자자들은 합성생물학 스타트업에 80억 달러(10조 8688억 원)를 쏟아부었다.[24] 틱톡을 만든 바이트댄스Bytedance사가 2021년 초에 4000억 달러(543조 원)로 평가된 것에 비해 크게 인상적인 숫자는 아니지만, 합성생물학에 대한 투자 증가 속도가 2018년 이후 매년 두 배로 빨라졌다.[25] 지금은 생명공학 기업의 주식으로만 구성한 상장지수 펀드가 운용된다. 불과 몇 년 전만 해도 볼 수 없었던 풍경이다. 거대 자산운용 기업인 블랙록BlackRock사는 예상보다 높은 수익률을 올린 ARK 자산운용사와 프랭클린 템플턴Franklin Templeton에 뒤이어 2020년 10월 합성생물학을 위한 상장지수펀드(ETF)를 출시했다. ARK 자산운용사는 2019년에 44퍼센트, 2020년에는 210퍼센트라는 놀라운 수익률을 자랑했다. 합성생물학 기업의 기업공개(IPO) 중앙값도 치솟고 있다. 2020년의 평균 공모가는 2019년보다 두 배나 높아졌다.[26]

이 모든 것이 바이오경제의 사회 기반 시설을 지원하는 기업 즉 합성 기계, 로봇, 조립 기계를 만드는 하드웨어 제조 업체, DNA와 효소, 단백질, 세포를 판매하는 윗웨어 기업, 포토샵처럼 생물학 전용 특별한 도구를 만드는 소프트웨어 기업을 바쁘게 만든다.

이들 기업은 모두 빠른 인터넷 연결, 자동화, 클라우드는 물론 암호화한 네트워크, 강력한 정보기술 서비스, 데이터베이스 관리가 필요하다. 한편 오래된 생명공학 기술은 대부분 정밀도가 매우 높은 오늘날의 합성생물학 작업에 적용하기에는 부족하다. 앞으로 설명하겠지만 바이오경제를 구성하는 기술과 도구 역시 빠르게 진화하고 있다.

장 박사 연구 팀이 SARS-CoV-2 바이러스 유전체 서열을 얼마나 빨리 분석했는지 생각해 보면, 옛날 방식의 DNA 염기서열 분석법을 떠올리기 어려울 수도 있다. 컴퓨터화되고 자동화된 기계가 널리 사용되기 전에는 DNA를 조심해서 준비해야 했고, 가끔은 각 연구실에서 직접 개발한 방법을 사용하기도 했다. 오늘날 실험실에서 널리 사용하는 간편한 DNA 분리 키트는 존재하지 않았다. 복잡하고 많은 실험실 프로세스를 자동화한 염기서열 분석기도 마찬가지로 없었다. 대신에 연구자들은 수동으로 반응을 일으키고, 큰 겔을 만들어서 전기영동을 한 뒤 데이터를 직접 눈으로 보고 손으로 기록했다. 유전자 데이터베이스와 유전체 분석에 특화한 검색 소프트웨어도 없었기에 이렇게 읽어 낸 염기서열에서 어떤 서열이 무슨 의미가 있는지 분석하기는 거의 불가능했다.

이윽고 자동화된 프리즘 서열 분석기가 나오면서 2003년에 인간 유전체 염기서열을 완성하는 경쟁에 뛰어든 벤터와 콜린스 대신 힘든 작업을 해내는 데 이르렀다. 최초의 인간 유전체 해독은 13년이 걸렸고, 인간유전체연구사업에 든 총 비용만 32억 달러(4조 3475억 원)였다. 물론 이 비용에는 유전체 염기서열 분석과 관련은 없지만 중요한 비용도 포함되었다. 만약 벤터와 콜린스가 2003년 당시 사용할 수 있었던 신기술을 모두 활용해서 인간유전체연구사업을 다시 시작한다면 1년 안에 5000만 달러(679억 원)로 연구를 완료할 것이다. 2007년에는 한 스타트업이 100만 달러(13억 5860만 원)로 제임스 왓슨의 DNA 서열을 분석하는 훨씬 더 빠른 시스템을 구축했다. 불과 십년 뒤에 나온 차세대 기계는 DNA나 RNA의 단일 분자의 서열도 읽을 수 있었고, 이는 연구자들이 세포 하나에서 어느 유전자가 켜지고 꺼졌는지 볼 수 있게 되었다는 뜻이다. 영국에 있는 옥스퍼드 나노포어 테크놀로지Oxford Nanopore Technologies사는 크기도 가격도 아이폰의 절반밖에 안 되는 염기서열 분석기를 만든다. 우주비행사 케이트 루빈스Kate Rubins는 2016년에 이 기계를 사용해서 우주에서 처음으로 DNA 염기서열 분석에 성공했다. 유전자 염기서열 분석기는 점점 작아지고 더 영리해지고 있다.[27] 샌디에이고에 본사를 둔 로즈웰 바이오테크놀로지Roswell Biotechnologies사는 DNA 효소를 직접 반도체 칩에 결합하는 분자-전자 염기서열 분석 기술을 개발한다. 이 칩은 각각의 효소가 하는 일을 전자적으로 기록해서 효율적으로 효소 작용을 추적할 수 있다. 내년이나 내후년쯤(집필 시점이 2021년 중반이므로 2022년이나 2023년 무렵-옮긴이)에는 100달러(13만 원) 이하의 비용으로 1시간 이내에 유전체 전체 서열을 분석하는 휴대용 장치가 나올 것으로 보인다.

염기서열 분석의 발전 속도는 어떤 산업과도 비교할 수 없다. 13년 동안 32억 달러(4조 3475억 원)를 들였던 초기부터 60분 동안 100달러가 드는 현재까지, 이 모든 발전이 30년 동안에 이루어졌다. 그러나 이는 유전체 서열을 읽는 것에만 한정된다. 정말 중요한 일은 이제 막 시작되었을 뿐이다.

세포는 일반적인 컴퓨터보다 프로그래밍하기가 더 까다롭다. 세포 조직에 관한 지식이 완벽하지 않은 점도 있고 생물학이 물에 기반한 기술이기 때문인 점도 있다. 고정된 경로를 빠르게 움직이는 전자와 정확하고 빠르게 흐름을 통제하는 스위치를 기반으로 하는 실리콘 칩 및 전자 장치를 기반으로 하는 기술과 다른 점이다. 세포는 수천 종의 다양한 분자가 섞인 수프 통으로, 수프에 든 분자들은 계속 빠르게 움직이며 상호 작용을 하지만 전자에 비하면 느리다. 세포 과정과 암호는 완벽한 무작위는 아니지만 그렇다고 해서 선형적이거나 논리적이지도 않으므로 생물 체계가 정확히 어떻게 행동할지 예측하기는 어렵다. 세포와 구성요소에 소유자의 지침서 따위는 딸려 있지 않으며, 기술자가 장치를 만드는 데 도움이 될 기준이나 설명서도 없다.

보통 분자생물 실험은 살아 있는 생물(생체 내in vivo)이나 시험관(생체 외in vitro)에서 한다. 그러나 머신러닝을 도입한 이후 합성생물학 실험도 컴퓨터로 모의실험을 할 수 있게 되었다. 컴퓨터 내in silico(인실리코는 컴퓨터를 이용한 모델링이나 모의실험-옮긴이) 실험의 시대에 온 것을 환영한다. 예를 들어 아미노산이 백 개 이상인 폴리펩타이드 사슬은 단백질로 분류한다. 이 작은 사슬은 관측할 수 있는 우주에 존재하는 원자 수보다 더 많은 서열을 만들 수 있다. 그러나 컴퓨터 모델링으로 과학자들은 얼마나 다양한 유전자 조합이 상호 작용할지 시험할 수 있고, 세포 행동을 예측할 수 있으며, 합성 반응 이후 생물 과정이 계속 발달하면 무슨 일이 일어날지를 알 수 있다.

여전히 설계는 대부분 컴퓨터에서만 시험할 수 있다. 과학자들은 실제 생물도 관찰해야 하므로 세포를 키우고 분자를 만들어야 한다. 또 DNA를 더 빨리 합성하는 방법도 필요하다. 최초의 컴퓨터처럼 최초의 DNA 합성기는 도전적이며 반복적인 업무를 해내는 고도로 훈련된 사람이었다. 그러나 해로운 실험실 환경과 단조로운 업무 때문에 화학자들은 이 업무를 자동화하기를 바랐다.

최초의 DNA 합성기는 1980년에 베가 바이오테크놀로지Vega Biotechnologies사가 시장에 내놓은 전자레인지 크기의 DNA 자동 생성 기계였다.[28] 가격은 5만 달러(6793만 원)로 오늘날 가치로 환산하면 약 16만 달러(2억 1737만 원)였고, 고작 염기 15개 길이의 올리고뉴클레오타이드oligonucleotide 혹은 올리고oligo라고 부르는 DNA 조각을 하루에 하나 만들 수 있었다. 이후 올리고를 만드는 비용은 급격하게 낮아져서 염기 하나당 1페니 이하로 떨어졌다. 지금은 올리고 수백만 개를 동시에 합성할 수 있다.

현대의 합성기는 올리고에 DNA 염기를 99.5퍼센트의 정확도로 붙일 만큼 정밀하다. 그러나 엄청난 염기 수를 고려할 때, 염기를 올리고 사슬에 추가하는 사이클이 늘어날수록 오류가 생길 가능성도 커진다. 따라서 화학 합성으로 만드는 합성 올리고의 길이도 염기 수백 개로 제한되며, 대개는 염기 60개라는 제한이 생긴다. 바이러스 고유의 RNA를 검출하는 코로나19 중합효소연쇄반응polymerase chain reaction(PCR) 검사에서처럼 대개 이 정도 길이면 무난하다. 그러나 유전자 크기의 조각이나 이보다 더 긴 올리고는 더 긴 사슬로 조립해야 한다. 자연에서 DNA 합성과 조립은 거의 동시에 이루어진다. 그러나 실험실에서는 각각 분리되어 이루어진다. 유전자 암호에 단 한 번의 실수라도 생기면 다음 단계는 모두 붕괴할 것이다.

바이오경제 분야에는 이런 불확실성을 줄이려고 설립된 기업이 있다. 사례를 하나 들어보자. 트위스트 바이오사이언스Twist Bioscience사는 대량의 DNA 염기서열을 오류 없이 매우 낮은 비용으로 대량 생산하는 시스템을 설계했다. 트위스트사의 기술은 아주 미세한 웰well이 에칭된 반도체를 사용한다. 각 웰에는 유전물질이 채워지고 DNA는 정확한 서열로 조립된다. 생명과학 실험실에서 사용하는 전통적인 방법과 비교하면 트위스트사의 혁신은 값비싼 시약의 사용량을 100만

배 줄이면서 합성하는 유전자 수는 9600배로 늘릴 수 있다.[29] 과학자들이 트위스트사에 DNA 설계도를 보내면 며칠 뒤 DNA 분자를 받을 수 있다. 하지만 흥분하기 전에 알아야 할 것이 있다. 트위스트사는 아무한테서나 주문을 받지 않는다. 트위스트사에 DNA 합성을 주문하려면 입증된 곳이어야 하므로 공인된 학계 연구실이나 승인받은 기업체에 소속되어야 한다. 또 무엇이든 가리지 않고 합성하지도 않는다. 주문받은 DNA 염기서열은 예를 들어 바이러스나 독소와 같은 잠재적으로 위험한 서열의 데이터베이스와 대조한 뒤에 합성한다. 이런 검사는 일반적인 절차이지만 놀랍게도 DNA 합성 기업이 모두 이렇게 엄격하지는 않다. 이에 대해서는 나중에 다시 살펴보도록 하자.

DNA는 먼 미래가 배경인 공상과학 영화 같은 장소에서 합성한다. 무균 상태의 밝은 방에서 정해진 경로를 따라가는 거대한 흰색 로봇팔에 의해 이루어진다. 로봇팔은 공간을 가로질러 다양한 유전물질이 주입된 아주 미세한 웰이 점점이 찍혀 있는 플레이트와 칩을 집어든다. 이 로봇은 서로 협력해서 일하며, 컴퓨터 명령에 따라 액체를 흡인하고 분배하면서 DNA 분자를 합성하고 조립한 뒤 운송 준비까지 끝낸다.

　트위스트 바이오사이언스사처럼 현대적인 생명공학 제조장을 짓고 시설을 갖추려면 수천만 달러가 소요된다. 하지만 소규모 기업에는 다른 선택사항도 있다. 바이오파운드리는 컴퓨터가 모든 활동과 정보를 관리하는 멸균 환경에서 신속 처리 방식으로 대량의 액체를 다루는 로봇과 컴퓨터 시스템이 유전자 공학 기술로 생물 조직을 만드는 시설이다. 구축하고 유지하려면 똑같이 큰 비용이 들지만 주문 제작으로 감당한다. 바이오파운드리는 대도시의 배달 전문 식당들의 공용 주방인 고스트 키친의 합성생물학 버전이다. 재료를 공유하므로 바이오파운드리는 대규모 실험을 수없이 진행할 수 있다. 샌프란시스코 남부의 에메랄드 클라우드 랩Emerald Cloud Lab사와 멘로파크에 자리한 스트라테오스Strateos사는 가상 실험실이라는 개념을 전격적으로 수용해서 과학자들은 어디서나 실험을 프로그래밍하고 수행할 수 있다.

바이오파운드리는 예상하지는 못했으나 누구나 알 만한 기업의 도움을 받았다. 바로 마이크로소프트사다. 1997년에 설립한 마이크로소프트사의 연구개발 부서는 케임브리지(매사추세츠주가 아니라 영국이다) 외곽에서 분자생물학 연구실을 운영한다. 왓슨과 크릭이 DNA 구조를 케임브리지에서 발견했으니 적절한 장소라 할 수 있다. 2019년에 마이크로소프트사는 합성생물학 전용 통합 애플리케이션과 서비스를 창조한다는 목표로 스테이션B라는 플랫폼을 개설했다.[30] 스타트업과 협력해서 생물 실험에 사용할 오픈소스 프로그래밍 언어를 개발했고, 또 다른 스타트업과는 다양한 제조 업체에서 만든 연구 장비를 자동화했다. 스테이션B는 "시험관을 세차게 흔든다"와 같은

1세대 합성생물학 연구 지시를 연구실 로봇이 인지할 수 있는 정확한 디지털 명령어로 바꾸었다.

워싱턴대학교와 트위스트 바이오사이언스사 과학자들과 함께 마이크로소프트사는 정보 저장 같은 새롭고 드문 DNA 활용법을 탐색하고 있다. DNA는 이미 자연의 하드 드라이브다. 그런 DNA에 다른 정보도 저장할 수 있다면? 지금 여러분은 배우 드웨인 '더락The Rock' 존슨의 사진을 찾아 컴퓨터 메모리에 파일로 저장할 수 있다. 미래에는 같은 사진을 수천 개의 작은 조각으로 나누어서 수천 개의 DNA 가닥에 쓸 것이다. 염기서열만 알면 DNA 정보는 컴퓨터에서 원래의 파일로 재조립할 수 있다.[31] 2019년에 연구원들은 최초로 완전히 자동화한 읽고 쓰는 DNA 저장 시스템의 원형을 만들었으며, 이를 활용해서 5바이트 정보인 'Hello'를 쓰고 읽는 시연을 했다.[32] 문제점? 21시간이 걸렸다. 보통 컴퓨터가 파일을 검색하는 시간인 밀리초가 아니다. 이는 분자를 사용하여 데이터를 저장하고 전자 장치는 제어와 처리를 수행하는 새로운 컴퓨터 메모리의 초기 사례였다. 작동하는 원형 장비를 손에 쥔 마이크로소프트사, 트위스트, 워싱턴대학교, 염기서열 분석 기업인 일루미나Illumina, 디지털 스토리지 기업 웨스턴 디지털Western Digital은 DNA 데이터 스토리지 얼라이언스DNA Data Storage Alliance를 설립했으며, 이들의 목표는 DNA 저장 생태계를 구축할 기준을 세우는 것이었다. 수십 개의 다른 단체도 재빨리 동참했다.

DNA 데이터 보관소가 매력적인 이유는 명확하다. 세계에는 매년 엄청난 양의 정보가 쏟아진다. 현재 사용하는 광학, 자기, 고체 상태

메모리는 더는 보조를 맞추기 어렵다. 극소량의 DNA는 엄청난 양의 정보를 저장할 수 있다. 정확하게는 유전자 단 1그램에 DVD 2억 개 분량의 정보를 저장한다.[33] 이런 밀도라면 세계의 모든 디지털 정보를 용액 약 9리터에 든 DNA 분자에 저장할 수 있다. 9.5리터짜리 우유 통을 떠올려 보라. 언젠가 더 먼 미래에는 특수 디지털 파일도 검색할 수 있을 것이다.

DNA 합성이 발전하면서 유전공학의 가장 높은 장벽인 디지털 DNA 암호를 세포가 인식하는 암호로 번역하는 어려움이 사라졌다. 그러나 현재 대부분의 합성 DNA는 고작 염기 수천 개 길이로, 단 하나의 단백질을 만드는 길이에 불과하다. 미생물의 완전한 유전체처럼 더 복잡한 것을 만들려면, 생물을 설계하고 시험한 뒤 버그를 잡아내기 전에 지루한 조각 조립 과정과 정확한 서열 분석을 마쳐야 한다. 바이오파운드리는 이 힘들고 단조로운 과정을 단순화하고 자동화했지만, 최초의 메인프레임 컴퓨터처럼 시설을 세우고 운영하는 비용이 많이 들고 능력도 제한적이다. 이런 점은 벤처캐피털이 지원하고 수조 원 규모의 시장을 바라보는 모더나 같은 기업에는 문제도 아니지만, 대부분의 학계 과학자는 참여하기 어려운 것이 사실이다. 전 세계 연구 기관 중에서도 극소수만이 비상업적 파운드리를 직접 구축한 이유가 여기에 있다. 2019년, 열여섯 개 기관이 모여 글로벌 바이오파운드리 얼라이언스Global Biofoundry Alliance를 결성하고, 이 주제에 관해 협력하면서 DNA 합성의 최적 단가, 인재 확보, 지속성 있는 사업 모델 찾기와 같은 문제를 함께 해결하기로 했다.[34]

중요한 문제는 여전히 불쑥불쑥 나타난다. 조립 과정에서 DNA 조작이 너무 까다로워서 합성 과정이 잘못될 가능성은 매우 크다. DNA 조각은 섬세하고 부서질 수 있으며, 연구실에 보이지 않는 오염원이 숨어 있을 수도 있다. 기본적인 기준은 설정했지만 연구실 간에 기계 조정이나 과정 통제, 메타데이터 사용에 관한 표준 관행은 아직 없다.

생명공학은 세계에서 가장 복잡한 산업이다. 단지 세포 과정을 표준화하기가 어렵다거나 연구에 비용이 많이 들고 정확도가 요구되기 때문만은 아니다. 광범위한 테스트를 거쳐야 하는 엄격한 규제는 소비하거나 주입하거나 자연계에 방출되는 생물에 행하는 모든 실험에 적용된다. 철저하게 감독해서 결과물이 실제로 연구자들이 의도했던 기능을 안전하게 수행하도록 해야 한다. 여기에 관련된 기관 목록은 열두 페이지에 달하지만, 아직 이 중 어느 곳도 합의된 규칙이나 단 하나의 기준을 활용하지는 않는다.

다른 제약 회사처럼 모더나도 백신을 일반 대중에게 배포하기 전에 전임상 연구부터 시작해서 여러 테스트를 거쳐야 했다. 처음에는 실험실에서 규제 기관이 승인한 시험용 세포주cell line에 시험한다. 연구 팀은 mRNA 백신이 신체의 면역 반응을 일으키기 위해 의도한 장소에서 바이러스의 무해한 요소를 성공적으로 생성하는지 확인해야 한다.

　모더나사는 mRNA 백신 후보 물질(mRNA-1273) 설계를 장용젠 연구 팀이 바이러스 염기서열을 발표하고 정확히 이틀 만에 완성했다. 그 뒤 대담하게도 규제 기관의 승인이 떨어지기도 전에 바로 임상 등급 백신 제조에 돌입했다. 규제를 피하려는 것은 아니었다. 다만 바이러스가 전파되는 속도와 세계적으로 유행할 가능성을 고려할 때, 모더나사의 의사 결정권자는 가능한 한 빨리 임상 시험을 시작해야 한다고 생각했다.[35]

　당시에는 몰랐지만 독일의 작은 생명공학 기업인 바이오앤테크사도 mRNA로 비슷한 실험을 하고 있었고, 백신 후보를 만들었으며, 미국 화이자Pfizer사와 중국 제약 기업인 복성復星과 동업 계약을 맺었다. 2020년 2월 초, 모더나사와 바이오앤테크사는 정규 임상 시험 단계에 돌입할 준비를 동시에 마쳤다.

　2020년 3월 27일, 모더나사의 백신 후보가 소규모 인간 시험 지원자들을 대상으로 용량과 안전성을 검증하는 임상 1단계 시험을 시작했다. 그때 세계보건기구가 백신 후보 52개를 추가로 발표했는데, 대부분은 비활성화하거나 약화한 바이러스를 사용한 백신이었다. 효능과 부작용을 검증하는 임상 2단계 시험은 한 달 후에 시작되었다. 임상 3단계 시험은 3만 명을 대상으로 전반적인 효능과 안전성을 평가했다. 이 글을 쓰는 현재 mRNA 백신은 코로나19의 증상 사례를 예방하는 데 94퍼센트의 효능을 보였다. (임상 4단계 시험은 시장에 신약을 내놓은 뒤 안전성과 효능을 점검하며, 이전 시험에서 드러나지 않았던 극히 드문 부작

용이나 장기간에 걸쳐 나타나는 부작용을 찾아낸다.)[36]

실제로 세상에 내놓았을 때 신약이 항상 성공하지는 않는다. 신약을 더 수정해야 하거나 아예 효능이 없을 가능성도 늘 존재한다. 하지만 mRNA-1273은 이런 사례에 해당하지 않았다. 2020년 12월, FDA가 모더나사의 백신을 승인하기 몇 시간 전에 이루어진 인터뷰에서 방셀은 백신이 지난 1월에 컴퓨터로 설계한 것과 '원자 하나하나까지 100퍼센트' 똑같은 백신이라는 점이 가장 자랑스럽다고 말했다.[37] 이 백신은 처음부터 완벽하게 작동했고, 합성생물학으로 치면 홈런이었다. 모더나사가 코로나바이러스를 방어하는 데 성공을 거두었지만, 여전히 해결해야 할 외부 요소가 남아 있었다. 예를 들면 모든 백신이 정확하게 생산되도록 감독하는 일 등이었다. 볼티모어 공장 노동자들은 존슨앤존슨사의 백신 재료를 섞다가 문제를 일으켰고, 무려 1500만 개 분량의 백신을 폐기해야 했다.[38] 바이오앤테크사도 포장에 결함이 있는 백신이 홍콩과 마카오에 판매되었고, 이에 따라 2021년 3월 해당 지역의 백신 접종이 연기되었다.[39]

모더나사와 바이오앤테크사는 필요한 경우 신규 변종을 예방하는 개량 백신은 2020년보다 훨씬 더 빠르게 생산 가능하다고 자신하고 있다. 규제 기관이 합성 mRNA 백신을 실제로 다루어 봤다는 사실도 중요하며, 이는 다른 사용 사례와 임상 시험을 위한 새로운 길을 열 것이다. 모더나사는 mRNA 백신 아홉 종을 개발하고 있으며, 이미 임상 1단계에 돌입한 것도 있다. 한편 노바티스Novartis사와 협력하고 있는 예일대학교 연구진은 기술적으로 크게 향상한 말라리아 mRNA

백신 시험을 준비하고 있다. RNA는 몸에서 자가복제할 수 있으며, 이는 복용량이 훨씬 더 적어진다는 뜻이다. 따라서 기업이 수백만 개 분량을 생산하기가 더 쉬워진다.[40] 코로나19의 mRNA 백신과 달리 초저온 냉동고가 필요 없다는 점은 보너스다.

"집적회로에 더 많은 소자 집어넣기"라는 단순한 전제를 내세웠던 1965년의 논문은 현대 컴퓨팅의 방향을 바꿨다.[41] 인텔의 공동 설립 자인 고든 무어Gordon Moore가 쓴 이 논문은 동일한 비용으로 집적회로 에 올릴 수 있는 트랜지스터 수는 18~24개월마다 두 배가 될 것이라 고 했다. 이 참신한 발상은 무어의 법칙으로 알려졌고, 초기 혁신가 들의 대담한 비전을 입증하면서 이제 막 시작되었지만 번창하는 컴 퓨터 산업의 원동력이 되었다. 무어의 법칙이 제시한 예지에 깃든 확 신은 투자자들을 대담하게 만들어 자원이 흘러가는 방향을 컴퓨팅 쪽으로 바꾸게 했으며, 기업의 리더들은 컴퓨팅을 위한 가치 네트워 크가 발달하면서 야심 찬 신제품과 서비스를 계획할 수 있는 권한을 거머쥐었다. 예전에는 연구개발의 돌파구가 언제 나타날지 누구도 알 수 없었지만, 이제는 거대한 향상과 대담하고도 새로운 계획을 세 울 적절한 시기와 환경을 알려 주는 지표가 생겼다. 무어의 법칙을 언급하는 것은 컴퓨팅에서는 흔한 일이 되었지만, 무어의 논문이 발 표되었을 당시 실리콘밸리 외부에서는 무어나 그가 공동 설립한 기업에 대해 아는 사람은 거의 없었다. 아니, 시간대 자체가 달랐다. 무어가 논문을 발표했을 때 '실리콘밸리'라는 단어는 아직 존재하지도 않았다.

　오늘날 합성생물학에도 무어의 법칙 비슷한 것이 있는데, 이는 워싱턴대학교 물리학자 롭 칼슨의 이름에서 따왔다. 2000년대 초, 칼슨은 다양한 생명공학 기술이 개선되는 속도를 연구했다. 무어의 논문에 영감을 받은 칼슨은 2010년에 출판한 저서《생물학은 기술이다Biology Is Technology》에서 기술이 발전하면 염기서열 분석 및 합성 비용이 급격하게 낮아진다고 주장했다. 지금까지는 칼슨 곡선Carlson Curves이라고 불리는 그의 계산이 들어맞았다. 미국 국립인간유전체연구소National Human Genome Research Institute에 따르면 2006년 인간 유전체의 고품질 염기서열 초안 분석 비용은 1400만 달러(191억 원)였고, 완전한 염기서열 분석 비용은 2000만~2500만 달러(273억~342억 원)가량이었다. 2015년 중반이 되자 완전한 분석 비용은 4000달러(547만 원)까지 낮아졌다.[42] 현재 중국 기업인 BGI사는 유전체 서열 분석 비용으로 100달러(13만 7000원)를 받는다. 인간 유전체 분석 비용이 에어 조던 한 켤레 값에도 미치지 못하며, 이는 매년 수백만 명이 완벽한 유전체 염기서열 분석을 완료하는 이유이기도 하다.[43]

　유전체 서열 분석 비용이 낮아지면서 조기 암 진단 검사 같은 새롭고 값싼 진단 검사가 폭증하고 있다. 분만실에서, 혹은 자궁이나 임신 단계에서 아기의 유전체 서열 분석을 곧바로 할 수 있으며, 이는 태어날 아기의 지능 같은 특성을 알아보는 개인 맞춤 태아 검사라는 새로운 세상을 열 것이다. 몇십 년 안에 우리가 함께 살아가는 모든 식물, 동물, 미생물, 바이러스의 유전자 암호를 풀 수 있다. 이 모든 정보는 다음 세대의 유전공학자에게 전해질 원천 정보이며, 더 뛰어난 소프트웨어와 더 값싸고 더 강력한 합성 기술, 클라우드 실험실로 무장한 차세대는 노트북과 자금만 있으면 자신의 창조물을 현실화할 것이다. 만약 기술의 혜택이 공평하게 돌아가지 않고 최신 생명공학 기술을 누릴 여유가 있는 집단만 유전자를 강화한다면, 앞으로 다가올 유전자 격차의 전조가 될 것이다.

바이오경제는 무엇을 가져올 것인가? 합성생물학에서 그랬던 것처럼, 크레이그 벤터는 그 누구보다 먼저 이 미래를 엿보았을지도 모른다. 인간유전체연구사업이 일단락되고 셀레라사에서 나온 뒤, 벤터는 2005년에 그가 서핑을 즐겼던 캘리포니아주 라호이아 해변 근처에 신세틱 지노믹스Synthetic Genomics사를 세우고 유전체 합성에 집중했다.

2017년에 신세틱 지노믹스사는 벤터가 디지털 생물 변환기라고 부른 일종의 생물 프린터를 선보였다. 이것은 로봇 DNA/RNA 합성-조립 장비로 구성된 소파 크기였다. 연구자들은 다양한 유전자 프로그램을 전송해서 단백질, RNA 백신, 박테리오파지(세균 세포를 감염시키는 바이러스) DNA를 만들 수 있다. 제품은 주문자의 연구실에서 제조된다. 다시 말하면 디지털 생물 변환기는 사실상 합성생물학의 모든 설계와 제조 단계를 수행하는 회사를 거실에 넣을 수 있는 크기로 축소한 것이나 마찬가지다.[44]

현재 코덱스DNACodex DNA로 사명을 바꾼 이 회사는 원래 장치보다 훨씬 더 작고 강력한 파운드리를 구축하고 있는데, 이 장치는 해변에 가져갈 냉장 박스 크기에 불과하다. 이 신제품은 합성기를 넣는 대신에 잉크젯 프린터처럼 특허가 있는 카트리지를 사용한다. 염기서열을 만들려면 과학자들은 필요한 염기서열을 업로드하고 필요한 유전자 암호 조각이 든 카트리지를 주문해야 한다. 어쩌면 카트리지 배달 기간이 유전체 합성 시간보다 더 오래 걸릴 수도 있지만, 어쨌든 며칠 뒤에 카트리지가 도착하면 기계에 장착하고 버튼 몇 개만 누르면 유전체 합성이 시작된다. 변환기를 위성 인터넷으로 연결하면 이론적으로는 브라질 열대우림 한가운데서도 DNA를 합성할 수 있다. 혹은 전쟁터에서도 만들 수 있다. 현재 미국방위고등연구계획국은 군대를 새로운 생물무기 위협으로부터 보호하기 위해 전쟁터에서 의약품과 치료제를 만들 더 작은 장치의 개발을 지원한다. 유전공학으로 변형한 병원체나 자연스럽게 생겨난 위험한 신종 바이러스에 군인들이 노출되었다고 상상해 보라. 이런 경우 이 장비로 빠르게 병원체의 유전체를 분석한 뒤, 새로운 백신이나 치료제를 바로 설계해서 다운로드한 다음 프린트하면 다치거나 질병에 걸린 군인을 치료할 수 있다. 기계 하나로, 혹은 다른 기계를 연결해서 필요한 만큼 치료제를 만들어 병력 준비 태세를 보호하고 군대를 유지할 수 있다.

미래에 생물과 의약품을 전 세계에 전송할 수 있다면 다른 행성에도 보낼 수 있지 않을까? 벤터는 미국항공우주국과 함께 DNA 미생물이 화성 토양에서 발견되면 화성에서 염기서열을 분석해서 해당 정보를 지구에 있는 연구실로 보내 재구성해서 검사하는 프로젝트를 진행했다. 이 방식은 반대로도 실행할 수 있다. 화성이나 달에 바이오파운드리를 세우면 중요한 보급품과 식물, 동물을 보내는 것이 이메일 전송하기만큼 쉬울 것이다. 다시 말하면 '지구 외부 중계기'를 '은하계 네트워크'의 일부로 활용해서 생물을 순간이동시키는 최고 사양의 '말하는 전화'인 것이다.

그날을 위해 합성생물학의 미래를 위한 가치 네트워크는 지금 진보하고 있다. 곧 여러분도 알게 되겠지만 지구와 언젠가 우리가 탐험하게 될 다른 별들을 위해 방대한 물질, 의약품, 섬유, 식물, 동물을 이미 생산하고 있다.

6

생물학 시대

새우를 연구실에서 만드는 세상을 상상해 보자. 거대한 그물로 바다 바닥을 훑는(그래서 바다를 파괴하는) 저인망 어업으로 잡은 새우가 아니다. 저인망 그물에 함께 잡히는 어류와 해양 생물을 괴롭히지 않는 행복한 방법으로 만든 새우다. 과일을 파는 가게 바로 아래에서 일 년 내내 실내에서 과일이 자라는 걸 상상해 보라. 열매가 완전히 익기 전에 수확하여 온도 조절 세척으로 해충을 박멸한 뒤 선적 컨테이너에 밀봉해 세계를 반 바퀴 돌아서 온 과일 대신에 가지에서 바로 과일을 딸 수 있다.

건강한 삶이 억제가 아닌 향상과 최적화로 이루어지는 미래를 상상할 수도 있다. 술을 마시며 밤을 즐기기 전에 특별한 프로바이오틱 보충제를 먹어서 알코올의 악명 높은 후유증을 예방하는 시대가

오면, 숙취는 구시대의 유물이 될 것이다. 생체 측정 검사로 대사 수준, 식품 민감도, 그 외 다른 정보를 확인하고 언제 무엇을 먹고 마실지를 알려 주어서 다이어트가 필요 없는 세상을 생각해 보라. 낫적혈구빈혈sickle cell anemia이나 근위축증muscular dystrophy같이 유아를 불구로 만들고 목숨을 빼앗는 유전 질병이 출산 전에 예방되는 세상도 상상해 보자.

이제 여러분이 흠집 낸 자동차, 쪼개진 손톱, 망가뜨린 렌즈를 다시 떠올려 보자. 생물 코팅제를 입힌 자동차 표면이 어떤 손상을 입든 빠르게 자가 복구되는 장면을 상상해 보라. 차고를 들고날 때 능숙하게 운전하지 못하더라도 여러분의 차는 언제나 새 차 같을 것이다. 유기물 매니큐어는 해로운 자외선을 쬐거나 유독한 화학 물질 톱코트topcoats를 바르지 않아도 굳을 것이다.

이 같은 대안 현실의 토대는 이미 마련되었다. 사실 이런 혁신 중일부는 바이오경제 역량이 주목받으면서 이미 변방에서 주류로 편입되고 있다.

인간이 건축 환경을 바꾸는 데 사용했던 재료는 인간 진보의 핵심 단계를 설명하기에 적절하다. 석기 시대, 청동기 시대, 철기 시대를 지나면서 인간은 매일 사용하는 도구, 농업, 건축, 전쟁의 근간이 되는 기술을 창조해 냈다. 이후에는 장식품, 병, 창문, 렌즈, 의료 장비에 유리를 사용해 왔다. 강철은 인간이 마천루를 짓게 했다. 플라스틱은 일회용 용기를 대량 생산해서 식품, 의약품, 물, 그 외 다른 제품의 세계적 공급망을 구축하게 했다. 분자를 조작하고 미생물을 제조하며 바이오컴퓨터 시스템을 구축하는 지금, 인간은 문명 진화의 새로운 시대, 생물학 시대의 출발점에 서 있다. 이 새로운 시대에 우리가 구축하는 것은 새로운 사업 기회를 펼쳐 보이고, 환경 파괴를 완화하거나 심지어 되돌리며, 지구와 우주 식민지 모두에서 수많은 다른 방법으로 인간이 처한 상황을 개선할 것이다.

합성생물학은 삶의 핵심 영역인 의학, 전 세계 식량 공급망, 환경을 바꿀 것이다.

의학

앞으로 20년 안에 합성생물학 기술은 생명을 위협하는 질병을 근절하고, 개인과 특정 유전적 상황에 맞는 맞춤형 의약품을 개발할 것이다. 연구자들은 바이러스를 유전적으로 조작해 암을 치료하고, 실험실에서 장기 이식을 위해 인간 조직을 배양하며, 새로운 치료법을 시험할 것이다. 신기술은 평소에 우리를 관리하여 의사의 전통적 진료 행위가 사라지게 만들 것이다. 가장 중요한 점은 우리가 더 건강한 인간을 만들어 낼 것이라는 사실이다. 아기가 태어나기 전에 유전적 질병을 예측해서 제거하고 신체적 능력을 향상시킬 것이다.

질병을 근절하다

인도로 짧은 휴가를 떠나기 전에 의사는 아내와 두 자녀가 소아마비, 홍역, 볼거리, 풍진, 디프테리아, 수두, 독감, A형 및 B형 간염, 파상풍까지 모든 백신을 맞았는지 확인했다.[1] 그들은 콜레라나 황열이 발생한 지역을 피해 뉴델리에 머물면서 낮에 여러 관광지를 둘러볼 예정이었다. 아그라에 있는 타지마할 위로 석양이 지는 풍경은 마법 같았다. 태양 빛이 점차 희미해지면서 강렬한 주황색과 분홍색이 뒤섞여 밝은 대리석 건물 위로 떨어졌다. 완벽한 하루였지만 하늘의 색이 변해 가면서 모기떼가 극성을 부렸다.

몇 주 뒤 집에 돌아왔을 때 의사였던 엄마는 독감에 걸렸다고 생각했다. 오한과 열이 나며 온몸이 쑤셔 그는 물을 조금 마시고 애드빌을 먹은 뒤 잠들었다. 그러나 몸 상태는 빠르게 악화했다. 그가 병원에 도착했을 때 혈압은 크게 떨어진 상태였다. 환자를 분류하는 초진 간호사는 이것저것 질문을 했다. 새로운 약을 먹었는지, 알레르기가 있는지, 그리고 마지막으로 최근에 해외 여행을 한 적이 있는지를 물었다. 그가 타지마할의 밤을 이야기하자 간호사는 전염병 전문의를 호출했다. 간호사의 판단은 옳았다. 그는 모기가 전파하는 치명적 질병인 말라리아에 걸린 것이었다.

모기는 바늘처럼 뾰족한 입으로 우리의 피부를 뚫고 피를 빨아먹는데, 이때 혈액이 응고되지 않도록 혈액 응고 방지제를 함께 주입한다. 이렇게 특화한 생물 기전을 가진 것은 암컷 모기이며, 수컷 모기는 식물 수액을 먹는다. 암컷 모기는 동물과 사람의 피를 모두 빨아먹으므로 질병 전파의 핵심 매개체가 된다. 말라리아와 뎅기열 외에도 웨스트나일바이러스, 지카바이러스, 치군군야바이러스, 동부말뇌염 바이러스 등 수많은 바이러스를 전파한다. 지구에서 가장 다산하는 치명적인 포식자는 무엇일까? 뱀도 상어도 전갈도 아니다. 곰도 아니다. 인간도 아니다. 바로 모기다.

말라리아는 매년 40만 명의 목숨을 앗아 가며 희생자 대부분은 어린이다.[2] 이 질병의 원인은 바이러스나 세균이 아니라 말라리아원충plasmodium이다. 말라리아원충은 영리하게도 형태를 바꾸어 면역계를 회피하는 데 능숙하며, 이는 말라리아원충이 전파되고 지속하는 원인이다. 유일한 말라리아 백신은 네 번 접종해야 하지만 효력은 상대적으로 낮아서 예방 효과는 일시적이다. 말라리아는 여러 번 재감염될 수 있다. 현재 말라리아를 예방할 가장 좋은 방법은 조기 진단과 치료다. 의사인데도 자신이 말라리아에 걸렸음을 진단하지 못한 사례를 보면 말라리아가 얼마나 위험한지 알 수 있다. 이런 이유로 모기는 합성생물학의 초기 목표물이 되었다.

질병을 전파하는 모기는 빠르게 번식하고 잡기도 힘들어서 제거하기 어렵다. 대신에 우리는 수십 년 동안 모기를 쫓아내는 로션과 스프레이를 개발해 왔다. 미군은 2차 세계대전 이후에는 방충제인 디트DEET를 사용했지만 디트는 독성이 있었다. (잘못 섞으면 플라스틱도 녹일 수 있다.) 게다가 디트에 유전적 내성을 가진 모기도 나타났다.

그러나 이제 수조 마리의 모기를 죽이지 않고도 말라리아 전파를 막을 방법이 있다. 2021년에 임페리얼 칼리지 런던Imperial College of London의 유전학자들은 이 질병에 대처하기 위해 다음 세대 대부분이 원하는 형질을 갖도록 유전자를 변형하는 기술인 '유전자 드라이브gene drive'를 도입했다. DNA의 특정 서열을 자르는 유전자 편집 기술인 크리스퍼CRISPR로 암컷 모기의 성적 발달과 여러 특성을 변형했다. 편집한 유전자를 갖고 태어난 암컷 모기는 입 형태가 달라서 물 수 없고, 따라서 알도 낳지 못하여 말라리아 기생충을 전파하지 못한다. 유전자 드라이브가 없었다면 이 돌연변이는 모기 집단에 너무 느리게 퍼졌을 테지만, 유전자 드라이브를 도입하자 거의 100퍼센트의 후손이 새로운 입 모양을 물려받았다. 유전자 드라이브 기술은 강력하며 영구적이다.[3]

이탈리아 중부 테르니와 그 외 지역에서도 높은 보안 등급을 갖춘 실험실에서 다양한 변형 유전자를 가진 모기가 개발되어 대규모로 시험 중이다.[4] 2021년에는 또 다른 유전자 변형 모기 수백만 마리가 지카바이러스Zika virus 전파를 억제하기 위해 플로리다주 키 제도에서 풀려날 예정이다. 플로리다주 키 제도 모기 통제 지역위원회는 수컷 모기의 번식을 억제하는 유전자 편집 시험 프로젝트를 승인했다.[5] 지역위원회는 뎅기열과 웨스트나일바이러스 사례가 꾸준히 증가하자 모기 개체수가 줄어들면 질병이 억제되고 키 제도에 살충제나 유독한 화학 물질을 뿌릴 필요가 없게 될 것이라고 기대한다.

개인 맞춤 의료

크리스퍼를 사용하면 세균 효소로 DNA의 정확한 위치를 편집할 수 있다. 대략 8000여 개의 질병이 단 하나의 유전자에서 유래한다. 이처럼 단일 유전자 혹은 하나의 유전자가 원인인 질병은 DNA 염기서열 분석이 이루어지기 전까지는 진단하고 치료하기가 어려웠다. 이런 질병으로는 낫적혈구빈혈(적혈구가 낫 모양으로 뒤틀리는 유전 질병)과 낭성섬유증(폐와 소화계를 막는 두껍고 끈적한 점액이 생기는 질병)이 있다. 그러나 크리스퍼를 활용하면 유전자 돌연변이를 수정할 수 있고, 세포의 DNA 복구 기전이 편집한 세포를 회복시켜 다시 건강해질 수 있다.

다유전자성 질병으로 고통받는 사람은 훨씬 더 많지만, 이런 질병은 하나 이상의 유전자가 복합적으로 작용하므로 치료하기가 더 어렵다. 관상동맥심장질환coronary heart disease이나 죽상경화증atherosclerosis은 다유전성 질환이다. 고혈압도 일부 사람에게는 유전성 질환이며, 에이미의 아버지가 해당 사례다. 그는 이십 대 초반에 심각한 고혈압을 진단받았는데, 혈압이 갑자기 널뛰면서 느닷없이 코피가 나고 어지러워져서 넘어졌다. 에이미의 아버지는 건강했고 활동적이었으며 종교 때문에 담배도 피지 않고 술도 마시지 않았다. 그러나 처음 증상이 나타났을 때는 거의 목숨이 위태로운 상황까지 몰렸다. 지난 오십 년 동안 에이미의 아버지는 클리블랜드 클리닉과 존스홉킨스 고혈압센터 전문가에게 치료를 받아 왔는데, 그는 정기적으로 여러 가지 약을 처방받으며 생존하기 위해 매일 알약 27개를 먹어야 했다. 주치의는 에이미의 아버지를 위해 특별히 제조한 것이 아닌 범용 약품으로 그가 먹는 약의 부작용에 대응하려 애쓰고 있다. 에이미의 아버지가 사용하는 의료 비용은 처방 약값, 진료비, 응급실비를 포함해 보수적으로 추정하면 매년 5만 달러(6800만 원)가 소요되며, 평생 드는 비용은 인플레이션을 고려하지 않고 계산해도 약 300만 달러(41

억 원)에 달한다. 에이미의 아버지는 특권층이다. 최상급 건강보험을 들었고, 세계적인 수준의 연구 병원과 의사에게 진료받으며, 협조적이며 지원을 아끼지 않는 가족이 있다. 그러나 미래에는 합성생물학 기술로 고혈압의 원인인 유전체의 특정 서열을 찾아내서 편집하거나 수정할 수 있다.

크리스퍼 편집으로 치료할 수 없는 다른 질병은 어떻게 해야 할까? 미래에는 치료제가 세계적 규모로 제조되기보다는 필요할 때마다 만들어질 것이다. 앞 장에서 살펴보았듯이 이미 휴대용 염기서열 분석기로 바이러스나 세균을 확인할 수 있고, 실시간으로 약품을 만드는 기술이 실현될 날이 머지않았다. 유전체 서열을 빠르게 분석하고 치료제를 합성할 재료를 갖고 있다면 병원체가 엄청나게 많더라도 이를 막을 방어장벽을 프린트할 수 있다. 언제든 세포에 주입할 수 있는 동결건조 분자가 든 키트를 상상해 보라. 수프를 끓일 때 넣는 말린 콩과 버섯처럼, 여러분이 사용하기 전까지 분자는 휴면 상태일 것이다. 치료제를 활성화하려면 적정량의 물을 더해 생물 조직을 다시 작동시킨다. 그러면 생물 조직은 집어넣은 DNA 명령을 수행해서 백신이나 항생제를 제조한다. 여행자, 운동선수, 전쟁터의 군인, 보건교사는 아이폰 크기의 키트로 언제 어디서든 필요할 때 약을 만들 수 있다.

암을 치료하라

에이미의 어머니는 오십 대 중반에 희귀한 신경내분비암을 진단받았다. 암의 발생 원인은 명확하지 않았다. 단것과 프렌치프라이를 좋아해서 과체중인 점을 빼면 에이미의 어머니는 담배도 피지 않고 술도 마시지 않으며 활기차고 건강하다. 질병 증상도 특이했다. 밤새 피부가 노랗게 변하고 체중이 빠르게 줄었다. 주치의는 그를 시카고 대학교 전문의 팀에게 소개했는데, 여기서 다시 텍사스주의 MD 앤더슨 암센터로 보내졌다. 암성 종양이 있었지만 문제는 다른 데 있었다. 의사들은 종양에서 멀리 떨어진 부위에서 신경 세포와 호르몬 세포의 특성을 모두 지닌 세포를 발견했다. 이 세포들은 췌장과 폐에 있었는데 매우 공격적이고 빠르게 증식했다. 신경내분비세포 DNA가 돌연변이를 일으키면 자연스럽게 다양한 부위에서 종양을 유발하는 것으로 보인다. 이는 곧 눈에 보이는 종양은 하나뿐이지만 몸속에서 증식하는 암세포는 이게 전부가 아니라는 뜻이다.

에이미의 어머니는 이전과 달라질 건 없다며 용감하게 투병했다. 팔에 꽂힌 항암 화학요법 주입구를 긴 소매로 가리고, 항상 해오던 픽시컷 스타일의 가발을 썼으며, 학교에 나가 4학년 학생들을 가르쳤다. 의사들은 세포가 처음 잘못된 원발 부위를 찾을 수 없어서 다른 암 치료를 위해 고안된 항암 화학요법을 병행했다. 에이미의 어머니는 토요일이면 정맥주사 줄을 연결한 채 따뜻한 이불 아래 가발을 벗고 누워서 항상 내보이던 용감한 표정을 지우고 지냈다. 처음 네 시간은 췌장암 치료제가 든 정맥주사를 맞았고, 다음 네 시간은 폐암 치료제가 든 주사를 맞았다. 6~8주에 걸친 치료를 마치고 몇 주는 체력을 보충하면서 쉬었다가 다시 항암 화학요법을 시작했다. 항암 화학요법은 그를 살아 있게 하는 동시에 그의 수명을 급격하게 줄이고 있었다. 그렇게 일 년이 지나자 그는 가족의 동의를 얻어 호스피스 병동에 들어갔고 며칠 뒤 세상을 떠났다.

암을 예방하는 하나의 보편적인 백신을 개발하기는 어렵다. 각각의 암은 독특하고, 암 자체도 단일 질병이 아니라 알려진 것만 백 개이상인 유전자 돌연변이를 포괄하는 용어이기 때문이다. 폐암, 뼈암, 신경내분비암처럼 암이 발생한 부위의 이름을 붙여 부르는 이유도여기에 있다. 그러나 에이미 어머니를 죽음으로 몰고 간 수수께끼의암은 유전공학으로 암세포를 표적으로 삼아 죽이도록 설계한, 바이러스로 만든 개인 맞춤형 백신으로 없앨 수 있다. 또 다른 선택지도있다. mRNA로 세포가 몸을 보호하는 동시에 암세포를 찾아 죽이도록 면역 반응을 자극하는 것이다. 이를 키메라항원수용체(CAR) T세포 치료법이라 한다. 이 치료법은 T세포(분화된 백혈구)를 환자의 혈액에서 분리해 실험실에서 변형한 뒤, 암세포와 싸우도록 환자에게 다시 주입한다.

코로나19 백신을 만들기 훨씬 전에 모더나사와 바이오앤테크사는암 면역치료법을 연구했다. 악성 종양의 조직 표본을 분석한 뒤 유전자 분석을 통해 환자의 종양에서 나온 독특한 단백질 돌연변이를 암호화한 맞춤형 mRNA 백신을 개발했다. 면역계는 이 백신을 활용해서 몸 전체에서 비슷한 세포를 찾아 파괴했으며, 이는 두 기업의 코로나19 백신이 작용하는 원리와 비슷하다. 바이오앤테크사는 현재많은 암의 개인 맞춤형 백신의 임상 시험을 진행 중이며, 여기에는 난소암, 유방암, 흑색종melanoma이 포함된다. 모더나사도 비슷한 암 백신을 개발하고 있다. 두 기업은 세상에서 가장 강력한 의약품 제조 공장이 이미 인간의 몸속에 있다는 사실을 알고 있다. 우리는 그저 이 공장을 활용할 방법을 알아내기만 하면 된다.

연구실에서 만드는 개인 맞춤형 조직

mRNA 암 백신 혹은 개인 맞춤형 바이러스는 엄격하게, 그리고 이상적인 세계라면 빠르게 검증해야 한다. 그러나 이런 임상 시험은 비용이 많이 들고 규제 기관의 심사를 오래 받아야 한다. 코로나19처럼 긴급 상황이 아니라면 승인받기까지 십 년, 혹은 그 이상이 걸릴 수도 있다. 더불어 살아 있는 인간 조직이 바이러스와 의약품에 어떻게 반응하는지를 연구하기는 어렵고 위험하다. 뇌 혹은 심장 조직은 살아 있는 사람에게서 잘라낼 수 없다. 신약을 시험할 더 쉬운 방법과 함께 신약 개발 기간을 줄일 방법을 찾아야 한다.

합성생물학으로 이런 문제를 해결할 수 있다. 예를 들어 합성생물학 기술을 이용하면 인간 줄기세포로 장기 유사체인 오르가노이드organoid, 즉 아주 작은 조직 덩어리를 만들어 배양할 수 있다. 지금도 실험실에서 배양한 폐와 뇌 조직을 사용하여 코로나19의 장기 후유증을 연구하고 있다.[6] 보안 등급이 높은 실험실에서는 소형 창자와 간을 배양해 바이러스를 감염시키고 나서 연구한다. 웨이크포레스트재생의학연구소Wake Forest Institute for Regenerative Medicine는 연방 정부에서 2400만 달러(329억 원)를 지원받아 다양한 조합의 오르가노이드를 칩에 심은 "바디 온 칩" 프로젝트를 연구한다.[7] 투명한 회로기판에 혈액 대체 물질을 펌프질하는 시스템이 연결된 컴퓨터 칩을 상상하면 된다. 이 칩에 심은 유사 호흡기를 신종 바이러스나 치명적인 화학 물질, 그 외 독소로 감염시켜 인체의 반응을 관찰한 뒤, 치료제 후보를 투여하면 동물이나 사람을 해치지 않고 살아 있는 인간 조직에 신약을 시험할 수 있다.

신경계의 작은 조각으로는 소형 뇌 조직 덩어리를 만든다. 2008년에 연구자들은 최초로 만든 뇌 오르가노이드를 통해 특정 뇌 기능을 자세히 연구할 수 있었다. 뇌 오르가노이드는 이후 자폐증과 지카바이러스 같은 다른 질병을 연구하는 데 활용되고 있다.[8] 근육 및 뇌 오르가노이드를 함께 배양하면 신경망과 정보처리 조직을 만들 수 있다. 스탠퍼드대학교 연구자들은 자극에 반응하는 자가 조립 조직인 조립형 체외 장기 '어셈블로이드assembloids'를 연구한다.[9] 연구자들은 세균 배양용 페트리 접시에서 자기들끼리 결합하는 인간 줄기세포를 시작으로 대뇌 피질, 척수, 골격근을 갖춘 신경 세포 회로의 원형을 개발했다. 대뇌 피질 세포를 자극하면 메시지를 전달받은 근육 세포가 페트리 접시에서 실룩거리며 움직인다. 또 다른 연구에서는 인간이 사고하고 인지하고 환경을 평가하는 뇌 영역인 전뇌 오르가노이드를 만들었다. 다른 곳에서도 인간 뇌 오르가노이드를 쥐에게 이식하는 연구를 진행하고 있지만, 이는 복잡한 윤리 문제와 함께 인간처럼 정보를 처리하는 슈퍼 쥐에 대한 공포를 일으킬 수 있다. 이 문제는 다음 장에서 더 자세히 살펴보도록 하자.

의사 없는 진료

2007년 디코드미deCODEme사의 유전자 검사 키트가 시장에서 처음 히트했을 때, 이 키트는 소비자의 유전체로 질병 위험도와 기원을 알아낸다고 약속했다. 아이슬란드에 본사를 둔 디코드미사는 당시 검사 비용으로 985달러(135만 원)를 청구했다.[10] 같은 해, 구글의 지원을 받은 23앤드미23andMe사는 유전자 검사 비용으로 1000달러(137만 원)를 청구하면서 결과를 몇 주 안에 보내주고 게놈 익스플로러Genome Explorer 온라인 접근 권한을 준다고 선전했다.[11] 예비 부모와 유전병 환자에게 조언하도록 특별히 훈련받은 유전자 상담사들은 두 회사의 경쟁으로 사람들이 전후 사정에 대한 충분한 이해 없이 유전적 질병 검사 결과를 해석할지도 모른다고 우려했다. 메릴랜드와 뉴욕, 그 외 몇몇 주는 제약 회사가 소비자에게 직접 건강 정보를 제공하는 키트 판매를 법으로 금지했으므로 처음에 23앤드미사는 소수의 주에만 검사 키트를 판매했다. 2017년에 미국 식품의약국은 마침내 23앤드미사가 파킨슨병과 알츠하이머병을 포함한 열 가지 질병 검사 키트를 판매하도록 승인했다.[12]

그러나 소비자 검사 키트는 유전자 운세 뽑기가 아니다. 인간 마이크로바이옴은 어머니에게 물려받은 미생물들이 살아가는 몸속 작은 우주다. 인간 마이크로바이옴을 구성하는 세균, 진균, 원생동물, 바이러스가 가진 유전자 수는 인간 유전체에 있는 유전자 수의 200배가 넘는다. 마이크로바이옴의 무게는 거의 2.3킬로그램에 이르며, 대부분 장과 피부에 산다. 마이크로바이옴은 개인마다 크게 다르고, 같은 도시에 사는 형제자매끼리도 다르다. 락토스를 얼마나 잘 소화하는지, 피부암에 얼마나 취약한지, 얼마나 잘 자는지, 불안장애를 일으키거나 비만이 될지 등 이 모든 특성은 마이크로바이옴과 연관되며, 여러분이 무엇을 먹고 마시는지, 담배를 피우는지, 몸에 어떤 화학 물질이 닿았는지, 어떤 약을 먹는지 등에 영향을 받는다. 예전에는 알레르기 전문의에게 여러 번 진료받아야 이런 정보를 알 수 있었지만, 지금은 자가 검사 키트로 마이크로바이옴의 유전적 구성을 알 수 있다. 특별한 프로바이오틱을 섞어 상태를 완화하거나 고객과 모든 미생물의 몸속 공생관계를 최적화하는 회사도 있다.

의학의 다음 개척지는 의사 없는 진료가 될 수도 있다. 새로운 기술이 여러분의 집에서 데이터를 분석할 테니 진료 예약을 걱정하거나, 실험실에서 줄 서서 결과가 나올 때까지 오래 기다릴 필요가 없다. 이런 기술은 욕실에 먼저 적용될 텐데, 매일 관리하고 검사할 표본을 채취하는 데 사용할 것이다. 단도직입적으로 말하면 우리는 매일 욕실에서 주요 핵심 표본 두 가지를 접한다. 바로 피부와 배설물인데, 실시간으로 우리의 건강을 관리할 훌륭한 표본이다. 스탠퍼드대학교 연구자들이 화장실 진단이라는 이름으로 보통은 화장실에 없는 카메라, 마이크, 압력 감지기, 작은 로봇팔, 동작 감지기, 적외선 감지기, 컴퓨터 비전과 머신러닝을 탑재한 컴퓨터 시스템을 설치한 이유가 여기에 있다.[13] 연구자들은 이런 정기적인 표본 진단을 장 질환, 간과 신장 질환, 암의 조기 경고 시스템으로 활용할 수 있다고 생각했다. 그리고 이 예상은 적중했다. 만약 여러분이 스탠퍼드대학교의 실험을 알았다면, 2021년 국제 전자제품 박람회(CES)에서 토토Toto사가 전시한 '건강 화장실'이 놀랍지 않았을 것이다. 믿기지 않겠지만 이 것은 실제로 매일 사용하는 장치다. 최첨단 화장실에는 '핵심 결과' 를 분석하는 감지기들이 설치되어 사용자의 식습관과 체수분량 정 보를 알려 준다. 휴대용 제품도 있다. 자가 검사 키트 스타트업인 헬 시.io Healthyio사가 개발한 요로감염 검사 키트는 양성 결과가 나온 환 자들을 모바일 앱으로 의사와 연결해 주고, 필요하면 가까운 약국으 로 처방전을 보내 준다. 헬시.io사도 미국 국립신장재단National Kidney Foundation과 질병의 조기 징후를 검출하는 신장 검사 키트를 매년 제공 하는 협약을 맺었다.

가까운 미래에는 웨어러블 기기와 섭취 가능한 장치가 원격 건강 모니터링remote health monitoring으로 정보를 제공하면서 진단이 더 쉬워질 것이다. 스마트폰과 웨어러블 기기는 이런 정보를 오랫동안 수집하 고 분석해 왔다. 애플 워치를 착용한 사람들이 비정상적으로 높거나 낮은 심박수나 불규칙한 박동이 심방세동atrial fibrillation(심방이 규칙적으 로 수축하지 않고 불규칙적으로 떨리는 질환-옮긴이)일지도 모른다는 점을 어 떻게 아는지 생각해 보자. 스마트폰과 스마트워치는 현재 미국 식품 의약국이 승인한 앱으로 혈압은 물론 심전도도 측정한다. 원격 건강 모니터링은 디지털 기술과 인터넷, 클라우드를 활용해서 환자의 의 료 정보를 수집하며, 보건의료 종사자에게 심박수, 심전도, 혈압, 산 소포화도, 신장 기능 등등 수많은 정보가 전해져서 먼 곳에서도 건강 관리를 돕는다. 원격 건강 모니터링은 노인들이 집에서 더 오랫동안 지낼 수 있도록 돕고, 병원이나 진료소를 직접 방문하는 횟수도 줄인다. 감지기, 카메라, 송신기가 장착된 작고 알약 크기의 컴퓨터인 섭취형 기기는 몸속에서 수집한 정보를 몸 바깥의 인공지능이 탑재된 컴퓨터에 보내 분석한다. 매사추세츠공과대학교 연구자들은 장 건강을 관리하기 위해 먹을 수 있는 세균-전자 시스템을 개발했다.[14] 그 외에도 출혈이나 비정상적인 조직을 검출하거나 환자가 처방한 약을 먹었는지 확인하는 섭취 가능한 다양한 의료 기기가 있다.

의료의 종말(그리고 재탄생)

기업은 의약품 가격을 6개월마다 인상하며, 따라서 의약품 가격은 계속 비싸진다. 2019년 1월에 미국 의약품 468개 가격이 평균 5.2 퍼센트, 2021년 1월에는 의약품 832개 가격이 평균 4.5퍼센트 상승했다.[15] 제약 회사는 추가된 비용을 보험에서 부담하므로 환자는 의약품 가격 상승과 관련 없다고 주장한다. 그러나 계속 치솟는 의약품 가격은 미국의 보건의료 비용 전체에 큰 영향을 미친다. 건강보험료는 지난 30년간 740퍼센트라는 놀라운 상승률을 보였다. 미국인의 절반 이상이 고용주가 내는 보조금에 건강보험을 의존하고 있다. 고용주가 부담하는 일반 가정의 건강보험 비용은 매년 2만 576달러(2820만 원)에 달하지만, 그럼에도 여전히 많은 가정이 큰 비용을 감당해야 하며, 여기에는 건강보험이 보장하지 않는 자기부담금과 의약품이 포함된다.[16]

비싼 의약품은 해결할 수 있는 문제다. 쉬운 해결책으로는 집에서 자가 측정하는 진단 기구를 통해 사람들이 자기 몸 상태를 인지하는 방법이 있다. 일본에서는 의사가 환자의 체온을 37도라고 가정하지 않고 평소에 체온이 몇 도인지 환자에게 확인한다. 정상 체온의 평균값에서 십분의 몇 도가량 벗어나 있는 사람도 많다. 미국 질병통제예방센터에 따르면 열은 체온이 38도 이상인 상태지만 정상 체온이 36.6도인 환자와 37.2도인 환자는 38도의 열에 각각 다른 신체 반응을 보인다. 체온 말고도 수천 종의 신체 정보는 개인마다 비정상인 상태가 상대적이다. 감지기, 웨어러블 기기, 섭취 가능한 의료 기기는 머신러닝 시스템에 정보를 축적해서 개인의 몸 상태가 자신의 기준점에서 벗어났는지 확인하는 데 유용할 것이다.

치료는 물 한 잔을 마시는 간단한 것부터 더 심각한 질병이라면 개인 맞춤형 미생물 및 생물 암호를 활용해서 몸속 제약 공장을 가동하는 것까지 다양하다. 이런 치료는 하루에 알약 27개를 삼키거나 환자의 특정 암에 적합하지 않은 항암 화학요법을 받는 것보다 낫고, 개인의 독특한 신체 상태가 아니라 대중에게 맞춰 설계한 비싼 약을 먹을 필요가 없다. 이는 현재의 제약 산업과 건강보험 산업계의 역학에도 영향을 미칠 것이다. 대중의 신뢰와 수용이 충분히 쌓이면 현재의 비싸고, 불공평하게 분배되며, 다수가 이용할 수 없는 의학은 종말을 맞이할 것이다. 그리고 공정한 의료, 모두를 위하는 개인 맞춤형 의료 체계로 바뀔 것이다.

그러나 대물림하는 유전자와 연관된 유전 질환, 질병, 암을 예방하는 궁극적인 전략은 태어나기 전에 예측하고 검출해서 방지하는 것이다. 일부 사람들은 임신하기 전에 부모에게 질병이 있는지 살펴보는 유전자 선별 검사를 하기도 한다. 테이삭스병Tay Sachs Disease은 희귀하고 치명적인 유전 질환으로 뇌와 척수의 신경 세포를 파괴하며, 아시케나지 유대인에게 자주 나타난다. 조상 중에 유대인이 있고 동부 및 중부 유럽에서 이주해 온 예비 부모는 '아시케나지 패널Ashkenazi Panel'을 통해 자신이 이 유전 질환을 가졌는지 검사할 수 있다. 이제 다른 생물 마커도 검사할 수 있다. 체외수정은 보통 여러 개의 배아를 만들며, 체외수정으로 임신하는 사람들은 착상 전에 다운증후군Down syndrome이나 낭성섬유증 같은 질병이 없는 배아를 찾으려 선별 검사를 하기도 한다.

연구자들은 태어나기 전에 자녀를 향상하는 신기술을 개발하고 있다. 이들은 아주 미세한 DNA 변이인 단일염기다형성single nucleotide polymorphisms(SNPs)을 찾는 알고리즘을 이용해서 개인의 미래를 유전자에 근거해 정확하게 예측하기를 기대한다.[17] 단일염기다형성을 생체외에서 확인할 수 있다면 배아를 착상하기 전에 심장 질환이나 당뇨를 일으킬 가능성이 큰지 미리 알 수 있다. 크리스퍼로 편집한 배아라면 가공하지 않은 원래의 유전자를 고려해서 가능한 한 제일 좋은 특성으로 최적화할 수 있다. 이론적으로 부모는 자녀의 머릿결, HIV 같은 바이러스 저항력, 알츠하이머병 예방 등 수많은 특성에 영향을 미칠 수 있다. 유전자 드라이브로 모기를 변형했듯이 이런 치료는 영구적으로 유전된다. 부모에게서 자녀로 대물림하는 특정 질병을 근절할 수 있으며, 이 과정에서 전체 유전자 풀을 향상시킬 수 있다.

듣는 이의 입장에 따라 이 소식은 '너무나 흥분되는'부터 '심각하게 우려되는' 사이 어딘가에 자리할 것이다. 다음 장에서는 인간이 처한 실존적 위험을 설명할 것이다. 지금까지는 일단 경고와 윤리 문제가 우위에 있다.[18] 미국이나 중국은 포함되지 않지만 수십여 개 나라에서 인간 생식세포 계열의 조작을 금지했다. 유럽연합의 인권과 생의학 협약Convention on Human Rights and Biomedicine은 유전자 풀을 함부로 변조하는 일은 인간 존엄성과 인권에 대한 범죄라고 규정했다.[19] 그러나 이 모든 선언은 생식세포를 정밀하게 조작할 수 없을 때 나왔으며, 지금은 크리스퍼로 정확하게 조작할 수 있다.

예전에는 쉽게 믿기 어려웠던 여러 가능성이 이제 곧 현실로 닥쳐올 것이다. 새로 등장한 체외생식자발생in vitro gametogenesis(IVG) 기술은 곧 동성 부부도 난자나 정자 기증 없이 자신들의 유전자를 물려받은 자녀를 갖게 할 것이다.[20] 일본의 과학자 야마나카 신야Yamanaka Shinya는 모든 인간 세포를 유도만능줄기세포로 전환하는 주목할 만한 발견을 해 2012년에 노벨상을 받았다. 유도만능줄기세포는 어떤 세포로든 재프로그래밍할 수 있는 세포다. 교토대학교 연구자들은 2016년에 이 기술로 생쥐의 꼬리에서 만든 유도만능줄기세포로 난자를 만들어서 새끼 생쥐를 만들었다. 이 기술로 인해 앞으로 몇십 년 안에 유전적 '부모'의 정의는 급격하게 바뀔 것이다. 지금은 부모가 아버지 한 명과 어머니 한 명이지만 앞으로는 다양한 조합의 부모가 나타날 것이다. LGBTQ 부부는 기증자 없이 자기 유전자로 더 쉽게 자녀를 얻을 것이다. 이제 여성이 아이를 낳을 때 남성이 기증한 정자가

필요 없을 것이며, 다른 사람의 유전자 없이 자기 유전자만으로 임신할 것이다.[21]

남성 혹은 여성으로 정체성을 가진 사람이 언젠가 부모가 되려 한다면? 체외생식자발생 기술은 배아를 만들 수 있지만 아기를 키우려면 여전히 임신할 모체가 있어야 한다. 역사적으로 임신 주체는 언제나 여성이었다. 그러나 필라델피아아동병원의 연구자들은 바이오백biobag이라는 인공 자궁을 만들어서 미성숙한 새끼 양을 28일 동안 키우고 정상적으로 발달하게 만들었다.[22] 2021년 3월, 이스라엘 과학자들은 배아를 인공 자궁에서 키워 생쥐를 탄생시켰고, 이 생쥐는 11일 동안 살았다.[23] 완벽한 크기의 생물 인공 자궁을 합성하고 배양하려면 수년이 걸리겠지만 바이오백은 매년 태어나는 수천 명의 미숙아를 키울 대안이며, 궁극적으로 인간이 아기를 품지 않아도 되는 미래를 보여 주는 전조다. 한 세대가 지나기 전에 '핵가족nuclear family'이라는 개념은 근본적으로 바뀔 것이며, 지금보다 훨씬 포괄적인 개념이 될 것이다.

세계 식량 공급

후버댐은 한때 콜로라도강의 거대한 물줄기를 가두어 두었지만, 지금은 도시와 농장의 만성적인 물 남용과 극심한 가뭄, 급상승하는 기온 때문에 물 부족 현상을 겪는다. 콜로라도강의 가장 큰 저수지인 미드호는 현재 37퍼센트만 차 있어서 수백만 에이커의 농장들이 불안에 떨고 있다.[24] 우리가 식량을 재배하는 데 사용하는 현대의 농업 시스템은 지구의 기후와 생태계를 불안정하게 만든다. 합성생물학은 현재 우리가 의존하는 자원 집약적인 농업과 목축업, 상하기 쉬운 식품을 전 세계로 운송하기 위한 저온 유통 체계의 대안이 될 수 있다.

농업 안정화와 수경 재배 시스템

몇 년 전에 에이미와 퓨처투데이연구소Future Today Institute 연구 팀은 인기 있는 냉동 식품을 만든 기업의 시나리오 플래닝(변화의 핵심 요소와 불확실성 요인으로 발생할 미래를 설정하고 각 시나리오에 맞는 대응책을 마련하는 경영 기법-옮긴이)을 진행했다. 이 기업이 만든 제품의 핵심 재료는 대부분 동유럽에 있는 단 한 곳의 농장에서만 나왔는데, 이 농장에는 기상 이변이 점점 더 잦아지고 있었다. 시민들의 불안으로 일어나는 소동과 국수주의의 목소리가 높아지면서 파업이 일어났고, 특히 해당 농장은 농장 생산물이 생활고에 시달리는 고국에서 판매되기보다 해외의 부유한 국가로 수출된다는 사실 때문에 노동자들의 파업을 피할 수 없었다. 다른 문제도 복잡했다. 쉽게 상하는 생산품을 세척하고 다듬어서 전 세계에 유통하는 냉동 식품으로 가공하려면 농장에서 멀리 떨어진 서유럽 공장으로 운송해야 했다. 농장은 지금까지는 공급 목표를 맞춰 왔지만 최근에는 기상 이변이 계속 이어지는 탓에 재앙에 가까운 가뭄이 들면서 제품 생산에 필요한 작물이 대량으로 말라 죽었다. 시장 수요에 맞춰 제품을 공급할 수 없었지만 마케팅이 성공하면서 진열하기가 무섭게 제품이 동났다. 그러나 생산 및 공급 체계의 어려움을 고려할 때 곧 생산 체계가 무너질 것이 거의 확실했다.

사실 현재의 농업 및 수경 재배 체계가 돌아간다는 사실 자체가 기적이다. 산불, 가뭄, 혹서와 혹한 같은 기후 문제가 점점 일상이 되고 있지만 예측하기는 어렵다. 농업 관련 정책 역시 당혹스럽다. 2012~2021년에 미국 정부는 외국인 임시 농업 노동자에게 연방 정부가 발행하는 H-2A 비자 정책을 계속 바꿨다. 불법 이주 노동자 단속은 줄었다가 강화되었고, 이제 다시 느슨해지는 중이다. 그 결과 농업 노동력이 불안정해졌다. 그렇게 식량 공급 시스템의 물리적 한계를 시험할 때마다 때때로 작지만 이상한 문제가 생겼다. 이를테면 정확하게 적합한 조건에서만 수에즈 운하를 통과할 수 있는 거대 화물선에 수송을 의존하는 상황과 비슷하다.

매년 식량 생산량의 삼분의 일가량인 13억 톤이 쓰레기가 되거나 분실된다.[25] 미국의 쓰레기 매립지에는 음식이 가장 많이 버려진다.[26] 여기에는 수많은 원인이 있다. 음식의 신선도를 가장 중요하게 여기는 체인 식당은 일정 시간이 지나면 먹어도 안전한 식품을 버린다. 때로는 배송 지연으로 식품이 상하기도 한다. 신선한 농산물, 유제품, 육류는 식품인 동시에 상품이다. 우리는 사과가 고른 색을 띠고, 당근은 완벽하게 길고 곧으며, 달걀은 새하얀 흰자에 진한 노란색 노른자가 있어야 한다고 여긴다. 따라서 상품 기준에 맞지 않는 것은 버려진다. 엄청난 양과 다양한 메뉴 때문에 식당에서 먹지 않은 채 버려지는 음식이 늘어난다. 일부 체인 식당은 영업이 끝나면 만들어 둔 음식을 고용인에게 나누어주지 않고 버린다. 식료품 가게와 체인 식당은 법적 책임 때문에 남은 음식을 자선기관에 기부하기를 꺼린다. 전체적으로 산업화 사회에서는 음식 쓰레기의 40퍼센트 이상이 소매 및 소비자에게서 나온다.[27] 개발도상국은 수확, 저장, 가공 과정에서 손실이 일어난다. 기계가 고장나고 미숙련 노동자가 실수를 하며 이윤이 너무 적어 만일의 사태를 대비할 계획을 세울 여유가 없다. 여기에서 리스테리아isteria 같은 질병이 발생하여 대량 리콜 사태가 일어난다.

농업 부문은 수십 년 동안 식량을 유전적으로 조작해 왔다. 최초로 유전자를 변형한 세균은 1973년에 개발되었고, 1974년에는 유전자를 조작한 생쥐가, 1983년에는 다른 생물의 유전자를 가진 담배 식물이 뒤를 이었다.[28] 이들은 1993년 미국 식품의약국이 유전자 변형 종자 판매를 승인한 전례가 되었고, 일 년 뒤 다른 품종보다 숙성 상태를 오래 유지하는 플레이버 세이버Flavr Savr 토마토가 미국에서 판매 승인을 받았다.[29] 유전공학의 첫 번째 물결은 유전자 변형 생물 즉 GMO로 알려졌고, 특허받은 특정 제초제와 살충제를 함께 사용하도록 고안된 형태였다. 현재 전 세계에서 재배하는 목화의 14퍼센트가 유전자 변형 목화이며, 콩은 거의 절반이 유전자 변형 품종이다.[30] 미국으로 한정하면 이 숫자는 더 높아지는데, 유전자 변형 목화와 콩이 90퍼센트 이상을 차지한다.[31]

그러나 유전자 변형의 미래는 현재 우리가 보는 것과는 완전히 다를 것이다. 하버드대학교에서 개발한 인공 잎을 생각해 보자. 인공 잎은 태양 에너지를 활용하는 장치다. 인공 잎을 특정 세균주와 접목하면 대기 중 이산화탄소와 질소를 생물에 유익한 유기물로 바꾼다. 부족한 태양 에너지를 공급받는 세균은 기본적으로 에너지 과잉 상태, 즉 저장한 이산화탄소와 질소가 몸무게의 30퍼센트를 차지할 때까지 과식한다. 이 미생물을 토양에 섞으면 식물 뿌리 근처에서 가지고 있던 질소를 모두 배출하면서 유기 비료가 되고, 가지고 있던 이산화탄소는 흙 속에 갇히게 된다. 그러면 화학 비료가 환경에 일으키는 해로운 부작용 없이 작물 수확량이 엄청나게 증가한다.[32]

　세균을 식물의 먹이로 만들고, 크리스퍼로 종자를 개량하고, 식물 단백질을 향상하고, 연구실에서 고기를 합성하는 일은 우리가 알던 농업을 바꿀 것이고, 식량을 실내에서 재배하는 차원을 넘어설 것이다. 대규모 식물 공장에서는 더 적은 자원을 사용하고 지역 환경에 더 적은 피해를 입히며 더 많은 수확량을 생산하도록 유전적으로 설계된 작물을 재배할 것이다. 또 향미를 증진하고 영양분 농도를 높인 고기와 농산물을 생산할 것이다. 이는 기후 변화가 세계 식량 공급 체계를 점점 더 위협하는 불확실한 미래에서 우리를 안전하게 보호할 것이다.

　식량을 재배하고 생산하는 방법이 엄청나게 변화할 테지만 우리에게 선택의 여지는 없을지도 모른다. 오늘날 식량 불안은 지구에 사는 인구 네 명 중 한 명에게 영향을 미친다.[33] 세계 인구는 2050년까지 20억 명이 증가할 것으로 예상된다.[34] 아마 인구를 억제하는 복잡하고 어려운 임무를 수행하거나, 식량 공급량을 늘려 모두와 나누어야 할 것이다. 벼를 더 많이 재배하거나 소를 더 많이 키우는 것만으로는 부족하다. 고기, 달걀, 우유를 얻기 위해 키우는 가축은 전체 온실가스의 14.5퍼센트를 배출한다.[35] 단순히 미래 수요를 충족하기 위해 현재의 식량 공급량을 늘리는 것은 지구의 기후에 부담만 가중할 뿐이다.

가축, 그리고 농업을 편집하다

2018년에 아프리카돼지열병African swine fever이 발생하면서 전 세계 돼지 개체 수가 심각한 수준으로 감소했다. 아프리카돼지열병은 전염성이 강하고 치명적인 바이러스가 원인으로 치료법이나 백신이 없다. 또한 SARS-CoV-2처럼 잠복기가 길고 감염된 동물이 항상 증상을 나타내지도 않기 때문에 확산을 막기도 어렵다. 특히 중국의 피해가 심각했다. 그 이유는 역설적이게도 중국 정부가 오염을 억제하는 결정적인 규제를 만들었기 때문이다. 규제가 시행되자 산업용 양돈 농가는 기한에 맞춰 시설을 개선할 수 없어서 농장을 폐쇄했고, 이는 중국의 돼지 공급 체계에 변화를 가져왔다. 전염병에 걸린 돼지가 중국 전역에 팔려나갔고 이는 아프리카돼지열병을 전파하는 데 일조했다. 중국 정부는 처음에는 부인했고, 다음에는 전염병의 심각성을 평가절하했다. (어디서 많이 들어본 이야기 아닌가?) 육류 산업 분석가들은 아프리카돼지열병으로 세계 돼지의 4분의 1이 시장에서 증발했으며 중국 돼지의 절반이 살처분되었다고 추정했다. 이 바이러스는 특히 건강한 돼지 무리에 의존하는 지역의 양돈 공동체에 큰 피해를 주었다. 오늘날 중국의 과학자들은 바이러스에 내성이 있으며 더 튼튼하고 더 빨리 자라는 '슈퍼 돼지'를 개발하고 있다.[36] 소문에 따르면 슈퍼 돼지는 체온을 조절하는 유전자도 강화해서 중국 북부의 추운 겨울에도 실외에서 자란다고 한다.[37]

19세기 벨기에에서 현지 농부들이 특이한 소 떼를 발견했다. 이 소들은 보통 소보다 더 크고 근육량도 많아서 아놀드 슈왈츠제네거처럼 등, 어깨, 엉덩이가 불룩 튀어나왔다. 이 소는 벨지안 블루Belgian Blue로 알려졌는데, 과학자들은 이 소들이 특이한 이유를 찾아냈다. 벨지안 블루는 동물이 성장한 뒤 근육 성장을 억제하는 단백질인 마이오스타틴myostatin 생성을 막는 특수한 유전자를 갖고 태어났다. 어떤 소는 이 유전자를 두 개 갖고 태어나서 근육이 지나치게 비대해지기도 했다.[38] 벨지안 블루는 소비용 고기의 생산량을 늘리기 위해 선택적으로 사육되었지만, 이제는 마이오스타틴 유전자를 편집해서 돼지, 말, 염소, 토끼, 개 등 다른 포유류의 유전자형도 개선할 수 있다. 중국에서는 마이오스타틴을 이용해서 근육이 두 배 더 많은 경찰견을 만들었다.[39]

먹이사슬의 다른 곳에서는 연구자들이 동물을 위한 더 나은 사료를 생산하려고 합성생물학을 활용하고 있다. 스타트업인 닙바이오KnipBio사는 잎에서 발견한 미생물의 유전체를 편집해서 양식 어류의 건강에 중요 성분인 카로티노이드 함량을 높인 사료를 만든다. 발효로 미생물 성장을 촉진하고 저온 살균해서 건조한 뒤 가루로 만든다.

막대한 양의 식물성 기름을 생산할 수 있는 합성 생물이나, 원래는 물을 많이 먹지만 적은 양의 물로도 실내에서 자라며 열매가 두 배로 열리는 견과류 나무를 포함한 다른 농업 프로젝트도 진행 중이다. 크리스퍼는 식물의 오메가3 함유량을 높이고, 갈변하지 않는 사과와 가뭄에 강한 벼, 운송 중 좁은 공간에서도 상하지 않는 버섯을 만드는 데 도움이 되었다. (소비자 감정을 고려해서 덧붙이자면 많은 국가가 상표에 유전자 변형 제품이라는 점을 표시한다.)

많은 나라가 고품질 농산물을 재배하기에는 토지와 기후, 사회 기반 시설이 부족하다. 1840년대에는 자연적으로 발생한 병충해에 더해 영국 정부의 끔찍한 정책으로 아일랜드에 감자 기근이 덮쳤고, 지금도 여전히 전 세계에 비슷한 상황이 나타난다. 그러나 이제 과학자와 농부들은 전통적 농업을 실내와 지하로 가져와 최첨단 로봇과 관개 시설, 조명 시설로 식량을 재배할 수 있다. 이 새로운 방식은 감지기와 알고리즘, 최적화 분석으로 모든 작물의 성장 과정, 특정 덩굴에 달린 방울토마토 하나까지 바로 수량화한다. 로봇, 인공 조명, 기타 설비 비용으로 인해 한때 실내 농업은 확장하기가 어려웠다. 그러나 산업 생태계가 성숙하고 기술이 발전하면서 이런 단점도 보완되는 중이다.

현재 수직 농업 프로젝트는 전 세계에서 시도하지만 주로 베를린과 시카고 같은 도심 지역에 흩어져 있다. 그러나 실내 농업에서는 일본이 세계를 선도하고 있다. 일본 정부도 실내 농업에 보조금을 지급하지만 일본에서 실내 농업이 번성하는 것은 지역에서 생산한 신선하고 살충제 없는 식품을 찾는 일본 소비자 덕분이다.[40] 교토 인근의 간사이 사이언스 시티 마이크로팜Kansai Science City Microfarm은 인공지능과 협동 로봇을 활용해 모종을 키우고 옮겨 심고 물을 주고 조명을 조절하고 신선한 농산물을 수확한다. 연구자들은 복잡한 알고리즘과 식물에 붙인 감지기로 이산화탄소, 온도, 물 공급량, 식물 조직 건강 상태 등 엄청난 양의 정보를 추적하며, 영양가 높고 맛있는 식품을 재배하기 위한 최상의 환경과 시스템을 분석한다. 교토 근처 가메오카에 본사를 둔 스프레드Spread사는 기계와 로봇을 활용해서 양상추 2만~3만 개를 매일 생산한다. 근처 슈퍼마켓으로 배달하는 이 양상추는 실외에서 재배하는 양상추보다 두 배 더 빨리 자란다(대략 40일이면 충분하다).

마이크로소프트사는 애저 마켓플레이스Azure Marketplace에서 농장용 사물인터넷의 일종인 팜비츠FarmBeats를 운영한다. 이 회사는 미국 농업 현대화를 목표로 농장 두 곳에서 정보 분석과 함께 여러 해에 걸쳐 신기술을 시험 중이다. 이 시스템은 아직 승인받지 않은 장거리 TV 주파수를 사용하여 태양광 발전으로 작동하는 감지기에 연결해서 정보를 받고, 드론으로 작물의 항공 영상을 전달받는다. 머신러닝 알고리즘은 정보를 조사하고 선별해서 농부에게 분석 자료와 함께 어떤 요인을 수정할지 권고안을 보낸다.

2030년 즈음이면 여러분은 식료품점에서 신선하고 영양가가 풍부한 크리스퍼 편집 식품을 살 수 있을 것이다. 매장 아래에서, 어쩌면 가까운 수직 농장에서 재배한 식품을 팔 것이다. 아니면 여러분이 사는 도시에 세운 육류 실험실에서 만든 고기를 판매할 수도 있다.

육류의 종말

2040년이면 많은 사회가 전통적으로 생산한 육류와 유제품을 먹는 일을 부도덕하게 여길지도 모른다. 일부 전문가는 오랫동안 이 결말이 필연적이라고 주장했다. 1931년에 발표한 에세이 "50년 후Fifty Years Hence"에서 윈스턴 처칠은 "적절한 배양액에서 닭을 부위별로 따로 재배하게 되면 우리는 가슴살이나 날개를 먹으려고 닭 한 마리를 키우는 어리석음에서 벗어날 것이다"라고 주장했다.[41]

이 주장은 2013년에 최초의 실험실 배양 햄버거가 첫선을 보이면서 실현되었다. 이 햄버거 패티는 네덜란드 마스트리히트대학교 줄기세포 연구자인 마크 포스트Mark Post가 구글 공동 설립자 세르게이 브린Sergey Brin의 후원을 받아 소 줄기세포를 배양해서 만들었다. 이 패티 한 장을 생산하는 데 37만 5000달러(5억 1375만 원)가 들었으니 억만장자의 후원을 받은 것은 다행이었다.[42] 그러나 2015년이 되자 배양육 생산 비용은 11달러(1만 5000원)까지 급락했다.[43] 2020년 말, 싱가포르는 도축장의 경쟁 업체가 될 잇저스트Eat Just사의 생물반응기bioreactor를 승인했다. 미국에 본사를 둔 잇저스트사는 생물체를 배양하는 최첨단 기계인 생물반응기로 치킨너깃을 배양한다. 잇저스트사의 생물반응기에서는 살아 있는 닭에서 채취한 세포를 식물 추출액과 섞어 식용 제품으로 키운다.[44] 이렇게 만든 치킨너깃은 세계에서 가장 중요한 혁신의 중심지이자 엄격한 규제가 이루어지는 싱가포르에서 판매되고 있다. 배양육 치킨너깃의 인기는 점점 높아지고 있어서 다른 국가로 수출도 앞당겨질 전망이다.

이스라엘에 본사를 둔 슈퍼미트Supermeat사는 '바삭한 닭 배양육'을 개발했고, 캘리포니아주에 본사가 있는 핀레스푸드Finless Foods사는 수요가 많아 오랫동안 남획되는 바람에 위기에 처한 참다랑어 배양육을 개발한다. 네덜란드의 모사미트Mosa Meat사, 캘리포니아에 있는 업사이드푸드Upside Foods사(이전 사명은 멤피스미트Memphis Meats였다), 이스라엘의 알레프팜Aleph Farms사는 스테이크와 같은 질감의 배양육을 공장 규모의 실험실에서 배양한다. 비욘드미트Beyond Meat사와 임파서블푸드Impossible Foods사가 이미 존재하는 식물 단백질로 만든 대체육과 달리 세포를 기반으로 배양한 근육 조직은 분자라는 측면에서는 완벽한 소고기이고 완벽한 돼지고기다.

캘리포니아에 있는 다른 두 기업도 혁신적인 제품을 내놓았다. 클라라푸드Clara Foods사는 크림 같은 배양 달걀, 물에서 헤엄친 적이 없는 생선, 효모에서 추출한 우유를 판매한다. 퍼펙트데이Perfect Day사는 실험실에서 배양한 유제품 즉 요거트, 치즈, 아이스크림을 만든다. 2014년 국제유전공학기기(iGEM) 대회 프로그램에서 시작했던 비영리 지역단체 프로젝트인 리얼비건치즈Real Vegan Cheese사도 캘리포니아에 있다. 이것은 오픈소스로 공개된 DIY 치즈이며 소에서 짜낸 우유가 아니라 우유 단백질인 카세인으로 만든다. 즉 카세인 유전자를 효모와 다른 미생물에 넣어 카세인 단백질을 만든 후 분리해서 식물성 지방과 설탕을 넣고 치즈로 만든다. 배양육과 배양 유제품 투자자로는 빌 게이츠Bill Gates와 리처드 브랜슨Richard Branson뿐 아니라 카길Cargil사와 타이슨Tyson사처럼 세계 최대의 전통적인 육류 생산 기업도 있다.

실험실에서 키운 배양육은 지금도 여전히 가격이 비싸지만 기술이 발달하면 점차 가격이 떨어질 것이다. 그때까지는 동물과 식물 하이브리드 단백질을 만드는 기업도 나올 것이다. 영국의 한 스타트업은 배양 돼지 세포 70퍼센트에 식물 단백질을 섞어 만든 베이컨 같은 혼합 돼지고기 제품을 개발한다. 켄터키프라이드치킨 같은 거대 기업도 배양한 닭 세포 20퍼센트와 식물 단백질 80퍼센트를 섞은 하이브리드 치킨너깃을 판매할 계획이다.

전통적인 목축업에서 벗어나면 환경에 매우 긍정적인 영향을 미칠 것이다. 옥스퍼드대학교와 암스테르담대학교 과학자들은 배양육이 전통적인 농업에서 소비하는 에너지보다 35~60퍼센트 적게 소비하고, 대지도 98퍼센트 더 적게 차지하며, 온실가스 생성량도 80~95퍼센트나 줄일 것이라고 추정했다.[45] 합성생물학을 중심으로 하는 농업은 공급망의 필수 운영자 간의 거리도 줄일 수 있다. 미래에는 주요 도시 외곽에 세운 거대한 생물반응기에서 학교, 정부 기관, 병원, 어쩌면 지역 식당과 식료품점에 공급할 배양육을 생산할 것이다. 복잡하고 에너지 집약적인 저온 유통 체계가 필요한 참치를 바다에서 미국 중서부까지 수송하는 대신 내륙의 어느 주에서나 참치를 배양할 수 있을 것이다. 세계에서 가장 연하고 맛있는 참다랑어회가 일본 근해가 아니라 네브래스카주 헤이스팅스에 있는 생물반응기에서 공급된다고 상상해 보라.

합성생물학은 또 세계 식량 공급의 안전성도 높일 것이다. 세계 보건기구 발표에 따르면 매년 6억 명가량이 오염된 음식을 먹고 병에 걸리며 40만 명이 목숨을 잃는다.[46] 2020년 1월, 27개 주에서 167명이 대장균에 오염된 로메인 상추를 먹고 감염되었고 85명이 입원했다.[47] 2018년에는 심한 설사를 일으키는 장내 기생충인 원포자충 Cyclospora 감염이 맥도널드, 트레이더조, 크로거, 월그린Walgreen에서 일어나며 진열대에서 식품을 수거해야 했다. 수직 농장은 이런 문제를 최소화할 수 있다. 가끔은 식품 오염의 원인을 찾기 어려워서 추적에 몇 주가 걸리기도 한다. 그럴 때 합성생물학은 다른 방법으로 이 문제를 해결할 수 있다. 하버드대학교 연구원들은 식품에 유전자 바코드를 표시해서 문제가 생기면 바로 추적할 수 있게 했다.

이 연구 팀은 포자가 가진 생물학적 바코드로 세균과 효모의 균주를 조작했다. 이러한 포자는 불활성이고 오래 견디며 인체에 무해하고 육류와 농작물을 포함한 다양한 표면에 존재한다. 비바람에 노출되고 끓이거나 튀기거나 전자레인지에 넣어도 수개월이 지난 뒤에도 여전히 검출될 수 있다. (유기농 농부를 비롯해 많은 농부가 이미 해충을 물리치려 바실러스 튜링겐시스Bacillus thuringiensis 포자를 작물에 뿌렸고, 여러분은 벌써 이런 작물을 먹었을 가능성이 크다.) 이러한 바코드는 접촉자 추적 조사뿐 아니라 식품 사기와 미스라벨링mislabeling(원산지, 품종 등 식품 정보를 잘못 표기하는 것-옮긴이)을 줄이는 데도 도움이 된다.[48] 2010년대 중반에 가짜 엑스트라 버진 올리브유가 시장에 대량으로 풀린 적이 있었다. 스위스 공공 연구대학인 취리히연방공과대학교의 기능물질연구소

Functional Materials Laboratory는 하버드대학교가 고안한 것과 비슷한 해결책을´ 내놓았다. 바로 올리브유 생산자와 다른 핵심 정보를 나타내는 DNA 바코드를 부착하는 것이었다.

더 건강한 지구

현대 사회에 필요한 원자재인 연료, 섬유, 화학 물질은 놀라운 양의 자원을 소비하면서 환경 폐기물과 이산화탄소를 배출한다. 최근까지는 대안이 없었다. 자동차와 트럭은 석유로 움직였고, 패션 산업은 전통적 방식으로 재배한 목화가 필요했으며, 가죽은 소에서 나왔고, 소가죽을 생산할 때는 대량의 물이 필요하며, 온실가스 배출을 줄이는 것은 산업 규제를 뜻했다. 바이오경제는 합성생물학으로 만든 원재료의 대체품과 점차 심각해지는 이산화탄소 문제의 새로운 해결책을 제시한다.

바이오연료

아미리스사가 몰락하자(3장을 참고하라) 바이오연료가 합성생물학의 야심작이 될 수 있을지 의구심이 생겨났다. 1970년 오일 쇼크가 일어난 후 바다에서 자라는 해조류를 지정학적 위험을 낮추는 대안 연료로 연구해 왔지만, 석유 산업계는 별 관심이 없었다. 쉐브론Chevron사, 쉘Shell사, 영국국영석유회사(BP)는 2009년부터 2016년까지 각각 해조류 바이오연료 연구를 최소한만 지원했고, 현재 연구 프로

젝트는 대부분 중단되었다. 엑손모빌ExxonMobil사의 소규모 연구 팀만
이 여전히 유전자 편집과 해조류를 연구하지만, 2013년 당시 엑손모
빌사의 최고경영자 렉스 틸러슨Rex Tillerson은 바이오연료가 상업적으
로 성공하려면 30년은 지나야 한다고 인정했다.[49] 바이오연료의 장
애물로는 기술 외에도 시장의 저항이 있다. 전통적인 석유 산업은 핵
심 사업의 관행을 바꾸려 하지 않으며, 기업들이 생태계를 구축하지
않으면 바이오연료는 상업적으로 성공을 거두기 어렵다. 그러나 정
부 연구 프로젝트는 여전히 진행 중이며, 미국 에너지부는 크레이그
벤터연구소J. Craig Venter Institute에 바이오연료 개발을 위해 1070만 달러
(146억 5900만 원)에 달하는 5년 연구 지원금을 후원했다. 또한 에너지
부 산하 바이오에너지기술국Bioenergy Technologies Office은 해조류를 연료 자
원으로 개발하는 연구 프로그램을 운영한다.[50,51] 자동차 산업계가 전
기자동차 사업으로 방향을 틀었지만, 현재 바이오연료 프로젝트에
서 얻은 지식은 항공기 같은 다른 분야에도 적용할 수 있다.

친환경 패션 산업

섬유 및 의류 산업은 악명 높은 오염 유발자이지만 패션 산업은 지
속 가능한 관행을 만들려 노력한다. 그러나 면화를 섬유와 직물로 변
환하는 과정은 여전히 석탄에 의존하며, 이 과정은 지구 탄소 배출량
의 10퍼센트를 차지한다. 의류 생산에는 엄청난 양의 물이 필요하고,
폴리에스테르 섬유를 세탁하는 과정에서 매년 50만 톤의 마이크로
파이버(지름이 수 마이크론인 초미세 합성 섬유-옮긴이)가 바다로 배출된다.

이는 플라스틱병 500억 개에 해당하는 양이다. 매년 대략 85퍼센트의 섬유가 쓰레기 매립지에 묻힌다. 매장에서 팔리지 않은 재고로 새로운 시즌의 상품을 전시하기 위해 버려지거나 사람들이 더는 입지 않는 옷이어서 버려지기도 한다. 이는 세계에서 가장 크고 깊은 천연 항구인 시드니항을 가득 채우고도 남을 양이 매년 버려지는 셈이다.[52]

하지만 마이크로파이버를 바이오파운드리에서 만든다고 생각해 보자. 볼트스레드Bolt Threads사는 거미 DNA를 활용해서 합성 '마이크로실크' 섬유를 개발했고, 2017년 스텔라 맥카트니Stella McCartney가 이 섬유를 자신의 패션쇼에서 선보였다. 일본 스타트업 스파이버Spiber사는 한정판 파카를 제조할 분량의 섬유를 합성했다. 합성생물학으로 곰팡이의 성장을 돕는 보송보송한 섬유 구조체인 균사체를 가죽과 비슷한 튼튼한 물질로 변형할 수 있다. 소가죽을 얻으려면 소가 자라는 동안 먹이고 키우고 돌보아야 하지만, 포자가 자라 균사체 가죽이 되기까지는 몇 주면 충분하다. 누구나 선망하는 가죽 가방으로 유명한 에르메스Hermès는 2021년에 스타트업 마이코웍스MycoWorks사와 협력 관계를 맺고 균사체로 지속 가능한 섬유를 개발했다.[53] 만약 섬유를 수확해서 가공하는 대신 설계하고 배양한다면 곧 또 다른 기회가 생길 것이다. 직물을 염색하는 안료 대신 생물 기반 안료를 편집하면 최적의 색을 더 적은 물을 사용해서 (혹은 아예 물이 없이) 염색하고, 완전히 생분해되는 안료를 만들 수 있다.

합성생물학이 나일론 산업에 어떤 역할을 할 수 있는지 생각해 보

라. 나일론은 값싸고 내구성이 뛰어나 운동화, 고무 타이어, 조리 기구, 캠핑용 텐트, 짐가방, 방탄복, 배낭, 테니스 라켓 등 어디에나 사용된다. 나일론을 생산하는 데 매년 6000만 톤 이상의 온실가스를 배출한다. 하지만 이제는 유전자를 편집한 미생물을 이용해서 나일론을 생산할 수 있다. 아쿠아필Aquafil사와 제노마티카Genomatica사라는 스타트업 두 곳이 바로 이 일을 한다.[54]

깨지지 않는 모든 것

몇몇 기업은 내구성이 뛰어나고 견고한 바이오 기반의 바이오필름과 코팅제를 개발하고 있다. 이제는 갈라지는 손톱, 긁힌 페인트, 금 간 화면이 더는 고민거리가 아니게 될 것이다. 자이머젠Zymergen사는 스마트폰, 텔레비전 화면, 피부 등 다양한 표면에 터치감을 전달하는 데 사용하는 얇고 유연하며 내구성 뛰어난 투명 바이오필름을 개발했다. 이는 거의 보이지 않고 자유롭게 구부러지며 움직이는 전자장치에도 응용할 수 있다. 바이오필름으로 코팅된 축구공이 실시간으로 공의 회전 속도와 속도, 쿼터백이 잡을 정확한 위치를 전송하는 것을 상상해 보라.

하지만 화면과 웨어러블 기기에 적용하는 바이오필름은 단순히 외관을 대체하는 데 그치지 않고 외관을 설계하는 방식을 근본적으로 바꿀 것이다. 평면이나 접는 스마트폰 대신에 돌돌 마는 스마트폰이 나올지도 모른다. 크기와 형태가 연필 같은 기기를 상상해 볼 수도 있다. 위쪽을 클릭하면 심이 나오는 대신 화면이 펼쳐지고, 일단 펼

처진 화면은 적절하게 고정되어 책을 읽거나 최근 뉴스나 영화를 볼 수 있을 것이다. 사용한 뒤에는 다시 버튼을 눌러 화면을 집어넣고, 기기를 주머니나 가방에 넣을 수 있다.

합성생물학은 포장과 운송에서도 지속 가능한 미래를 보여 준다. 음료수 캔 내부는 지금처럼 플라스틱이 아니라 생분해되는 필름을 코팅할 수 있다. 열이나 냉기를 견디도록 설계한 새로운 생물 포장재는 쉽게 상하는 제품을 운송하기 위해 복잡하고 에너지를 낭비하며 환경을 해치는 현재의 냉장 유통 체계에 혁신을 일으킬 것이다. 가까운 미래에는 건전지도 지금과는 상당히 달라질 것이다. 태양열을 공급받아 당분을 먹고 부산물로 에너지를 생산하는 세균을 살찌우는 방법을 알아낸다면, 이 세균을 심은 잎이 달린 인공 바이오 기계 식물 분야가 발전하지 않을까? 수은, 납, 카드뮴, 기타 유해 금속을 환경에 누출시키는 기존의 건전지 대신에 바이오 건전지는 풍부한 청정 에너지원이 될 것이다.

생물학적 탄소 격리

이산화탄소가 기후 변화의 주범이라는 사실은 부인할 수 없다. 그렇다면 대기에서 이산화탄소를 빨아들일 수 있다면 어떨까? 나무는 자연스럽게 이 역할을 하지만 오랫동안 숲이 황폐화되면서 인간이 대기 중으로 뿜어내는 이산화탄소를 눈에 보일 만큼 충분히 제거할 나무가 부족해졌다. 컬럼비아대학교 과학자들은 대기 중의 이산화탄소를 수동적으로 흡수해서 벌집 모양의 탄산나트륨(베이킹소다)

'잎'에 저장하는 플라스틱 나무를 개발하고 있다. 지금까지는 이 가짜 나무가 이산화탄소를 흡수하는 효율이 진짜 나무보다 천 배나 높다는 사실이 증명되었다. 나무가 성장하려면 수십 년이 걸리지만 비비추속, 알로카시아 오도라(코끼리 귀), 칸나처럼 잎이 넓은 다년생 식물은 빨리 자라고 쉽게 번식한다. 주거지에 많이 심는 이런 관목과 지표 식물의 유전자를 편집하면 대기 중 이산화탄소의 농도를 줄이는 데 유용할 것이다.

다음 단계는 이산화탄소를 정화해서 다른 곳에 활용하거나 해저 아래 안전하게 묻는 것이다. 대기 중 이산화탄소를 탄소 나노섬유로 바꿔서 소비자에게 제공하거나 풍력 발전용 터빈의 날개나 비행기 같은 산업 제품에 활용하는 방법도 있다. 또 다른 방법으로는 조지워싱턴대학교 화학자가 제안한 '하늘에서 나온 다이아몬드'를 만들 수 있다. 이산화탄소를 750도의 용융 탄산염에 담근 다음 니켈과 강철 전극에 전류를 흘리면 대기 중의 이산화탄소가 녹아들면서 탄소 나노섬유 즉 다이아몬드가 강철 전극에 형성된다. 이산화탄소는 다른 유용한 물질로도 바꿀 수 있다. 스타트업 블루플래닛Blue Planet사는 대기 중 이산화탄소를 합성 석회암으로 전환하는 방법을 개발했으며, 이렇게 만든 합성 석회암은 산업용 코팅제로 사용하거나 콘크리트와 혼합해서 사용한다. 블루플래닛사의 중탄산염 암석은 샌프란시스코 국제공항 재건에 사용되었다.

원료를 발달시키려면 지금이 최적기다. 태평양을 떠다니는 악명 높은 쓰레기 더미는 실제로는 두 무더기이며 태평양 쓰레기 지대

Pacific Trash Vortex로 불린다. 2018년에 연구자들은 태평양 쓰레기 지대가 원래 추정치보다 16배나 크고, 전체 면적이 160만제곱킬로미터(61만 7763평방마일)로 프랑스 면적의 최소 세 배라는 사실을 발견했다.[55] 태평양에 떠다니는 플라스틱은 5조 개로 추정되며 너무나 엄청난 양이어서 환경운동가들은 미국에 이 '쓰레기섬'을 하나의 국가로 인정해 달라고 요청했다.[56] 영국 정부 보고서는 이 문제를 해결하지 못하면 바다에 떠다니는 플라스틱이 2050년에는 세 배로 늘어날 것이라고 경고했다. 어쨌든 쓰레기 지대에 이목이 쏠리면서 이 쓰레기를 제거할 혁신적인 방법이 나오기 시작했다. 한 연구 팀은 미세 플라스틱을 제거하는 데 이용할 목적으로 해파리가 만드는 젤라틴 같은 점액을 분리해서 합성했다. 하수 처리장에서 필터로 활용할 수 있고, 산업 공정에서 나오는 폐수를 여과할 수도 있다. 미래에는 커다란 플라스틱 덩어리를 분해하는 효소를 재활용 과정에 이용할지도 모른다.

마찬가지로 사용하지 않은 섬유나 여러분이 입던 낡고 해진 청바지의 고분자를 특화한 미생물로 분해해서 새로운 섬유로 바꾸고 새 직물로 만든 뒤 새 옷을 제작할 수도 있다. 또 다른 미생물은 산업 공정에서 나온 폐수, 농업 유출수, 하수를 깨끗한 물로 정화하도록 만들어질지도 모른다.

곧 실현할 수 있거나 아직은 먼 미래의 일일 듯한 합성생물학의 혜택은 우리의 삶이 어떻게 바뀔지 보여 준다. 개인 맞춤형 의료 서비스를 누릴 수도 있고, 점점 커지는 식량 불안 위기의 해법을 찾을 수도 있으며, 산업과 농업을 더 안전하게 꾸릴 수 있고, 기후 위기를 해결할 새로운 방법을 알아내거나 심지어 지구 밖에서 살아가는 현실적 방법을 모색할 수도 있다. 그러나 이러한 미래는 공정성, 윤리 문제, 지정학적 위험, 국가 안보에 대한 미래 위협이라는 심각한 문제도 제기한다. 생명을 조작한 결과가 미치는 영향은 심오하다. 합성생물학은 인간의 사회, 경제, 국가 안보, 지정학적 동맹에 거의 상상할 수도 없는 방식으로 영향을 미칠 것이며, 이는 다음 장에서 상세하게 설명한다.

7

아홉 가지 위험

버섯, 특히 오믈렛, 피자, 스파게티 소스에 흔히 들어가는 흰 양송이 버섯을 요리해 봤다면 양송이버섯을 자른 후 바로 갈색으로 변한다는 사실을 알 것이다. 이는 버섯이 공기에 노출되면서 산화하기 때문인데, 특히 폴리페놀산화효소polyphenol oxidase 유전자가 있어서 그렇다. 그러나 2015년에 펜실베이니아주립대학교 과학자 이농 양Yinong Yang 이 크리스퍼로 버섯 유전자 여섯 개를 편집해서 이 효소의 활성을 30 퍼센트까지 낮췄다. 그 결과 버섯은 포장재 안에서 더 오래 흰색을 유지했고, 잘라도 쉽게 갈변하지 않았으며, 수확 로봇으로 수확할 수 있게 되었다.[1]

이 발견 이후 양 교수는 통상적인 절차를 따랐다. 즉 미국 농무부에 편지를 보내 자신이 버섯을 만든 방법을 설명했다. 버섯에 다른 식물의 DNA 서열을 삽입한 것이 아니라 버섯의 기존 유전체를 편집했을 뿐이므로, 양 교수는 갈변하지 않는 양송이버섯이 규제 대상이 아니라고 주장했다.[2] 몬산토사의 라운드업 레디Roundup Ready 콩 같은 초기 유전자 변형 식품(GMOs)은 외부 유전자를 식물에 이식해서 치명적인 제초제에서 살아남을 수 있게 했다. 하지만 양 교수는 그저 버섯의 효소 유전자 스위치를 껐을 뿐이었다. 유전자 편집은 인간에게 위험하지 않았고, 이 버섯이 우연히 야생에 버려질 경우 유전자 편집이 다른 식물이나 동물에게 영향을 미칠 가능성도 없어 보였다. 생물학적 발견이라는 측면에서 이 실험은 우아하고 단순하면서도 놀라울 정도로 재미없는, 매우 영리한 방식이었다.

그럼에도 불구하고 이 소식은 빠르게 새어나갔고, 광분한 대중 사이에서 위험할 수도 있는 '프랑켄곰팡이'와 유전자 변형 식품의 미래를 두고 논쟁이 뜨거웠다. 《매사추세츠공과대학교 테크놀로지 리뷰MIT Technology Review》 기사는 "규제받지 않는 GMOs가 온다"라는 문장으로 시작했다. "유전자 변형 식품에 라벨을 붙일지를 두고 논쟁이 벌어졌다. 그러나 다음 세대의 유전자 변형 식품은 라벨이 없을 뿐 아니라 규제도 받지 않을 수 있다."[3] 《사이언티픽 아메리칸Scientific American》은 '유전자를 편집한 크리스퍼 버섯이 정부 규제에서 탈출하다'라는 불길한 제목을 단 장문의 기사를 내놓았다.[4] 영국의 《인디펜던트The Independent》, 시나新浪닷컴(중국 포털사이트), 그리고 어이없게도 날씨 채널The Weather Channel까지, 과학 전문이 아닌 미디어 수십여 곳이 규제받지 않는 유전자 편집 버섯이라는 도발적인 이야기로 불안을 부추겼다.[5,6,7] 소비자들 사이에 두려움이 섞인 반발이 일어나면서 양 교수의 연구를 후원한 펜실베이니아의 조르조 머시룸 컴퍼니Giorgio Mushroom Company는 돌연 태도를 바꾸어 크리스퍼로 편집한 버섯을 판매할 의도는 절대 없었다고 강조했다.

'버섯 문제'가 합성생물학 연구자들에게 알려지면서 소비자, 언론, 규제 기관 모두가 이러한 발전을 수용할 준비가 되지 않았다는 사실이 드러났다. 미국의 생명공학 기술 규제는 몬산토가 최초로 유전자 변형 작물을 발표했던 1990년대부터 엉망이었다. 당시 규제의 틀은 전통 농업만 염두에 두었고 유전자를 조작한 식물은 해당하지 않았다. 몬산토는 수십억 원을 로비와 광고에 쏟아부었고, 이에 규제 기관은 서둘러 움직였다. 그러나 생물학의 진화에 발맞춰 현대적인 틀을 만드는 대신, 정책 입안자들은 이미 사용하던 규제를 누더기처럼 기워서 꿰맞췄다. 그 이후로는 변한 것이 없었다. 2018년 4월, 미국 농무부는 유전자를 편집한 작물은 규제하지 않겠다고 발표했다.[8] 이 발표는 크리스퍼 버섯에 비해 언론의 주목을 받지 못했다. 그러나 이는 밀의 섬유질 함량을 높이고, 콩의 유익한 지방산을 늘리며, 토마토가 더 적은 물과 태양 빛으로 더 많은 열매를 맺도록 이끌었다.

유전자 편집 버섯이 일으킨 불길은 폭풍처럼 번졌지만 몇 달 뒤인 2018년 11월에 황갈색 서류 가방을 들고 나타난 중국의 과학자 허젠쿠이賀建奎가 홍콩에서 열린 인간 유전체 편집 학회 무대에 당당하게 오른 일에 비하면 아무것도 아니었다. 여기서 허젠쿠이는 학회장을 가득 채운 과학자들을 향해 자신이 크리스퍼로 인간 배아를 편집했으며, 이 배아들은 평생 HIV 감염에 면역을 가질 것이라고 주장했다. 그는 일부 북유럽인에게 자연적으로 발생하는 돌연변이 유전자 CCR5Δ32를 모방하는 실험을 했다고 말했다. 이 돌연변이는 CCR5 단백질의 염기쌍 32개를 삭제하는데, 이 편집으로 에이즈AIDS를 일으키는 HIV 바이러스가 인간 면역계에서 중요한 세포를 감염시키는 것을 막는다고 말했다.[9]

허젠쿠이는 수년 동안 이 실험에 매달렸고, 생쥐부터 시작해서 원숭이를 거쳐 부부 여덟 쌍의 정자와 난자를 수집해 배아를 만들어 편집하기에 이르렀다. 그는 중국, 미국, 유럽의 과학자들과 토론을 했고, 동료 심사를 거쳐야 하는 학술지에 논문을 제출했다고 밝혔다. 또 정보를 충분하게 제공한 뒤 부부의 동의를 얻었으며, 부부의 서명을 받은 서류로 이를 입증할 수 있다고 말했다. 그러나 편집한 배아를 착상하는 데는 동의하면서 임신 기간 동안 유전적 비정상성을 확인하는 양수 천자amniocentesis(임신부의 양수를 채집해서 태아의 질병을 확인하는 검사-옮긴이)를 거절했다는 점은 의심스러웠다. 이 시점에서 청중 가운데 있던 허젠쿠이의 동료들은 그의 발표에 눈에 띄게 놀라는 모습을 보였다. 그러나 허젠쿠이는 결연하게 발표를 이어 가며 실험에서 의도치 않았던 결과, 예를 들어 다른 유전자를 부가적으로 변형하는 실수를 줄이기 위해 애썼다고 말했다. "나는 자랑스럽습니다"라고 말한 그는 이어서 엄청난 사실을 발표했다. 편집한 배아는 임신에 성공했으며 쌍둥이가 태어났다고 했다. 그가 유전자를 편집한 아기는 루루와 나나라고 이름 붙였으며, 몇 주 일찍 태어나서 관리 감독을

받으며 중국에서 살고 있다고 했다.[10]

허젠쿠이의 발표가 학술회의장에서 전 세계 미디어로 전해지자 과학자들은 그의 연구 결과를 자세히 뜯어보았고 실험 방법과 결과를 낱낱이 파헤쳤다. 제일 먼저 드러난 사실은 허젠쿠이가 편집한 CCR5 단백질이 반드시 HIV 면역력을 부여하지는 않는다는 점이었다. 대부분의 HIV 감염은 HIV 바이러스가 CD4라는 다른 단백질에 결합하면서 시작하기 때문이다. 일단 바이러스가 CD4에 결합하면 두 번째 단백질과도 결합해야 하는데, 이 두 번째 단백질은 CCR5일 수도 있지만 다른 단백질일 때도 있다. CCR5에 결합해야만 세포에 융합해서 자기 유전자를 주입하는 HIV 바이러스주도 있지만, 수많은 HIV 변종은 CCR5와 결합하지 않는다.[11]

이를 근거로 과학자들은 루루와 나나가 HIV 면역력을 완벽하게 갖출 수 없을 것이라고 결론 내렸다. 그러나 허젠쿠이의 실험은 아기들의 뇌에 유전적 변화를 일으켰을 것이다. 2016년에 웨스턴대학교 보건과학대학과 캘리포니아대학교 로스앤젤레스 캠퍼스 연구 팀은 생쥐의 CCR5를 편집하면 인지 기능과 기억력이 크게 향상한다는 사실을 발견했다.[12] 이 연구는 동료 심사를 거치는 학술지에 게재되었고 수많은 연구에 영감을 주었다. 혹시 이 논문이 허젠쿠이에게도 영감을 주어서 HIV 예방이라는 허울 아래 인지 유전자 실험을 하도록 이끈 것은 아닐까? 허젠쿠이의 실험은 생쥐 실험 결과처럼 루루와 나나의 학습 및 기억 능력을 향상했을 수 있다. 다시 말하면 두 소녀는 더 영리해졌을지도 모른다.

학회에 참석했던 동료들과 더 넓은 과학계 사람들, 전 세계 생명윤리 학자와 정치인은 바로 그의 실험을 비난하고 나섰다. 그는 인간 생식세포 편집으로 영구적인 동시에 후손에게 대물림될 수도 있는 유전자 변형을 일으키지 않겠다는 전 세계인의 합의를 위반했다. 부부의 서명이 있는 동의서가 있었지만 부부의 결정이 자녀에게 미칠 영향력을 고려할 때 체외수정을 선택한 부부에게 실험에 관해 적절한 정보와 위험을 알렸는지도 믿기 어려웠다. 허젠쿠이가 다양한 연구 단계를 거치는 동안 그와 연락이 닿았다는 과학자는 아무도 없었고, 허젠쿠이의 최초 실험 결과를 함께 토론한 과학자도 없었다. 허젠쿠이는 다른 회의에서도 강연할 예정이었지만 학회 조직위원회는 그의 강연을 취소했다. 허젠쿠이의 두 번째 강연 제목이 궁금한가? '인간 생식세포 유전자 편집의 안전성 및 효율성의 기준과 도덕 원칙 개발 로드맵'이었다.[13]

그러나 여기에는 중요한 사실이 하나 있다. 인간 배아의 의도적 변형을 명시적으로 금지하는 규제는 사실상 없다. 중국 공산당은 2003년에 배아가 14일만 생존한다는 전제하에 배아를 대상으로 한 유전자 편집 실험을 공식적으로 허가했다. 허젠쿠이가 거짓말을 한 게 아니라면, 그리고 그의 실험으로 살아 있는 아기가 태어났다면 허젠쿠이는 중국 공산당의 규제를 위반한 셈이었다. 개의치 않았던 중국 공산당은 뒤늦게 전 세계적인 소동에 휩쓸렸다는 것을 깨달았다. 여론을 무시했던 중국 공산당은 허젠쿠이의 모든 발언과 중국 지역 미디어에 발표되었던 유전자가 편집된 쌍둥이에 관한 모든 정보를 검열하기 시작했다. 허젠쿠이는 중국 공산당을 난처하게 만들었고, 규제 기관의 비효율성을 드러냈으며, 과학계의 윤리 협정에 집행 메커니즘이 없다는 사실을 무참하게 폭로했다. 허젠쿠이의 발표는 또한 중국 공산당이 미국과의 경쟁에서 우위를 점하려고 뛰어난 지능을 갖춘 중국인을 만드는 우생학 프로그램을 고발한 것이 아니냐는 떠들썩한 추측을 낳았다. 2020년 중국 법원은 허젠쿠이에게 '불법 의학 실험'을 했다는 죄목으로 3년 금고형을, 허젠쿠이의 두 동료에게는 그를 도왔다는 죄목으로 더 짧은 단기 금고형을 선고했다.[14]

버섯 문제와 크리스퍼로 편집한 쌍둥이는 합성생물학이 일으킬 위험의 범위를 잘 보여 준다. 쌍둥이는 고도의 기술을 갖춘 전문가가 인류의 미래를 좌우할 결정을 독단적으로 내리는 우려스러운 현실을 대변한다. 갈변하지 않는 버섯은 야생에 심어도 환경에 해롭지 않겠지만, 현재 우리의 규제 조치에 결함이 있고 일반 대중의 기본적인 생물학 지식이 부족하다는 사실을 드러냈다. 하지만 미래에 다가올 위험을 공개적으로 토론하지 않는 현 상황은 매우 우려스럽다. 버섯을 하얗게 유지하려 삭제한 유전자는 반대로 이 유전자를 강화해서 재삽입하면 갈변하면서 빨리 썩는 버섯을 만들 수도 있다. 과격한 반세계화 활동가는 농산물을 역으로 조작해서 빠르게 상하고 운송 과정을 견디지 못하게 할 수 있다. 이는 식량 대부분을 국가 간 무역에 의존하는 현재의 식량 공급 과정을 심각하게 파괴할 것이다. 게다가 개선과 강화 사이의 경계는 대체 어디에 두어야 할까? 유전체를 편집해서 건강을 개선하겠다고 선택할 때는 비만 저항성과 근육 기능 향상이 포함될 수 있다. 사회는 유전체를 강화한 사람과 물려받은 운명을 말없이 수용한 사람으로 나뉘게 될까? 이런 질문은 명확한 윤리적 문제와 철학적 우려를 넘어서는 중요한 문제다. 일단 풀려나면 생물은 여러 세대에 걸쳐 스스로 생식하고 살아가면서 대규모로 자기 복제를 한다. 합성생물학은 가끔 영구적이다. 이제 논의할 아홉 가지 위험이 보여 주겠지만, 새로운 시대를 현명하게 맞이하지 못한다면 인간은 다가올 미래를 통제하지 못할 것이다.

위험 1: 이중 용도는 필연이다

1770년 독일의 화학자 칼 빌헬름 셸레Carl Wilhelm Scheele는 실험을 하다가 유독한 기체를 만들었다는 것을 알아차렸다. 그는 이 기체에 '탈플로지스톤 무리아산dephlogisticated muriatic acid'이라는 이름을 붙였다. 이 기체가 바로 오늘날 우리가 알고 있는 염소chlorine다.[15] 200년이 지난후 독일의 화학자 프리츠 하버Fritz Haber는 암모니아ammonia를 합성하고 대량 생산하는 공정을 발견했고, 이는 현대 비료 산업을 일으키며 농업에 혁명을 가져왔다. 하버는 1918년에 노벨 화학상을 받았다. 그러나 이 연구는 셸레의 이전 발견과 이어지면서 독일이 1차 세계대전에서 사용한 화학무기 프로젝트를 만들어 냈다.[16]

이 사례는 '이중 용도 딜레마'를 보여 준다. 선한 의도로 연구한 과학 및 기술이 의도했든 우연이든 해로운 방식으로 활용된 사례다. 화학과 물리학에서는 이중 용도 딜레마가 오래전부터 문제로 인식되었고, 문제적 연구의 위험한 응용을 제한하는 국제 조약으로 이어졌다. 화학무기 개발, 생산, 비축 및 사용 금지와 파괴 협약(화학무기금지조약Chemical Weapons Convention으로도 알려졌다)에는 130개국이 서명했고, 과학 및 의학 연구에 사용하는 수많은 위험한 화학 물질을 점검하고 감시한다. 한 가지 예로 리신ricin은 이 협약에 해당하는 물질로, 피마자 씨에 들어 있으며 극소량만 먹어도 인간에게 치명적인 독이다. 분무 형태로 잠시 노출되거나 피마자 씨 가루를 아주 소량만 먹어도 치명적이어서 피마자 씨는 화학무기금지조약 목록에 올라 있다. 트리에탄올아민triethanolamine은 귀 감염과 귀지를 치료할 때 사용하며, 화장품의 점성을 높이고 면도용 거품의 산성도를 조절하는 성분이다. 트리에탄올아민도 화학무기금지조약 목록에 있는데 HN3 즉 머스터드 가스를 만드는 재료이기 때문이다.

화학, 물리학, 인공지능의 이중 용도를 감시하기 위해 여러 국제 조약과 집행 의정서 및 기관이 운영되고 있다. 과학계에서도 합성생물학이 미칠 해악을 두고 수십 년간 논의가 이루어졌지만, 합성생물학은 너무나 새로운 분야라서 국제협약이 아직 존재하지 않는다.

뉴욕주립대학교 스토니브룩 연구 팀은 2000~2002년에 공개된 유전자 정보와 어디서나 구할 수 있는 화학 물질, 우편 주문이 가능한 DNA만으로도 살아 있는 바이러스를 처음부터 합성할 수 있을지를 실험했다. (이 프로젝트는 미국방위고등연구계획국에서 생물전 방어 조치 개발 프로그램의 일부로 30만 달러, 약 4억 660만 원의 연구비를 지원받았다.) 연구 팀은 짧은 DNA 가닥을 사서 갖은 애를 쓴 끝에 하나로 이어 붙였고, 여기

에 자신들이 합성한 바이러스와 자연 바이러스를 구별할 마커 열아
홉 개를 덧붙였다.

연구 팀은 성공했다. 2002년 7월 12일, 9.11 테러 공격 후 미국이
처음 맞이한 독립기념일 직후에 또 다른 끔찍한 테러가 일어나지 않
을까 초조해했던 수백만 명이 안도한 그날, 연구 팀은 누구나 구할
수 있는, 심지어 알카에다도 손에 넣을 수 있는 유전자 암호, 재료, 장
비를 사용해 소아마비를 일으키는 폴리오바이러스를 연구실에서 재
창조했다고 발표했다. 연구 팀은 테러 조직이 생물무기를 만들 수 있
다고 경고하기 위해 바이러스를 만들었고, 악당들이 두창이나 에볼
라 같은 위험한 병원체를 무기화하는 데 살아 있는 바이러스가 더는
필요하지 않다고 증명했다.[17]

폴리오바이러스Poliovirus는 아마 지금까지 가장 깊이 연구한 바이러
스일 것이다. 또한 연구가 진행되던 당시 폴리오바이러스 표본은 전
세계 연구실에 보관되고 있었다. 연구 팀의 목표는 폴리오바이러스
를 다시 세상에 들여오는 것이 아니라 바이러스를 합성하는 방법을
알아내는 것이었다. 이런 유형의 바이러스를 처음부터 만든 것은 최
초의 시도였고, 따라서 미 국방부는 연구 팀의 발표를 엄청난 기술
적 성취라고 환영했다. 바이러스 DNA를 합성하는 지식은 바이러스
가 어떻게 돌연변이를 일으키는지, 어떻게 백신에 내성을 갖게 되는
지, 어떻게 무기로 개발될 수 있는지 새로운 통찰을 얻는 데 도움이
될 수 있었다. 더불어 바이러스가 생물무기로 사용될 가능성을 연구
하기 위해 바이러스를 창조하는 일은 법적으로 문제가 될 것 같지만,

해당 프로젝트는 기존의 이중 용도 협약을 전혀 위반하지 않았다. 인간, 동물, 식물에 해를 끼치기 위해 세균, 바이러스, 생물 독소 같은 질병을 일으키는 물질 제조를 불법화하면서 세균무기를 명확하게 금지한 1972년 협약조차 위반하지 않았다. 그래도 과학계는 격분했다. 당시 크레이그 벤터는 의도적으로 '합성 인간 병원체'를 만드는 일은 '무책임한' 행동이라고 성토했다. 그러나 이런 사건은 이번만으로 끝나지 않았다.[18]

세계보건기구는 1979년에 천연두를 박멸했다고 선언했다. 이는 인류의 주요 업적으로 인정되었는데, 전염력이 매우 강하고 치료법도 없는 천연두는 진정 악마 같은 질병이었기 때문이다. 천연두는 고열, 구토, 심한 복통, 붉은 발진, 목부터 시작해서 입안, 뺨, 눈, 이마, 마침내는 온몸을 뒤덮는 노란 고름이 가득 차는 고통스러운 물집을 일으킨다. 천연두가 절정에 이르면 발진이 발바닥, 손바닥, 엉덩이 밑, 환자의 등 전체로 퍼진다. 조금만 움직여도 물집에 압력이 가해지면서 터져 신경과 피부에 퍼지며, 죽은 조직과 바이러스로 이루어진 끈적한 액체가 흔적을 남긴다. 현재 남은 천연두 표본은 단 두 개뿐이다. 하나는 미국 질병통제예방센터에, 다른 하나는 러시아 국립 바이러스 및 생명공학 연구센터에 있다. 수년 동안 보안 전문가와 과학자들은 이 표본을 파괴할지를 두고 논쟁을 이어 왔다. 왜냐하면 누구도 천연두의 대유행이 다시 시작되는 일은 바라지 않기 때문이다. 이 논쟁은 2018년에 캐나다 앨버타대학교 연구 팀이 온라인으로 주문한 DNA로 멸종한 천연두의 사촌인 마두horsepox를 반년 만에 합성

하자 무의미해졌다. 마두를 합성한 방법으로 천연두도 합성할 수 있었다.[19]

연구 팀은 동료 심사를 거쳐 온라인에서 누구나 읽을 수 있는 오픈 액세스 과학 학술지인 〈플로스원PLOS One〉에 발표한 논문에서 바이러스 합성 과정을 상세하게 설명했고, 실험을 재현하려는 다른 연구 팀을 위해 마두를 부활시키는 가장 좋은 방법도 설명했다. 논문을 발표하기 전에 연구 팀장이 양 교수의 유전자 편집 버섯 논문처럼 절차에 따라 캐나다 정부에 미리 알렸다는 사실은 칭찬받아 마땅하다. 연구 팀은 이익 충돌에 관해서도 명백하게 밝혔다. 신경 질환을 연구하는 생명공학 기업 토닉스 파마슈티컬Tonix Pharmaceuticals의 최고경영자 겸 회장이 이 연구에 참여했다는 사실이다. 토닉스사와 대학은 일 년 전에 '합성 키메라 폭스바이러스군'의 미국 특허를 제출했다. 캐나다 정부나 학술지 편집자를 포함해 누구도 논문을 철회하라고 요구하지 않았다.

폴리오바이러스와 마두 실험은 선한 의도로 바이러스를 합성하는 기술을 다루었다. 그러나 보안 전문가와 과학자들이 두려워하는 지점은 다른 부분으로, 테러 조직이 치명적인 병원체를 합성하는 데 그치지 않고 의도적으로 더 강하고 회복력이 높으며 빠르게 전파하는 돌연변이를 만들 수 있음을 우려한다. 테러 조직이 병원체 돌연변이를 만들고 연구하는 최악의 시나리오를 가늠해 보기 위해 이런 연구는 보안 등급이 매우 높은 연구실에서 수행한다.

로테르담에 있는 에라스무스대학교 의학센터 바이러스 학자인 론 푸시에(Ron Fouchier)는 2011년에 자신이 H5N1 조류인플루엔자 바이러스를 증식하는 데 성공했으며, 이 치명적인 신종 인플루엔자가 조류에서 인간으로 그리고 다시 인간 사이에서 전파될 수 있다고 주장했다. 코로나19가 나타나기 전에는 1918년 스페인독감 대유행 이후 H5N1 바이러스가 지구상 최악의 바이러스였다. 푸시에가 실험했을 당시 H5N1 바이러스에 감염된 사람은 565명에 불과했지만 사망률이 매우 높아서 감염된 환자의 59퍼센트가 사망했다. 푸시에는 당시 인간이 자연에서 만났던 바이러스 중 가장 위험한 인플루엔자 바이러스를 골라서 더 치명적인 존재로 만들었다. 그는 동료 과학자들에게 H5N1 바이러스를 공기 전파 바이러스로 바꾸기 위해 '지옥의 돌연변이'로 만들어 전염성을 크게 높였다고 말했다. H5N1 바이러스 백신은 없었다. 이 바이러스는 이미 승인받은 항바이러스 치료제에 내성이 있었다. 미국 정부에서 일부 지원받은 푸시에의 논문은 과학자와 보안 전문가를 엄청난 두려움에 떨게 했고, 국립보건원(NIH) 산하 국립생물안보과학자문위원회(National Science Advisory Board for Biosecurity)가 《사이언스》와《네이처》에 푸시에의 논문을 발표하기 전 민감한 정보가 있는 부분만 삭제하도록 요청하는 전례 없는 조치가 이루어졌다. 논문에 공개한 일부 세부 사항과 돌연변이 데이터를 악용해서 악당이나 적대국 정부, 테러 조직이 전염력이 고도로 높은 H5N1 바이러스를 직접 만드는 것을 경계한 조치였다.[20]

인류는 누구도 반복하길 바라지 않는 질병의 전 세계적 범유행에서 이제 막 벗어났다. 코로나19 백신을 만들었지만 여전히 인류는 바이러스와 공존한다. 이 글을 쓰는 지금도 미국에는 영국에서 온 B.1.1.7주, 남아프리카에서 온 B.1.351주, 브라질의 P.1주, 델타 변이로 알려진 인도의 B.617.2주 등 위험한 돌연변이가 여럿 존재한다. 인류가 결국 천연두를 박멸했을 때처럼, SARS-CoV-2를 박멸하기 전까지 더 많은 돌연변이와 신종 바이러스가 나타날 것이다. 일부는 우리가 경험하지 못한 혹은 상상하지 못한 방식으로 인간에게 영향을 미칠 것이다. 그러나 바이러스가 언제 어떻게 돌연변이를 일으킬지는 아무도 모른다.

분명히 누군가는 안전에 열광적으로 집착하고 감독 정책이 엄격하게 시행되는 실험실에서 바이러스를 연구하기를 바랄 것이다. 세계보건기구가 천연두 박멸을 선언하기 직전, 영국 버밍엄에 있는 의과대학교에서 일하는 사진가 재닛 파커Janet Parker는 어느 날 열이 오르면서 몸살이 났다. 며칠 뒤에는 붉은 발진이 올라왔다. 당시 그는 자신이 수두에 걸렸다고 생각했다. (그때 수두 백신은 아직 만들어지지 않았다.) 아주 작은 뾰루지가 올라오리라는 그의 예상과는 다르게 더 큰 여드름 같은 물집이 생겨났고, 속은 노랗고 진득한 액체가 가득했다. 재닛의 상태가 악화하자 의사들은 그가 천연두에 걸렸으며, 아마 일하던 건물에 있던 높은 보안 등급의 실험실에서 바이러스가 흘러나온 것이 확실하다고 진단했다. 연구소장은 파커가 천연두 진단을 받은 직후 자살했다. 파커는 슬프게도 천연두로 사망한 최후의 1인이 되었다.[21]

바이러스 돌연변이를 정확하게 예측해서 얻을 이익이 기능 획득 연구(즉 의도적으로 바이러스를 돌연변이 시켜 더 강력하게, 더 전파력이 높게, 더 위험하게 만드는 연구)에서 비롯될 공공의 위험보다 앞서는가? 답은 누구에게 묻느냐에 따라 달라진다. 아니면 어느 기관에 묻는가에 따라 달라질 수 있다. 미국 국립보건원은 2013년에 H5N1 및 여러 인플루엔자 바이러스 연구의 생물안전 지침을 발표했지만 이 지침은 제한적이어서 다른 바이러스에는 해당되지 않았다. 백악관 과학기술국은 2014년에 기능 획득 연구 실험의 위험과 이익을 평가할 새로운 절차를 발표했다. 여기에는 인플루엔자를 비롯해서 메르스MERS와 사스 바이러스도 포함되었다. 그러나 새 정책은 진행 중이던 인플루엔자 백신 개발 연구까지 중단시켰다. 결국 정부는 2017년에 국립생물안보과학자문위원회가 이런 연구들이 공공의 안전에 위험하지 않다고 결정하자 방향을 뒤집었다. 2019년에 미국 정부는 H5N1 조류인플루엔자의 전염력을 더 강하게 만드는 새로운 기능 획득 연구의 연구비 지원을 재개한다고 발표했다. 이렇게 우왕좌왕하는 동안 악당들이 오픈소스 연구 논문과 우편으로 주문하는 유전물질에 접근하는 것을 막지 못했다.

보안 전문가들은 특히 미래에 일어날 합성생물학의 이중 용도 문제를 우려한다. 사람들의 안전을 확보하는 보안 전략인 전통적 부대 방호는 조작한 유전자 산물이나 설계한 분자를 생물무기로 사용하는 적군에게는 아무 소용이 없을 것이다. 생화학자이자 육군사관학교 웨스트포인트의 연구부학장인 켄 위키저Ken Wickiser 박사는 2020년 8월에 학술지 《컴배팅 테러리즘 센터 센티널CTC Sentinel》에 논문을 발표해서 현대 테러리즘의 위협을 다음과 같이 설명했다. "합성생물학의 분자 공학 기술이 더 강력해지고 널리 퍼져 나가면서 이런 위협을 마주할 가능성이 점차 커지고 있다. (…) 기술에 의해 위협의 형태가 달라지는 상황은 원자폭탄 개발에 필적할 만하다."[22]

위험 2: 생물학은 예측할 수 없다

인간유전체연구사업 이후 크레이그 벤터 연구 팀은 유전체를 읽는 일에서 쓰는 일로 방향을 바꾸었다. 연구 팀의 목표는 하나였다. 가장 작은 유전체를 가지고 자력으로 생존하고 생식하는 생물을 창조하는 것이었다. 벤터는 이런 의문을 품었다. 미생물 유전체에서 필수 부분만 최소한으로 남기고 편집하면 생명의 원시 코드를 발견할 수 있을까? 생명의 원시 코드를 알아내면 인간은 완전히 새로운 생명체를 창조할 수 있을까? 벤터와 그의 동료 해밀턴 스미스는 독자 생존에 필요한 최소한의 유전체가 기본 뼈대이며, 이 뼈대에 다른 유전자들이 덧붙여져서 새로운 기능을 갖춘다는 가설을 세웠다. 두 과학자는 아주 적은 유전체를 가진 *마이코플라즈마 제니탈룸*Mycoplasma genitalium 이라는 미생물을 이용해서 유전자 암호가 조금 다른 새로운 버전의 마이코플라즈마를 합성해 보기로 했다. 2010년 5월, 마이코플라즈마 세포의 DNA를 파괴하고 연구 팀이 창조한 DNA를 대신 집어넣은 마이코플라즈마가 자기복제를 시작했다. 이 미생물은 JCVI-syn1.0, 줄여서 신시아Synthia라고 이름 붙였다. 1장에서 설명한 합성 세균, 즉 로버트 오펜하이머의 인용구와 제임스 조이스의 시구, 연구에 참여한 과학자들의 이름을 워터마크로 새긴 합성 세균을 기억하는가? 바로 그 세균이 신시아다.

벤터에 따르면 신시아는 컴퓨터가 부모인 지구 최초의 자기복제종이었다. 더 정확하게는 과학자 스무 명과 컴퓨터 팀이 부모이고, 인간과 기계가 함께 조합한 수천 개의 선택으로 만들어졌다. 신시아는 "현재 살아 있는 종, 지구 생명체 목록의 일부"라고 벤터는 말했다. 이 연구는 생명체의 기본 원칙을 이해하기 위해 설계되었으며, 이 합성 세포는 지구의 모든 생명체를 연결하는 최후의 보편적 공통 조상의 유사체다.[23]

벤터는 연구 팀의 성과를 발표하기 전 백악관의 오바마 대통령에게 이 논문이 제기할 광범위한 정책적 의미, 보안 문제, 윤리 문제에 관해 간략한 공식 입장을 요청했다. 처음에 행정 공무원들은 신시아를 어떻게 다룰지 고심했다. 공무원들은 연구를 기밀 등급으로 분류하려 했지만, 합성생물학계 대다수가 이미 벤터의 최소한의 필수 유전체 프로젝트를 알고 있었다. 정부는 연구를 발표하라고 권했고, 대통령 직속 생명윤리문제연구위원회에 이 획기적인 사건의 의미를 연구해서 6개월 안에 정부가 취할 조치에 관한 보고서를 제출하라고 지시했다.

《오타와시티즌Ottawa Citizen》 신문에는 앤드루가 "'진화 나무에 인간이 만들고 통제하는 신종이라는 새로운 가지를 창조한 벤터의 선구적인 업적'은 노벨상을 받아야 마땅하다"라고 한 발언이 실렸다.[24] 모두가 그의 낙관적인 감상에 동의하지는 않았다. 당연히 격렬한 언론 보도와 터무니없는 추측이 발표에 뒤따랐다. 옥스퍼드대학교 윤리학 교수 줄리언 사블레스쿠Julian Savulescu는 《가디언》과의 인터뷰에서 "자연적인 진화로는 절대 갖출 수 없는 능력과 본성을 가진 생명체를 창조하는 일은 훨씬 더 논란의 여지가 있는 일을 향한 발걸음이다"라고 말했다. "환경 오염, 새로운 에너지원, 새로운 통신의 가능성은 먼 미래에 있지만 실재하며 중요하다. 그러나 위험 역시 유례가 없다. 미래에 상상할 수 있는 가장 강력한 생물무기를 만드는 데 사용될 수도 있다."[25] 활동가 조직이자 생명공학 기술에 비판적인 ETC 그룹은 벤터의 신시아를 가리켜 원자를 쪼갠 일에 비유했다. "우리는 모두 이 위험한 실험이 미칠 악영향을 고심해야 할 것이다." 종교 단체는 벤터가 신의 역할을 했다며 격분했고 그를 체포하고 싶어 했다.[26]

대통령 직속 생명윤리문제위원회는 최소한의 필수 유전체 생물 창조의 유익함과 위험을 평가할 기준을 마련해야 했다. 미래에 인간이 창조한 신시아 같은 생명체가 연구실에서 탈출한다면? 벤터 연구 팀이 세심하고 빈틈없이 안전 규정을 준수했다는 점은 걱정할 필요가 없었다. 그러나 벤터가 문제가 아니었다. 전문가들은 벤터의 연구에 영감을 받은 다른 연구자들을 걱정했다. 과학계는 유별날 정도로 경쟁이 치열하며, 항상 새로운 발견을 향해 경쟁하고, 동료 심사를 거치는 학술지에 가장 먼저 논문을 게재하려 하며, 다른 누구보다 먼저 특허청에 자신의 서류를 제출하려 한다. 인슐린 합성과 인간 유전체 지도 작성을 향한 경쟁은 과학 발견이라는 분야에서 2등은 무의미하다는 사실을 보여 준다.

벤터와 스미스는 이미 신시아 이후의 프로젝트를 생각했다. 두 사람은 *마이코플라즈마 제니탈륨*의 기능을 해치지 않는 선에서 유전자를 100개까지 제거할 수 있다는 가설을 세웠다. 그러나 어떤 유전자를 제거할지 확신하지는 못했다. 그들은 필수 유전자 후보를 세포에 삽입하기 위해 최소 크기의 유전체를 수백 개 합성해서 여러 조합을 실험했다. 2016년, 벤터 연구 팀은 유전자가 473개에 불과한 JCVI-syn3.0이라 불리는 단세포 생물을 만들어 냈는데, 이는 지금까지 알려진 가장 단순한 생명체로 기록된다.[27] 이 생물은 과학자들이 예측하지 못한 방식으로 움직였다. 자가복제한 결과로 특이하게 생긴 세포를 만들었던 것이다. 과학자들은 정상적인 세포 분열에 관여하는 유전자를 포함해 너무 많은 유전자를 제거해서 생긴 결과라고 생각했다. 연구 팀은 암호를 다시 조합했고, 2021년 3월 새로운 돌연변이 JCVI-syn3A를 발표했다. 유전자 수는 여전히 500개가 채 되지 않았지만 정상 세포와 더 비슷하게 반응했다.[28]

다시 한 번 강조하는데, 이상하게 행동한 JCVI-syn3.0이 실험실에서 흘러나와 해를 미칠 가능성은 거의 없었다. 그러나 생물은 상호 연결성이 높으며 우리가 원치 않더라도 스스로 지속하는 경향이 있다. 최소한의 필수 유전체 생물, 혹은 다른 새로운 생물을 창조하는 일은 연쇄 효과를 일으켜 자연에서 감당하지 못할 수도 있다. 대통령 직속 위원회는 유전자공학으로 조작한 유전자가 야생 집단과 자연

종에 섞여 드는 '이종교배outcrossing'의 위험을 경고하기도 했다. 이종교배는 다른 식물을 죽이는 새로운 잡초나 곤충, 조류, 그 외 동물에 전파될 새로운 병원성 미생물의 탄생으로 이어질 수 있다. 실험실 사고나 격리 실패로 인해 무해한 오늘의 세균이 내일의 생태계 재앙이 될 수도 있다.

위험 3: 개인 DNA의 보안 위기

2019년 12월, 어니스트 프로젝트Earnest Project라는 무명의 괴상한 조직이 다보스에서 열린 세계경제포럼 총회에서 사용하고 버린 아침 식사용 포크, 와인 잔, 종이컵에서 몰래 DNA를 수집했다고 발표했다. 어니스트 프로젝트는 웹사이트를 열고 경매 카탈로그를 공개하면서 수많은 세계 지도자와 유명 인사의 유전자 정보를 판매한다고 발표했는데, 여기서 가장 높은 가격이 매겨진 인물로는 당시 미국 대통령이었던 도널드 트럼프, 독일 총리 앙겔라 메르켈, 음악가 엘튼 존이 있었다. DNA 표본이 진품인지 입증할 수 없었지만 이보다 더 중요한 문제는 미국에 트럼프 대통령의 유전자 정보를 판매하지 못하게 하는 법이 없었다는 점이다. 알래스카주, 뉴욕주, 플로리다주는 타인의 DNA를 훔치는 행위를 불법으로 규정했고, 허락받지 않고 타인의 머리카락을 뽑는 일도 불법이었다. 하지만 버려진 타인의 DNA를 수집해서 마음대로 취급하는 행위를 금지하는 연방법은 없었다.

다른 미국 대통령들처럼 트럼프가 일하는 백악관에는 비밀경호국

요원이 배치되어 있었다. 요원들은 대통령이 방문하는 모든 곳을 청소하고, 모든 쓰레기를 모아서 안전하게 버렸다. 트럼프 대통령이 사용한 냅킨이나 플라스틱 포크에서 채집한 DNA 표본은 대통령의 유전적 변이에 관한 정보, 예를 들어 파킨슨병이나 알츠하이머병이 조기 발병하는 유전적 돌연변이가 있는지와 같은 정보를 포함했을 수 있다. 또한 트럼프가 1990년대에 《뉴욕New York》 잡지 칼럼니스트 진 캐럴E. Jean Carroll을 강간했다는 혐의를 입증할(혹은 반박할) 증거가 될 수도 있었다. (캐럴은 사건이 일어났던 날 입었던 드레스를 보관하고 있으며 옷에는 트럼프의 DNA가 남아 있다고 주장했다.) 트럼프 대통령이 다보스포럼에서 쓰고 버린 냅킨이나 포장지를 캐럴이 입수한다면 트럼프의 DNA를 직접 염기서열 분석할 수 있다. 그러나 합성생물학을 활용하면 이 염기서열은 개인 맞춤형 생물무기를 만드는 데 이용할 수도 있다. 생물무기는 효력을 나타내기 위해 전 세계적인 전파나 범유행을 일으킬 필요가 없다.

DNA는 내구성이 높아서 환경만 적절하다면 수천 년이 지나도 보존된다. 대다수 VIP는 매의 눈으로 주변을 말끔하게 정리하는 경호원을 대동하고 다니지는 않는다. 에이미는 조 바이든이 대통령에 당선되기 전에는 종종 그와 함께 암트랙Amtrak 기차를 타고 미국 북동부 회랑(보스턴에서 뉴욕, 워싱턴에 이르는 인구 밀집 지대-옮긴이)을 이동하곤 했다. 바이든이 자주 타는 일등석은 이동하는 동안 아침, 점심, 저녁을 은식기에 담아낸다. 에이미는 암트랙 기차에서 대법원 판사 토머스 클래런스와 대각선으로 마주 보는 자리에 앉아 이동한 적도 있다. 기차에서 클래런스 판사는 여러 번 휴지를 대고 재채기를 했고, 뉴욕에서 내릴 때 그 휴지는 그대로 기차에 두었다. 기차에 탄 누군가가 클래런스나 바이든의 DNA 표본을 수집했다면? 미국 대통령 선거가 시작될 무렵에는 지역 선거 유세 후에 사용한 모든 휴지와 냅킨을 청소하는 경호 지침은 없었다. 다음 대통령 선거 운동이 시작되는 2023년에 누군가가 나쁜 마음을 먹고 모든 후보자의 DNA 표본을 수집해서 염기서열을 분석한다면? 선거 후보자가 두 명으로 좁혀지면 이 악당은 역정보를 뿌릴 유리한 고지를 차지할 수 있다. 물리적 증거가 있다고 주장하면서 사건을 날조하거나, 후보자의 민족성이나 태어난 장소에 의문을 제기하고, 숨겨진 유전병과 후보자의 지도력에 대해 공포를 부추길 수도 있다. 또는 후보자를 해칠 독특한 미생물이나 바이러스를 만들 수도 있다.

이것이 2019년 듀크대학교의 연구 결과를 특히 흥미롭게 만드는 이유다. 듀크대학교 과학자들은 프로그래밍할 수 있는 스웜봇 swarmbot(무리 지어 움직이는 초소형 로봇-옮긴이)을 개발했는데, 이 로봇은 명령을 받으면 터지면서 단백질을 배출하도록 설계되었다. 이 세균들은 무리에서 벗어나면 죽도록 프로그래밍되었는데 정말이지 영리한 발상이다. 합성생물학 기술은 다른 유전자 변형 생물이 원래 설계된 환경에서 벗어나는 일을 막는 이중 안전 기능failsafe 기술로 활용할 수 있다. 개념 증명(이전에 없었던 신기술이나 신개념을 도입하기 전 검증하는 과정-옮긴이) 실험에서 듀크대학교 과학자들은 비병원성 대장균 균주를 조작하여 항생제에 대한 해독제처럼 작용하는 화학 물질을 생산했다.

대장균은 무리 짓는 한 안전하며, 과학자들이 항생제를 뿌려도 끄떡 없다. 하지만 무리에서 너무 멀리 떨어진다면 그 세균은 항생제 내성을 잃고 즉시 죽을 것이다. 그러나 누군가는 터지면서 유독한 화학 물질을 배출하는 병원성 미생물 스웜봇을 만들 수도 있다.[29]

단 한 사람에게만 유전자 암호를 전달하도록 만든 개인 맞춤형 바이러스라는 망령도 빼놓을 수 없다. 2021년 5월에는 희귀한 유전병으로 시력을 잃은 환자에게 시력을 되찾아 주는 획기적인 논문이 발표되었다. 이 논문은 크리스퍼가 환자 몸속에서 DNA를 편집하는 방식을 개발했다. 이 유전병으로 시력을 잃은 환자들은 CEP290 유전자에 결함이 있으며, 건강한 조직이 남지 않을 때까지 망막에 있는 빛 감지 세포가 서서히 파괴된다. 그 결과 시력이 악화되고 망막은 외부 세계를 향해 난 아주 작은 동그란 창처럼 변한다(연필심의 끝부분을 떠올려 보라). 망막은 너무나 복잡하고 연약해서 이식하기 힘들고, 망막 세포를 추출해서 연구실에서 조작하기도 매우 어렵다. 그래서 과학자들은 망막 안에서 세포가 크리스퍼를 사용하도록 명령하는 새로운 유전자 암호를 전달할 유익한 바이러스를 만들었다. (바이러스는 이미 설명했듯이 그저 유전자 암호를 담은 상자일 뿐이므로 유익할 수도 있고 해로울 수도 있다.) 과학자들은 이 바이러스 수십억 개를 유전병으로 시력을 잃은 환자의 망막 아래에 주입했다. 지금까지는 이 실험이 의도한 대로 진행되는 듯하다. 크리스퍼는 CEP290 돌연변이를 편집해서 빛 감지 세포를 복원하는 단백질을 생산하며, 결국은 환자의 시력을 회복시키는 아주 작은 외과 의사 노릇을 한다. 몹시 황홀하고도 획기적인 연구다. 그러나 이중 용도라는 성향을 고려할 때 다른 바이러스가 정반대 효과, 즉 돌연변이를 수정하기보다는 일으키도록 조작될 가능성도 크다는 우려도 나온다.[30]

앞 장에서 인간 몸속에서 자기복제 능력을 갖추고 다양한 세포로 분화하는 다능성 줄기세포pluripotent stem cell를 설명했다. 다능성 세포는 제대혈을 비롯한 여러 유전물질에서 쉽게 찾을 수 있고, 언젠가는 사람들이 더 쉽게 부모가 되도록 도울 것이다. 하지만 더 먼 미래에 누군가가 다능성 줄기세포로 신장 같은 기관에 서서히 전파되는 감염체를 만들어 낸다면 어떨까? 처음에는 당뇨병처럼 보이겠지만 치료가 되지 않을 것이다. 신부전이 일어나면서 투석이 이어질 것이고 결국 사망할 것이다.

이와 비슷한 여러 시나리오를 상상하기는 어렵지 않다. 해고된 직원이 앙심을 품고 기업 이사회 임원의 DNA를 볼모로 배상금을 요구할지도 모른다. 악당이 최고경영자의 마이크로바이옴을 채집해서 염기서열을 분석한 뒤, 특별히 설계한 프로바이오틱으로 지속적인 장 통증을 유도할지도 모른다. 미국 증권거래위원회는 공개 상장회사의 최고경영자가 기업 활동에 부정적 영향을 줄 만큼 심각한 질병에 걸리면 이를 공표하도록 규정한다. 하지만 아직 바이오해킹에 관한 검사나 공개 요구는 없다.

생물감시biosurveillance는 또 어떤가? 트럼프 행정부는 미국을 방문하는 모든 사람의 홍채 스캔과 장문 인식 같은 다수의 생체 인식 정보와 DNA를 수집하는 프로그램을 승인했다. 다행히 이 프로그램은 시행되지 않았지만, 행정부는 실제로 출입국 관리소에 억류된 사람의 DNA 표본을 수집하기 시작했고, 이 정보를 정부 데이터베이스에 저장했다. 미래에는 개인 건강보험사가 여러분의 DNA 정보를 받는 대신 보험료를 할인해 주지 않을까? 생명보험 회사, 담보 대출 기관, 은행이 검증 절차에서 대출자의 DNA를 요구하지 않을까? 빅테크 기업인 구글, 애플, 아마존이 수집한 모든 정보를 이용해서 여러분의 유전자 정보를 알아낸다면 어떨까? 이런 기업들은 건강과학과 생명과학에 막대한 자금을 투자한다. 지금 우리는 감시 자본주의surveillance capitalism를 논하고 있다. 이 감시 체계에 여러분의 유전자 암호가 포함된다고 상상해 보라.

앞으로 가장 우려되는 정보 보안에는 DNA도 포함될 것이다. 지금 우리가 맞이하는 이 시대에 생물학은 정보 보안 측면에서 중대한 문제가 될 수 있다는 뜻이다.

위험 4: 규제는 한심할 정도로 뒤처졌다

포호크 컷에 삐뚤삐뚤하게 자르고 탈색한 앞머리, 눈에 띄는 피어싱, 지저분한 턱수염을 기른 조시아 자이너Josiah Zayner는 언뜻 보면 요란한 펑크밴드의 베이스 기타리스트처럼 보이기도 한다. 하지만 사실은 그렇지 않다. 자이너는 시카고대학교에서 박사 학위를 마친 분자생물 물리학자다. '아름다운 것을 창조하라'라고 새긴 문신을 자랑스러워하는 자이너는 미국항공우주국에서 잠시 합성생물학 연구원으로 일하면서 플라스틱을 분해하고 재활용하는 세균을 만들고 화성 토양을 다지는 데 중점을 둔 프로젝트를 진행했다. 그러나 그는 점차 우주 탐험이라는 환상이 깨지기 시작했다. 우주보다는 인체에 탐험할 곳이 더 많았다.

2015년에 자이너는 인디고고Indiegogo에서 취미에 열정적인 사람들에게 DIY 크리스퍼 키트를 공급하는 크라우드펀딩에 성공했다. 키트를 설명하는 영상을 보면 세균 배양용 접시가 냉장고 속 음식 바로 옆에 쌓여 있는데, 부드럽게 말하자면 이는 명백히 생물안전 규정을 위반한 것이다. 자이너는 크라우드펀딩으로 원래 목표로 했던 액수보다 일곱 배나 많은 6만 9000달러(9400만 원)를 후원받았다. DIY 크리스퍼 키트가 히트하면서 자이너는 미국항공우주국을 예정보다 빨리 사직했다. "조직에 신물이 났고" "아무것도 안 하면서" 느려터진 항공우주국 과학자들의 관료 체제가 지긋지긋했기 때문이라고 자이너는 말했다.[31] 인디고고에서 올린 성과를 바탕으로 그는 새로운 회사인 오픈디스커버리연구소Open Discovery Institute, 즉 오딘ODIN을 세웠다. 오딘은 북유럽 신화에서 모습을 마음대로 바꾸는 신으로 점술, 마법, 지혜, 죽음을 관장한다. 왜 박사 학위를 받은 항공우주국 과학자들만 실험할 수 있을까? 자이너는 의문을 품었다. 모든 사람이 생물학을 다루도록 허용해야 하는 게 아닐까? 아니 권장해야 하는 게 아닐까? 자연은 이미 민주화를 이루었으니 자연을 다루고 조작할 도구 역시 민주화되어야 하지 않을까?

자이너가 인디고고 프로젝트를 마친 뒤 처음으로 시작한 프로젝트는 누구나 세균 유전자를 조작할 수 있는 키트였다. 그는 웹사이트를 개설하고 해파리에서 분리한 유전자를 활용해 야광 맥주 만들기 키트를 160달러(21만 원)에 판매하기 시작했다. 양 박사나 푸시에와는 달리 자이너는 어떤 규정도 지키지 않았다. 자신의 연구를 동료 심사를 거치는 학술지에 제출하지도 않았고, 자신의 방법론에 대해 연방 규제 기관에도 알리지 않았다. 그는 무엇보다도 DIY 바이오 단체가 만든 지침 중에서 생체 재료 전용 냉동고를 갖춰야 한다는 규정조차 따르지 않았다. 물론 공정하게 말하자면 생물안전을 관리하는 연구 시설의 세계적 기준은 없다.

자이너의 크라우드펀딩 성공과 누구나 크리스퍼로 살아 있는 생물을 편집할 수 있다는 매력적인 전제는 미국 식품의약국의 주의를 끌었고, 자이너가 규정을 무시하자 불쾌해했다. 식품의약국에 따르면 형광은 색소 첨가물로 분류할 수 있으며, 따라서 자이너의 야광 맥주 키트는 엄격한 승인 절차를 거쳐야 했다. 하지만 자이너가 맥주처럼 규제받아야 할 식품을 판매하는 것은 아니어서 규제하기가 다소 모호했다. 자이너는 유전자 조작 키트와 누구나 완전히 합법적으로 팔 수 있는 값싼 실험 도구를 판매했다. 그는 식품의약국을 무시하고 계속 키트를 판매했지만 식품의약국은 손 쓸 방도가 없었다.

미국의 규제는 대개 제품에 적용되며 과정은 규제 대상이 아니다. 이유는 단순하다. 혁신을 억압하지 않도록 문제가 생기기 전에는 정부가 개입하지 않는다는 원칙 때문이다. 따라서 1970년대 초 과학자들이 재조합 DNA라는 유전자공학 도구를 처음 발견했을 때, 과학자들은 아무런 규제도 받지 않고 대장균을 이용해서 유전자를 한 종에서 다른 종으로 이리저리 바꾸어 넣었다. 미생물학자들의 성취는 이정표로 발표되었다. 물론 중요한 사건임은 틀림없었지만 정부는 이런 발견에 관심이 없었고, 미래에 이 기술이 무엇을 만들어 낼지에도 흥미가 없었다.

1980년대가 되자 기업은 미생물과 식물을 상품화하는 데 재조합 DNA를 활용했다. 그러나 여전히 규제의 틀이 마련되지 않았기 때문에 1986년 대통령 자문 기관이자 여러 기관을 조율하는 백악관 과학기술정책실이 대책을 세우도록 소환되었다. 그러나 과학기술정책실은 유전자 조작 제품을 규제하는 새로운 법안을 작성하는 고된 과정을 거치지 않기로 했다. 그 대신 생명공학규제협력안Coordinated Framework for the Regulation of Biotechnology이라는 계획에 따라 기존 법률을 개정했다. 식품의약국, 환경보건국Environmental Protection Agency, 미국 농무부 등 세 기관이 생명공학은 해롭지는 않지만 특정 제품은 해로울 수 있다는 기본 원칙에 따라 생물학적 발전을 감독하게 되었다. 1992년에 개정된 이후에도 이 협력안은 모호하기 그지없었다. 각 기관의 역할과 책임이 명확하지 않았고 생명공학 기술의 발전에 대비할 장기 전략도 없었다.

이렇게 생각해 보자. 생명공학규제협력안에서 농무부는 식물을 규제한다. 누군가가 식물 병원체인 미생물을 만들면 농무부가 개입할 수 있다. 하지만 작물에 영향을 미칠 것 같지 않다면 감독할 권한이 없다. (이것이 버섯 소동으로 이어졌다.) 환경보건국은 주로 인간의 건강과 환경을 외부 위협에서 보호한다. 환경보건국의 감독 영역은 학술연구에 활용되는 미생물은 배제하지만, 식물병해충 DNA를 함유한 유전자 변형 생물이나 식물병해충을 벡터로 사용해서 만든 제품은 포함한다. 즉 환경보건국은 유독한 화학 물질을 배출할 가능성이 있는 바이오연료, 합성 비료, 해충제는 규제할 수 있다. 그런 위험이 없다면 환경보건국은 감독 권한이 없다. 식품의약국은 식품과 음료, 의약품, 의료 기기 등의 안전을 보장하고, 의약품, 식품, 식품 첨가물, 영양 보충제, 화장품을 만드는 유전자 변형 생물을 규제한다. 따라서 식품의약국은 모든 유전자 변형 동물이 인간을 위한 안전 기준을 충족하는지 감독한다.

그러나 이 모든 규제는 집행하기가 어렵다. 농무부 직원이 과학자들의 연구 과정을 감시하는 것으로 해결할 문제가 아닌 데다가 연구실 점검이나 정기 감사조차 없다. 대신에 규제협력안에 따르면 기업은 판매하는 제품이 누구에게도 해가 되지 않는다고 입증하는 자료를 자발적으로 제출할 수 있다. 유전자 편집 버섯은 살충제나 해로운 화학 물질을 배출하지 않으므로 환경보건국에는 관할권이 없다. 양박사는 DNA를 삽입하려 미생물을 이용하지 않았으므로 농무부도 개입할 수 없다. 당시 식품의약국은 여러 사건에 개입하면서 자금 부족에 시달렸으므로 개입할 권한이 있었지만 아마 해롭지 않을 신종 버섯을 감독할 여력이 없었을 것이다.

미국의 누더기식 규제는 특별하지 않다. 유럽연합과 영국, 중국, 싱가포르, 그 외 여러 나라도 합성생물학의 관리 방식은 비슷하며, 이미 제정했던 생명공학 규제 틀을 활용한다. 그러나 현실을 직시해야한다. 오래된 규제는 JCVI-syn3.0을 고려하지 않고 만들어졌다. 국제연합은 생물다양성협약Convention on Biological Diversity의 또 다른 틀인 바이오안정성의정서Cartagena Protocol on Biosafety에서 비롯한 유전자 변형 생물의 안전상의 영향을 논의할 실무단을 소집했다. 이 협약이 체결된 후 여러 나라는 연구 결과가 생물다양성이나 생물안전에 위험하다는 증거가 없더라도 안전하지 않은 듯 보이는 생명공학 기술을 제한하거나 금지했다. 유럽연합과 중국은 조인국이지만 미국, 일본, 러시아를 포함한 많은 나라가 협정에 서명하지 않았고 명확한 집행 방법도 없었다. 의정서는 협정국에게 살아 있는 유전자 변형 생물의 수입을 금지할 권리만 부여한다. 협정국은 이 권리를 행사하지 않을 수도 있고, 수출국에 해당 유전자 변형 생물의 위험 평가를 요구할 수도 있다. 그러나 이런 평가를 독립적인 제삼자에게 맡기지는 않는다. 수출국이 스스로 평가하는 것이다.

의도적으로 무기를 만드는 국가가 나타난다면 어떻게 될까? 생물무기금지협약Biological Weapons Convention은 여러 나라 사이에 이루어진 군비 축소 협약으로 생물무기의 개발, 생산 및 비축을 금지한다. 미국, 러시아, 일본, 영국, 중국, 유럽 모두 이 협약을 비준했다. 현재 이 협약은 모든 형태의 생물무기에 적용되지만, 유해성을 평가하는 부분은 다소 모호하다. 예를 들어 누군가가 의도적으로 잡초를 편집해서 주요 수출 작물을 고사시켰다고 해 보자. 농부들은 경제적으로 막대한 피해를 입을 것이고 어쩌면 해당 국가의 GDP에도 영향을 미칠 수 있다. 하지만 이를 머스터드 가스와 비교할 수 있을까? 협약을 맺은 국가는 하나의 기관을 지정해서 협약 준수를 보장한다. 미국에서는 생물학자들이 다수 소속된 시대를 앞서가는 연구개발 연구소가 아니라 연방수사국(FBI)이 담당한다. 만약 바이오파운드리에서 일하는 과학자가 소비자에게 의심스러운 주문을 받으면 연방수사국의 대량 살상무기 부서에 제보해야 한다. 그러나 해당 부서의 주 업무는 대량 살상무기이며, 당연히 다른 연방 기관처럼 연방수사국도 이 신과학 영역에 자원을 충분히 지원하지 않는다. 연구자들이 스스로 감시하도록 기대한다.

이렇게 규제가 엉망이었기 때문에 자이너가 사업을 시작할 수 있었다. 관련 기관, 체계, 협약, 혹은 부서 중 어느 하나도 자이너가 DIY 크리스퍼 키트를 판매하는 것을 막지 못했다. 자이너의 형광 맥주 키트는 세계의 주목을 받았고, 머지않아 자이너는 판매하는 유전공학 키트보다 도발적인 기행으로 더 유명해지면서 《블룸버그Bloomberg》와 《애틀랜틱The Atlantic》 표제 기사의 주인공이 되었다. 이런 기행 중에는 심각한 위장관 질환을 치료하는 위험한 과정인 분변 이식도 있는데, 자이너는 호텔 방에서 친구의 분변을 직접 이식했다(이 과정을 증언할 사람으로 버지The Verge 기자를 초대했다). 나중에는 무료 백신 프로그램의 이름을 딴 맥아피 프로젝트를 통해 DIY 코로나19 백신을 만들었다. 자이너는 '직접 해 보세요: 과학 논문에서 코로나19 DNA 백신까지'라는 온라인 강의를 만들어 집에서 직접 백신을 만드는 과정을 시연했다.[32]

당연히 자이너의 예술가 같기도 하고 과학자 같기도 한 페르소나
는 상당한 비판을 받았지만, 2017년에 열린 합성생물학회에서 자
이너는 예술가적 행태를 더 강하게 밀어붙였다. 그는 학술대회에서
"내 근육 유전자를 변형해서 더 큰 근육을 만드는" 크리스퍼 칵테일
을 만들었다고 선언했다. 그는 주사기를 팔뚝에 꽂은 채 학회 참석
자들에게 189달러(26만 원)면 근육 성장을 촉진하는 변형 DNA가 든
DIY 인간 크리스퍼 키트와 설명서를 살 수 있다고 선전했다. (크리스
퍼 칵테일은 실제로는 효과가 없었다.)[33]

자이너의 행보는 명백하게 윤리적 경계를 넘어섰지만 법을 위반한
적은 한 번도 없었다. 자이너의 집에서 만드는 코로나19 백신이 판
매되기 시작하자, 식품의약국은 승인받지 않고 시험도 거치지 않은
채 접종하거나 치료한다고 광고하는 제품을 엄격하게 단속했다. 그
러나 연방수사국이 자이너를 주시한 적은 한 번도 없었다. 캘리포니
아주 의학위원회는 고발이 접수되자 자이너가 자격증 없이 진료하
는지 조사했지만, 조사는 중단되었다. 생명공학규제협력안은 식물
에 해를 미치는 행위를 규제하지만 스스로 해를 입으려는 사람을 규
제하지는 않는다. 미국에서 생물학 실험을 자기에게 하는 일은 완벽
하게 합법이며 공개적인 장소에서 하더라도 마찬가지다. 독일 당국
은 허가받은 연구실 외부에서 시행하는 유전공학 기술을 금지하는
법을 인용해서 자이너가 DIY 유전공학 키트를 독일에 수출하는 것
을 막으려 했다. 독일은 자이너에게 벌금 5만 5000달러(7500만 원)와
최대 3년의 금고형이 내려질 수 있다며 엄중하게 경고했다. 그러나

독일 정부는 자이너를 처벌하기 위해 그를 미국에서 인도받을 수는 없다. 현재 자이너는 회사 웹사이트에 '쉽게 변질되는' 세균이나 플라스미드를 제외한 제품을 계속 독일로 배송하겠다고 분명히 밝혔다. 바이오해킹 규제와 관련해서 독일은 유럽의 대표가 아니므로, 프랑스 스트라스부르 지역에 사는 사람은 세균을 배달받아 세포를 키운 뒤 라인강을 건너 독일로 가서 키트로 만든 것을 먹거나 자유롭게 풀어놓을 수 있는데, 여기에는 지역 규제를 위반하는 행동이 전혀 없다.[34]

알려진 생물무기 위협 외에도 국제협약은 집행 강제력이 거의 없고 느슨하다. 시민과학협회인 DIY 바이오 단체 북미 의회가 세운 윤리 강령이 있지만 법적 효력은 없다. 과학자들의 항의로는 자이너를 멈출 수 없었고 허젠쿠이도 막을 수 없었다. 이미 합성생물학의 새 시대가 열렸으며 이 새로운 생물학적 접근법에는 새로운 규제 방식이 필요하다는 사실을 규제 기관이 인정해야 하는 이유가 여기에 있다.

위험 5: 현재의 법은 혁신을 억압한다

제니퍼 다우드나와 에마뉘엘 샤르팡티에는 2011년에 크리스퍼로 DNA를 편집하는 방법을 상세하게 설명한 논문을 발표했다. 다우드나는 2013년에 이 논문의 후속 논문을 내고 크리스퍼로 동물 세포를 편집하는 과정을 보여 주었다. 그러나 불과 몇 주 전에 이들의 이

전 논문을 바탕으로 또 다른 크리스퍼 논문이 발표되었다. 이 논문의 저자들은 추가 비용을 지불하고 자신들의 논문이 편집 순서를 무시한 채 먼저 발표되도록 했다. 이 같은 학술 출판계의 허술한 구멍을 이용해서 하버드대학교와 매사추세츠 공과대학교의 협력 기관인 브로드연구소의 장평은 동료 심사를 거치는 학술지에서 기술적으로는 크리스퍼로 인간 세포를 편집한 최초의 연구자가 되었다. 이때 가장 유명한 크리스퍼 분자는 캐스9^{Cas9}였고, 이를 중심으로 특허와 지식재산권 전쟁이 시작되었다.

다우드나와 샤르팡티에의 연구를 공적으로 지원한 캘리포니아대학교 버클리 캠퍼스와 빈대학교는 2012년에 크리스퍼 캐스9의 특허 출원을 신청한 상태였다. 그러나 민간 연구소인 브로드연구소는 같은 연구로 특허 심사를 속전속결로 받았다. 미국 특허상표청$^{Patent\ and\ Trademark\ Office}$은 2013년 3월 16일 이전에는 선출원주의가 아니었으므로 논문을 더 빨리 발표한 브로드연구소에 특허가 돌아갔고, 이는 장평의 에디타스 메디신$^{Editas\ Medicine}$사가 가장 중요한 특허, 즉 앞으로 크리스퍼를 활용한 모든 인간 치료에 적용될 특허에 관해 배타적 권리를 갖는다는 뜻이었다. 캘리포니아대학교는 항소했다.

에이미는 2016년부터 2018년까지 유전자 편집 정책과 감독을 논의하는 일련의 정부 회의에 참석했다. 2017년에는 미국 국무부와 미국 국립과학·공학·의학 아카데미가 주최한 비공개 회의에 초빙되었다. 이 회의에는 열두 명의 연구 과학자와 정부 공무원이 모여서 앞으로의 크리스퍼 규제와 생물 보안, 미래 경쟁력을 논의했다. 에이미는 장펑 옆에 앉았는데, 장펑은 그날 온종일 말없이 앉아만 있었고 과학에 관한 질문에는 답했지만 특허 문제는 거론하지 않으려 했다. 회의가 끝날 무렵 에이미는 미국 정부가 머지않아 닥쳐올 지식재산권 분쟁의 맹습을 관리할 계획이 전혀 없다는 골치 아픈 결론에 이르렀다. 그 회의가 끝난 지 4년이 흘렀지만 현재 브로드연구소는 여전히 특허를 갖고 있으며, 이는 해당 기술을 사용하려면 브로드연구소에 비용을 내야 한다는 뜻이다. 문제의 크리스퍼 캐스9 특허를 기반으로 설립한 기업은 열 곳이나 된다.[35]

과학은 되풀이되며, 발견은 많은 사람이 이전에 쌓아 놓은 연구를 기반으로 이루어진다. 다우드나와 샤르팡티에, 장펑이 논문을 발표하기 훨씬 전인 2009년, 노스웨스턴대학교 박사후과정생이던 이탈리아인 루치아노 마라피니Luciano Marraffini는 처음으로 크리스퍼가 DNA를 표적으로 해서 결합할 수 있다는 논문을 발표했다. 크리스퍼 같은 연구에는 공적 연구 지원금이 너무나 많이 투입되었으므로 어느 한 주체가 크리스퍼 관련 지식재산권의 법적 소유권을 주장할 수 없다고 생각한 과학자들도 있었다. 이는 많은 사람이 큰 비용이 드는 소송이나 로열티를 지급할 걱정 없이 축적된 과학적 결과 위에서 자유롭고 지속적으로 과학을 혁신하게 한다.

한편 법적 상황을 파악한 투자자들은 이미 존재하는 크리스퍼 특허를 피해 가는 새로운 생명공학 기술을 후원하려 한다. 모든 상황이 점점 더 복잡해지고 있다. 더 많은 과학자, 학술 기관, 스타트업이 크리스퍼 분자에 미묘한 변형을 더해 특허를 신청하면 지식재산권을 몇 개의 핵심 요인으로 한정하기가 더 어려워질 것이다. 크리스퍼 캐스9는 DNA를 자르는 여러 효소를 포함한다. 그런데 캐스9는 DNA를 편집할 유일한 분자가 아니다. 캐스12, 캐스14, 캐스X 등등 덜 유명한 분자도 같은 역할을 할 수 있다. 당연히 이들 분자도 다양한 기관이 특허를 가지고 있다.

지식재산권법은 실재하는 두 가지 위협을 만들어 낸다. 첫 번째는 명확하다. 새로운 발견의 특허를 등록하는 것은 미래를 내다보는 도박이다. 다우드나, 샤르팡티에, 장펑이 크리스퍼 캐스9로 무엇을 할 수 있는지 처음 발견했을 때, 이 연구의 용례는 없었지만 언젠가는 상업화된 제품으로 미래 수익을 창출할 가능성이 보였다. 그러나 두 번째 위협은 더 우려스럽다. 누구든 특허를 등록한 사람이 앞으로 이 연구 분야가 진행될 방향을 결정할 것이라는 점이다. 한 사람 혹은 한 기관은 크리스퍼 캐스 분자를 아주 적은 비용으로 학술 기관이 사용하도록 허가할 수 있다. 아니면 이 기술에 특허 자체를 등록하지 않을지도 모른다. 소송이 마무리될 때까지 크리스퍼 캐스9로 노벨상을 받은 다우드나와 샤르팡티에는 자신들의 발견을 활용하지 못할 수 있고, 따라서 자신들이 발견한 과학 분야를 발전시키지 못할 수도 있다.

캐스 분자의 특허가 성립하는지, 지식재산권이 누구에게 있는지를 결정하기는 점점 더 어려워지고 있다. 초기 단계와 기초 연구는 탐구적 성격이 강하므로 과학자나 기업은 의미 있는 프로젝트를 시작하기 전에 값비싼 기술 사용료부터 낼 수도 있다. 이윤이 전혀 보장되지 않는 연구인 것이다. 그러면 제삼자, 예를 들어 공적 자금을 지원받은 연구소나 정부 지원금(즉 여러분이 낸 세금), 혹은 과학자에게 제품 개발을 무리하게 재촉하며 압력을 행사할 벤처 투자자에 의존하게 될 수도 있다. 이는 완벽히 피할 수 있는 연구개발 사업에서 주요 병목 현상을 초래할 수 있다.

가까운 미래에는 소수의 주요 업체가 수많은 크리스퍼 특허 대부분을 소유할지도 모른다. 거대 기술기업인 구글, 아마존, 애플, 알리바바는 미국, 유럽연합, 중국에서 여러 차례 반독점 조사와 고소에 시달려 왔다. 생명을 구할 치료법과 다가오는 세계 식량 위기에 대한 해결책의 열쇠를 쥔 기업들과 앞으로 10년 후에 이 모든 일을 정말 다시 겪어야 할까?

2021년 4월 현재 미국에서만 크리스퍼 관련 일반 특허는 5000개 이상이며, 크리스퍼 캐스9 관련 특허는 1000개 이상이다. 여러 국가 및 지역 특허 사무소에서 등록한 크리스퍼 관련 특허 및 응용법 3100개가 세계 지식소유권 기관 데이터베이스 목록에 올라 있다. 또 수백 개의 새로운 크리스퍼 관련 특허가 매달 축적된다. 자, 여기에 문제가 있다. 크리스퍼는 확실히 합성생물학 분야에서 가장 유명한 기술이지만 유일한 기술은 아니다. 크리스퍼는 더 광대한 합성생물학 생태계에서 연구개발 활동의 아주 작은 일부일 뿐이다.

미국은 개인이 소유한 기업과 정부가 함께 영향력을 행사하는 (거의) 자유시장 경제이며 이윤이 결정을 끌어낸다. 과학자도 투자자도 혁신을 억압하지 않지만, 지식재산권에 한해서는 최종 제품이 아닌 과정을 소유할 수 있다. 과정이 생물적이고 최종 제품이 생물이라면 새로운 유전체는 새로운 경제가 될 수 있다.

우리는 이미 이런 현상을 목격했다. 2021년 5월, 바이든 행정부는 모더나, 화이자, 바이오앤테크에 전 세계 백신 단기 공급을 위해 백신 특허권을 포기해 달라고 요청했다. "미국 정부는 지식재산권 보호에 강한 의지를 갖고 있지만 코로나19 범유행의 종말을 끌어내리려면 백신 특허권 포기가 뒷받침되어야 한다"라고 대변인은 말했다. "우리는 세계무역기구와 적극적으로 문서 기반 협상에 임할 것이며, 동의를 받을 것이다. 합의를 기반으로 하는 관련 단체들의 본질과 관련 문제의 복잡성을 고려할 때 이 협상이 이루어지기까지는 시간이 걸릴 것이다."[36]

특허와 지식재산권법의 존재보다는 현재의 법이 미국이 건립되던 1700년대에 만들어졌다는 점이 더 큰 문제다. 당시에는 지금 우리가 마주한 생명공학 기술이라는 현실이 없었다. 각각의 유전자, 각각의 염기서열이 생산성을 위한 새롭고 확장성 있는 플랫폼이 되리라고는 예상하지 못했다. 앞서 하버드대학교 과학자들이 과잉된 이산화탄소와 질소를 저장하는 세균을 만들어 안전하고 유기적으로 토지를 비옥하게 할 방법을 찾아낸 과정을 설명했다. 이 과정에 기계 장치, 즉 태양 전지판이 달리고 금속으로 만든 기계가 있었다면 분명히 지식재산권 문제가 생겼을 것이다. 그러나 생물 과정이 관련되면 지식재산권법이 조금 모호해진다. 생물 정보 시대에 유전자 정보는 고유한 가치가 있으며, 이후 십 년 안에 등장할 신종 생물과 관련 과정은 이를 대비하지 못한 특허상표청의 골칫거리가 될 것이다.

크리스퍼나 다른 생명공학 기술의 장기간의 영향력을 기술적으로 예측하는 일은 미국 특허상표청의 소관이 아니며, 이는 미국만이 아니라 전 세계 어디든 마찬가지다. 특허청에는 미래학자가 아니라 대부분 법률가가 근무하기 때문이다.

위험 6: 이후 다가올 정보 격차는 유전자 격차다

부모라면 당연히 자녀에게 가장 좋은 것만 주고 싶다. 그러나 자녀를 더 좋은 유명 대학에 보내기 위해 쏟을 시간을 생각해 보자. 대형 금융 회사의 전 최고경영자는 자녀를 명문 대학에 입학시키기 위해 수십만 달러(수억 원)의 뇌물을 주었고, 결국 9개월의 징역형을 선고받았다.[37] 뉴욕의 대형 법률 회사의 전 공동 회장은 7만 5000달러(1억 원)를 주고 딸의 ACT 시험을 대신 치를 사람을 고용한 데 대해 한 달의 금고형에 처해졌다.[38] 이들은 유망하고 성공한 사람들이지만 자녀에게 최상의 것을 주려다가 법을 어기고 부정행위를 저질렀다.

자녀를 명문 대학에 보내기 위해 엄청난 돈을 뿌리거나 시험에서 부정행위를 하는 이들이 자녀의 만성질환이나 낮은 지능을 막기 위해서라면 무슨 짓을 할지 상상해 보라. 방법이 있다면 당연히 개입하지 않을까? 부모가 더 건강한 아이를 낳을 확률을 높일 수 있거나 지능이나 운동 능력에서 가장 높은 점수를 받을 가능성 있는 건강한 자녀를 낳을 수 있다면, 능력 향상을 선택하지 않을 부모가 있을까?

오늘날에는 체외수정으로 만든 수정란을 자궁에 이식하기 전에 완벽하게 분석할 수 있다. 한 회당 비용은 대개 6000달러에서 1만 2000달러(820만 원에서 1600만 원)이며 보험은 적용되지 않는다. 민간 기업은 냉동 배아의 유전자 보고서를 만들어 부모가 선호하는 것을 선택하게 한다. 지노믹 프리딕션Genomic Prediction사는 이런 기업 중 하나로, 이들은 DNA의 여러 부분을 분석해서 태어날 아기의 상태, 말하자면 지능이 낮은지 혹은 인구 중 키가 작은 2퍼센트에 속할지 등의 가능성을 예측하는 다인자 유전 점수를 제공한다. 또 미국 미식축구리그 소속 쿼터백들의 유전자 프로파일을 활용해서 배아가 이들의 운동 능력 프로파일과 얼마나 유사한지 비교한다. 이런 방식의 유전자 보고서를 통해 유전자 불확실성을 줄이면서 사람들이 자연임신보다 체외수정을 선택하도록 강력하게 장려한다. 물론 감당할 만한 재력이 있다면 말이다.

합성생물학이 발전하고 체외수정 비용이 낮아지면서 시장은 보험사가 체외수정에 보험금을 지급하도록 압력을 넣을 것이다. 결국 예방할 수 있는 돌연변이에 평생 의료비를 쏟기보다는 건강한 배아를 선택하는 편이 비용 면에서도 더 효과적이다. 뛰어난 보험 상품이 있거나 돈을 낼 의지와 능력이 있다면 수십 개, 어쩌면 수백 개의 배아를 만들어서 유전적 장점의 조합이 최상인 배아를 선택할 수 있다. 이런 아기들이 태어나면 유전체 서열을 분석한 뒤 이 중 일부의 제대혈(줄기세포가 풍부하게 들어 있다)은 추출해서 보관할 것이다. 이 아이들이 나이가 들면 건강 정보와 즉시 공급받을 수 있는 유전자 물질이라는 배당금을 지급할 유전자 신탁 기금을 받아 활용할 것이다.

어디까지가 유전체 서열 분석과 유전자 치료법이고, 어디부터가 유전자 강화일까? 현재로서는 수십 년 안에 크리스퍼와 다른 유전자 도구가 발달하면서 바이러스를 억제하고, 조직을 복구하며, 돌연변이와 싸우고, 수명을 연장할 것이라고 예측한다. 중국 BGI 그룹은 세계에서 가장 큰 유전자 염기서열 분석 기업으로, 이미 유전자 선택으로 아이의 지능을 최대 20점 높일 수 있다고 선전한다. 이는 대학 입학시험에서 대수학을 붙들고 전쟁을 치르는 아이와 고급 미적분학에서 A를 받는 아이의 격차다. 물론 지능은 다인자적 특성이다. 인간의 뇌가 어떻게 움직이는지에 관해 우리는 놀라울 정도로 아는 것이 없고, 최고 수준의 인지 능력으로 전환되는 생물학적 특성과 실제 경험에 대해서도 아는 바가 거의 없다. BGI 그룹은 실제로 신중하게 선택한 내기에 뛰어든 셈이다. 더 많은 사람의 유전자 서열을 분석하며 축적한 정보에서 가장 똑똑한 사람의 패턴을 찾을 수 있을 테니 말이다. 패턴을 알면 유전자 마커를 확인해서 자궁 이식 전에 해당 마커를 선택하거나 부모가 원하는 특성으로 배아를 업그레이드할 수 있다.[39]

누구나 이 기술을 사용할 수는 없을 것이다. 보험이 없거나 부분 보험만 든 사람들은 실험실이 아닌 침실에서 임신할 테고, 선호하는 특성의 배아를 선별하거나 배아를 업그레이드하지 못할 것이다. 그들의 자녀는 선별하고 편집하고 강화한 아기와 비교할 때 통계적으로 불리할 것이다. 아이들이 자라면 기술로 강화한 아이가 '자연스럽게' 임신한 아이보다 뛰어나다는 평가를 받으면서 유전자 격차는 더 분명해질 것이다. '자연스럽게' 태어난 아이는 활용할 수 있는 유전자 신탁 기금이 없을 테고, 따라서 나이가 들면서 새로운 병에 걸릴 때마다 질병은 난제가 되고 의사는 진단하기 어려워질 것이다. 물론 지금 우리가 바로 이렇게 살고 있다. 우리가 사는 이 시대는 아직 유전학 지식이 일반화하지 않은 시대다.

기술을 활용한 임신은 또한 세계에서 가장 부유한 나라와 가장 가난한 나라를 서로 경쟁하게 할 것이다. 시작부터 상당히 걱정스럽지만 복잡하게 만드는 핵심 요소를 덧붙여 보자. 에스토니아, 스웨덴, 노르웨이, 덴마크처럼 종교가 사회에 미치는 영향이 줄어든 부유한 나라에서는 임신 단계에서 유전자 선별과 분석에 대한 시민 저항이 크지 않을 것이다. 기술을 활용한 임신이 이런 국가에서는 더 쉽게 수용된다. 반면에 말라위, 인도네시아, 방글라데시 같은 가난한 나라에서는 출산을 성관계에 의존해야 할 것이다. 영국, 미국, 호주, 아랍에미리트, 카타르, 사우디아라비아처럼 기술이 발달한 부유국 중에서도 종교가 중요한 국가는 정치인과 시민이 종교 교리와 유전자 선별 및 강화로 얻는 이익을 조율해야 할 것이다. 이를 해결하지 못하면 국가의 노동력, 성장, 경제적 경쟁력을 저해할 수 있다.

위험 7: 합성생물학은 새로운 지정학적 충돌을 일으킬 것이다

지난 십 년 동안 중국은 은밀히 대규모 국가 DNA 드라이브를 만들어 시민의 유전자 정보를 수집하고 분석하고 저장해 왔다. DNA 보관소는 더 큰 패놉티콘panopticon(제러미 벤담이 제시한 일망 감시 시설 개념으로, 통치 형태를 가리킨다-옮긴이)의 일부이며, 중국 공산당이 인공지능에 대해 품은 야심을 이용해서 정부가 계속 인민을 감시하도록 돕는다. 이 프로그램은 중국 북서부 신장新疆에서 '인민 건강 진단Physicals for All'으로 홍보되었고, 중국 국영 통신사인 신화사新華社의 보도에 따르면 거의 3600만 명이 참여했다. 중국 정부의 초기 DNA 계획의 대부분은 위구르족을 중심으로 하며, 소문에 따르면 이 정보는 중국이 여러 소수 민족을 구분하기 위해 수집했다고 한다.[40] 2014년 논문에는 카자흐스탄, 키르기스스탄, 아프가니스탄, 파키스탄, 인도와 국경을 맞댄 중국 극서 지역에 사는 원주민과 위구르족의 다양한 유전자 마커가 인용되었다. 중국 정부 과학자들은 위구르족 2143명의 유전자 정보를 미국 사법부가 2018년까지 일부 지원했던 온라인 검색 플랫폼인 유전자빈도데이터베이스Allele Frequency Database에 등록했다. 앨프리드Alfred라고 부르는 이 데이터베이스에는 전 세계 700개 이상의 모집단 DNA 정보가 들어 있다. 여기서 공유하는 데이터는 위구르족이 중국 정부에 자발적으로 DNA 표본을 제공했는지 명확하지 않고, 관련된 모든 사람이 자기 DNA가 수집되고 있고 어디에 사용되는지 알지 못했을 확률이 높으므로 사실을 고지하고 동의를 받는다는 과학적 기준을 위반했을 수도 있다. 인권 운동가들은 총체적인 DNA 데이터베이스는 정부에 순응하지 않고 저항하는 위구르족을 추적하는 데 사용될 수 있다고 주장한다. 중국 정부는 범법자와 범죄자를 추적하는 데 유전학 연구가 크게 공헌할 것이라고 했다. 반면에 이것은 거대한 유전자 데이터베이스를 구축하는 편리한 방식이라는 관점도 존재한다.[41]

중국은 위구르족과 다른 소수 민족은 물론이고 한족(중국 인구의 91퍼센트를 차지한다)의 유전자 정보도 폭넓게 수집하고 있다.[42] 중국 정부는 머지않아 다른 국가와는 비교할 수 없는 포괄적이며 강력한 유전자 데이터세트를 손에 쥘 것이다. 미국, 캐나다, 유럽연합, 영국은 유전자 프라이버시의 장점을 두고 논쟁 중이다. 대량의 유전자 정보를 수집해도 정부의 감시를 문제 삼지 않는 중국은 유전학 연구와 실험에 대한 저항이 훨씬 적을 것이다.

중국은 인민을 편집하거나 강화할까? 노골적으로 말하자면 중국은 이미 그렇게 했다. 1979년, 중국 공산당은 당시 계속 치솟는 인구가 경제 발전을 억누르지 않도록 한 자녀 정책을 도입했다. 일시적인 조치였지만 4억 명의 아기가 태어나는 일을 막았다고 추정된다. 동시에 여아 살해로 이어지면서 '사라진 소녀들'이 중국에서만 3000만~6000만 명에 이르렀다.[43] 한 자녀 정책은 2015년에 공식적으로 끝났고 2021년 7월 현재 모든 산아제한 조치는 해제되었다. 중국은 닥쳐올지 모르는 경제 위기를 해결했을지 몰라도 이 정책은 현재 외로움 증후군loneliness epidemic의 원인이 되었다. 남성 수천만 명이 결혼하지 못한다. 여성이 부족하기 때문이다.

다음에는 유전학적 도구로 성별 외에도 다양한 특성을 선택할 수 있을 것이다. 아마 예비 부모가 임신하기 전에 미리 검사하고 분석하는 국가 정책으로 시작할 가능성이 크다. (BGI 그룹은 전 세계 어느 기업이 나 연구소보다 더 많은 DNA 염기서열 분석기를 갖고 있다.[44]) 처음에는 관상동 맥질환coronary artery disease처럼 유전적 문제를 확인하고 완화하도록 설계 할 것이다. 정부가 주관하는 검사가 바람직하다고 더 널리 인정받으 면 편집도 가능할까? 중국은 대체로 종교가 허용되지 않는 국가라는 사실을 명심하자. 다른 나라와 다르게 기술을 활용한 임신에 신앙을 바탕으로 한 저항은 없을 것이다.

시간이 지나면 유전자 강화도 받아들여질 것이다. BGI 그룹은 지 능과 여러 바람직한 특성을 조사하는 유전자 검사를 제공할지도 모 른다. 이 검사와 체외수정이 합쳐지면 미래의 중국인은 다른 세계인 보다 더 건강하고 더 똑똑해질 수도 있다. 미래의 중국인은 인내력이 강하고 감각 능력이 뛰어나며 질병 회복력도 훨씬 높을 수 있다. 만 약 중국이 이런 방식으로 극복할 수 없는 경쟁 우위를 얻는다면, 그 리고 그 정보가 공개된다면 과연 미국은 이에 대응하지 않을까?

나타날 수 있는 나쁜 영향을 생각해 보자. 미국 대학교들은 중국 학 생이 미국 학생보다 뛰어날까 봐 차별할 것이다. 반대로, 어쩌면 뛰 어난 능력으로 대학의 경쟁력을 높여 줄 중국 학생을 모집할지도 모 른다. 미군은 현장 대비 태세를 점검하고 중국이 해킹, 심리 작전, 신 무기 연구에 중대한 능력을 보유했는지, 미국이 해당 능력을 빠르게 회복해야 할지 결정할 것이다. 그러면 미국 군인에게 유전자 강화 프 로그램에 참여하도록 요청하거나 강제할 수도 있다. 당연히 이 모든 일은 격렬한 저항과 사회 불안을 가져올 것이다. 누군가는 유전자를 강화했지만 그게 누군지, 얼마나 강화했는지 모른다는 사실과 마주할 때, 정부 고위 관료들은 강압에 못 이겨 어려운 결정을 내릴 수 있다. 그렇게 되면 미국은 자국민을 유전자 강화 프로그램으로 발전시키려 할까? 애국심을 드러내는 최고의 행동이 체외수정으로 임신하고 유전자 보고서를 근거로 최상의 자녀를 선택하는 일이 될까?

이런 발전은 결국 새로운 사이버-생물무기의 군비 경쟁을 강제할 것이다. 눈으로 감시할 수 있는 핵무기 확산과는 다를 것이다. 원자로를 건설하는 광경은 숨길 수 없고, 전 세계를 이동하는 원재료는 추적할 수 있다. 그러나 유전자 강화가 뉴 노멀 즉 시대 변화에 따라 새롭게 세워지는 기준이 된다면, 국가가 의도적으로 국민의 유전자를 강화하더라도 수년이 지난 뒤에야 그 사실을 알게 될 것이다.

비국가 활동 세력도 미래의 위협이 될 수 있다. 악당 단체가 허젠쿠이처럼 배아 실험을 하려는 의사와 과학자를 찾아낸다면? 이런 실험이 특정 정부가 영토로 선언하지 않은 바다 위를 떠다니는 도시에서 이루어진다면? 자녀에게 밝은 미래를 제공하기 위해서라면 무슨 일이든 하는 부유한 권력자들이 새로 건설된 섬 국가의 시간제 선원이 되어 법망을 피해 엄청난 위험을 감수하고 유전자를 강화한 아이를 만들려고 한다면?[45]

위험 8: 슈퍼생쥐와 원숭이-인간 잡종

일본 도쿄대학교 연구자들은 2017년에 췌장 없이 자라도록 유전자를 편집한 쥐 배아에 생쥐에서 만든 유도만능줄기세포를 주입했다. 성장하면서 쥐는 완전히 생쥐 세포로만 이루어진 췌장을 만들어 냈다. 연구팀은 이 췌장을 꺼내 당뇨병이 발생하도록 조작된 생쥐에게 다시 이식했다. 놀랍게도 대리모 쥐는 생쥐에게도 완벽하게 기능하는 췌장을 만들어 냈고, 췌장을 이식받은 생쥐는 당뇨병이 치료되어 건강해졌다.[46] 생물학의 이정표가 된 더 우려스러운 사건은 2021년에 캘리포니아주 라호이아에 있는 소크연구소Salk Institute 과학자들이 짧은꼬리원숭이 배아에 인간 줄기세포를 주입해서 성장시킨 연구가 있다. 이 배아는 20일간 발달하는 과정을 관찰한 뒤 파괴되었다. 이것은 쥐나 생쥐가 아니었다. 분류상 매우 가까운 유연관계가 있는 두 영장류를 혼합한 실험이었다.[47]

이런 하이브리드 생물을 가리키는 용어가 키메라chimera다. 키메라는 그리스 신화에 나오는 불을 뿜는 괴물로 사자, 염소, 큰 뱀의 형태가 뒤섞인 모습이다. 키메라를 연구하는 과학자들은 소크연구소처럼 부분적으로 인간인 키메라를 개발해서 다양한 의학 치료 연구에 활용하거나 이식할 장기를 성장시키는 데 사용하려고 한다. 그러려면 연구소에서 키메라를 설계하고 유전체를 제작해야 한다. 합성생물학은 이 결말에 한 걸음 더 가까이 다가가게 한다.

인간-원숭이 키메라라는 개념은 해결해야 할 많은 과제를 남겼으며 윤리적으로 복잡한 문제다. 그 이유를 하나만 들어보자면 어느 시점에 가서는 실험이 허용되지 않을 정도로 인간과 키메라의 경계가 모호해지는 특성을 물려받을 것이다. 아직 우리는 동물-인간 키메라가 살아가는 세상에서 '인간'의 특성을 정의할 준비가 되지 않았다. 동물이 *너무나* 인간다워지면 어떻게 해야 할까? 키메라가 연구소에서 탈출한다면? 탈출한 뒤 야생에서 이종교배에 성공한다면? 키메라가 영장류의 근력과 인간 수준의 지능을 갖추면서 연구소에 자기를 가둔 인간과 맞서게 된다면? 예를 들어 악당이 고도의 지능과 공격적 성향, 네 배나 많은 근육을 가진 개와 같은 초강력 포식자를 의도적으로 만든다면?[48]

애초에 키메라는 왜 만들까? 1장에서 만났던 프레더릭 밴팅과 찰스 베스트를 다시 생각해 보자. 두 사람은 췌장을 제거한 개를 합성 인슐린으로 치료하려고 했다. 키메라를 만들면 이번에는 동물을 유전자 조작해서 이를테면 신장과 같은 특정 장기가 없이 자라게 한 다음, 인간 줄기세포를 편집해 동물의 몸속에 넣어서 인간 신장을 키울 수 있다. (역설적이게도 이는 동물을 대리체로 키우고 필요에 따라 장기를 대량 적출하는 옛 시절로 돌아간다는 뜻이다.)

또 다른 키메라 활용법은 생물 발달을 연구하는 것이다. 인간-원숭이 키메라의 뇌는 파킨슨병과 알츠하이머병을 연구할 실험 대상으로 개발될 것이다. 하지만 인간-비인간 키메라의 정신 능력이 발달하면서 원래 동물과 인간의 중간 어디쯤의 생물이 된다면 어떻게 해야 할까? 인간-돼지 키메라가 발달하면서 중증 지적장애인 수준인 IQ 39 정도의 지능을 갖게 된다면 어떨까? 지능이 낮다고 해서 인간을 살육하는 데 동의할 사람은 없을 것이다. 다른 사람과 마찬가지로 이들에게도 권리가 있다. 낮은 인간 지능을 갖춘 키메라를 실험 대상이나 장기 적출용으로 사용할 수 있을까? 아직은 키메라의 도덕적 지위를 결정하고 키메라가 누릴 권리와 의무를 부여할 방법이 없다.

키메라 연구는 필연적으로 생물 강화로 이어질 것이고, 생명 보존에 관한 일을 대체할 것이다. 벌새는 다양한 진동수의 자외선과 인간이 상상할 수 없는 색을 볼 수 있다.[49] 미래의 연구자들은 벌새 유전체를 빌려와서 인공지능을 이용해 유전자 구조를 확인하고, 실험실에서 키메라 유전체를 합성할 수 있다. 아주 작지만 정밀하고 확장성 있는 변화로 인간은 벌새가 보는 것처럼 볼 수 있다. 더 먼 미래에는 다른 키메라도 줄이어 나타날 것이고, 박쥐의 음파 탐지 능력이나 아프리카코끼리의 최상급 후각처럼 동물의 왕국에서 발견한 능력을 인간에게 선사할 것이다.

키메라 요소를 가진 인간은 재분류해야 할 것이고, 사회도 그들을 다른 범주로 분류할 것이다. 미국에서는 이미 인종, 민족, 젠더 평등성 문제로 투쟁하고 있다. 우리 사회는 아직 키메라 연구에서 파생되는 심리적, 도덕적, 윤리적 문제와 여기에서 발생하는 결과를 마주할 준비가 되어 있지 않다.

위험 9: 사회는 역정보로 무너질 것이다

과학은 협력을 기반으로 한다. 하지만 우리는 심각하게 분열된 시대를 살고 있다. 국수주의가 확산되고 있다. 미국은 인종 간 불평등에 대한 심판으로 격투를 벌인다. 코로나19는 정부와 과학, 언론에 대한 불신을 불러왔다. 이중 용도, DNA 해킹, 모호한 규제, 생물 강화에 관한 우려만큼이나 합성생물학의 미래를 뒤덮을 더 큰 위험이 다가오고 있다. 바로 역정보misinformation다.

사람들을 속이려고 의도적으로 만든 거짓이나 부정확한 정보인 역정보의 규모는 어느 한 단체나 국가를 훨씬 넘어선다. 2020년 말, 페이스북은 가짜 계정 13억 개를 제거했다고 발표했다. 2018~2021년에는 가짜 정보를 퍼뜨리는 네트워크를 100개 이상 없앴다.[50] 페이스북에는 역정보의 전파를 막는 담당 직원만 3만 5000명이 있다.[51] 즉 역정보를 걸러내는 담당 직원이 포춘 500대 기업인 패니메이Fannie Mae(7500명), 콘아그라 브랜즈Conagra Brands(1만 8000명), 랜드오레이크스Land O'Lakes(8000명)의 직원을 합한 것보다 더 많다는 뜻이다.[52] 게다가 페이스북은 그저 여러 정보 출처 가운데 *하나*일 뿐이다.

코로나19 범유행 이전에도 수많은 거짓 정보는 대개 과학 관련 정보였다. 2019년 온라인에는 라면이 암과 뇌졸중에 관련 있다는 부정확한 소문이 퍼졌으며, 2021년 5월 26일 현재 이 주장은 아직도 페이스북에 버젓이 게시되어 있다.[53] 같은 날 "암을 죽이는 데는 항암 화학요법보다 생강이 1만 배 더 효과 있다"(다시 강조하는데 완전히 거짓말이다)라는 키워드로 구글을 검색했더니 기사, 웹사이트, 소셜 미디어 게시글 등등 검색 결과가 여섯 페이지나 나왔다. 이 중에는 거짓 주장을 폭로하는 글도 있었고, 거짓을 거듭 주장하는 글도 많았다. 때로 역정보 자체가 이윤을 창출하는 사업이 되기도 한다. 타이Ty Bollinger와

샬린 볼링거Charlene Bollinger 부부는 여러 채널을 운영하면서 암, 백신, 코로나19에 관한 역정보를 퍼뜨렸다.[54] 한동안 이 부부는 음모론을 활용해서 공포와 불신을 조장하는 수백 시간짜리의 끔찍한 영상, 소책자, 뉴스 기사를 199달러에서 499달러(27만 원에서 68만 원)에 판매했다. 부부는 수천만 달러에 달하는 역정보 관련 상품을 팔았다고 말했다.[55]

역정보는 현재 사회를 붕괴시키는 원인의 하나다. 치명적인 전염병의 세계적 대유행으로 미국인은 기적의 백신을 손에 넣었지만 열 명 중 네 명은 백신 접종을 거부한다. 2020년 12월 14일, 간호사 샌드라 린지Sandra Lindsay는 최초로 백신 접종을 받은 미국인이 되었다.[56] 열두 살 이상이면 백신을 어디서나 무료로 접종할 수 있게 된 2021년 5월 말, 백신 접종을 완료한 미국인은 대략 1억 2900만 명, 전체 인구의 삼 분의 일에 불과했다.[57] 같은 기간, 12월부터 5월까지 코로나19로 25만 명 이상이 사망했다.[58] 의학 및 공중보건에 대한 미국인의 신뢰는 완전히 무너졌다.

역정보는 정치도 무너뜨리고 있다. 2020년 미국 대통령 선거 음모론은 결국 2021년 1월 6일에 수천 명이 미국 국회의사당을 급습하는 결과를 낳았다. 이는 1812년 미영 전쟁 이후 최초로 의회를 조직적으로 공격한 사건이었다. 이로 인해 많은 사람이 다치고 다섯 명이 사망했다.[59] 민주주의 절차에 대한 신뢰, 그리고 행정부 사이 평화적인 정권 이양이 무너졌다. 정부를 향한 대중의 신뢰는 땅에 떨어졌고, 미국인 75퍼센트가 정부가 국민의 이익을 위해 최선을 다할 것이

라고 믿지 않는다.[60]

　과학과 규제 기관, 제도를 향한 대중의 신뢰는 사회를 지지하는 사회계약의 근본이다. 합성생물학이 초래한 가장 큰 위협은 사회와 합성생물학 자체에 위협이 된다. 역정보는 신뢰를 무너뜨리고 바이러스, 유전체 창조, 크리스퍼 편집, 그 외 다른 생명공학 기술에 혼란을 가져오며, 이는 인간의 장기적인 생존을 위태롭게 할 수 있다. 우리는 이런 위험과 위대한 가능성, 최악의 위험을 보여 주는 유전자 편집 프로젝트 이야기를 지금 풀어놓으려 한다. 데이터 조작, 속임수, 불신으로 폐기된 이 프로젝트는 황금쌀Golden Rice 프로젝트로, 신뢰 없이는 합성생물학의 위대한 미래가 절대로 실현될 수 없는 이유를 보여 준다.

8

황금쌀 이야기

세탁기가 보편화되기 전 뉴올리언스의 월요일은 빨래하는 날이었다. 여성들은 크랭크와 탈수기 옆에 서서 흙투성이 옷을 빨면서 한 주를 시작했다. 셔츠와 바지가 너무 더러우면 물에 넣고 삶았다. 세탁은 손으로 직접 해야 하므로 오래 걸렸고 고된 일이었다. 저녁 준비를 하기 전에 빨래를 모두 끝내기는 불가능했다. 그러나 강낭콩, 돼지 햄혹(돼지 다릿살-옮긴이), 소시지 조각을 함께 넣고 온종일 뭉근히 끓여 두면 저녁 식사를 걱정할 필요가 없었다. 쌀과 함께 먹으면 영양도 풍부하고 두 종류의 탄수화물과 완벽한 단백질이 함께 어우러진 맛있는 식사가 되었다.

따라서 빨래하는 날인 월요일 저녁은 언제나 강낭콩과 쌀이었고, 이 전통은 힘들게 옷을 빨지 않아도 되는 지금까지 오랫동안 이어져

왔다.

현지인들은 여전히 강낭콩과 쌀을 먹는다. 뉴올리언스의 바와 식당에서는 대부분 강낭콩과 쌀 요리를 찾을 수 있고, 역사적 장소인 트레메 지역 중심부에 있는 릴 디지스 카페가 가장 유명하다. 2021년까지 릴 디지스는 2세대 크리올Creole(미국 남부에 정착한 프랑스나 스페인 정착민의 후예-옮긴이) 식당 경영자인 웨인 바케이Wayne Baquet Sr.가 운영했다. 그의 아버지와 고모는 1940년대부터 식당을 운영했다. 오랫동안 바케이 가족은 공연하러 마을을 방문하는 유명한 음악가와 풋볼스타 그리고 최소한 대통령 한 명의 식사를 책임졌고, 주민들은 점심 뷔페에 몰려들었다. 코로나바이러스 대유행으로 잠시 문을 닫았다가 웨인의 아들인 웨인 주니어와 그의 아내가 물려받아 현재 3세대 경영자가 다시 영업 중이다.[1]

강낭콩과 쌀 요리는 누구나 만들 수 있다. 두 가지 기본 식재료를 냄비에 넣기만 하면 된다. 하지만 정말 맛있는 강낭콩과 쌀 요리를 만들려면 성 삼위일체인 깍둑썬 양파, 셀러리, 피망과 정확하게 비율을 맞춘 세이지, 파슬리, 다진 정향, 앙두이 소시지, 돼지 햄혹을 넣어야 한다. 그러나 요리의 진짜 비결은 강낭콩이 아니다. 쌀이다.

쌀은 대개 미국 남부에서 재배한다. 루이지애나주는 연간 27억 파운드(1억 2247만 킬로그램)를 재배하고, 이는 약 3억 6000만 달러(4925억원)의 가치가 있다. 세계 인구의 절반 이상이 쌀을 주식으로 먹는다. 하지만 가장 인기 있는 품종은 낟알에서 섬유질, 무기질, 비타민, 항산화물질이 든 껍질을 깎아낸 백미다. 따라서 쌀은 대체로 포만감을 주지만 영양은 풍부하지 않다. 건강에 더 좋은 현미를 싫어하는 것은 어느 정도 공자 탓도 있다. 말년에 공자는 통곡물이 교양 없는 평민에게나 어울린다고 말하면서 녹색 채소에 맞춰 쌀은 "항상 흰색이어야 한다"라고 강조했다.[2]

벼는 수만 년 전에 중국 양쯔강에서 처음 재배하기 시작했다. 당시에 벼는 철, 지방, 섬유질, 포타슘, 칼슘, 비타민B, 망간의 훌륭한 공급원이었는데, 이런 무기질은 크게 주목받지 못했어도 혈당과 신경 기능, 뼈 발달을 조절했다. 이후 수천 년 동안 인간은 여러 곳으로 흩어져 이동했다. 새로운 영토로 이주하는 사람들은 씨앗을 가져갔고, 이는 유전자 변형이 도입되는 계기가 되었다. 다른 지역과 기후에서 더 잘 자라는 자연 돌연변이의 장점을 활용해서 사람들은 새로운 형태와 질감의 품종을 재배했다. 이런 초기 유전자 변형으로 인해 모든 쌀이 더 부드럽고 더 하얀 쌀로 변했다. 윤기가 흐르고 찰진 단립종 벼는 일본에서 주로 먹고, 장립종 벼는 파키스탄과 요르단에서 선호했다.[3]

릴 디지스 카페의 요리에 사용하며 미국 식품점에서 판매하는 장립종 벼는 농부들이 수천 년에 걸쳐 조심스럽게 유전자를 변형한 결과물이다. 영리한 판매자들은 '고대의 작물'이라는 말로 포장하지만, 지금 우리가 먹는 모든 작물은 같거나 가까운 친척 품종의 유전자를 삽입해서 수확량을 늘리고, 가뭄과 혹서에 대한 저항력을 높이며, 영양학적 가치를 높이는 *시스제닉 육종*cisgenic breeding으로 개량한 품종이다. 기본적으로 시스제닉 육종은 새로운 기술을 사용하여 기존

육종 방법으로 진행하던 과정을 더 빠르게 수행한다. 미국에서 소비하는 쌀은 대부분 두 번 개량되었는데 한 번은 세심한 교배를 할 때, 다른 한 번은 껍질을 도정해서 하얗게 만들 때 사라지는 철, 엽산, 니아신, 티아민, 그 외 영양소를 강화할 때였다. 영양소를 강화해도 쌀은 비타민과 무기질이 풍부하지 않다. 그래도 뉴올리언스 지역의 요리는 필수 영양소가 가득한 식품을 함께 조리하므로 괜찮다. 릴 디지스 뷔페에서 제공하는 강낭콩과 콜라드 그린(케일과 비슷한 녹색 잎채소-옮긴이)이 바로 그런 식재료다. 그러나 모든 곳이 뉴올리언스 같지는 않다.

 식당에 들어갈 때마다 여러분과 식당 주인, 요리사, 직원들은 식당이 제공하는 음식은 신선하고, 질병 매개체에 오염되지 않았으며, 안전하게 조리되었다고 무언의 동의를 하는 것이나 마찬가지다. 신뢰는 무엇보다 중요하다. 여러분이 먹는 음식은 부엌에서, 유통 과정에서, 원재료 재배지에서 수많은 결정을 거친 결과물이다. 릴 디지스 카페를 이용하는 주민과 관광객은 이 식당이 얼마나 유명한지, 바케이 가족이 얼마나 오래 요리해 왔는지 안다. 신뢰가 확립되었다. 그래도 관광객은 만약을 위해 쌀과 강낭콩 요리가 얼마나 매운지 묻는다. 식당의 역사나 요리법에 얽힌 가족 이야기도 궁금해한다. 하지만 벼가 어떻게 재배됐는지 묻는 손님은 없고, 릴 디지스 카페를 나오면 아마 완벽하게 조리한 장립종 벼가 접시에 올라오기까지 수천 년 동안 이어진 세심한 경작법을 찾아보는 사람도 없을 것이다. 또한 그보다 더 깊이 파고들어 소설 같지만 사실인 이야기, 매일 먹는 평범한 쌀을 매년 영양실조에 걸리는 수백만 명의 생명을 구하는 위대한 영웅으로 바꾸기 위해 장기간 이어져 온 이야기를 탐구하지도 않을 것이다.

하지만 이 이야기를 찾아본다면 세계의 빈곤층을 먹이기 위해 새로운 벼 품종을 만든 두 명의 식물생물학자와 과학에 대한 불신을 조장하고 이들의 업적을 깎아내린 세계적 역정보 운동의 참혹한 이야기를 듣게 될 것이다. 수십 년 동안 동료 심사를 거친 과학 연구, 꼼꼼한 테스트, 위험을 줄이기 위해 확립된 절차 준수 등 기본적으로 모든 과정을 올바르게 하기 위해 이들이 행한 절차가 역정보로 망가질 수 있다는 사실을 알게 될 것이다. 위대한 과학적 업적은 반드시 대중의 신뢰를 얻기 위해 더 큰 노력을 해야 한다. 이 이야기는 릴 디지스 카페에서 북서쪽으로 약 80마일(129킬로미터) 떨어진 곳에 있는 현장의 재배 실험장에서 시작되어 난폭해진 활동가 집단이 필리핀에서 벼를 심어 놓은 논을 짓밟는 장면으로 끝난다.

벼의 단점

벼는 단순하다. 하지만 벼의 경작은 단순하지 않다. 에이미가 잠시 일본 북부에 살았을 때, 그의 집 근처에는 지역 주민이 취미로 재배하는 좁은 논이 있었다. 봄이 되면 에이미는 그 가족을 도와 논에 물길을 내서 물이 25센티미터가량 차오르게 했다. 그 뒤 모판을 가져와 하나씩 가지런히 줄 맞추어 모를 심었다. 벼가 자라는 여름에는 논물의 높이를 일정하게 유지해야 했다. 물이 너무 많으면 벼가 썩고 너무 적으면 벼가 마르거나 껍질이 벗겨진다. 가을에는 논에서 물을 빼고 곡물을 조심히 털어서 빠르게 건조한다. 기계로 수확하기에는 논이 너무 작아서 10월 초에 낫으로 직접 벼를 베어 추수해야 했다. (에이미에게는 허리가 끊어지고 허벅지 뒤쪽이 찢어질 듯 당기는 고된 작업이었지만 그 가족에게는 크게 힘든 노동이 아니었다.) 벼는 한 짚단씩 단단하게 묶어 땅 위에 손잡이 없는 빗자루 모양으로 세워 놓았다. 이 볏짚단은 낟알이 햇빛에 건조되고 남아 있던 물이 중력으로 떨어질 때까지 일시적인 나무 울타리가 되었다.

에이미는 벼를 전통 방식으로 재배하려면 지식, 기술, 운, 고된 노동이 필요하다는 사실을 배웠다. 가장 이상적인 환경에서도 수확량은 많지 않았다. 0.1제곱미터의 대지에서 겨우 벼 열 모를 키울 수 있고, 각각의 벼는 고작 낟알 70~100개를 맺을 뿐이다. 에이미가 논농사를 도왔던 가족은 부유한 편이어서 여름에 비가 너무 많이 내리거나 너무 가물어서 수확량이 줄어도 큰일은 아니었고, 상점에서 쌀을 사 와서 해결했다. 하지만 벼농사를 짓는 수백만 명의 사람들, 즉 직접 경작하는 소규모 농가와 가난한 사람들은 그렇게 할 수 없다.

1960년대부터 저명한 연구자이자 식물생물학자 잉고 포트리쿠스Ingo Potrykus는 벼의 두 가지 단점을 개선해서 함유 영양소를 향상하고 재배와 예측을 더 쉽게 하는 것을 꿈꿨다. 과학자로서 포트리쿠스는 어린이의 성장에 핵심 영양소가 얼마나 중요한지 알고 있었다. 또 허기진 채 잠들어야 하는 기분도 잘 알았다. 포트리쿠스의 아버지는

2차 세계대전에서 돌아가셨고, 전쟁의 여파로 그의 가족은 동독을 떠나야 했다. 포트리쿠스와 형제들은 상점에서 물건을 훔치고 거리에서 구걸하면서 음식을 찾아다녔다.[4]

포트리쿠스는 벼 수확량을 두 배 아니 세 배로 늘릴 수 있었지만 그것만으로는 영양 문제를 해결할 수 없었다. 그는 쌀이 주식인 많은 사람들이 제대로 먹는데도 심각한 영양실조 상태라는 사실을 알고 있었다. 포트리쿠스는 벼의 구조를 자세히 연구하면서 벼에 유전자를 덧붙일 수 없을지 고민하기 시작했다. 그러던 어느 날 밤 그는 여러 가능성을 고민하다가 잠들었고, 깨어났을 때 몇 가지 새로운 가설을 세울 수 있었다. 벼에 섬유질이나 포타슘을 강화할 수 있을까? 벼와 시금치 유전자를 섞으면 어떨까?

포트리쿠스는 쌀의 풍미나 질감, 밀도를 해치지 않고 주요 영양소를 강화해 줄 식물을 찾았다. 여기서 가장 중요한 점은 재배 방법이 달라지지 않아야 한다는 것이었다. 그는 광합성에 필요한 태양 에너지를 흡수하게 돕는 카로티노이드 함량이 높은 식물을 살피기 시작했다. 카로티노이드 함량이 특히 높은 식물은 빨강, 노랑, 주황처럼 선명한 색을 띤다. 카로티노이드는 알려진 종류만 600여 가지가 넘지만 가장 친숙한 것은 베타카로틴으로 당근, 호박, 고구마, 망고, 그레이프프루트, 피망, 토마토에 풍부했다. 베타카로틴은 항산화 물질이기도 했으며 강력한 항암 물질이고 비타민A로 대사된다.

이 마지막 특성이 핵심이었다. 수백만 명이 비타민 A 결핍으로 몸과 건강에 온갖 해를 입는다. 당근을 먹으면 눈에 좋다는 오래된 격언은 일부분 사실이다. 비타민A가 추가된다고 근시가 교정되지는 않지만 비타민A 결핍은 시각, 신경 및 면역력에 끔찍한 문제를 일으킬 수 있다. 비타민A가 부족하면 스펀지 같은 밀도의 각막은 제대로 건조되지 않는다. 여러 세포층으로 이루어진 각막은 계속 건조하게 유지해야 하는데 여기에는 비타민A가 필요하다. 각막을 건조하게 유지하지 못하면 유백색의 광택이 홍채를 뒤덮는다. 치료하지 않으면 각막이 뿌옇게 되면서 눈이 완전히 하얗게 변하고 시력이 떨어진다. 비타민A 결핍 증상 중에서도 하얗게 탁해진 눈과 흐려진 시력은 그래도 가장 나은 상황일 것이다.

비타민A를 충분히 섭취하지 않으면 시간이 지나면서 각막미란이 시작된다. 눈에는 이런 손상에 맞설 건강하고 미리 대비된 세포가 충분하지 않다. 눈의 표면을 보호하는 각막이 없어지면 각막 뒤에 있는 신경이 노출된다. 말하자면 공에 맞지 않았어도 달군 부지깽이로 눈을 계속 찌르는 듯한 통증이 느껴지는 것이다. 검안사는 이 감각을 '개종할 정도의 고통'이라고 설명한다. 각막미란이 일어나면 환자는 "이 고통이 멈추게 해달라고 아무 신에게나 빌게 되기" 때문이다.[5] 장기간 비타민A 결핍을 겪은 사람의 눈을 진찰하면 돌이킬 수 없는 실명 징후도 나타난다.

포트리쿠스는 만연한 비타민A 결핍이 수백만 명에게 눈의 통증을 일으키고, 결국에 가서는 완전한 실명으로 이어지리라는 사실을 알았다. 또 면역력을 떨어뜨리게 되는데, 이런 경우 어린이가 가장 고통받는다는 사실도 알았다. 가벼운 비타민A 결핍으로도 어린이 사망률은 급격하게 높아지는데, 홍역이나 설사를 일으키는 감염성 질병에 대한 저항력이 떨어지기 때문이다. 일부 빈곤 지역에서는 비타민A 결핍으로 인한 어린이 사망률이 50퍼센트를 넘기도 한다.

포트리쿠스는 비타민A를 공급할 방법을 두고 고민했다. 우선 공중보건 기관에서 수년 동안 효과가 지속될 정확한 농도의 비타민A 농축액을 개발해서 전 세계 수십억 명에게 비타민A를 주사하는 방법이 있다. 아이러니하게도 비타민A는 너무 많이 섭취해도 독성을 나타내므로 꽤 까다로운 방법이다. 아니면 과학적으로 어려운 도전이지만, 벼에 베타카로틴을 첨가해서 강화하는 방법도 있다.

사람들의 주식인 벼 품종은 대부분 *오리자 사티바*Oryza sativa이며, 염색체 열두 개에 총 430메가베이스, 뉴클레오타이드 길이로 치면 염기쌍 100만 개가 있다. 식물유전체학을 연구하기에 좋은 대상이다. *오리자 사티바*는 그 자체로는 대부분의 사람이 먹는 전분이 가득한 낟알 속(배유endosperm라고 부른다)에 베타카로틴을 발현하지 않는다. 포트리쿠스는 새로운 베타카로틴 경로를 벼에 구축한다는 가설을 세우는 데서 시작했다.

포트리쿠스와 소규모 연구 팀은 이 가설을 실험하기 시작했다. 벼를 베타카로틴과 연관시킨 과학자는 포트리쿠스만이 아니었다. 뉴욕에 있는 록펠러재단은 자본금만 40억 달러(5조 4600억 원) 이상으로, 전 세계 기아 종식을 주요 목표로 삼고 같은 문제를 고민하다가 마침내 비타민A를 강화한 쌀이라는 아이디어를 떠올린 참이었다. 록펠러재단은 필리핀에 세운 비영리 과학센터 국제미작연구소International

Rice Research Institute의 초기 투자자가 되었다. 1984년에 록펠러재단의 식량 안보 책임자 게리 토니센Gary Toenniessen과 그의 동료 프로그램 책임자 중 일부는 내부의 전문 지식, 연구소 및 협력 업체와의 네트워크, 외부의 과학자 고용 등 새로운 슈퍼 쌀 개발이라는 목표를 해결하는데 필요한 모든 것을 갖추었다고 자신했다. 록펠러재단의 과학자들은 곧 최초로 분자 마커(유전체에서 DNA 염기서열 차이를 이용한 표지 마커로 염색체에서 물리적 위치를 나타내고 특정 표현 형질을 암호화한다—옮긴이)를 활용한 쌀 유전자 지도를 만들었고 결국 쌀을 옥수수, 호밀, 밀과 같은 곡물 진화와 연결시켰다. 이는 다른 주요 식량 공급원에 관한 소중한 믿음에 도전하는 놀라운 발견이었다. 하지만 쌀의 영양소를 더 풍부하게 강화하는 위업은? 여전히 그들은 이 목표를 이룰 수 없었다.[6]

　토니센은 협력 과학자 중에서 독일 프라이부르크대학교의 베타카로틴 전문가이자 생화학자인 피터 바이어Peter Beyer를 만나기로 했다. 토니센과 포트리쿠스는 영양이 풍부하고 경작하기 쉬운 신품종 벼를 만들려면 다른 종의 유전자 암호가 필요했다. 피망과 고구마는 베타카로틴의 훌륭한 공급원이었지만 바이어는 이보다 더 먼 친척 관계의 식물이 후보로 적절하다고 생각했다. 이런 후보 중 하나가 아름답기는 하지만 사람이 먹을 수 있다고 전혀 생각하지 못한 식물인 수선화였다. 수선화는 눈에 익은 밝은 노란색 꽃잎 여섯 장이 짙은 노란색 부화관副花冠을 둘러싼 꽃이었다.[7]

　모두 터무니없는 생각이라고 여겼다. 오리자 사티바의 유전자를 변형하려면 먼저 사용할 수선화 유전자를 골라내야 했다. 그다음엔 선택한 유전자를 분리해서 식물 배아에 암호화해야 했다. 그들이 정확한 유전자를 선택했다는 가정 아래 이론적으로 식물 배아는 성장하면서 새 유전자를 자신의 DNA에 통합하고, 목표 단백질을 합성하면서 다른 유전체와 조화를 이루게 해야 했다. 마지막으로 이 세포가 성숙한 뒤 새롭게 변형된 암호를 물려받은 씨앗을 만들어야 한다. 이 씨앗에서 자라난 식물은 다시 후손 벼에 베타카로틴을 만드는 새로운 암호를 전달하게 된다.

이는 퍼즐의 한 조각에 불과했다. 역사적으로 식물 육종가들은 무차별 대입 실험과 인내심에 기대어 왔다. 1990년대가 되자 과학자들은 하나의 유전자를 삽입해 생물을 변형할 수 있었다. 그러나 베타카로틴을 강화한 벼는 유전자 세 개를 삽입해야 했다. 이를 위해 포트리쿠스 연구 팀은 다양한 방법을 시도했다. 처음에는 세 유전자를 각각의 벼에 삽입한 뒤 이들을 전통 방식으로 교배했다. 초기 실험체 몇 그루는 계획대로 되었지만 반복된 실험에도 세 가지 효소를 모두 발현하는 데는 실패했다. 다음에는 더 적극적인 방법을 시도했다. 그들은 목표로 하는 벼 배아에 DNA를 삽입할 수 있는 세균을 만들었다. 이 과정은 *아그로박테리움* 매개 형질전환이라고 하는데, 필요한 모든 유전자를 한 번에 삽입할 수 있다. 새롭게 변형한 DNA는 수선화의 피토엔 합성효소phytoene synthase와 리코펜 베타사이클라아제lycopene beta-cyclase를 포함하며, 세균의 피토엔 불포화화효소phytoene desaturase도 갖고 있다. 완벽하게 성숙한 형질전환 벼는 베타카로틴을 만들어 저장할 수 있다.

벼는 스위스 알프스 기슭에 있는 포트리쿠스의 온실에서도, 일본의 논에서도 재배하기 어려웠다. 포트리쿠스와 바이어 연구 팀은 수년 동안의 시행착오 끝에 비타민A 생합성 경로를 강화한 형질전환 벼 연구를 논문으로 발표했다. 하지만 학술 논문은 출발점일 뿐이다. 형질전환 벼를 전 세계 논에 심어 더 오랫동안 끈질기게 연구하고 시험해야 했다. 연구 팀의 최종 목표는 상업화가 아니라 전 세계에 종자를 나누어 주는 것이었다. 생명공학 기술로 만든 벼를 필요한 모든 농부와 가족에게 무료로 나누어 주는 인도주의적 프로젝트였다. 유전자 변형으로 강화한 신품종 벼는 비타민A 결핍으로 사망하는 어린이가 없도록 하겠다는 의지였다.[8]

이때쯤 대중은 처음으로 유전자 변형 생물체를 알게 되었다. 플레이버 세이버 토마토는 다른 과학자에게 현존하는 문제, 예를 들어 파파야의 윤문병, 쉽게 멍드는 사과 등을 해결할 영감을 주었고, 이런 연구는 전 세계 활동가의 주의를 끌었다. 특히 그린피스 같은 단체는 유전자 변형 식물과 관련한 과학을 깎아내리는 데 적극적으로 나섰다. 이들은 유전자 변형 생물을 금지하기 위해서라면 체포되는 일도 주저하지 않았고, 특히 언론에 보도되는 사안이라면 더더욱 몸을 사리지 않았다.

지금쯤 포트리쿠스와 바이어는 수년 동안 세계의 식량 불안을 안정시킨 그들의 연구 결과로 주목받았어야 했다. 그들은 더 오랫동안 순수과학의 세계를 더 깊이 파고들었어야 했다. 그러나 바케이 가족의 릴 디지스 카페와 달리 그들은 대중의 신뢰를 얻는 일에도 연출이 필요하다는 사실을 몰랐고, 자신들이 봉사하고자 했던 지역사회에 뿌리내릴 시간도 없었으며, 가슴 따뜻한 가족 이야기를 들려줄 시간도 넉넉하지 않았다. 연구 팀과 연구를 지원하고 후원한 재단 사람들은 수백만 명의 사람이 그들과 합성생물학 뒤에 있는 과학에 저항하기 위해 달려들 것이라고는 예상하지 못했다. 그 이유가 실제든 완전히 날조되었든 상관없이 말이다.

거인들과 엄청난 반발

신품종 쌀에 관한 뉴스는 2000년 1월《사이언스》에 연구 팀의 최신 연구 성과를 자세히 소개하는 기사가 게재되면서 처음 대중의 관심을 끌었다.[9] 이미 유전자 변형 생물과 유전자공학에 관한 공개 토론이 십 년 동안 고조되어 왔기에 학술지는 전 세계 1700명의 기자에게 기사를 보내면서 다음과 같은 특별 편집자 주석을 덧붙였다. "단기적인 이익을 고려하지 않고 인간의 고통을 개선할 식물 유전자공학의 응용은 해당 기술을 정치적으로 용인하게 할 것이다." 이는 역정보와 원색적인 기사들을 미리 저지하려는 주목할 만한 노력이었다.

얼마간은 이 노력이 통했다. 최신 유전자공학의 영웅적인 부분과 미래 기술의 영향에 관한 대중의 논쟁은 순조롭게 이루어졌다. 망고와 비슷한 색감과 인간 사회에 미칠 잠재적 가치를 반영해서 이 벼는 황금쌀로 알려졌다.

생명공학 연구는 인간의 진보에 중요하지만 비용이 많이 든다. 외부 투자자나 거대 기업은 종종 비용을 부담하지만 투자 비용을 회수하는 데는 수십 년이 걸릴 수도 있다는 점을 우려한다. 물론 회수할 수 있다면 말이다. 생명공학 연구개발에서 특허는 이 같은 위험의 균형을 맞추는 방법의 하나다. 그러나 앞서 설명했듯이 모두가 지식재산권 규칙을 따르지는 않으며, 법적 분쟁이 일어나는 편이 더 일반적이다. 법원은 얼마나 많은 유전자 서열을 변형해야 '특허를 받을 수 있는 발명'으로 인정할지, 학계 연구자가 특허가 있는 유전자 물질을 사용할 때 특허를 침해한 구성 요소가 무엇인지 아직도 결정하지 못했다.

2000년 4월 포트리쿠스와 바이어가 처음으로 형질전환한 황금쌀의 현장 재배 시험을 준비할 때 국제미작연구소(IRRI)는 특허 검색을 요청했다. 법적 검토를 한 결과 황금쌀은 한 곳이 아닌 30여 곳 이상의 공공 및 민간 기관이 소유한 특허, 라이선스, 그 외 법적 동의가 필요한 지식재산권 70~105개를 활용하고 있었다. 더 복잡한 문제도 있었다. 나라마다 특허를 다르게 적용하므로 황금쌀을 생산해서 나누어 주면 여러 해에 걸쳐 통제하기 어려운 법적 소송이 일어날 수 있었다. 황금쌀은 과학에서는 성공했지만 지식재산권이라는 측면에서는 완전한 재앙이었다.

당연히 연구 팀은 큰 충격을 받았다. 거의 이십 년 동안 연구해서 유용한 생명공학 기술을 창조했지만 연구실 밖으로 내보낼 수 없었다. 그래서 몇몇 제약 회사 대표들이 포트리쿠스와 바이어에게 접촉했을 때 두 과학자는 만남에 응했다.

거대 제약 회사인 아스트라제네카AstraZeneca사는 포트리쿠스 연구 팀이 황금쌀을 만들면서 사용한 특허 몇 가지를 갖고 있었다. 아스트라제네카사는 연구 팀이 봉착한 지식재산권 문제를 해결하고 특허와 기술을 무료로 제공하며 연구 자금도 계속 지원하겠다는 협상안을 제시했다. 황금쌀 종자는 연간 소득이 1만 달러(1378만 원) 이하인 농부들에게 나누어 주기로 했다. 그러나 여기에는 함정이 있었다. 아스트라제네카사의 사업부 중 제네카 농화학Zeneca Agrochemicals과 거대 제약사 노바티스Novartis의 농업 사업부가 생명공학 회사인 신젠타Syngenta로 합병할 계획을 세우고 있었다. 신젠타는 곧 세계에서 가장 큰 종자 및 농약 기업이 되는 동시에 유전체학 연구의 주요 기업이 될 것이었다. 연구 팀이 계속 연구하도록 하는 대신 신젠타는 황금쌀의 마케팅 권한과 종자의 상업적 판매권을 갖게 되었다.

포트리쿠스와 바이어는 여론을 알고 있었다. 《사이언스》가 연구 팀에 보낸 찬사 즉 단기 이익을 생각하지 않고 벼 생명공학 기술을 개발했다는 찬사가 이 협상으로 인해 의심으로 바뀔 것이라는 점도 알았다. 그들은 영양실조에 걸린 세계의 모든 사람에게 황금쌀을 제공하겠다는 약속과 함께 공공 및 민간 연구 지원금을 1억 달러(1377억 원)나 받았지만 그들의 연구 결과와 지식재산권 및 전문 지식을 빈곤층에게서 확실하게 이윤을 뽑아낼 거대 기업의 손에 넘기려고 하고 있었다. 그러나 연구를 마무리하려면 아스트라제네카사의 제안을 받아들여야 했다.

이내 혹독한 비난이 쏟아졌다. 캐나다 위니펙에 있는 시민 단체인 국제농촌진흥재단Rural Advancement Foundation International은 이를 두고 "대중의 신뢰를 저버린 행동"이라고 비난하면서 "아시아 농부들은 (입증되지 않은) 유전자 변형 벼를 얻고, 아스트라제네카는 '금'을 돌려받는다"라고 말했다.[10]

아스트라제네카사의 조언에 따라 포트리쿠스와 바이어는 기자회견과 잡지 인터뷰에 나섰다. 그해 5월 뉴욕에서 열린 기자회견에서 바이어는 아스트라제네카사의 회장이었던 로버트 우즈Robert Woods와 함께 3년 안에 황금쌀을 전 세계에 출시할 것이라고 발표했다. 아직 대규모 현장 시험도 하지 않은 상태였으므로 기자들은 황금쌀이 아직 적절한 시험을 거치지 못했다고 지적했지만 우즈는 그런 우려를 일축했다. "안전성만 제대로 확인한다면 생명공학 기술을 둘러싼 정치적 감정적 문제는 해결될 것입니다."[11]

대중의 신뢰를 회복하기 위해 황금쌀인도주의위원회Golden Rice Humanitarian Board가 설립되었다. 위원회는 기술 개발과 공공연구소에서 활용하는 비상업적 라이선스를 감독한다. 지역에 따른 경작 상황을 비교하고 지역 재배 환경에 종자가 적응하도록 과학자와 연구소 네트워크도 구축하기로 했다.

새로운 언론 전략은 제대로 먹혔다. 황금쌀 이야기는 바로 BBC 방송, 로스앤젤레스의 격주간지, 라이브저널Live Journal 등 어디서나 들을 수 있었다.[12,13] 2000년 7월 31일 《타임》지는 눈에 잘 띄게 대문자로 쓴 "이 쌀은 매년 수백만 명의 어린이를 구할 수 있다THIS RICE COULD SAVE A

MILLION KIDS A YEAR"라는 제목과 함께 포트리쿠스를 커버에 내세웠다. 《타임》이 발행된 지 며칠 지나서 미국 농화학 기업이자 농업 생명공학계의 거인인 몬산토사가 자신들도 황금쌀을 개발하고 있으며 농부들과 빈곤층 단체에 라이선스 비용을 받지 않고 종자와 유전자공학 기술을 배포하겠다고 발표했다. 또한 자신들의 황금쌀 유전자 염기서열을 새롭게 만든 웹사이트 Rice-research.org에 공개하겠다고 선언했다. 몬산토사 최고책임자 헨드릭 베펠리Hendrik Vefaillie는 "농부들과 비타민A가 절실한 개발도상국에 황금쌀을 빨리 배포할 수 있도록 라이선스를 획득하는 시간과 비용을 최소화하려 합니다"라고 말했다. 물론 연구가 완료되려면 아직 멀었고, 몬산토의 갑작스러운 등장이 대중의 불신을 바로 누그러뜨리지는 못했다.[14]

획기적인 신기술은 언제나 부적절한 낙관론과 공포를 몰고 온다. 황금쌀도 마찬가지였다. 초기 언론은 모두 황금쌀을 완성된 기술로 보도했지만, 아직 검증 시험과 마지막으로 덧붙일 수정 사항도 남았고 실지에서 여러 해 동안 재배하는 시험도 남아 있었다. 수집해서 분석해야 할 데이터는 여전히 엄청나게 많았다. 특허 문제는 해결했지만, 앞 장에서 설명했던 새로운 바이오안전성의정서부터 생물다양성협약까지 넘어야 할 규제 장벽도 많았다. 이런 협약은 각 국가에 살아 있는 유전자 변형 생물의 수입을 금지할 권리만 부여할 뿐이다. 수입국은 권리를 행사하지 않거나 제삼자에 의한 독립적인 생물 위험평가 대신 수출하는 국가가 직접 하는 위험평가를 요구할 수 있었다.

아직 누구도 황금쌀 종자를 세계적인 규모로 제조하는 방법을 몰랐고, 종자를 분배하고 추적 관찰할 최적의 방법도 몰랐다. 특히 고려해야 할 역사적 선호도도 있었다. 강화한 벼는 영양소 함량이 물론 높아질 테지만 더는 하얀색이 아닐 것이다. 농부와 대중에게 교육을 통해 이 작물을 먹어도 안전하며 평생 먹어 온 쌀과 맛이 다르지 않으리라는 신뢰를 얻는 일이 가장 중요했다. 솔직히 말하면 과학의 측면은 꼼꼼하게 계획했지만, 수용과 신뢰를 얻으면서 황금쌀을 사회에 도입할 현실적 전략을 세운 사람은 없었다.

자세한 사정은 뉴스에 보도되지 않았고, 이런 빈틈이 모든 유전자 변형에 완강하게 반대하는 조직에게 기회를 열어 주었다. 그린피스는 황금쌀을 목표로 선전 활동을 벌였다. 이들은 통계를 이용해서 황금쌀의 비타민A 이야기를 완전히 다른 이야기로 꾸몄다. 그린피스는 영양실조에 걸린 어린이가 비타민A를 충분히 섭취하려면 매일 쌀밥을 열다섯 공기 이상을 먹어야 하고, 성인은 매일 9킬로그램을 먹어야 한다고 주장했다. 이들의 주장에는 사실적 근거가 전혀 없었고, 그린피스는 이런 숫자가 나온 과정을 과학적으로 설명하지도 않았다. 그러나 과학보다는 이야기의 힘이 더 컸다. 화학 물질에 대해 길게 이어지는 학술적 설명과 그래프는 누구나 즉시 떠올릴 수 있는 단순한 숫자와 경쟁이 되지 않았다. 9킬로그램은 상점에서 파는 밀가루 네 포대에 해당했고, 콘플레이크로는 대략 스무 상자나 되었으며, 쌀로는 너무나 많은 양이었다. 불행하게도 이 주장은 사람들의 마음에 새겨지도록 계산되었고, 사람들은 즉시 황금쌀 연구를 의심하기 시작했다.[15]

비타민A를 거의 섭취할 수 없다면 이 쌀은 분명 트로이 목마이며, 이미 유전자 변형 종자를 심고 비싼 제초제를 사야 하는 소규모 농부들을 억누르고 통제할 방법이라고 일부 흥분한 사람들이 생각하기 시작했다. 오늘 무료인 종자는 내일의 이윤을 위한 담보이며, 제일 잘나갔을 때도 S&P500에서 인기 있는 기업은 절대 아니었지만 어쨌든 거대 농업 회사와 제약 기업이 빈곤하고 어리석은 농부에게서 돈을 갈취할 새로운 길을 열어 줄 것이다. 그린피스는 황금쌀 홍보는 완전히 거짓이라고 주장하기 시작했다. 황금쌀은 빈곤층을 위해 개발한 것이 아니라 유전자 변형 종자를 판매하려 만들어졌고, 이 벼를 재배하려면 특허료를 내야 하는 제초제를 뿌려야만 한다고 주장했다. 소문은 빠르게 퍼졌다. 특히 유럽과 북아메리카 활동가 단체와 황금쌀이 꼭 필요한 동남아시아의 작은 지역 단체에서도 반발이 뒤따랐다.

역정보는 진실과의 작은 연관성을 토대로 원래 있던 불안을 부추길 때 가장 효과적이다. 몬산토사의 경우에는 이 소문이 확실히 사실이었다. 몬산토사는 유전자 변형 작물을 생산하는 개척자였고, 자신들이 판매하는 제초제 라운드업에 대해 내성을 부여하는 특수 유전자를 보유하고 있었다. 만약 농부가 몬산토사의 콩, 옥수수, 목화를 재배한다면 이 작물들은 제초제인 라운드업을 뿌려도 해를 입지 않으며 잡초만 죽는다. 물론 이 과정에서 소규모 종자 회사들은 파산했으며 시간이 지나면서 몬산토사는 시장에서 유리한 고지를 차지했다.

다른 문제도 있었다. 몬산토사가 종자를 판매하기 시작했을 당시 유럽과 영국은 아직도 소해면상뇌병증bovine spongiform encephalopathy(BSE), 즉 광우병의 대유행으로 휘청거리고 있었다. 소들은 산업형 농장에서 쉽게 퍼질 수 있는 신경퇴행성 질병을 앓고 있었다. 영국 정부는 처음에 이 질병이 소에게는 전염성이 강하고 극히 위험하지만, 인간에게는 위험하지 않으며 소고기를 먹어도 안전하다고 발표했다. 그러나 이후 수백 명이 감염된 소의 신경조직을 섭취한 뒤 인간형 광우병에 걸렸다. 수백만 명의 사람들이 산업 농업을 규제하는 정부에 대한 신뢰를 잃었고, 영국 소비자는 유전자 변형 생물을 거부하기 시작했다. 소해면상뇌병증을 유전자 변형과 잘못 연관 지으면서 특히 몬산토사에 저항감을 드러냈다.[16]

떨리는 몸을 통제하지도 지탱하지도 못하며 몇 걸음조차 힘겹게 내디디면서 서서히 죽어 가는 불안한 소들의 충격적인 모습은 이미 전 세계에 생중계되었고, 이제 한때는 건강하고 활기찼던 사람들이 갑자기 몸을 떨고, 입은 벌린 채 멍한 눈으로 침대에서 자리보전하는 가슴 아픈 영상이 나오고 있었다. 수십 년 동안 사람들은 고기를 먹으면서도 고기가 어떻게 만들어졌는지에는 관심이 없었다. 하지만 이제 사람들은 처음으로 어린 소가 죽은 소의 고기와 뼈 혼합 사료를 먹고 있다는 사실을 알게 되었다. 소해면상뇌병증에 걸린 늙은 소를 도축해서 사료로 만들어 살아 있는 소에게 먹였기 때문에 이 질병이 소들에게 전파되고 있었다.

소해면상뇌병증은 프리온prion이라는 단백질이 알 수 없는 이유로 건강한 형태에서 병증을 일으키는 형태로 바뀌면서 일어난다. 과학자들은 이 현상이 다른 생물 과정처럼 자연스럽게 일어난다고 생각한다. 그러나 원인이 무엇이든 과학이 아니라 무서운 이야기가 대중을 사로잡았다. 정부는 생명을 위협하는 감염증을 두고 거짓말을 하고, 기업은 높은 이윤을 얻으려 의도적으로 종자 유전자를 변형하며, 이제는 유전자 변형 쌀을 빈곤층에 도입하려 한다고 운동가들이 말하지 않았나? 아스트라제네카와 몬산토가 궁핍한 아이들에게 실험하려는 건 아닐까? 황금쌀에 든 변형 단백질이 돌연변이를 일으켰다면? 황금쌀이 통제를 벗어나 사람들의 생존에 필요한 건강한 식물의 숨통을 조인다면? 의심은 음모론을 불러왔다. 사람들은 비밀 연구소에서 미래의 유전자 변형 생물이 개발되고 있으며, 과학자와 기업가 비밀 결사가 세계 식량 공급의 통제권을 쥐려 한다고 수군거렸다.

황금쌀에 대한 역정보를 퍼뜨리는 운동가들은 고등 교육을 받았고 박식하며 세상 경험이 많은 사람들이었다. 그러나 그들은 고의로 벼에 관한 과학을 무시하고 자신들의 계획에 따라 증거를 비틀었다. 불행하게도 현대 연구개발 분야와 번거로운 국제 특허와 상표 체계를 떼어 낼 수 없다는 점을 설명하기란 어렵고 복잡하다. 그래서 황금쌀의 적대자들이 사실보다 공포를 유포하기 쉬웠고, 대중은 아직 과학자들이 탐구 중인 질문의 성급한 해답을 믿게 되었다.

황금쌀의 현재

2013년에 황금쌀은 국제미작연구소와 여러 협력 단체의 감독 아래

마침내 논에서 실지 시험을 시작했다. 밝고 습한 8월의 어느 날 아침, 과학자들은 기다란 줄기 끝에 매달린 노란색의 작은 낟알을 보려고 마닐라에서 남동쪽으로 322킬로미터 떨어진 필리핀 비콜 지역의 현장 실험 논에 모였다. 수년 동안 법적 장애물과 규제의 벽을 뚫고 그린피스가 신나게 부추긴 반발에 대항하며 격렬한 전투를 치르면서, 포트리쿠스와 바이어는 마침내 야생에서 자생하는 황금쌀을 재배했다. 황금쌀에 내건 약속을 지키기 위한 오랜 싸움이 끝났으며, 이는 생명공학이 전 세계의 영양실조와 맞서는 새로운 시대가 시작되었음을 뜻했다.

그러나 들판의 반대편에는 자신들을 지역 농부라고 밝힌 소규모 시위대가 있었다. (하지만 이들은 농부가 아니었다.) 그들은 허술한 대나무 울타리를 밀고 논으로 들어가 벼를 짓밟고 뽑으며 논을 훼손했다. 해당 지역 농업 부서는 후에 이 기습 공격이 과격 단체의 짓이었다고 발표했다. 이 단체는 다국적 기업이 필리핀 쌀 시장을 집어삼키려 황금쌀을 만들었다는 음모론을 퍼뜨렸다.[17]

조지 처치는 나중에 이날의 사건을 언급하며 "매년 수백만 명이 비타민A 결핍으로 생명의 위협을 받는다. 본래 황금쌀은 2002년에 상용화할 수 있었다. 매년 황금쌀 출하가 지연될 때마다 수백만 명이 사망한다. 크게 보면 대량 학살이나 다름없다"라고 혹평했다.[18]

백 명 이상의 노벨상 수상자가 그린피스의 유전자 변형 생물 반대 운동을 규탄하는 공개 편지에 서명했으며, "그린피스와 지지자들은 전 세계 농부와 소비자가 생명공학을 통해 개선한 작물과 식량에 관한 실험을 재검토하고, 권위 있는 과학 단체와 규제 기관의 발표를 인정하며, 모든 '유전자 변형 생물'과 특히 황금쌀 반대 운동을 멈출 것을 강력히 촉구한다"라고 선언했다.[19]

그러나 황금쌀이 넘어야 할 장애물은 여전히 많았다. 2019년 12월까지 필리핀 정부는 국제미작연구소가 황금쌀 시험을 재개하는 데 필요한 생물안전성 허가를 내주지 않았고, 이는 황금쌀이 식량으로 활용될 작은 가능성마저 없애 버렸다. 게다가 대중에게 판매하려면 상업적 생산도 승인받아야 한다. 뉴질랜드, 캐나다, 미국의 규제 기관은 여전히 황금쌀을 승인하지 않았다. 황금쌀이 가장 필요한 곳에서도 별반 다르지 않다.

주의하지 않으면 황금쌀의 대실패는 언젠가는 지방 관료들의 변덕스러운 실랑이쯤으로만 남을 것이다. 이제 지금까지 읽은 합성생물학의 미래를 생각해 보자. 연구소에서는 성인 세포로 정자와 난자를 만들어 체외 생식자발생을 하고, 인공지능은 착상하기에 가장 좋은 배아를 선별하며, 아마 산모가 아닌 의료 기관에 설치된 인공 자궁에 배아를 착상할 것이다. 과학자들은 매머드와 아시아코끼리의 유전체를 섞어서 털이 많은 매머드를 복원할 것이고, 비슷한 연구를 통해 멸종한 여러 종이 부활할 것이다. 생물반응기에서 줄기세포 혼합액으로 두툼하고 육즙 많은 스테이크를 배양할 테고, 스테이크의 풍미와 질감을 향상하려 다른 식물이나 동물 조직과 혼합할 것이다. 진화와 생물을 향상할 엄청난 기회가 펼쳐졌지만, 교육에 심혈을 기울이고 역정보의 전파를 억제하지 않는다면 과학자들은 대중의 신뢰를 절대 얻지 못할 것이다.

과학이 아닌 과학자를 신뢰하는 이유

2020년에 퓨리서치는 미국과학진흥협회 회원과 일반 대중에게 여러 설문조사를 진행했다. 설문은 가치와 신뢰에 관한 것이었고, 범위는 어린이 백신 접종부터 생명공학 기술에 관한 생각, 실험 동물 연구부터 국제우주정거장까지 광범위했다. 일반 응답자와 과학자들은 많은 주제에서 의견이 일치했으며 국제우주정거장 문제도 마찬가지였다. 과학자 68퍼센트와 일반 대중 64퍼센트가 국제우주정거장이 투자할 가치가 있다고 답했다. 그러나 유전자 변형 식품에 관해서는 과학자와 일반 대중의 답이 걱정스러울 정도로 나뉘었다. 과학자 88퍼센트는 유전자 변형 식품을 재배하고 먹어도 매우 안전하다고 답했지만, 일반 대중은 37퍼센트만이 안전하다고 답했다.[20]

같은 설문에서 미국에서 가장 신뢰할 만한 전문가는 누구인지도 물었다. 과학자들은 2위를 차지했다. 군대가 1위였고, 종교 지도자, 유치원 교사, 그 외 많은 전문가는 하위권에 머물렀다.[21]

과학자는 믿으면서 왜 과학은 믿지 않을까?

이유를 하나 들자면, 인간은 소중히 간직한 믿음이 도전받았을 때 생각을 바꾸는 데 저항하도록 만들어졌기 때문이다. 우리는 새로운 정보를 들으면 이미 가지고 있는 생각을 토대로 사고한다. 새로운 믿음을 온전히 수용하는 것보다 새로운 정보를 이미 가지고 있는 믿음

체계에 순응시키는 편이 더 쉽다. 그보다 더 중요한 것은 사람들은 자신이 틀렸다는 사실을 인정하면서 수치심을 느끼거나 당황하기 싫어한다는 점이다. 이런 상황에 부닥치면 사람들은 본능적으로 논리적 추론과 비판적 사고를 활용해서 반박할 수 없는 반론을 세운다. 연구 결과를 보면 교육 수준이 높을수록 자신의 믿음에 반하는 증거가 틀렸다고 확신하기 쉽다. 만약 여러분이 유전자 변형 식품에 확고한 의견을 가졌거나 황금쌀 이야기를 일부분 알고 있다면, 합성생물학의 가능성과 이어지는 3부를 읽을 때 열린 마음을 가져야 한다는 뜻이다. 3부에서는 다가오는 50년 동안 일어날 전 지구적 진화를 아우르는 미래 시나리오를 탐색할 예정이기 때문이다.

사람들 대부분은 해답에서 위안을 얻으려 하며 모호성을 싫어한다. 인간은 감정적으로 확실성에 중독되어 있기에 모든 것을 설명할 수 있다고 확신한다. 이해는 되지만 이런 생각은 판단력을 흐리게 한다. 유전자 변형 생물처럼 복잡한 문제의 결과가 가져오는 깊은 불확실성을 마주하면, 불안과 의심은 실제보다 더 암울한 예측 결과로 이야기를 몰아간다. 상상하는 암울한 결과보다 실제로 나타나는 결과, 이를테면 황금쌀의 경우에는 매년 수백만 명이 쉽게 예방할 수 있는 비극으로 고통받거나 사망하는 결과가 훨씬 더 끔찍한데도 말이다.

대안 역사에서 황금쌀은 다른 풍경을 보여 줄 수도 있다. 특허 소유자들이 세계적인 인도주의적 노력에 감동해서 특허를 아주 적은 비용으로, 혹은 무료로 사용하도록 허가할 수도 있다. 생명과학 교육을 강화해서 일반 대중이 과학 연구를 쉽게 이해하고 다양한 형태와 언어로 활용할 수 있도록 만드는 캠페인도 있다. 어쩌면 마이클 조던, 오프라 윈프리, 톰 행크스처럼 붙임성 있고 신뢰받는 인물이 황금쌀의 장점을 극찬하면서 세간의 이목을 끄는 공익사업을 선보일지도 모른다. 밥 한 그릇과 숟가락을 들고 건강한 식사를 하는 모습을 보여 줄 수도 있다. 팬톤^{Pantone}사는 올해의 색으로 '금색'을 선정할지도 모른다. '로스가 황금쌀을 먹은 곳'이라는 제목으로 주인공들이 황금쌀로 저녁 식사를 요리하며 일어나는 대소동을 그린 〈프렌즈 Friends〉 에피소드가 방영될 수도 있다. 이제 황금쌀은 누구도 특별하거나 이상하게 여기지 않는 평범한 주식이 되었을 것이다. 영양결핍으로 고통받았던 이전 세대를 기억하는 어린이와 가족들을 제외한다면 말이다.

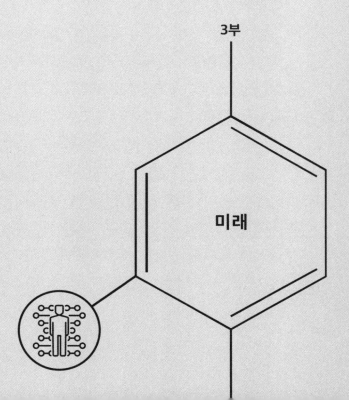

The
Genesis
Machine

3부

미래

9

최근에 나온 그럴듯한 결과물

생명공학 기술에 접근하기 쉬워지고 합성생물학이 모든 주요 산업에 스며들면서 인간의 삶과 진화 속도는 바뀔 것이다. 기아, 질병, 기후 변화에 대처하기 위해 이전에는 믿기 어려웠던 해결책이 나타나면서 역시 상상하지 못했던 사회 문제와 경제 문제, 안전 문제도 드러날 것이다. 여기에는 중국, 미국, 프랑스, 독일, 이스라엘, 아랍에미리트, 일본의 연구소에서 치열하게 연구하는 과학자, 스타트업을 분석해서 어떤 기업을 후원할지 결정하는 벤처 투자자와 여러 투자자, 맞춤형 생물을 설계하는 긴코바이오웍스Ginkgo Bioworks사처럼 다양한 응용법에 특화하며 기업 공개 직전이거나 기업 공개를 준비하는 기업들, 규제 체계를 재검토하는 규제 기관, 그 외 수많은 변수가 작용한다. 물론 구글의 인공지능 사업부인 딥마인드DeepMind가 단백질 접

힘 알고리즘을 개선하려 애쓰고 있고, 많은 기업이 주사 한 방으로 평생 면역력이 유지되는 인플루엔자 백신을 개발한다 해도 다음번의 큰 혁신이 언제 일어날지 알려 줄 통계적 확률을 계산할 방법은 없다.

합성생물학의 발전 단계는 여전히 알렉산더 그레이엄 벨이 치커링 홀에 섰던 때와 같은 수준이므로, 미래 계획은 소용없다고 주장하는 사람도 있을 것이다. 그래도 어떤 전략이든 다시 논의해야 하고, 사이버 공격이나 실업처럼 당장 더 걱정스러운 문제도 있다. 그러나 정확하게는 불확실성이 너무 크고 되돌릴 수 없는 결정이 매일 내려지고 있으므로 우리는 소중한 믿음에 도전해야만 한다. 지금 "만약에?"라고 묻기를 주저하지 않는다면, 미래에 "인제 어쩌지?"라는 질문을 피할 수 있다. 이런 질문은 폭넓은 우려를 아우른다.

- 만약 합성생물학 과학자들이 대중의 신뢰를 얻고 유지할 체계를 만들지 못한다면?
- 만약 생물의 미래가 소수의 의사 결정권자 손에 쥐어진다면? 기술과 지식을 가진 일부 사람들이 지구 생명체의 진화에, 그리고 우리 태양계 어딘가에 살게 될 인간의 진화에 더 많은 통제권을 가질 것이다. 그러면 누가 생명을 재창조하게 될까?
- 만약 의도적인 자녀 설계가 가족과 양육에 관한 우리의 생각을 바꾼다면?
- 만약 미래에 소수 집단이 타인의 유전자 정보를 '소유'한다면?

미국을 포함한 많은 국가에는 노예를 합법적인 재산으로 인정했던 끔찍한 역사가 있다. 여러분은 혹은 여러분의 기업은 타인의 유전자 권리를 소유함으로써 미래의 인간을 소유할 수 있을까?

- 만약 여러분의 몸을 해킹할 수 있다면? 만약 악당이 장관 내 고통을 일으키는 프로바이오틱이나 바이러스를 만든다면? 만약 DNA 등기소가 여러분의 정보를 동의 없이 제삼자에게 판매한다면? 유전자 프라이버시의 구성 요인은 무엇일까? 여러분에게는 유전자 정보 프라이버시를 지키고 제삼자에게서 보호할 권리가 있을까?

- 만약 몸의 일부를 개선해야 한다면? 어떤 개선을 허용할지는 누가 결정할까? 만약 그 결정이 짧은꼬리원숭이의 길고 강한 손가락을 가진 인간처럼 새로운 인간-동물 키메라를 만드는 것이라면?

- 만약 부유층이 돈을 들여 자녀를 개선할 때 대부분의 사람은 그러지 못한다면? 유전자 격차가 미래 사회를 더 분열시킨다면? 사회는 개선하지 못한 인간을 차별할까?

- 만약 정치와 역정보가 농업 개선 과정을 억압한다면? 그러면 기후 변화로 제한될 식량 공급을 두고 어떤 다툼이 일어날까?

- 만약 국가들이 체결된 협약을 위반하지는 않지만 장기적으로는 공익에 부합하지 않는 생물을 만든다면?

- 만약 중국이 인공지능과 합성생물학을 주도하면서 두 기술의 세계 표준을 결정한다면? 미국은 핵심 기술에서 뒤떨어지면서

주요 지정학적 경쟁자에게 뒤처질까?

대부분의 정부는 합성생물학을 비롯해서 이를 뒷받침하는 연관 기술인 인공지능, 홈 자동화, 생체인식 정보 수집 등 새로운 과학기술이 출현하는 중요한 시점인데도 장기적인 연구개발 지원에 대한 뚜렷한 청사진이 없다. 연구자들은 부단히 새로운 발견과 적용법을 찾아내면서 의미 있는 지침을 결정하고 기술을 통제하는 능력과 기술의 격차를 벌리고 있다. 정부 기관은 대부분 현실을 무시하며, 낡은 규제의 틀은 혼란만 가중한다. 미국의 과학기술 정책은 정치와 얽혀 있으므로 대통령 집무실에 새 행정부가 들어서고 의회 구성이 바뀔 때마다 규범과 기준은 고사하고 일관된 관점을 개발하고 옹호할 기회도 사라진다. 신 과학기술 전략을 개발하는 데 실패하면 법과 통치 체제가 민간 부문과 서로 반목하는 결과를 가져올 것이다. 합성생물학이 주류가 될 때까지 기다린다면 미국과 다른 선진국들은 이미 전략적으로 핵심 역량을 집중하는 중국에 뒤처질 것이다.

미국의 통치 및 규제 체계는 단기적인 이익만 추구하는 사고방식을 장려한다. 그러나 코로나19 범유행 당시 결단력 있게 행동해야 하는 정부가 주저하면서 이런 사고방식의 위험성은 분명하게 드러났다. 안전 조치를 취하는 대신 정부는 재선이나 걱정하면서 여론에 굴복했다. 범유행 초기에 열렬한 바이러스 부정론자였던 브라질 대통령 자이르 보우소나루Jair Bolsonaro는 국가의 이전 공중보건 정책을 내던지고 조직적인 대응을 하지 않으면서 브라질은 지독한 바이러스

감염의 여파를 오래도록 견뎌야 했다. 2021년 5월이 되자 브라질의 사망자는 거의 50만 명에 이르렀다.[1] 인도 총리 나렌드라 모디Narendra Modi는 처음에는 코로나19에 대응하기를 거부했다가 갑작스럽게 국가를 폐쇄하면서 이로 인해 거대한 노동 인구에 엄청난 경제적 혼란을 일으켰다.[2] 몇 달 뒤 모디 총리는 범유행이 끝났다는 기이하고도 즉흥적인 발표를 하면서 인도가 "인류를 거대한 재앙에서 구해 냈다"라고 말했다.[3] 크리켓 대회가 다시 열렸고, 퍼레이드와 종교 행사를 모두 허가했으며, 모디 총리의 힌두민족주의 정당의 정치 집회도 열렸다. 백신은 접종할 수 없었고, 다른 국가와 달리 인도는 국경을 폐쇄하지도 않았다. 새로운 유행이 시작되었을 때를 대비해서 국가 차원에서 마스크를 비축하지도 않았다. 이내 사람들은 병에 걸리기 시작했다. 계획도 없었고 공중보건 지침도 없었다. 왓츠앱WhatsApp과 다른 소셜 미디어를 통해 역정보만 빠르게 퍼져 나갈 뿐이었다. 가짜 치료제, 백신 부작용에 관한 잘못된 이야기, 이슬람교도가 바이러스 확산의 배후에 있다는 명백한 거짓말과 인종차별적 주장은 인도의 후기 코로나19 대재앙의 원인이 되었고, 이로 인해 겨우 몇 주 만에 수십만 명이 사망했다.[4] 그러나 민간 부문에서 단기 이익만 추구하는 사고방식이 일으킨 파괴적인 피해도 만만치 않다. 안전이라는 측면을 대충 처리하거나, 중독이나 피해를 일으킬 제품을 생산하거나, 사회 전체의 이익보다 이윤을 우선하기도 했다.

　이 모든 것이 "만약에"라는 질문을 지금 당장 마주해야 할 이유로 충분하다. 질문을 마주한다고 해서 합성생물학 연구를 멈추거나 혁신이 억제되지는 않는다. 오히려 그 반대다. 지금 당장 합성생물학이 미칠 다음 단계의 영향에 관해 합리적인 대화를 시작한다면 사회적, 재정적 면에서 합성생물학의 가장 거대한 잠재적 가치를 이룰 수 있는 유리한 위치에 서게 될 것이다. 그러려면 실현될 가능성이 있는 결정, 행동, 결과를 시나리오를 통해 창조하고 생각해야 한다. 시나리오는 현재 우리가 아는 진실을 바탕으로 세계가 발전해 나가는 과정을 보여 준다. 과학의 현재 동향에서 나온 증거를 토대로 제시한 "만약에"라는 질문과 사회에 관한 추가적인 가정으로 시작한다면, 타당한 대책을 세울 수 있다. 예를 들자면 배아 연구에 관해 "만약에?"라는 질문에서 시작해서 이를 대중 여론, 경제 등에 관한 가정으로 이루어진 문맥에 넣으면 다음과 같다.

- 만약 과학자들이 (1) 다능성 세포로 합성 생쥐 배아를 창조한 뒤, (2) 체외 생식자발생을 활용해서 조직이나 세포를 다시 유도 만능줄기세포로 재가공하는 방법을 집중적으로 연구한다면?
- 만약 그렇다면 이렇게 가정할 수 있다. (1) 가족을 이루기 위해 더 오래 기다릴수록 시장에서 생식 보조 기술의 수요는 높아질 것이고, (2) 배아를 편집하기 위해 크리스퍼를 수용하면서 체외수정의 접근성을 높일 것이다. (3) 부의 편차가 커지고 (4) 밀레니얼 세대와 Z세대의 취업은 계속 힘들어질 것이며, (5) 기술 기업은 소비자를 정량화한 건강 추적기 쪽으로 계속 몰아갈 것이다.

이런 상황에서 다가올 10~50년 후의 미래는 어떤 풍경일까?

시나리오는 깊은 불확실성에 맞서는 경영진에게 효과적인 전략 도구이며 미래를 준비할 기회다. 이사회와 임원진은 시나리오를 활용해서 어느 분야에 뛰어들지, 어디서 어떻게 해야 성공할지를 알아내고, 현재 전략이 성공하기 위해 유효한 가정을 찾아낸다. 군사 전략분야도 시나리오를 활용해서 다양한 작전과 전략이 가져올 결과를분석한다. 디자인 팀은 시나리오를 통해 신제품을 선별하고 사용 사례와 소비자 경험을 예측한다.

누구나 시나리오를 활용해서 미래를 탐색할 수 있다. 우리는 모두각자의 생각을 토대로 의사결정을 하지만 우리의 정신 모델은 위험할 수도 있다. 우리는 선택적으로 증거를 해석하고, 정보와 수상쩍은가정을 뒤섞으며, 우리가 이미 가진 편향을 확인해 주는 신호를 찾아헤매기 때문이다. 시나리오는 우리에게 대안의 세계관을 고려하도록 유도해서 이런 성향을 해체한다. 더불어 귀중한 것, 즉 현실을 재인식하는 능력을 드러낸다. 특히나 "만약에?"라는 질문이 여러분의정치적, 종교적, 철학적 방향성을 위협한다면 판단하기보다 호기심을 갖고 불확실성에 기대기가 어려울 수 있다. 그러나 '재인식'은 현재 예상한 기대와는 다른 미래의 가능성을 일깨운다. 우리가 늘 모든것을 알 수는 없다는 사실을 받아들이고, 현재 인식하는 것을 전적으로 확신하기보다는 의문을 품어야 한다.

부처의 가르침 중에서 코끼리 우화는 재인식의 중요성을 알려 준다. 재인식의 중요성을 상기하기에 적절한 이 우화를 아마 들어본 적이 있을 것이다. 길을 가다 어떤 물체를 마주친 시각장애인들이 그 대상이 무엇인지 손으로 더듬어 보고 맞추려 했지만, 누구도 그게 무엇인지 알 수 없었다. 대상의 옆에 선 사람은 벽이라고 생각했다. 상아를 만진 다른 사람은 창이라고 말했다. 코를 만진 사람은 뱀이라고 생각했다. 시각장애인들의 토론은 끝나지 않았고, 시간이 지날수록 각자의 한정된 현실 인식에 더 깊이 사로잡혀 결국 이들은 상아, 다리, 코가 모두 연결된 거대한 코끼리를 인지할 수 없었다.

합성생물학은 우리에게 재인식을 요구한다. 다음 장에는 이후 50년 동안 합성생물학이 우리 삶의 여러 측면을 어떻게 바꿀지 보여 주는 짧은 시나리오가 있다. 합성생물학의 방대한 가치 네트워크, 즉 모든 참여자가 가치를 생성하는 조직 체계에서 나온 정보와 증거뿐 아니라 다른 시장 분야의 학술 연구와 투자 결정도 고려했다. 부의 분배와 취업 시장의 진화, 프라이버시에 대한 태도 변화, 자녀 돌봄, 교육, 건강보험, 영양 상태, 주택 같은 사회경제적 요인도 고려했다. 현재 합성생물학 생태계의 지배적 참여자인 중국, 유럽연합, 미국의 정치도 평가했지만, 화성 테라포밍처럼 우주 계획에 참여한 새로운 동맹도 포함했다. 합성생물학은 기술적 연관 분야인 인공지능, 통신, 블록체인, 가전제품, 소셜 미디어, 로봇공학, 알고리즘 감시로 연결되며, 이들은 모두 바이오경제에서 점점 더 중요해진다.

이어지는 시나리오는 여러분에게 해답보다는 더 많은 질문을 남길 것이다. 이를 통해 합성생물학을 이용해서 우리 모두를 위해 더 나은 미래를 만들 방법에 관한 논쟁과 토의가 시작되기를 바란다. 공개 토론이 없다면 합성생물학은 대중의 몰이해 속에서 발전할 것이고, 인식이라는 측면에서 위험한 비대칭성을 만들어 낼 것이다. 코끼리 코가 뱀인지, 상아가 창인지를 두고 끊임없이 떠드는 사람도 있을 것이다. 하지만 눈앞에 무엇이 있는지 이해하는 사람들은 인류에게 영향을 미칠 결정을 내릴 것이다.

시나리오 1

웰스프링에서 자녀를 만드세요

웰스프링에 오신 것을 환영합니다. 웰스프링은 세계적으로 유명한 불임 전문가와 최첨단 생식 보조 기술로 새로운 생명을 창조하도록 돕고 있습니다. 웰스프링은 300만 건 이상의 시술을 완벽하게 성공시켰으며 국내 1위의 성공률을 자랑합니다. 10초마다 웰스프링에서 아기가 태어나고 있습니다.

"웰스프링 유전체 설계자는 환자를 세심히 배려합니다. 너무 많은 선택에 압도되지 않게 도와주죠. 우리가 선택한 개선 요소에 만족하며, 우리 가족을 만들도록 도와준 웰스프링에 항상 감사하고 있습니다."

−소여와 카이 M.

진행 과정

모든 부모에게는 생식 여정을 처음부터 끝까지 책임질 웰스프링 팀이 배정됩니다. 웰스프링 팀은 유전체 설계자, 디지털 임신 보조사, 유전자 암호 전문가, 임신 모체 담당자, 기술자, 웰스프링 담당자로 구성됩니다. 유전자 업그레이드, 배아 냉동 보관, 인공 배양을 원하는 고객을 위한 프리미엄 웰스프링 팀에는 더 많은 전문가가 포함될 수 있습니다.

　배아가 만들어지면 기술자가 착상 전 검사를 통해 선택한 업그레이드가 시행되었는지 확인합니다.[1] 하지만 때로 변화가 일어나기도 합니다. 검사를 통해 단일 유전자 결함, 단일 유전자 기형, 구조적 전위가 있는지 확인해서 해당 배아는 후보에서 제외합니다. 디지털 임신 보조사와 웰스프링 담당자와 함께 가장 건강한 배아 후보의 위험 요인을 의논합니다. (추천하는) 배아를 하나나 둘(쌍둥이를 원하는 경우) 선택해서 원하는 모체에 착상하며 모체는 여러분, 여러분의 배우자, 대리모, 웰스프링이 보유한 높은 안전 등급의 배양 시설에서 관리하는 인공 자궁 중에 선택할 수 있습니다. 필요하거나 원하시는 경우, 남은 배아는 미래를 대비해 암호화해서 냉동한 뒤 저장할 수 있습니다.

FAQ

부모가 되는 여정을 시작하면 유전자 재프로그래밍 과정에서 어떤 특성과 형질을 선택해야 할지 궁금한 점이 분명 많을 겁니다. 아래에 고객들이 가장 자주 묻는 질문을 소개합니다.

피부 세포를 떼어 낼 때 통증이 심할까요?

대부분의 고객이 느끼는 가장 심한 통증 강도는 타는 듯한 감각을 느끼는 수준입니다. 팔의 피부를 소독한 뒤 기술자가 약한 국부 마취제를 주사합니다. 마취한 후 기술자가 정밀한 수술용 메스로 조심스럽게 피부를 조금 떼어 냅니다. 피부를 꿰맬 필요는 없으며, 피부를 채취한 부위는 보통 일주일 안에 상처가 남지 않고 치유됩니다.

주문할 수 있는 배아 개수에 제한이 있을까요?

인공지능 시스템으로 수백만 번의 시뮬레이션을 거쳐 고객의 선택을 만족시킬 최적의 유전체를 설계하며, 배아 후보의 수는 최대 여섯 개입니다. 작지만 강한 배아들은 고객이 선택한 다양한 특성을 갖췄습니다. 수년간의 연구에서 본사는 배아에 더 많은 특성을 추가할수록 고객 만족도가 낮아지는 현상을 발견했습니다. 유전체 설계 단계에서 너무 많은 특성을 선택하면 혼란에 빠지고 트라우마를 겪기도 하며, 이 현상을 '선택의 횡포'라고 합니다. 이런 사례를 제외하면 본사가 특허를 소유한 알고리즘이 고객 개개인에게 맞추어 원하는 특성을 최적의 조합으로 만들어 드립니다.

선택할 수 있는 특성은 무엇이 있나요?

유전체 설계 단계에서 디지털 임신 보조사가 고객과 고객의 배우자를 각각 찾아갑니다. 디지털 임신 보조사는 고객의 세계관, 경험, 기대를 인터뷰해서 조사합니다. 고객은 여러 유전자 검사를 거쳐 자녀에게 물려줄 특성과 유전적 소인을 선택합니다. 이 단계를 마치면 맞춤형 특성 목록에서 다양한 항목을 선택합니다. 여기에는 성별, 신체 특성, 인지 능력, 그 외 다양한 특성이 있습니다.[2]

주어진 목록 외에 모든 특성을 살펴보고 선택할 수 있나요?

불행하게도 그렇게 하기는 어렵습니다. 특성 선택을 제한하는 데는 두 가지 이유가 있습니다. 첫째, 자녀는 고객의 DNA를 물려받으므로 고객의 유전적 소인 중 일부와 일치할 것입니다.[3] 둘째, 특정 유전적 특성은 함께 조합할 수 없습니다. 예를 들어 발 크기는 키와 비례합니다. 자녀의 키를 183~198센티미터로 선택하면 발 크기는 320~380밀리미터는 되어야 자녀의 걸음걸이, 균형, 자세가 최적화합니다. 키가 큰데 발이 작으면 움직임에 심각한 문제가 생깁니다. 마찬가지로 인지 능력에서 뛰어난 분석력과 강력한 정보 기억력을 선택하면 자녀는 뛰어난 직관력과 추상적 사고력을 동시에 갖출 수 없습니다. 웰스프링은 창조하는 모든 아기가 조화와 균형을 이루도록 노력하고 있습니다.

기본 배아를 업그레이드할 수 있나요?

재정적 부담을 감당할 수 있다면 업그레이드가 제공됩니다. 현재 웰스프링은 기억력, 체질량지수, 골밀도, 폐활량, 인두강 확장(발성 공명의 향상), 발가락 사이의 갈퀴(수상 스포츠 관련 행동 개선), 후각 과민(후각 강화)을 제공합니다.

업그레이드 비용은 재정 지원이 되나요?

국가 건강보험 프로그램에 등록되었다면 최대 세 번의 체외생식자 발생과 한 명의 자녀를 창조할 자격이 있습니다. 웰스프링의 세계적인 보조 기술로 고객, 혹은 고객의 배우자가 검사를 거쳐 표준 유전자 기준에 부합하는 새로운 생명을 창조합니다. 예를 들어 고객님의 인지 능력이 IQ 90~110점 범위라면 고객님의 배아 역시 해당 범위를 충족할 것입니다. 국가 건강보험에서 보장하지 않는 업그레이드는 부모가 비용을 부담합니다. 웰스프링에서는 업그레이드 비용의 재정 지원은 하지 않습니다.

참전 용사는 자동으로 업그레이드 받을 수 있나요?

현재 정부의 5년 계획에 따라 참전 용사는 모두 본인 부담 없이 업그레이드할 수 있습니다. 업그레이드를 원하는 참전 용사는 우선 밀젠MilGen 프로그램에 등록해야 합니다. 밀젠 프로그램 등록자에게는 별도의 웰스프링 담당자가 배정되며 유전체 설계와 검사 과정, 밀젠 전용 업그레이드를 선택할 수 있습니다. 밀젠 프로그램으로 만들어진 자녀는 열여덟 살이 되면 군에서 4년간 의무 복무를 해야 합니다. 군 복무가 끝나면 직업군인이 되거나 정부에서 적절한 자리를 얻을 수 있습니다. 밀젠 프로그램으로 태어난 자녀는 평생직장과 혜택을 보장받게 됩니다.

웰스프링의 비공개 베타 업그레이드 프로그램에는 어떻게 참여할 수 있나요?

웰스프링은 우수성을 최고의 가치로 여깁니다. 본사는 정부가 정한 엄격한 기준을 넘어서기 위해 프로그램과 방법을 항상 면밀히 검토해 왔습니다. 생식 보조 기술계의 혁신자로서 웰스프링 과학자들은 항상 새로운 특성과 업그레이드를 개발하려 노력합니다. 본사의 베타 업그레이드 프로그램 참여자는 특별 팀이 전담하며, 사례마다 새로운 특성과 업그레이드가 이미 완성된 배아의 유전체 설계와 조화를 이룰지 검토합니다. 베타 업그레이드 프로그램은 고객과 프로그램 담당자가 비공개로 선택한 특성을 논의합니다. 베타 업그레이드 프로그램을 수락한 부모가 부담할 비용은 없지만, 이를 표준 업그레이드를 할 자격이 없는 부모에게 주어지는 제2의 해결책으로 여겨서는 안 됩니다. 주의: 밀젠 참여자는 자동으로 밀젠 전용 베타 업그레이드 프로그램을 받게 되며 이런 사례에는 적용되지 않습니다.

체외생식자발생 주기에서는 어떤 베타 업그레이드 프로그램을 할 수 있나요?

고객의 기본 유전자 구조에 덧붙일 수 있는 베타 업그레이드 프로그램이 무엇인지 알고 싶다면 자신의 유전자 구조를 알아야 합니다. 현재 베타 업그레이드 프로그램은 아래와 같습니다.

- **호흡 기관 업그레이드** 폐는 작은 엽lobe으로 구성되는데, 오른쪽 폐는 세 부분(상엽, 중간엽, 하엽), 왼쪽 폐는 두 부분(상엽, 하엽)으로 이루어집니다. 각각의 엽은 깊게 갈라진 엽간열裂間裂로 분리되며 기관지가 폐 전체에 뻗어 있습니다. 이 업그레이드 프로그램은 양쪽 폐에 엽을 하나씩 덧붙이고 기관지를 더 넓히며 심장 용량을 늘립니다. 운동신경이 있는 부모에게 이 업그레이드는 심폐 기능을 향상할 수 있습니다.

- **야간 시력 향상** 정상인의 눈은 빛이 적은 곳(달빛이나 촛불처럼)에서도 볼 수 있습니다. 그러나 망막의 방향성 신경을 재프로그래밍하면 뇌에 추가 정보를 보낼 수 있습니다. 이를 통해 어두운 방이나 옷장처럼 조도가 낮은 곳에서도 가외의 지각을 얻을 수 있습니다. 숲속이나 야간 지방 도로처럼 자연광이 적은 장소에서도 업그레이드한 망막은 대부분의 사물을 명확하게 볼 수 있게 해 줍니다. 주의점: 이 베타 업그레이드는 빛 노출에서 망막을 보호하기 위해 갈색 색소가 부가적으로 생산되는 유전자 암호와 함께 삽입되므로 파란색, 라벤더색, 청록색, 초록색, 살구색,

분홍색 홍채 업그레이드와는 호환되지 않습니다.

- **두꺼운 피부** 네안데르탈인은 호모 사피엔스보다 케라틴keratin(섬유 단백질)을 더 많이 만듭니다. 현대인과 비교할 때 네안데르탈인은 피부와 머리카락, 손톱이 더 두꺼워서 추운 날씨를 잘 견딥니다. 이 파일럿 프로그램은 네안데르탈인의 특정 유전자를 이용해서 케라틴 생산을 높입니다. 주로 미용 측면에서의 업그레이드에 해당하며 더 부드럽고 단단하며 시간이 흘러도 주름지지 않는 피부와 굵은 머리카락과 더 단단하고 긴(원하는 경우) 손톱을 만들 수 있습니다.[4]

배아를 키울 대리모를 찾지 못하면 어떻게 하나요?

웰스프링에서는 체내 임신의 안전한 대안으로 안전 등급이 높은 암호화된 배양실을 갖추고 있습니다. 인공 자궁은 고객 개개인의 유전자 프로파일에 맞춰 설정하며 디지털 보조사 두 명과 웰스프링 배양 전문가가 항상 배양실을 관리합니다. 고객에게 배정한 계기판을 통해 초음파 진단 및 검사를 언제든지 무제한으로 할 수 있습니다. 배아 발달 단계마다 최적화한 시기에 부모 목소리, 흰색·분홍색·파란색·갈색 소음, 음악을 선택해서 들려줍니다. 출산일에는 고객과 최대 세 명의 가족이 개방실에서 자동화한 분만 전문가 팀이 인공 자궁을 열고 아기를 꺼내는 과정을 지켜볼 수 있습니다. 이후 웰스프링 담당자가 부모가 된 고객이 자녀를 가정으로 데려갈 때 필요한 모든 절차를 도와드립니다.[5,6,7]

11

시나리오 2
노화가 멈추면 일어나는 일

Z세대가 2050년대 말 조부모가 되기 시작하면서 노인에 대한 고정 관념이 바뀌었다. 손의 피부는 부드럽고 통통하고, 머리는 여전히 숱이 많으며, 나이에 비해 대체로 날렵했다. 분자 수준에서 보면 보통 노화와 연관된 신호, 예를 들어 유전체 불안전성, 미토콘드리아 손상, 조직 퇴화, 염증, 세포막 마모 등의 현상이 놀라울 정도로 적었다. 이전 세대를 괴롭혔던 자잘한 돌연변이와 대사 결함은 더 이상 문제가 되지 않았다. Z세대는 점점 나이 들지만 늙지 않았다.

　이런 상황이 일반화되기까지 인간의 노화 과정이 과학자들에게 상대적으로 거의 주목받지 않았던 데는 이유가 있다. 노화가 일어나는 기본 원인은 단순하며 널리 알려졌다. 바로 인간 세포가 끝없이 분열할 수 없기 때문이다. 세포가 분열하지 않으면 성장과 회복, 생식도 일어나지 않는다. 결국 세포는 노화하고 좀비가 된다. 여전히 살아 있지만 적절하게 기능할 수 없는 것이다. 시기적절하게 죽어서 몸에서 배출되거나 재활용되지도 않는다. 노화한 세포는 조직과 기관에 해로우며 손상을 입히는 병적인 분자를 배출한다.

그 외에는 노화 과정에 관한 가설만 제시되었다. 노화가 염증 수준과 궁극적으로 세포 복구와 재생을 담당하는 줄기세포를 활성화하지 않고 무력해지는 현상과 관계있다고 생각하는 과학자도 있었다. 노화를 시스템의 붕괴로 이해해야 한다고 주장한 과학자들은 인간의 내분비계와 호흡계와 마이크로바이옴이 서로 다른 속도로 퇴화하며 불균형을 초래해서 몸의 조직이 더는 적절하게 기능할 수 없게 된다고 생각했다. 단순한 진화 유전학의 결과라고 주장하는 무리도 있었다. 인간 유전체는 사춘기와 생식을 앞당기는 자연선택을 했으므로, 후손을 낳은 뒤에는 지속해야 할 생물학적 이유가 없다는 것이다.

그러나 특정 생물에서는 노화 과정이 필연적이지는 않다는 사실을 수십 년 동안 알고 있었던 연구자들도 있었다. 칼로리를 엄격하게 제한한 식이요법을 한 쥐와 여러 생물은 더 오래 살았다. 개체결합parabiosis 연구(살아 있는 두 생물을 연결하는 연구 방법-옮긴이)에서 늙은 쥐의 혈관을 젊은 쥐의 혈관과 연결하면 늙은 쥐의 세포 및 조직 재생이 성공적으로 촉진된다는 사실도 밝혀졌다.[1] 유전자 조작 생쥐를 만들어 각 세포가 노화해서 좀비 세포가 되는 대신 효율적으로 자살하게 유도한 실험은 특히나 흥미로웠다. 결과는 매우 놀라웠는데, 보통의 생쥐가 노후에 접어드는 22개월에도 이 생쥐는 여전히 젊고 건강했다. 생쥐의 유전자를 조금 더 변형하자 수명은 42퍼센트나 늘어났다.

그러나 이 희망찬 결과를 인간에게 적용하기는 어려웠다. 생쥐는 생리학적 측면에서 인간과 매우 다르다. 2020년대에 유행했던 칼로리 제한 식이요법은 노화를 늦추는 데 어느 정도 효과가 있었다. 그러나 동시에 사람들을 허약하고 지치게 했고, 장수에 집착하는 사람도 단식 루틴을 지키기는 너무나 어려웠다. 웰니스 스타트업이 제공한 또 다른 최신 유행 치료법은 나이 든 성인에게 이십 대의 혈액과 혈장을 수혈하는 방법이다. 그러나 수혈은 비용이 많이 들고 혈액 매개 질병에 노출될 위험이 있었다. 어쨌든 이런 기업은 곧 사라졌는데, 부유층이 위험한 의학 실험에 돈을 내면서 기니피그가 되는 특권을 바라지는 않았기 때문이다.

중국 과학자들(중국과학원, 베이징유전체연구소, 베이징대학교)이 오랫동안 10만 명의 노인을 대상으로 장수 연구를 완료한 후에도 논쟁은 해결되지 않았다. 지금까지는 단연코 가장 야심 찼던 이 연구가 2027년에 드디어 발표되었을 때에도 확실한 실마리는 보이지 않았다.[2,3]

혹은 그렇게 생각했다. 몇몇 과학자는 보고서 속에 묻혀 있던 노화 세포에 관한 예비 연구 결과를 붙들고 연구를 계속했다. 이들은 저분자 의약품과 바이러스 및 나노입자를 이용한 유전자 전달 치료법으로 노화 세포를 선택적으로 비활성화하는 방법을 탐색하기 시작했다. 2035년에 과학자들이 시장에 내놓은 세놀리틱스senolytics라는 새로운 치료법은 더 건강하고 장수하는 삶을 촉진한다는 명성을 얻었다.[4] 이러한 주장을 검증해서 미국 식품의약국의 승인을 받기 위해 해당 약품으로 대규모 '회춘rewinding' 시험이 시작되었고, 가끔은 세포 치료법이 함께 적용되기도 했다. 처음에는 늙은 생쥐, 다음에는 늙은 개, 마지막으로 인간을 대상으로 이루어졌다. 노화 세포는 사라지고 새로운 세포 성장을 촉진하는 기술로 시험 대상의 생물 마커가 오직 청년에게서만 나타나는 수준까지 회복되자 과학자들은 흥분했다. 그러나 대중을 흥분시킨 가장 확정적인 증거는 치료받은 사람이 훨씬 더 젊어 보였고, 스스로도 젊어졌다고 느낀다는 사실이었다.[5,6]

매우 중요한 핵심 연구는 콜라겐을 분비해서 반달연골meniscus을 만드는 무릎 세포에 초점을 맞춘 것이었다. 흐물흐물한 조직인 반달연골은 일상 활동에서 생겨나는 충격을 흡수하는데, 나이가 들면 성인 세포가 적절한 양의 콜라겐을 생성하지 못해 반달연골이 악화되면서 무릎 관절의 뼈가 더 많은 힘을 받게 된다. 무릎의 관절 뼈들이 서로 마찰되면 관절이 퇴행하고 손상되며 신경을 건드리게 된다. 교정 수술을 하지 않으면 의자에서 일어나거나 방을 가로질러 가는 아주 단순한 움직임조차 고통스럽다. 회춘 시험에서 주사 한 번으로 세포는 콜라겐을 다시 분비하기 시작했고, 제 역할을 못 하던 무릎 관절은 활기를 되찾았다. 치료를 받은 사람들은 며칠 안에 달리고, 춤추고, 테니스를 치고, 야구를 다시 할 수 있게 되었다.

나이 들면서 자연스럽게 나타나는 청력 상실도 회춘 치료에서 좋은 결과를 보였다. 평생 소음에 시달리다가 세포가 노화하고 내이 속 섬세한 털이 사라지면 필연적으로 서서히 청력이 상실된다. 청력 상실은 걷기 어려워지거나 넘어지거나 인지력이 떨어지는 등 심각한 영향을 미친다. 인공지능을 활용해서 스스로 음파를 조절하는 가장 좋은 보청기도 귀 근처에 기기를 부착해야 한다. 모든 기기가 그렇듯이 보청기도 단점이 있다. 기기를 관리해야 하고, 건전지를 바꿔야 하며, 업그레이드도 해야 한다. 잃어버리기도 쉽다. 그러나 회춘 주사 한 번이면 단 몇 주 만에 청력을 거의 원래 수준까지 회복할 수 있다. 낡은 보청기를 즉시 한물간 기계로 만들어 버린다.

화장품 산업계는 재빠르게 새로운 항노화 기술에 주목했다. 거대 기업은 주름을 완화하는 신경독소인 보톡스Botox와 주보Jeuveau보다 뛰어난 다음 세대 후보를 오랫동안 찾아 헤맸다. 이 모든 것은 국소용 크리스퍼 제제의 개발을 공식화한 시점으로 거슬러 올라간다. 보통 크리스퍼 크림으로 널리 알려진 이 제품은 피부 속 세포를 활성화해서 피부 탄성을 회복하고 주름을 완화한다. 원래 이 제품은 성적 접촉으로 감염되는 가장 흔한 바이러스인 인간 유두종바이러스를 치료할 목적으로 개발되었다. 자궁경관에 직접 바르는 최초의 크리스퍼 크림이 성공하자 과학자들은 다른 활용도를 탐색했다. 그러다가 중국 과학자가 국소 크리스퍼 겔이 해로운 부작용 없이 특정 유전자를 비활성화시킨다는 사실을 발견했다. 곧 크리스퍼 크림은 미간 주름을 완화하는 데 사용되었고, 머리카락의 성장 회복(혹은 성장 억제), 머리카락과 피부색 변화, 피부 마이크로바이옴을 조절해서 여드름을 치료하는 데까지 이르렀다. 이 최신 치료법은 마취도 주삿바늘도 의사도 필요 없고, 눈썹을 마비시키는 대신 피부를 본래의 젊은 상태로 정확하게 되돌린다.

그러나 이런 기술은 성형을 통한 해결책에 지나지 않는다. 산업계가 바라는 것은 시장 규모가 수조 원에 이르리라고 추정하는 건강과 수명 연장을 위한 체계적인 치료법이다. 조용히, 산업계는 장기 전략을 세우고 행동에 들어갔다.

개는 수십 년 전부터 가장 이상적인 장수 실험 대상으로 낙점되었다. 개의 인지 능력은 인간과 비슷하게 떨어지며, 행동과 몸놀림도 인간이라는 맥락에서 이해하기 쉽다. 2040년대에 화장품 산업계의 거인인 로레알 에스티로더 L'Oreal Estee Lauder사는 수조 원을 들여 유전자를 조작한 래브라도 리트리버와 저먼 셰퍼드를 대상으로 수명 연장을 연구하는 한편, 인간 장수의 경이로움을 홍보하는 영화, 소설, 기명 논평 사설을 조용히 지원했다.[7]

이 모든 작업이 먹혀들었다. 크리스퍼가 수많은 노화 관련 질병의 효율적인 치료법을 내놓았지만, 과학자들은 멈추지 않고 전신 치료법을 연구했다. 쥐를 대상으로 한 연구에서 쥐가 나이 들수록 니코틴아마이드 아데닌 다이뉴클레오타이드 nicotinamide adenine dinucleotide, 즉 NAD+라는 분자가 감소한다는 사실을 밝혔다. NAD+ 분자가 DNA 복구에 관여하는 일곱 개의 유전자인 시르투인 sirtuins의 촉매제라는 사실도 발견했다. NAD+ 농도를 60퍼센트 높여서 세포 에너지와 대사를 뒷받침하면 세포는 회복 모드로 바뀌며 이는 노화 관련 질병을 지연시켰다. 또 다른 접근법도 있었다. 대개 세포는 자가포식이라는 과정을 통해 자연스럽게 유해한 단백질을 배출하고, 유전물질을 재활용하며, 생존에 필요한 에너지를 추출한다. 적절한 상황에서 자가 포식은 세포예정사programmed cell death도 촉진한다. 연구자들은 세포의 노화를 막기 위해 필요할 때마다 자가포식만 중단시킬 수 있다고 생각했다. 시간이 흐르면서 NAD+와 자가포식 치료법이 제한적이나마 모두 도입되었고, Z세대는 면역 저하나 이에 따른 부정적 영향 없이 장수하게 되었다.[8]

2045년까지 밀레니얼 세대와 X세대는 재생 제품과 치료법에 매년 1500억 달러(206조 원)를 쏟아부었다. 이런 치료법의 대부분은 데이터 수집이나 새로운 브랜드 홍보를 위해 일부를 저가로 판매하더라도 상당한 비용이 든다. 그러나 십 년이 지난 지금 밀레니엄 세대와 X세대, 또는 최소한 더 부유하고 더 건강에 관심이 많은 세대의 외모가 이십 대 시절과 비슷하고, 시험 결과 이들의 신체에 노화 세포가 전혀 없는 것으로 나타났다. 이는 개과 동물 시험에서 노화 과정을 지연시키는 데 놀라울 정도로 효율적이라고 입증된 신약 덕분이다. 이 신약은 기대수명도 60퍼센트 가까이 늘려 주는 것으로 나타났다. 십여 년 전에 발표된 생쥐 연구를 근거로 한 유전자 치료법은 더 인상적이었다. 이 치료법으로 치료한 개들은 기대수명이 두 배나 늘어났다.[9,10]

초장수 시대가 가져올 사회적 영향을 예견한 사람은 없었다. 재정적으로 어려운 계층과 은퇴자들을 돕도록 설계한 사회안전망은 붕괴하고 있다. 2020년대 초 코로나19 범유행을 겪으면서 사회안전망이 보건 위기에 취약하다는 점은 명백해졌다. 범유행이 끝나고 여러

해가 지났지만 의회는 실업, 수입 감소, 건강보험 상실이라는 결과를 완충할 사회안전망을 현대화하는 데 실패했다. 영양보충지원프로그램Supplemental Nutritional Assistance Program(SNAP, 한때는 푸드 스탬프라고도 했다)과 보조적 보장소득Supplemental Security Income(SSI), 고용보험은 코로나19 범유행 이후 경제가 반등하지 못하고 침체하면서 2025년에 붕괴했다. 일부 도시와 주에서는 지역 프로그램이 도움이 되었지만 자금 부족으로 수요를 맞추지 못했다. 사회보장제도의 현금 흐름은 수년 동안 적자였기에 오래전부터 급여세로 충당하고 있었다. 그러나 코로나19 범유행은 사람들이 일하는 장소와 방식에 거대한 변화를 일으켰다. 신탁기금에 들어 있던 사회보장제도의 자금 공급원이 마르기 시작했고, 1990년대 클린턴 시대에 현금이 두둑했던 신탁기금이 2020년대 말에는 대폭 줄어들었다. 마찬가지로 제너럴 일렉트릭사, IBM사, 제너럴 모터스사 같은 S&P500 기업 수십 곳도 현재 연금 부채가 거의 2조 달러(2760조 원)에 이른다.[11] 예를 들어 미국 우편국이나 코카콜라 같은 대기업에서 장기 근속한 직원의 연금은 자주 삭감되었다. 연금 저축에 가입하는 신규 노동자가 줄어들면서 연금 운용이 버거워졌다.[12,13,14]

 설상가상으로 자동화가 발달하면서 경제 분야 전체를 바꾸어 놓았다. 노동경제학자들은 처음에는 널리 퍼진 자율주행차, 창고 로봇, 서비스 로봇처럼 단순하고 반복적인 업무를 맡은 로봇 때문에 블루칼라 노동자가 제일 먼저 직장을 잃을 것이라고 생각했다. 하지만 이 예측은 최소한 부분적으로는 빗나갔다. 노동경제학자 및 그들과 비슷한 법률가, 보험사, 회계사 같은 고소득 화이트칼라 노동자의 직장도 자동화 물결에 휩쓸려 나갔다.

아직 직장에 남아 있는 사람들은 대부분 구십 대까지 일하기를 바랐고, 그 이후에도 계속 일하려고 했다. 계약서에 의무 정년 연령이 명시되어 있지 않은 노조 가입 근로자들은 가능한 한 오랫동안 연공서열을 활용했다. 이로 인해 세기 중반에는 일자리와 승진을 위한 경쟁이 무자비해졌다.

이 모든 혼란과 저임금 재택근무 및 비정규직이 표준이 된 상황을 함께 고려할 때 Z세대는 가장 중요한 경제의 이정표를 잃기 시작했다. Z세대는 실직했거나 불완전 고용 상태였으며 여행을 하거나 집이나 자동차 같은 거액을 소비할 여력이 없었다. Z세대 자녀인 베타세대의 대학 졸업률은 가파르게 떨어졌다. 집착에 가까운 엘리트 교육과 고비용 교육을 받은 Z세대에게 현재 상황은 받아들이기 힘들었다. 그러나 Z세대를 정말 분노하게 만드는 것은 이들이 받은 교육과 노력이 쓸모없다는 사실이었다. 수명 연장 치료와 노동 시장의 상황은 경력을 쌓거나 경력을 시작할 제대로 된 발판을 찾으려는 Z세대의 노력을 모두 좌절시켰다.

재생 및 회춘 치료 덕분에 노년층은 교육 기관, 공익 사업 유지 및 구축 분야, 많은 정부 기관에서 일하면서 신규 노동자들을 일자리에서 몰아냈다. 경영진은 문제가 더 심각했다. 개인 기업의 최고경영자는 은퇴하지 않았다. 상장 기업도 마찬가지인데, 언제 자리에서 물러날지 묻지도 않는 친구들로 이사회를 채우고 있었다. 가족 소유 기업의 대표들은 노화가 치료 가능한 질병으로 여겨지자 바로 승계 계획을 내던졌다. 미국 상위 기업에서 성평등과 성 다양성을 높이겠다는 약속은 실패로 끝났다. 노년층은 육십 대의 젊은 후임자에게 자리를 내주기를 거부하면서 기업 운영을 인공지능 체계에 점점 더 크게 의존했다.

장수와 경제적 기회가 만들어 내는 긴장은 미국에서만 나타나는 현상은 아니었다. 이미 오래전부터 전 세계 최장수 국가였던 일본은 현재 *니지카이 진*nijikai-jin의 고향이 되었다. 대략 '파티 후 사교모임' 이라는 뜻의 니지카이 진은 두 번의 온전한 삶을 즐기는 계층을 가리킨다. 칠십 대까지 건강한 삶을 보낸 뒤 또 다른 칠십 년을 일하면서 살아간다.[15] 노년층을 자동화 기기로 간호하고 보살피는 생태계를 창조하려는 정책의 연장선으로 로봇공학의 혁신을 장려한 경제 정책은 여성을 위한 일자리를 만드는 데 실패했다. 로봇은 학교, 병원, 불교 사원에서 일하기 위해 '고용'되었고, 여성은 여전히 집에서 요리하고 가정을 관리하고 자녀를 양육하는 역할을 하도록 기대했다. 변화에 대한 저항으로 인해 여성은 독립적으로 직업을 갖거나 결혼해서 어머니 역할을 선택해야 했다. 금세기 첫 25년 동안 1억 2500만 명을 맴돌았던 일본 인구는 오래전부터 1억 명 이하로 떨어질 것이라는 예측이 나오고 있다. 현재 일본 인구는 1억 3000만 명이지만 이 중 사십 대 이상이 86퍼센트를 차지한다. 아이는 거의 태어나지 않는다. 도호쿠 북쪽 지역의 시골에는 빈 학교가 널려 있다.

2065년까지 백세인과 오십 대에서 팔십 대에 이르는 '젊은이들'

사이의 적대감이 커지면서 전역에서 시위가 일어나고 시민 사회가 불안정해졌다. '아직 젊은 계층'은 네트워크를 활성화하고 가상 공간에서의 농성을 조직적으로 지원해서 백세인들이 일하는 것을 막았다. 여기에 대처할 수 있는 업계는 없었다. 한때 시카고 컵스가 월드시리즈에서 우승하게 만든 주역으로 사랑받았던 야구 선수 앤서니 리조Anthony Rizzo는 이제 은퇴하지 않는다며 욕을 먹었다.[16] 팬들은 리조와 그의 전 월드시리즈 팀원인 크리스 브라이언트, 하비에르 바에즈, 카일 슈와버, 제이크 아리에타, 데이비드 로스가 시카고 컵스 구단을 사들여 현역으로 돌아왔을 때 기뻐했던 그날을 후회했다. 대학은 종신 재직권이라는 전통에 깊은 유감을 드러냈다. 수백 명의 교수가 강의 계획서를 갱신하지도 않으면서 은퇴도 거부했다. 노인이 된 뉴스 진행자와 문화 평론가는 은퇴하지 않았고, 마찬가지로 나이 든 가수와 배우도 무대와 화면을 떠나려 하지 않았다. 과학자마저도 은퇴해서 신선한 아이디어를 가진 젊은 과학자에게 연구실을 내주기를 거부했다. 재능 있는 수많은 젊은이가 자신이 선택한 직업에서 기술을 연마하거나 발전할 기회를 잡을 수가 없었다.

미국에서는 의무적인 퇴직 연령을 75세로 제정하라는 요구가 쏟아졌다. 이는 1967년에 의회가 제정한 고용연령차별금지법Age Discrimination in Employment Act이 의무 퇴직을 불법으로 규정한 결정을 뒤집을 수 있을 터였다. 하지만 이 새로운 의무 퇴직 연령은 연방 정부와 의회에도 적용되므로 의회에 이런 변화를 일으킬 욕구가 있을 리 없었고, 특히나 일단 의회 연금기금이 바닥나면 더더욱 그럴 터였다.

공화당 의원 테드 크루즈Ted Cruz는 아흔다섯 살로 그 어느 때보다 날씬하고 건강해 보였고, 노장 텍사스 상원 의원으로 현재 사무실에 52년 동안 출근하면서 민주당을 괴롭히고 있었다. 그리고 그는 폭스뉴럴 뉴스네트워크(FNNN)에 출연하는 시간도 여전히 많았다. 적어도 이 방송사에 더 나이 많은 상원 의원 랜드 폴Rand Paul이 출연하지 않을 때는 그랬다. 폭스 채널 시청자는 특히 즐겨보는 쇼에서 자신과 비슷한 백세인이 등장하는 것을 선호했다.[17]

연방 노동자들이 제기한 역차별 사례는 이제 젊음이 고용과 분류법(미리 정해진 등급 기준표의 등급에 따라 직무 평가를 하는 것-옮긴이)에서 차별 요인이 되었다는 점을 보여 준다. 오십 대와 육십 대 초반의 젊은 노동자는 승진 기회와 더 높은 급여를 받을 수 있는 자격을 인정받지 못했다며 소송을 했다. 이런 일자리는 기관에 대한 이해도가 높고 개인적 친분을 다진 칠십 대와 팔십 대에게 돌아갔다. 연방 지방 법원 판사는 노동자는 나이에 따른 차별에서 보호받을 권리가 있다고 판결했지만, 항소 법원은 해당 판결을 뒤집었다. 현재 미국 대법원은 나이가 고용의 요인이 될 수 있을지 판결하기 위해 양측 주장을 들을 준비를 하고 있다. 불행하게도 전문가들은 이제 막 111세가 된 존 로버츠John Roberts 대법원장과 현재 105세인 엘리나 케이건Elena Kagan 같은 판사들이 원고에게 공감할 수 있을지 의심한다. 물론 이런 전문가들도 팔십 대 후반이거나 그보다 나이가 많으며, 따라서 이들에게도 어느 정도는 편견이 있다.

12

시나리오 3

아키라 골드가 추천하는 2037년 '최고의 식당'

세계의 가장 큰 대도시에서 가장 인기 있는 요리와 식사 트렌드는 무엇일까? 맛있고 매우 기분 좋고 심지어 혁신적이라고 감히 말할 수 있는 새로운 요리를 편안한 분위기에서 영양가 있게 제공하는 것이다. 까다로운 요리 평론가가 여러분을 대신해 장장 여섯 달 동안 강렬한 풍미의 요리, 유서 깊은 식당, 가끔은 정말 끔찍했던 실험적인 요리를 맛보며 보냈다.[1]

오랫동안 베트남 요리의 본진이었던 뉴욕 맨해튼 동부 이스트사이드에는 갑자기 유명해진 셰프들이 기능성 베트남 쌀국수를 만들고 있다. 최근 유행하는 기능성 베트남 쌀국수의 향기로운 국물에는 합성 다이인돌릴메테인diindolylmethane(해독 작용과 함께 과량의 에스트로젠을 제거한다고 한다), 고농도의 카로티노이드(눈 건강과 면역력을 높인다), 커큐민

curcumin을 강화한 터메릭turmeric(염증을 낮추고 집중력과 기억력을 개선한다)이 들어 있다. 두부와 간 소고기에다 중독성 있는 매운 고추를 넣어 만든 쓰촨 지역의 전통 요리 마파두부를 좋아한다면 레이크 쇼어 지역에 새로운 생물반응기와 소고기를 배양하는 원료인 소 줄기세포 공급처가 문을 열었다. 육질이 단단하고 풍미가 있으며 향이 진하고 부드러운 지방층이 있는 소고기는 입에 넣으면 약간의 불맛과 얼얼한 매운맛을 남기고 사라진다. 늘 그렇듯 뉴 코스트를 따라 들어선 새로운 식당이 많아 아름다운 풍경을 감상하며 커다란 스테이크를 맛보면 즐거워질 것이다.

전통적인 식당보다는 개인 맞춤형 식사를 경험하고 싶다면 계곡 여기저기에 흩어져 로봇 직원으로 운영되는 배달 전문인 고스트 키친이 있으며, 최근 수직 농장과 요리 기술자들이 몰려들면서 식탁 위에 올라오는 만족스러운 테라팜 작물을 즐길 수 있다.[2] 물론 식탁이 다닥다닥 붙어 있어서 실수로 옆 테이블의 접시에서 크루통을 집어 먹기도 했던 비좁았던 예전 식당들도 잊지 않았다. 시끄러운 음악과 떠들어 대는 손님들이 유전자 조작을 한 사람도 견디기 힘들 정도로 소음 데시벨을 높이는 푸드 홀을 너무나 동경했던 날들도 생생하다. 그러나 배달 전문 식당 직원이 식탁과 의자를 펼칠 수 있는 곳이라면 어디든 예약할 수 있고, 자동화 서비스 직원의 수다스러움까지 미리 선택할 수 있다는 사실에는 선물을 받은 기분이었다.

겨울을 지내면서 베이뷰에 있는 배달 전문 식당이 판매하는 초밥을 친구들에게 대접했다. 야외 배달 전문 식당에서 시켰는데, 햇빛을 가려 주는 버드나무 그늘에 지역에서 배양한 음식이 차려졌다.[3] 바퀴 달린 서비스 로봇은 조심스럽게 방금 배양한 수제 초밥 니기리를 대나무 접시에 담아 식탁에 내려놓고 일본어로 부드럽게 "아무쪼록 맛있게 드십시오"라고 말하고 물러났다. 우리는 마블링이 더해진 토로(지방이 많은 참치 뱃살)를 주문했고, 차려진 음식은 정확하게 기대한 대로였다. AMC 연회실에서 스물네 명의 친구들과 디너 파티를 열기도 했다. 어쩌다 그랬는지 모르겠지만 친구들과 두 시간짜리 영화도 함께 보았다. 이어서 개인 맞춤형 한여름 메뉴를 스칸디나비아 음식 배달 전문점에서 주문했다. 멋진 디지털 장미, 튤립, 푸른 잎 식물로 장식한 긴 식탁에, 디지털 꼬마전구와 유칼립투스가 머리 위에 늘어진 혼합현실mixed-reality(실제와 가상이 뒤섞여 상호 작용하는 단계-옮긴이) 차양 아래에서 우리는 바삭한 호밀빵과 강화 청어 절임, 근교 지하 농장에서 생산한 향긋한 딜dill을 즐겼다. 친구들의 유전자 미각 프로파일에 맞춰 미리 주문한 개인 맞춤형 프레스구르카pressgurka(스웨덴식 오이 절임)를 먹으며 그들은 기뻐했다.[4]

해마다 했던 대로 나는 충실하게 최고의 생물반응기, 새로 찾아낸 맛있는 식당, 배달 전문 음식의 이상적인 조합, 최고의 음료 가게 목록을 작성했다. 내 목록을 두고 논쟁이 벌어질 테지만 이는 배부른 인생을 즐기며 살아가는 자, 전통이 무너지고 지나간 도시 생활의 흔적을 거북해하지 않는 자의 변변치 않은 견해라는 점을 기억하시길.

최고의 신형 생물반응기

세포 농업이 한창 유행이다. 하지만 지금 가장 창조적인 사람들은 생명공학 기술자다. 그들은 생물반응기에 무슨 세포를 집어넣든 세포 배양 과정은 비슷하다는 점을 마침내 깨달았다. 그렇다면 기존의 전통적인 고기에 얽매일 이유가 없지 않은가? 가장 흥미로운 생물반응기는 얼룩말, 코끼리, 호랑이, 벌새, 박쥐, 뱀 등 더 이국적인 생물의 세포를 배양하는 반응기다. 웨스트사이드 생물반응기 플로리아^{Floria}는 수천 종의 생물 세포를 보관하고 배양한다. 라 쁘띠 사뵈르^{La Petite Saveur}는 소규모 배양을 전문으로 한다. 더 진한 풍미의 돼지갈비 요리를 선호한다면 향과 맛을 더 강하게 만들 수 있다. 그러나 내가 가장 좋아하는 맛은 레저렉션 랩스^{Resurrection Labs}의 특별한 재능에서 나온다.^{5,6,7}

1. 최상의 선택: 플로리아^{Floria}

플로리아 설립자가 생물반응기로 제일 처음 만든 간 닭고기는 꽤 괜찮았다. 그러나 플로리아는 언제나 이국적인 모험을 즐겼다. 여러 해에 걸쳐 소리소문없이 거대한 세포 보관소를 구축하고 세계 최고 수준의 배양 단백질을 선별하여 올해 초 문을 열었다. 멕시코 커피와 네그라 모델로(멕시코에서 생산하는 비엔나 라거 맥주-옮긴이), 향신료에 담가두었다가 화로에 구운 새끼 양고기구이 보레고^{Borrego}의 완고한 팬들도 부드럽고 육즙이 풍부한 식감을 인정하게 될 것이다. 프랑스 최고의 미슐랭 별을 받은 생물반응기 FLAB에서 선보이는 시벳(양파, 포도주, 토끼나 거위 고기를 넣은 스튜-옮긴이), 호저(몸에 길고 뻣뻣한 가시털이 덮여 있는 동물-옮긴이), 박쥐 요리를 아직 맛보지 않았다면, 플로리아가 깍둑썰기를 해서 즉석에서 굽는 박쥐 고기를 먼저 권한다.[8]

2. 최상의 소량 고기 요리: 라 쁘띠 사뵈르 La Petite Saveur

까다로운 입맛을 가진 가족을 위한 알찬 식당이 있다. 배양육은 맛이 다소 담백한 편이다. 아마 여러분의 자녀도 그럴 것 같은데 내 아이들은 늘 완전 채식 식사만 한다. 채소는 특별한 향과 색이 나도록 배양하기 때문인데, 우리가 어렸을 때 치킨너깃에는 왜 그런 부분을 신경 쓰지 않았는지 궁금했다. 라 쁘띠 사뵈르는 소고기, 돼지고기, 닭고기, 양고기 등의 전통 고기를 개인 맞춤형으로 배양해 여러분의 까다로운 입맛을 만족시킨다. 집에서 요리하기 싫을 때는 자매 기업인 라 쁘띠 아시엣 La Petite Assiette에서 고기와 요리에 곁들일 직접 만든 소스와 향신료를 살 수 있다.[9,10,11]

3. 최상의 선사 시대 고기: 레저렉션 랩스 Resurrection Labs

처음으로 털 많은 매머드 스테이크를 먹었던 때를 잊을 수가 없다. 선밸리에서 열린 탐식가들을 위한 파티에 부유한 친구들과 참석했을 때 주최자는 합성생물학자들을 고용해서 매머드를 비롯한 멸종 동물 유전체를 배양한 고기를 선보였다. 매머드 스테이크의 강렬하고 무기질적인 풍미는 들소고기와 비슷했지만 그보다는 풍부하고 살짝 단맛이 돌았다. 식감은 젤리 같았는데, 이건 다소 질기고 거친 질감을 가진 매머드 고기를 부드럽게 만드는 과정에서 나온 결과다. (의도한 대로 되지는 않았으므로 더 신경 써야 할 부분이다.) 따라서 레저렉션 랩스가 예술 구역에 개점했을 때는 다소 걱정스러웠다. 내가 처음 주문한 매머드 스테이크는 끔찍한 실패작이었다. 첫 번째로 나온 스테이크는 소변기 냄새가 났고, 두 번째로 나온 스테이크는 씹기 힘들 정도로 질겼다. 나는 이들이 몇 달간 생물반응기의 특성을 관찰하고 개선할 때까지 기다렸고, 식당은 현명하게도 생물반응기 책임자를 다육식물보다는 과학에 더 관심이 많은 사람으로 교체했다. 현재 레저렉션 랩스는 피레네아이벡스(이베리아 반도에 사는 염소속 동물), 나그네비둘기(장거리를 나는 북미산 비둘기), 도도새(날지 못하는 큰 새) 같은 멸종 동물 고기를 소량 배양하면서 세련된 요리로 내놓는다. 기쁘게도 털이 많은 매머드 고기는 특히 맛있다.[12]

넌더리 나는 것들

1. 미숙한 서비스 로봇

때때로 나는 인간 서비스 직원이 그립다. 물론 그들은 너무 수다스럽거나 자주 주문을 누락하거나 너무 굼뜨기는 하다. 하지만 최소한 허기진 손님에게 공감할 줄 안다. 서비스 로봇은 값싼 노동력이지만 손님의 다리를 탁자 다리로 착각하고, 로봇팔과 식탁의 거리를 잘 못 가늠하며, 말을 못 알아듣기도 한다. 2주 전에는 톡 쏘는 매운맛의 뜨거운 그린 처트니green chutney, 크림이 듬뿍 들어간 치킨 빈달루vindaloo chicken, 부드러운 난naan을 가져온 서비스 로봇이 식탁 위에서 12센티미터는 족히 되는 높이에서 요리를 내려놓으려 했다. 동행했던 친구가 비상 버튼을 재빨리 눌러 아슬아슬하게 멈춰 세웠다.[13,14]

2. 인공지능의 투명성 라벨

복잡한 프로그램은 사랑스러운 아뮤즈 부쉬(코스 메뉴에 포함되지 않는 한 입 거리 음식-옮긴이)를 만드는 것과는 아무 상관없다. 손님은 알고리즘의 뒷이야기나 내부 데이터베이스를 누가 구축했는지에 관심 없다. 데이터는 내려받은 것일 뿐이니 정부 규정을 지키고, 불굴의 의지로 라벨을 읽으려는 손님을 위해 라벨을 잘 관리하며, 식재료의 유전자를 설계하고 배양하고 키우는 데 사용한 인공지능 시스템과 염기서열 분석기가 무엇이든 손님 마음에 들었다고 믿으면 된다.[15]

3. 미리 정해진 메뉴

식당에 하루 대사율代謝率, 음식과 음료 선호도, 활동 이력을 알렸다고 해서 우리가 메뉴 선택권까지 양보한 것은 아니다. 줄리아 차일드 Julia Child(프랑스 요리를 미국에 소개한 유명 요리사-옮긴이)의 기쁨을 위해 제발 먹고 싶은 음식을 손님이 선택하게 해 달라! 우리의 생물군 마커와 대사 점수에서 추론한 음식 대신 다양한 요리 중에서 직접 선택할 수 있게 해 달라! 평소에는 케토시스 상태를 유지하면서 최적의 수준으로 에너지를 소모하더라도 그런 요리를 먹으려고 식당까지 온 건 아니다.

4. 힙스터 칵테일

독자들이여, 대체 왜 최악의 1990년대 바 문화를 찬양하는가? 분자 코스모폴리탄은 바텐더의 레퍼토리에 있어서는 안 된다. 그런데도 이 칵테일은 어디에나 있다. 에휴. 핑거 라임Microcitrus australasica 유전자 서열을 사용한다는 것만으로는(아직 모르는 사람을 위해 말하자면 한때 극히 희귀했던 호주 핑거 라임 품종이다) 지겹고 케케묵은 데다가 끔찍하게 단 크랜베리 주스 칵테일이 맛있어지지는 않는다.[16]

5. 극소량의 환각성 버섯

나는 환각을 일으키는 귀중한 버섯을 사랑한다. 이런 버섯이 창조성과 상상력을 자극한다는 사실을 누가 부인할까? 하지만 모든 식당의 모든 메뉴에 환각성 버섯이 들어 있을 필요는 없다. 특히나 대부분의 사람이 아침에 이미 먹었다면 말이다.

내가 선호하는 배달 음식 조합

도시에 수십 개의 배달 전문 음식점이 생긴 것에 더해 환영할 만한 소식이 또 하나 있다. 바로 고스트 테이블ghost table이다. 에어비앤비의 첫 성공이 언젠가는 토지 부분 소유권으로 이어지리라고 누가 상상이나 했을까? 이제 시간 단위로 임대하는 공간이 이 도시에만 1260곳이나 되며, 모두 배달 로봇이 달려갈 수 있는 곳이다. 공간을 예약하면 식당이 여러분에게 온다. 물론 모든 장소가 좋거나 안전하지는 않다. 캘리포니아의 신선식품이 캄보디아 길거리 음식과 만나는 축제의 공급 업체인 긱 배달 전문 식당Geok Ghost Kitchen은 "아름다운 베란다와 스카이라인"을 감상할 수 있는 공간 임대를 시작했다. 나는 이곳을 세 시간 동안 예약해서 도착하자마자 식사를 주문하려 했지만 그곳은 황폐한 난장판이었다. 같이 갔던 내 친구가 안전하다고 생각한 곳에 발을 내딛자 바닥이 부서지면서 나무 조각과 파편이 온 사방에 날렸다. 어느 날 저녁에는 벽에 혼합현실 예술을 상영하는 스튜디오에서 식탁을 예약했다. 혼합현실은 일본의 봄이었고 우리는 벚나무를 주제로 한 디지털 시설을 골라 식사와 어울리게 했다. 도시에 있는 다양한 고스트 테이블을 직접 경험해 보는 것도 좋겠지만 아래의 새로운 장소는 한 번쯤 가볼 만하다.

아르텝호텔의 루프톱

도시 위 87층에는 아르텝의 고스트 테이블이 있다. 탁 트인 스카이라인은 견줄 데 없는 풍경이다. 올드코스트와 뉴코스트가 한눈에 들어오고 가상 투명 패널이 설치되어 시끄러운 거리의 소음이나 갑자기 불어오는 바람에 방해받지 않고 조용히 쉴 수 있다. 몇 주 전에 예약해야 하고 디저트를 위한 2차 일정으로 고려하면 적당하다. 이용 시간은 두 시간으로 제한된다.

포레스트 글렌

녹색 화초가 무성한 포레스트 글렌은 시끄럽고 눈부시며 북적거리는 도시 한복판에 있어서 더 특별하다. 1세대 탄소 포집 프로젝트에 사용하던 원천 기술인 녹색 화초는 감탄스럽지만 업그레이드할 수 없다. 그래도 괜찮다. 이제 우리가 누릴 수 있는 인상적인 개인 공원이 되었으니까. 꽤 긴 시간 동안 식탁을 예약할 수 있고 근처에 있는 배달 전문 식당 여러 곳에서 주문할 수 있다. 자연을 테마로 꾸며진 공간이므로 모자이크Mozaic의 채식 메뉴를 추천한다.

벨라의 지하실

만화책 가게였던 이 별난 공간은 지금은 친구들과 가벼운 식사를 즐기는 활기찬 장소가 되었다. 마블 영화의 광기가 절정에 달했을 때, 그러니까 블랙 팬서Black Panther 시리즈의 새 영화가 매년 여름마다 개봉하고 조연들이 종잡을 수 없는 이야기를 보여 주었을 때, 벨라의 지하실은 액션 피규어, 기념품, 그리고 당연히 만화책을 판매하는 곳이었다. 원래 인테리어를 그대로 살려서 캡틴 아메리카의 방패가 천장에 걸려 있고, 〈샌드맨The Sandman〉에 나오는 모르페우스의 거대한 벽화가 있으며, 다양한 장난감이 구석구석 거의 모든 틈새에 놓여 있다. 아직 가보지 않았다면, 스포일러는 아니니 안심하시고, 식사를 예약하지 말고 갈 것. 아니면 자비스를 만날 즐거운 기회를 놓치게 될 테니까.[17]

여러분의 목을 축일 최상의 조합

알다시피 수돗물 공급이 중단된 데이 제로Day Zero 이후 담수화 시설이 우리의 식수를 담당해 왔다. 일반적으로 역삼투 시설을 대부분 사용하지만, 도시 최고의 바 몇몇 곳은 염생 조류 처리halophytic algae-based 시설을 사용하기 시작했다. 이 처리 시설은 염생 조류를 활용해서 기수brackish water(담수와 해수의 중간 염분도를 지닌 물-옮긴이)에서 염분과 이산화탄소를 함께 제거하며, 잔여물은 건조해 동물 사료로 활용한다. 믹솔로지스트mixologist(칵테일 만드는 기술자-옮긴이)는 새로운 분자를 모두 활용해서 우울증을 몰아내는 맥주, 성욕을 강화하는 불로장생의 묘약 엘릭시르elixir, 지금까지 마셔 본 것 중 가장 부드러운 분자 위스키를 선보인다. 나와 내 친구는 대개 밤에 9번가에 있는 징고프Zingoff의 숙취 해소 효소용 엘릭시르로 휴식을 시작한다. 대량으로 판매하는 일반 숙취 해소제와 달리 금속성의 뒷맛을 마술처럼 제거해서 깔끔하다.[18,19,20]

일할 때 마시는 음료

스테이션 이스트의 맥해런호텔 아래에는 숨겨진 지하 공간이 있다. 숨어 있기 좋은 아늑한 공간은 정규 운영 시간에만 영업한다. (마지막 주문은 오후 6시다.) 바텐더 엠마 하퍼의 유쾌한 칵테일 메뉴에서 시그니처 메뉴 '5분 휴식'은 직접 양조한 분자 위스키와 생강 관목 비터 bitter(쓴맛을 내는 향료를 섞은 술-옮긴이), 재활용 물을 얼린 으깬 얼음, 건조 오렌지 한 조각으로 만든다. 내가 가장 좋아하는 칵테일은 '퇴근 후 재택근무'라는 이름의 WFHFW Working From Home From Work로, 수많은 회의로 바쁜 날 늘 마시는 것이다. 합성 사탕수수로 만든 다크 럼dark rum을 분자 쿠바 커피 리큐어와 섞고 시럽을 약간 넣은 뒤 합성 초콜릿 비터스를 두 방울 섞는다. 빠르게 취하지만 가상 사무실에 들어설 때쯤에는 완벽히 각성한 상태가 된다.

스프리츠 앤드 피츠 노스

인기 많은 니어 쇼어의 다이브 바 스프리츠 앤드 피츠가 본점에서 꽤 먼 거리에 두 번째 분점을 열었다. 하지만 더 멋지고 그림 같은 동네에 속아서 이 분점이 엄청나게 화려하리라고 기대하지는 말자. 본점과 똑같이 벽에는 더께가 앉아 있고, 똑같이 개인 맞춤으로 양조한 미생물이 있으며, 똑같이 이백여 개 이상의 나노 양조 맥주가 준비되어 있다. 예상한 대로 바의 오리지널 효모 균주의 창시자 피츠 라슨의 홀로그램도 바 위에 자랑스럽게 걸려 있다.

샤토 객트

일라이자 코딩이 2028년에 샤토 객트를 오픈한 이후 주민들은 주말마다 개인 맞춤형 미생물 발효 와인 시음회에 몰려들었다. 멋대로 뻗어나가는 코딩의 지하 포도원은 검은 템프라니요Tempranillo 품종과 산지오베제Sangiovese 품종의 유전자 원천 암호를 사용했고, 주목할 만한 와인 두 종을 생산한다. 리제르바 이스페셜Reserva Especial은 소량 생산하는 미디엄 바디의 합성 레드와인으로, 산뜻하고 지나치게 완숙하지 않아 점심 식사에 적당하다. 코딩은 후추향이 나면서도 감귤류를 닮은 향을 지닌 도멘 드 라 아스베스토스Domaine de la Ásvestos에 투자를 많이 했는데, 개인 맞춤형 분자를 사용해서 라임향을 합성했고, 합성 아시르티코 품종을 재배하기 위해 산토리니의 화산토를 들여왔다. 여기 와인 한 잔 더![21,22,23]

시나리오 4

지표면 아래

방글라데시 북부 마이멘싱의 농부들은 대를 이어 겨자, 황마, 벼 같은 제철 농작물을 재배해 왔다. 그러나 2030년에 해수면이 높아지면서 전례 없는 홍수가 수만 평의 대지를 휩쓸어 버리자 정부는 중국과 협정을 체결했다. 중국 공산당은 십 년 전부터 시작한 대규모 사회 기반 시설 프로젝트인 일대일로Belt and Road Initiative 구상의 일환으로, 방글라데시가 기후 재앙에 대처할 수 있도록 지원하겠다고 제안했다. 중국의 계획은 물길을 다시 내서 벵골만에 인공 섬을 만들고 최첨단 방파제를 구축해서 해수를 막는 것이었다. 유전자 편집 기술에서 우위를 점한 중국은 바닷물에 강한 유전자 변형 벼를 심어 식량이 될 작물 수확도 약속했다.[1]

하지만 이 약속은 지켜지지 않았다. 2035년에는 조수가 높아지고 몬순의 영향이 강해지면서 해수면의 극단적인 계절 변동이 새롭게 나타났고, 방파제 몇 개로는 방글라데시가 안전해질 수 없다는 사실이 명백해졌다. 방글라데시는 높아지는 해수면의 영향으로 국토의 18퍼센트를 잃었고, 저지대 해안가에 살던 1500만 명은 이주해야 했다. 홍수가 심해지면서 정화조 시설이 무너졌고 식수 시설도 오염되었다. 사람들은 집을 잃고 생계 수단도 잃었다. 전통적인 논은 해수로 범람했고 벼는 살아남지 못했다. 대대로 방대한 양의 밀, 옥수수, 감자를 경작하면서 계절마다 일어나는 범람에도 능숙하게 대처했던 농부들은 가능한 한 더 먼 북쪽 내륙으로 들어가려 애썼다. 그러나 집과 일자리를 두고 경쟁이 심화되자 선택의 여지가 거의 없었고, 결국 많은 농부가 농사일을 접었다. 일부는 기후 난민 지위를 요구하며 미얀마와 인도 국경을 넘어갔지만, 이들 국가에는 이미 수백만 명의 기후 난민이 살아남기 위해 다투고 있었기에 두 국가 모두 입국을 거부했다.[2]

사우디아라비아의 한낮 기온이 섭씨 63도까지 올라가고, 시베리아 낮 기온이 섭씨 30도 이상을 기록하는 등, 극단적인 날씨 변화가 잦아지면 많은 나라의 작물 생산이 중단되었다. 갑작스러운 홍수와 산사태, 가뭄이 이어지면서 아프가니스탄에서는 밀이 자라지 못했다. 한때 땅콩, 참깨, 사탕수수, 기장이 수월하게 자라던 남수단에서는 낮 기온이 섭씨 49도를 넘어서는 날이 일상적으로 이어졌다. 거대한 먼지기둥이 일어나더니 에티오피아와 케냐까지 뻗어나갔다. 세계에서 가장 큰 천연고무 생산 기지였던 라이베리아의 기업형 고무

나무 농장은 더는 수출 물량을 감당할 수 없었다.[3.4]

미국에서는 오랫동안 곡물과 옥수수 대부분을 재배해 왔던 대평원을 제치고 북부가 미국의 곡창 지대가 되었다. 한동안 곡물을 재배하기에 최적의 지역은 오대호 지역인 미네소타주 북부, 위스콘신주, 미시간주, 뉴욕주가 되었고, 이곳에서는 유전자공학 기술로 처리한 토양에 새로운 작물을 적응시켰다. 그러나 지구의 기온이 계속 상승하면서 이들 지역은 기온이 높아지는 것에 그치지 않고 대기가 불안정해지면서 파이어네이도firenado(산불과 토네이도가 함께 일어나는 것)와 드레초derecho(직선거리로 이동하는 폭풍으로 허리케인급의 바람과 폭우를 동반한다)가 나타났다.[5]

2036년 11월에 국제연합 기후변화총회United Nations Climate Change Conference는 거의 90억 명에 이른 인류가 살아갈 공간이 부족해졌다는 충격적인 연구 결과를 발표했다. 도시가 계속 제멋대로 뻗어나가면 식량 생산이 위협받고 이미 과부하가 걸린 생태계의 붕괴를 초래할 것이다. 인류가 계속 확장하려면 이제 두 가지 선택만이 남았다. 땅밑으로 파고들든지, 아니면 지구를 완전히 떠나야 한다.[6]

테슬라와 스페이스X의 최고경영자 일론 머스크Elon Musk는 수십 년 동안 인류의 장기 생존을 위한 최선의 방법은 다행성 종이 되는 길뿐이라고 주장해 왔다. 머스크는 지구 대기에서 탄소 농도가 높아지고, 극심한 가뭄이 들며, 생물다양성이 상실되는 상황을 무시무시한 재앙의 전조로 여겼다. 2016년에는 스타십starship 프로그램을 개발해서 우주로 화물을 수송하고, 궁극적으로는 백 명의 승객을 지구와 달, 화성으로 수송할 계획이었다. 2021년까지 미국항공우주국은 스페이스X와 계약을 맺고 스타십 우주선을 개량해서 아르테미스 계획Artemis program(1972년 아폴로 17호 이후 반세기 만에 인류를 다시 달로 보내는 계획-옮긴이)에 적합하게 개발했다. 머스크는 지구든 달이든 화성이든, 혹은 그 어느 곳이든 생명을 유지하는 데 필요한 핵심 기반 시설을 구축하는 데 초점을 맞추었다. 그러나 곧 혼자서는 지구 외부에 생활 환경을 구축할 수 없다는 사실을 깨달았다. 태생적으로 쇼맨이었고 개인 재산만 1조 달러(1368조 원)에 이르는 머스크는 콜로니 프라이즈Colony Prize라는 대담한 대회를 열었다. 2년 동안 백 명의 인간이 살 수 있는 밀폐된 지하 식민지를 건설하고 운영하는 모든 팀에게 상금으로 10억 달러(1조 3680억 원)를 주는 대회였다. 다시 말하면 완벽한 화성 시뮬레이션인 셈이다.[7,8,9]

　머스크는 인간이 지구 외 행성에서 살아가려면 이전에는 만들지 못했던 대규모 재생 시설을 반드시 개발해야 한다고 생각했다.[10] 국제우주정거장은 한때 최대 13명의 우주인이 거주했던 적도 있지만 대개는 6~7명이 적정 인원이다. 식민지 주민이 오랜 기간 갇혀 있어야 한다는 문제도 있었다. 보통 국제우주정거장 임무는 6개월이 소요된다.[11] 미국항공우주국 소속 우주인 스콧 켈리Scott Kelly는 우주에서 거의 일 년간 머물렀다. 우주 비행사 발레리 폴랴코프Valeri Polyakov는

1990년대에 단일 임무를 수행하기 위해 미르 정거장에서 437일 동안 거주하는 기록을 세웠다.[12] 봉쇄된 사회에서 백 명이 살아가는 상황을 이해하는 데 더 적합한 사례로는 잠수함을 들 수 있지만, 여기서도 최장 잠수 및 단독 임무 수행은 111일이 한계였다.[13] 콜로니 프라이즈 대회에서 상금을 타려면 700일 이상 봉쇄되어야 한다.

대회 규칙은 단순하다. 참가 팀은 거대한 밀폐 컨테이너를 조립해서 봉쇄된 생활 공간을 만든다. 속이 빈 원통형 컨테이너는 본래 우주선의 화물칸에 설치하는 모듈식 독립 공간으로, 생활 공간, 과학 실험실, 농장, 학교, 물 처리 시설, 제조 시설, 그 외 지하 식민지를 운영하는 데 필요한 공간이라면 무엇이든 될 수 있다. 식민지에는 콘서트, 스포츠, 그 외 오락을 즐길 시설을 포함하도록 권장되었다.[14,15] 일단 공간의 용도를 설정하고 필요한 시설을 채우면 문이 닫히고 임무 수행 시계가 돌아가기 시작한다. 목표는 버크민스터 풀러Buckminster Fuller의 지오데식 돔geodesic dome이 아니라 모듈 구조가 연결된 완전히 새로운 네트워크, 예를 들어 미니애폴리스 스카이웨이 시스템과 비슷한 구조를 재발명하는 것이었다. 미니애폴리스 스카이웨이 시스템은 폐쇄된 구조물과 연결 다리로 구성되었는데, 결국 도시로 확장할 수 있는 세계에서 가장 큰 연접 시스템이다. 시간이 흐르면서 이 계획은 극한의 기후가 우리의 새로운 표준이 되기 이전의 삶의 일부를 재현할 것이다.

컨테이너 구조 변경과 모의실험 외에도 대회 참가자들은 식민지에 거주할 주민 명단과 이들을 선택한 타당한 이유, 삶의 질을 보장할 상세한 계획을 제출해야 했다. 여기에는 중요한 제약 사항이 있었다. 식민지는 근심 걱정 없이 평온했던 예전에는 코첼라 밸리 뮤직 페스티벌에 모여들었을 이십 대 초반의 청년만으로 구성할 수 없었다. 모든 식민지는 다양한 형태의 가족, 자녀가 없는 부부, 비혼자처럼 사회의 모든 측면을 반영해야 했다. 이 대회는 봉쇄된 시스템에서 인구 증가라는 상황을 부분적으로나마 시험하려 했다. 즉 식민지는 임신, 출산, 육아 외에 다양한 건강 문제와 삶의 단계를 관리할 수 있어야 했다.[16]

사상, 이념, 인종, 민족, 국적, 문화의 다양성을 보장하기 위한 필요조건이나 할당량은 없다. 식민지에서 특정인을 배제하는 행위를 막는 규정도 없다. 모의실험에서 해당 계획이 사람들을 2년 동안 살아가게 할 수만 있으면, 식민지 거주민들이 일하고 학교에 가고 의료 처치를 받고 자원을 재배하고 식민지 안의 균형을 맞출 수만 있다면 식민지는 발전할 수 있다. 참가 팀은 11년 동안 식민지를 짓고 개선하고 해당 구조물 안에서 살아야 한다. 시스템이 실패하거나 환경 설정을 크게 바꿔야 한다면 어떤 팀이든 시계를 재설정하고 다시 시작할 수 있다. 11년이라는 기한만 지키면 된다.[17,18,19] 모의실험에 성공해서 10억 달러(1조 3680억 원)를 받을 수 있는 팀의 수는 제한이 없다.

식민지들은 머스크가 운영하는 기업에서 지원받을 수 있다. 스페이스X, 테슬라, 보링컴퍼니(터널과 지하 사회 기반 시설을 짓는 기업), 치아(에너지 효율이 높은 블록체인과 전자상거래 플랫폼), 노보팜(실내 정밀 농업 기업), 뉴럴링크(이식용 두뇌 칩 인터페이스 회사), 프로그래머블 매터(환경 및 사용자 명령에 따라 형태를 바꾸는 물질 제조 기업)가 있다.[•] [20,21,22] 사업 타당성 조사와 사회 기반 시설 조사는 끝났고 남은 것은 위치 선정이었다. 미래의 화성 식민지는 지하에 건설될 것이다. 화성은 자기장이 없고 표면에 닿는 방사선 수준은 위험할 정도로 높다. 게다가 지표면은 춥다. 식민지를 지하에 건설하면 방사선도 막고 단열도 해결할 수 있다.[23,24,25]

터널은 보링컴퍼니가 건설한다. 자동화 장비인 프루프록Prufrock V는 '위아래로 몸체를 흔들며 전진porpoise'할 수 있다. 즉 지표면에서 출발해서 하루에 대략 1.6킬로미터의 속도로 지하 터널을 뚫을 수 있고, 작업을 마친 뒤에는 지표면으로 다시 올라온다. 테슬라는 이 터널에 딱 맞는 스테인리스강 원통형 컨테이너를 생산했다. 선적 컨테이너와 비슷하지만 프링글스 통처럼 원통이고, 전기 구동 시스템이 있어서 혼자 힘으로 천천히 움직일 수 있다. 원통 내부는 사용자가 원하는 것이라면 거의 무엇이든 집어넣을 수 있는데, 개인 숙소나 수경 재배 농장, 수술 시설 등을 설치할 수 있다. 단기간이라면 독립적으로 운영할 수 있지만 보통은 서로 연결해서 더 복잡한 시스템을 형성하며, 가장 간단한 배치는 전철 같은 사슬 형태다. 테슬라는 태양 전지 시스템도 구축했으며, 스페이스X는 스타링크 위성으로 운송과 통신을 맡았다. 이 기업들은 미국항공우주국과의 계약에 따라 달에 시스템을 설치했다. 식민지들은 전력과 주파수는 얼마든지 사용할 수 있을 것이다.

• 여기서는 일론 머스크가 앞으로 이런 기업들을 소유하거나 세울 것이라고 가정했다.

참가 팀은 자신들의 계획을 실현하기 위해 이들 모두를 사용할 수 있다. 평면도, 모델, 사양은 온라인에서 확인할 수 있고, 안이 비어 있는 원통형 컨테이너는 테슬라에서 개당 25만 달러(3억 4200만 원)에 살 수 있다. 참가 팀에게 가장 힘든 부분은 컨테이너를 연결하고 사람들을 거주시키고 완벽한 시스템을 운영하는 일일 것이다.

머스크는 콜로니 프라이즈를 두고 경쟁하는 참가 팀에게 설명하면서 야망은 보상받을 것이라고 분명하게 말했다.

목표는 거주만 하는 것이 아니라 행복하게 거주할 수 있는 장소를 창조하는 것입니다. 여러분과 여러분의 가족이 선량한 이웃과 함께 번영할 수 있는 식민지를 건설하십시오. 식민지가 완벽하게 자급자족하면서 계속 성장하려면 어떻게 해야 할지도 고려해야 합니다.

식민지 거주민들은 계획을 실현할 자금을 스스로 조달해야 한다. 여기에는 식민지를 개발하는 사람들의 급여와 거주민을 위한 급여도 포함된다. 성공한 식민지에 주는 상금 10억 달러(1조 3680억 원)는 투자자에게 빌린 돈을 갚고, 보너스를 지급하며, 앞으로 식민지를 확장하는 데 쓰일 것이다. 머스크는 이 모델이 다양한 식민지 사이의 협력을 끌어내고 장려하며, 혁신을 위한 플라이휠 효과(회전 속도를 일정하게 조절하는 무거운 바퀴로 기계 및 엔진 회전 속도에 안정감을 준다-옮긴이)를 창조하고 우주를 기반으로 하는 경제를 가속하며, 여기에 더해 통치와 운영에 관한 실제 경험을 제공할 것이라고 믿었다.

극도로 불쾌해진 지표면의 날씨와 함께 엄청난 규모의 상금만으로도 봉쇄형 생활 시스템의 연구개발에 전 세계에서 투자가 밀려들었다. 이와 유사한 사례는 50년 전인 1991년에 애리조나주 오라클에 완공한 바이오스피어 2 Biosphere 2 하나뿐이었다.[26]

원래는 봉쇄된 생태계에서 생존 가능성을 입증할 목적으로 세워진 바이오스피어 2는 궁극적으로 문제가 많았다. 부족한 식량, 불충분한 공기 순환, 프로젝트 관리와 운영권을 두고 벌어진 권력 투쟁은 실험의 미래를 암울하게 했다. 그 이후로 누구도 수직 농업, 제조업, 감지기 시스템, 생명공학의 엄청난 진보를 또 다른 폐쇄계에 시험할 엄두를 내지 못했다.

수만여 개 팀이 지원했지만 180개의 제안서만 1차 관문을 통과했다. 북아메리카, 서유럽, 통일 한국, 중국, 인도에서 온 참가 팀들은 식민지 개발 유닛colony-forming units 즉 CFU라고 불렀다. 실험을 시작하려면 식민지 개발 유닛은 우선 물 재생, 바이오파운드리, 의료 시설, 산소 생성, 탄소 포집에 관한 상세한 계획과 모델을 만들어야 했다. 그러려면 매우 독창적인 컴퓨터 모델링이 대규모로 이루어져야 했다. 마침내 식민지 개발 유닛 72개가 숙련된 기술 팀을 갖추고, 식민지를 건설하고 지표면 작업을 할 대지를 확보했다. 정부 지원금부터 개인 기업의 투자, 부유한 기부자가 내놓은 수표까지 모든 유닛이 식민지 건설을 시작할 자금도 충분히 확보했다.

테슬라는 수천 개의 스테인리스강 원통형 컨테이너와 전력 장치를 다양한 지역에 자리 잡은 식민지들에 보냈다. 미국은 인디애나주

블루밍턴과 아이오와주 홈볼트에, 캐나다는 서스캐처원주 달메니와 앨버타주 에드먼턴에, 통일 한국은 화성에, 중국은 베이전北鎮과 다둥 젠大東鎮에, 인도는 하르다에, 케냐는 루무루티에, 노르웨이는 크누트 슈Knutshøe에 식민지가 건설되었다. 후원자와 함께 식민지 개발 유닛은 스테인리스강 원통을 개조하고 연결해서 멀리서 보면 최첨단 햄스터 우리처럼 보이는 구조물을 만들고, 구조물들을 지하로 옮기기 전에 지표면에서 광범위한 시험을 진행했다.

대회는 수상하는 팀 수를 제한하지 않는 대신 중요한 성과 지표를 엄격하게 설정했다. 이 지표를 충족하려면 식민지는 세균을 포함한 미생물을 만들어서 작물이 자가 수정을 하도록 해야 한다. 실내 농업을 지속하려면 기후 조절 환경, 클라우드에 기반한 인공지능 시스템, 농업용 감지기, 서로 협력하는 로봇이 필요하고 이를 통해 영양, 이산화탄소, 산소, 물을 안전한 수준으로 유지해야 한다. 동시에 스스로 백신과 치료법을 설계하고, 만들고, 시험하고, 효율적으로 사용해서 봉쇄된 환경에서 발생할 새로운 병원체를 치료해야 한다. 매일 사용해야 하는 부자재는 엄격한 쓰레기 처리 기준을 충족해야 한다. 예를 들어 중합체로 만든 포장재는 스스로 분해되거나 빛, 열, 산에 노출되었을 때 효율적으로 '풀어져야unzip' 한다.

식민지 건설 유닛은 우선 주어진 지표를 달성해야 한다. 한 가족이 몇 년 동안 계속 생존할 수 있는 원통을 만드는 일은 매우 어렵다. 깊은 지하에서 이를 공동체 전체로 확장하고 정상적인 삶의 모습을 유지하는 일은 훨씬 더 복잡한 시도다. 우승자 수에 제한이 없으므로 최고의 전략은 협력이라는 사실을 식민지 유닛들은 빠르게 깨달았다. 깨우친 지식을 공유하자 식민지의 핵심 시스템 제작은 놀라울 정도로 빠르게 진화했다. 식민지 유닛이 컴퓨터 시뮬레이션으로 100명, 150명, 그리고 거의 200명을 수용할 수 있는 환경 설정에 도달하기까지는 오래 걸리지 않았다. 그들은 약간의 중복성을 구축하는 것도 중요하다는 점을 깨달았다. 장비가 고장 나는 등 문제가 생기기도 했다. 때로는 일이 잘 풀리기도 했다. 모의실험이 진행되는 동안 식민지 인구는 성장할 것으로 예측했다.

실험이 시작된 지 6년 만인 2043년 1월, 첫 번째 식민지인 엔데버 서브 테라Endeavor Sub Terra가 문을 닫고 임무를 수행할 준비가 되었다고 선언했다. 엔데버 서브 테라 공동체(후에 EST인이라고 불리게 되었다)는 애리조나주립대학교 캠퍼스의 동쪽, 마리코파 제1국 공동체Maricopa First Nations Community와 마주 보고 있었다. (아이러니하게도 바이오스피어 2도 애리조나주립대학교 캠퍼스 근처에 있었다.) 엔데버 서브 테라는 애리조나주립대학교에서는 대지를, 주 정부에서는 세금 감면을 넉넉하게 지원받았다. EST인은 애리조나 식민지를 구축하기 위해 구성한 거대한 집단에서 신중하게 선발되었다. 많은 사람이 자녀가 있는 가족이었지만 젊은 커플과 다양한 관계로 구성된 사람들도 있었다. 이들은 이미 원통 컨테이너 속에서 함께 살며 일한 기간이 꽤 되었다. 임무를 시작하는 것은 그저 730일 이상을 외부에 나가지 않는다는 의미였다.

엔데버 서브 테라의 원통 컨테이너는 지하로 옮겨졌다. 터널은 폐쇄되고 화성의 대기 구성과 비슷한 기체로 채워졌다. 전력과 통신 시설은 시뮬레이션을 통해 소요 전력을 예측했고, 행성 간 상대적인 거리에 따라 통신 지연이 3분에서 길게는 22분 정도 있으리라고 내다봤다.

EST인들은 지표면에서 스스로를 봉쇄한 첫 번째 식민지 거주인이 되었지만 광범위한 정보와 사회 기반 시설을 공유한 덕분에 다른 식민지들도 대부분 잇따라 봉쇄되었다. 2044년 봄이 되자 72개 식민지가 모두 지하로 옮겨졌다.

식민지 건설 유닛은 다양한 경제 체제와 정부 조직을 고안해서 운용했다. 거주민을 정규직으로 고용해서 일한 시간만큼 월급을 주고 공동체에서 사는 대가를 지급한 곳도 있었다. 국제우주정거장처럼 식민지 안에는 사고팔 물건이 없었다. 월급은 나중에 지상으로 나갔을 때 사용하도록 거주민의 은행 계좌에 입금되었다. 보편적 기본 소득을 도입해서 모든 거주민에게 일정 금액을 공동체 디지털 토큰으로 준 식민지도 있었다. 거주민들은 점차 이 토큰을 화폐로 사용했고, 식민지에 거주하는 동안 상품과 서비스를 사는 데 썼다.[27]

비방하는 사람도 있었다. 식민지를 두고 '개미 농장'이라거나 '햄스터 우리', '제 발로 들어가는 감옥'이라고 부르는 사람도 있었다. 그러나 식민지 거주민들은 가시 돋친 말들을 가볍게 무시했다. 그들은 원통형 컨테이너와 터널이 살고 일하고 가족을 부양하기에 훌륭한 곳이라고 생각했다. 식민지 환경에는 병원체가 없었다. 극심한 지상의 날씨는 지하에서는 느껴지지도 않았다. 파이어네이도가 북아메리카와 서유럽을 짓밟던 2044년 여름에도 터널은 안전했다.

식민지는 탁월한 생명공학 기술을 갖췄다. 생명과학 원통 컨테이너에는 최고의 바이오팹이 설치되었고, 염기서열 분석기와 합성기도 있었다. 수직 농장과 재활용 시설에 필요한 생물 개발 담당자는 새로운 방법을 고안했고, 시간이 흐르면서 지역의 자연 생태계를 조절하고 진화시켰다. 특별한 감시 시스템도 만들어서 오염이나 돌연변이를 찾아냈다.

지하 식민지는 지상의 위험한 폭풍에서 숨을 피난처가 되었지만 실험이 인간의 기본적인 본성을 바꾸지는 않았다. 식민지를 봉쇄하기 전에 모든 거주민의 심리 자료를 수집해서 이들이 오직 99명의 타인과 봉쇄된 공간에서 사는 일을 견딜 수 있을지 검사했지만, 누구도 이상적인 공동체 구성을 정확하게 예측할 수는 없었다. 신경다양성을 가진 후보들은 받아들였지만 공황장애 환자와 주의력결핍과다활동장애(ADHD) 환자, 우울증에 빠지기 쉬운 사람들은 제외했다. 분노조절장애가 있는 사람이나 자기애성성격장애의 징후를 보이는 사람도 배제했다. 하지만 일부 공동체 지도자들은 규칙을 회피하거나 노골적으로 어겼다. 부유층 기부자는 투자에 대한 보답으로 특권을 요구했고, 이는 때로 더 적합한 후보자를 제치고 새치기하는 형태로 나타났다. 기부자 중에는 십 대 자녀를 식민지에서 일하게 하면서 나중에 유명 대학에 갈 때 이 경력이 도움이 되길 기대하는 사람도 있었다. 식민지에서의 삶이 완벽한 휴가가 되리라고 생각하는 사람도 있었고, 가상 미디어 채널의 트래픽을 늘리는 데 도움이 되리라고 여기고 식민지 입주 명단에 올랐다고 주장한 사람도 있었다.

실패 사례도 나왔다. 일부 식민지는 봉쇄되자마자 공격적인 정치 공작, 내분, 스캔들로 거주민들이 고통받았다. 비저너리 밸리^{Visionary Valley} 식민지를 예로 들면, 후원자들은 공동체를 사업체처럼 관리하기로 했다. 하지만 두 달이 채 되기도 전에 식민지는 붕괴했다. 후원자들은 핵심 자원인 식량과 물 저장소의 잠금 암호를 자신들만 알아야 한다고 주장했다. 그들은 또 자신들의 생체 인식 정보로만 볼 수 있는 식민지 전체 감시 시스템을 구축했다. 이 사실은 식민지 거주민에게 미리 공지되지 않았고, 모두가 지하로 들어간 이후에야 누군가가 지상에서 견뎌야 했던 권력과 부에 의한 불평등한 계급 제도를 그대로 반영한 이 시스템을 발견했다. 거주민들은 쿠데타를 일으키려 했지만, 그들은 이미 효율적인 패놉티콘에 살고 있었으므로 이를 장악할 방법이 없었다. 혐오감과 격분에 휩싸인 거주민들은 봉쇄를 깨고 나와 다시는 식민지로 돌아가지 않겠다고 선언했다.

모든 식민지에서 사회적 고립감, 갑작스러운 삶의 변화, 제약된 행동에 고심하는 거주민이 나타났다. 여러 사람이 끊임없이 불안감을 느꼈고, 이는 집중력 저하와 불면증으로 나타났다. 우울증과 불안감이 더 극심한 사람도 있었다. 이런 거주민은 쉽게 놀라고 편집장애^{paranoia}를 일으켰다. 일부는 난폭하게 감정을 분출하거나 가족이나 친구들과 멀어지기도 했다. 거주민들은 이런 상태를 외상성 지하 증후군^{traumatic below-surface syndrome}이라고 불렀지만 마땅한 치료법을 찾지 못했다.

가장 성공적인 식민지는 인류의 기본적인 생리 욕구와 안전 욕구를 인정한 곳이었다. 사람들은 목적의식과 소속감을 느끼고 싶어 했으며, 각각의 공동체에는 할 수 있는 일이 아주 많았다. 보편적 기본소득은 일부 성공을 거두기도 했지만, 디지털 토큰 시스템은 대부분 완벽하지 않았다. 거주민들은 초기 배정 금액을 빠르게 소비했고, 추가로 빌려줄 은행은 없었다. 그들은 이웃에게 토큰을 빌려야 했고, 이는 항상 그랬듯이 분란을 일으켰다. 한 식민지에서는 갑자기 딸기 수요가 치솟으면서 인플레이션이 일어났고, 일시적으로 모든 생산품의 가격이 치솟았다.

공동 권력 구조는 제대로 운용되는 일이 드물다. 언제나 앞장서기를 원하는 사람이 있는가 하면, 절대 나서지 않는 사람도 있다. 많은 식민지에서 합의를 전제로 하는 변형 사회민주주의 체제를 채택했다. 식민지 관리자들은 돌아가면서 직위를 맡았고 항상 완벽하지는 않았지만 후임자에게 혼란을 떠넘기지 않도록 인센티브를 제공했다. 몇몇 식민지는 인공지능 시스템에 모든 것을 맡기는 실험을 했다.

제일 먼저 봉쇄 실험에 돌입한 엔데버 서브 테라 식민지는 2045년에 상금을 받은 첫 번째 식민지가 되었다. 머스크와 콜로니 프라이즈 주최 측은 최종적으로 72개 유닛 중 55개 유닛에 상금을 주었다. 머스크는 지금까지 자신이 했던 투자 중 최고의 투자 수익을 얻었다고 생각했다. 인류는 수많은 행성을 우주여행 하는 종족이 되기 위한 기술 및 사회적 토대를 닦았고, 에너지와 원천 물질만 있으면 무한히 규모를 확장할 수 있었다. 식민지에서 창조하는 연구, 시스템, 생산품은 지상에서 많은 돈을 벌어들였고, 식량, 물, 그 외 필수품 생산에서 전체적으로 흑자를 내면서 많은 식민지가 경제의 탈출 속도^{escape} ^{velocity}에 도달했다. 원한다면 그들은 재투자를 통해 식민지를 계속 성장시킬 수 있었다. 이것이 실험이 끝난 후에도 수많은 EST인이 지하에 남은 이유다.

식민지는 에어 로크^{airlock}(용기 내외의 압력 차를 유지해서 기체의 유출입을 막는 구조물—옮긴이)와 제염^{decontamination}(방사성 물질을 제거하는 것—옮긴이) 시스템을 개발해서 거주민이 옛 친구를 만나거나 좋은 날씨를 즐기기 위해 지상에 올라갈 수 있게 했다. 식민지 전체가 입거나 먹는 감지기 시험에 동의했고, 봉쇄된 공공 지역으로 돌아올 때 바이러스나 다른 병원체를 가져오는 것을 막기 위한 격리 조치에도 동의했다. 터널을 뚫는 장비와 원통형 컨테이너를 더 사서 2000명의 추가 거주민을 받아들였다. 이때쯤에는 이미 수백만 명의 거주민을 수용하는 3차 성장 계획을 마련했고, 새로운 지하 이웃과 지열 발전기, 거대한 생물반응기, 지하 바다까지 갖추었다. 머스크가 의도한 바는 아니었겠지만 콜로니 프라이즈 대회는 지금까지 인류가 경험한 적 없는 최대 규모의 투자를 촉발시켜서 지속 가능한 공동체에 투자금이 뿌려졌다.

인류가 농장과 도시를 버리고 지하를 개발하는 동안 전 세계의 지상 생태계는 야생으로 돌아가고 있었다. 건물, 도로, 주택은 햇빛, 물, 식물이 침식하면서 자연스럽게 무너지고 있었다. 자연과 자연 시스템은 예상보다 더 빠르게 회복되고 있었고, 지구 생태계의 놀랍고 새로운 변화를 연구하려면 새로운 세대의 동식물학자와 생태학자가 필요했다. 백 년이 넘는 시간 동안 처음으로 대기 중 이산화탄소 농도가 감소하기 시작했다.

EST인들은 유연한 삶이 이어지는 미래를 상상한다. 지구라는 우주선에서 행복하게 살거나 원한다면 지구를 떠나는 삶도 생각해 볼 수 있다. 개인 모듈을 화성으로 싣고 가서 식민지에 연결하기만 하면 된다.

때로는 EST인들이 밤에 지상을 방문할 수도 있다. 땅에 누워 빛 공해가 전혀 없는 하늘 위로 펼쳐진 별 무리를 보며 그들은 경탄할 것이다. 별들은 반짝이며 속삭일 것이다. *인류여, 이제 탐험할 시간이다!*

화성과 수많은 행성이 우리를 기다린다.

시나리오 5
메모

연방수사국

샌프란시스코 현장 사무소

2026년 10월 11일

수신: FBI 책임자

사안: 신종 사이버 생물 테러에 대응할 긴급 지원 요망

2026년 10월 9일 오후 5시 23분, 샌프란시스코 현장 사무소는 23X 지노믹스 건물 안에서 대규모 사상자가 발생한 사건을 수사했다. 연방수사국 요원이 도착했을 때, 실험실 연구원 여덟 명은 전원 응답이 없었고 모두 눈, 코, 귀, 입에 출혈이 있었다. 23X지노믹스가 고용한 사설 경비 업체는 화학 약품 사고라고 보고했지만, 연방수사국 현장

요원은 어떠한 화학 물질도 발견하지 못했다. 요원은 수사를 위해 표본을 수집하고 연구실을 폐쇄했다.

10월 10일, 샌프란시스코 현장 사무소에 익명의 전화가 걸려 와 포챈4chan 사이트에 다크 카오스 신디케이트Dark Chaos Syndicate라는 단체가 자신들이 이 사건의 배후라고 주장하는 글을 올렸다고 경고했다. 다크 카오스 신디케이트는 연방수사국도 이미 주시하던 단체로 점조직 형태의 공격적인 반GMO 단체다. 조직원은 영국, 러시아, 독일, 스웨덴, 브라질, 프랑스, 인도, 아이슬랜드, 미국 등 여러 나라에 숨어 있다. 신디케이트 조직원은 음모론을 퍼뜨리며 암호를 사용하고 단말기 간 직접 통신만을 허용하는 채팅 앱 텔레그램과 시그널을 주로 활용하므로 감시하기가 어렵다.

우리는 조직원들이 유전공학에 관련된 다양한 음모론을 논의하는 게시판을 www.gag.org에서 발견했다. 신디케이트 조직원은 흑인 인권 운동인 블랙 라이브스 매터Black Lives Matter 운동이 절정이었을 때, CIA가 사람들을 순종적으로 만들려고 코로나19 백신을 개발했다고 믿는다. 또한 월마트, CVS, 존슨앤존슨사가 미국인에게 강제로 백신을 접종시키는 정부 비밀 기관이라고 믿는다. 신디케이트 조직원은 백신이 세포핵에 들어가 DNA를 영구히 변형해서 사람을 유순하게 만든다고 믿는다. 사람들이 생물학적으로 분노할 수 없게 되면 저항을 멈추고 법률 집행 기관에 복종할 것이라고 신디케이트는 주장한다. 요원들은 유전공학 기업에 대항하라고 부추기는 글들이 오래전인 2021년 6월까지 거슬러 올라간다는 사실을 발견했다.

　현재 우리는 23X지노믹스사 연구실 사건이 우연한 사고가 아니라 연구실의 컴퓨터, 중국에 있는 유전체 합성 기업, 민간 사업체 공급망을 표적으로 삼은 적대적 사이버 생물 테러였다고 생각한다. 전통적인 사이버 해킹과 유전공학을 결합한 새롭고 치명적인 형태의 생물 테러로 보인다.

　다크 카오스 신디케이트의 게시글을 근거로 전국적인 사이버 생물 테러가 보안이 취약한 다른 시설에도 행해질 수 있으며, 생명을 유지하는 중대한 사회 기반 시설의 단계적 붕괴를 불러올 수 있다고 본다.

배경

23X지노믹스사는 농화학 및 농업 생명공학 기술을 연구하며 유전자 편집과 응용 기술이 주력 사업이다. 연구실에서 일하는 생명공학자들은 합성 바닐라 품종을 개발하는 프로젝트를 수행하고 있었다. 다크 카오스 신디케이트는 바닐라나 GMO 바닐라에 특별한 관심을 두지는 않는 듯하다. 그렇다고 해서 23X지노믹스사가 획기적인 유전학 연구를 수행한 것도 아니다. 23X지노믹스사가 표적이 된 이유는 미국보다 더 값싸고 더 빨리 생산하는 중국에서 유전자 원재료를 구하려 일부 절차를 무시했고, 그로 인해 해커의 공격에 취약해졌기 때

문으로 보인다.

합성생물학 연구 즉 데이터, DNA와 그 외 유전자 원재료, 연구 장비, 통신 네트워크, 공급망, 직원들을 지원하기 위해 23X지노믹스사가 활용한 물리 및 디지털 사회 기반 시설은 방어력이 약했고, 결국 전례 없는 악성 소프트웨어 공격으로 이어졌다.

테러에 관한 상세 기술

23X지노믹스사는 몇 가지 원료로 연구실에서 생성할 수 있는 합성 바닐라 균주를 개발할 계획이었다. 연구자들은 다양한 환경에서 바닐라의 내한성(식물이 저온에서 견디는 정도-옮긴이)을 시험했다. 다크 카오스 신디케이트는 정체가 밝혀지지 않은 공격 벡터를 이용해 23X지노믹스사의 상업용 운영 시스템에 침입해서 연구실을 감시하고, 데이터를 빼내고, 악성 소프트웨어를 심었다. 우리가 밝혀낸 공격 과정은 아래와 같다.

1. 23X지노믹스사에서 근무하는 생명공학자가 온라인 저장소에 자료를 업데이트하기 위해 합성생물학 개방형 언어(SBOL)를 자동화하도록 설계된 방화벽이 약한 브라우저 플러그인을 내려받았다. 23X지노믹스사 IT 부서는 플러그인을 차단하지 않았고, 이 플러그인은 중간자 공격man-in-the-middle attack(네트워크 통신을 조작해서 통신 내용을 도청 및 조작하는 중간자 공격-옮긴이)의 도구가 되었다.

2. 생명공학자와 연구 팀은 회사의 데이터 서열 분석 소프트웨어로 실험을 설계했다. 이들은 변칙성을 찾아내고 서열을 확인하기 위해 평소와 다름없는 모의실험을 했다.

3. 그런 다음 생명공학자는 합성 DNA를 리비보Livivo사에 주문했다. 리비보는 중국 판매사로, 23X지노믹스사는 모든 유전자 원재료, 인리치먼트 패널enrichment panel(유전체에서 원하는 영역의 서열만 분리해서 분석하는 기술-옮긴이), 키트를 이 기업을 통해 구매한다. 23X지노믹스사는 국제 유전자 합성 협력단의 모든 검사 절차를 지키는 미국 기업보다 빠른 업무 처리와 낮은 가격을 무기로 하는 리비보사를 선택했다. 23X지노믹스사는 특정 관리 서열에 적용되는 미국 보건복지부의 면제 제도를 악용해서 특정 검사 절차를 회피했다.

4. 24X지노믹스사와 리비보사 사이에서 유전자 서열을 읽기 어렵게 만드는 악성 소프트웨어가 사용되었다. 악성 소프트웨어는 감시 소프트웨어가 서열이 바뀌었다는 사실을 발견하지 못하도록 하면서 DNA 서열을 악성 생물 암호로 바꾸어 놓았다.

5. 리비보사는 합성 DNA를 만들어 23X지노믹스사로 보냈다. 생명공학자와 연구 팀은 악성 소프트웨어에 감염된 연구실 컴퓨터로 DNA를 서열 분석했다.

6. 연구 팀은 실험을 계속하면서 악성 DNA를 다른 물질과 혼합했다. 연구 팀은 일상적인 실험을 진행하는 줄 알았지만 자기도 모르는 사이에 치명적인 병원체를 만들어 풀어놓았다.

7. 이번 사이버 생물 테러에서는 소프트웨어, 생물안전 검사, 단말기 간 직접 통신 등 DNA 공급망에 존재하는 여러 취약점이 원인이 되었다.

치명적인 질병 발생 가능성

23X지노믹스사 연구실은 10월 5일에 리비보사에서 합성 DNA를 받았고, 연구실 일지에 따르면 10월 6일 오전에 합성 DNA를 사용했으며, 병원체가 배양되기까지 72시간의 여유가 있었다. 노출된 후 사흘 동안 연구실 직원 여덟 명은 대략 120명과 접촉한 것으로 보인다. 병원체의 전파성에 따라 지금 엄청난 재앙이 진행되는 중일 수 있다.

샌프란시스코 현장 사무소는 샌프란시스코 공중보건국와 미국 질병통제예방센터와 접촉해서 현재 병원체의 염기서열을 분석해서 정확한 정체를 조사 중이다. 부검 보고서는 희생자의 동맥, 정맥, 모세혈관에서 혈액과 혈장이 흘러나왔다고 보고했다. 법의학자는 "장기가 완전히 녹아내렸고, 세포는 스스로 폭발한 것처럼 보인다"라고 설명했다.

필요한 조치

연방 정부, 주 정부, 지방 정부에서 즉시 생화학적 봉쇄 조치를 내려야 한다. 아래 조치도 필요하다.

- 지난 5일간 DNA나 유전물질 표본을 받은 모든 연구실은 봉쇄하고 폐쇄해야 한다. 해당 표본은 오염되어 위험할 수 있다.
- 합성생물학 관련 업무를 하는 모든 연구실, 상업 기업, 정부 기관은 즉시 운영을 멈추고 모든 컴퓨터, 서열분석기, 합성기, 그 외 장비의 전원을 꺼야 한다.
- 정보 보안 담당자와 IT 관리자는 위협 요인이 통제하는 플러그인, 소프트웨어, 계정을 확인해서 제거하고 원격 접속으로 지속 메커니즘을 찾아내야 한다.
- 여행은 제한하거나 금지해야 한다. 캘리포니아에는 표준 접촉자 추적기가 없다. 얼마나 많은 사람이 도시를 빠져나가 캘리포니아주, 다른 주, 다른 국가로 갔는지 알 수 없다.
- 샌프란시스코에 있는 대피소는 극소수라도 반드시 가동해야 하며, 다른 곳에 있는 대피소도 열어야 한다. 대피소를 운영할 긴급 조치가 필요하다.

지원 요청

샌프란시스코 현장 사무소 요원들은 지침과 관련해 다른 기관들과 접촉했다. 아래는 우리 사무소가 받은 답변이다.

- **국가안전보장회의**National Security Council 사이버 해킹을 추적할 수는 있지만 질병통제예방센터, 보건복지부, 국립보건원의 지원이 필

요하다고 답했다. 국토안보부의 바이오워치 프로그램(탄저균 우편물 테러 사건 이후 설립한 대對생물 테러 프로그램-옮긴이)을 소개해 주었다.

- **국토안보부 바이오워치 프로그램** 바이오워치 프로그램은 국토안보부 산하 대량살상무기 대응 사무국을 통해 전통적인 생물 테러 위협만 대응하므로 이 사건에 관여할 권한이 없다고 회신했다. 국토안보부 과학기술 부서로 이관해 주었다.

- **국토안보부 과학기술 부서** 위험한 화학 및 생물 공격 대항 조치가 주 업무이며 사이버 보안에는 권한이 없다고 답했다. 사이버 보안 및 사회 기반 시설 보안국으로 연결해 주었다.

- **사이버 보안 및 사회 기반 시설 보안국** 악성 소프트웨어 공격을 조사하는 데 협력할 수 있으나 유전자 암호 전문가가 없다고 답했다. 보안국의 답신을 기다리는 중이다.

- **질병통제예방센터** 질병통제예방센터와 접촉해서 현재 신종 바이러스나 다른 병원체가 전파될 가능성을 경고했다. 질병통제예방센터는 병원체를 조사하는 중이지만 사이버 보안은 직접 처리할 수 없다고 알려 왔다. 다른 연구실에서도 비슷한 사건이 일어날 위험이 있으므로 국가안전보장국이나 국방부에 알리라고 권고했다.

- **국가안보국** "국가안전보장회의 제5절"을 참조하라고 말하고 우리를 질병통제예방센터로 돌려보냈다.

- **국방부** 국방부 산하 화학 및 생물 방어 프로그램으로 화학·생

물·방사선·핵무기 방어 장비와 의료 대항조치 업무를 관리하는 화학·생물·방사선 및 핵무기 방어 합동계획집행본부와 접촉했다. 합동계획집행본부는 대량살상무기로부터 합동부대(육군, 해군, 공군, 해병대, 해안경비대, 최초 대응자)를 보호한다. 군대나 정부 자산이 공격받지 않는 한 개입하지 않는다는 답변을 받았다. 23X 지노믹스사 연구실은 민간 자산이므로 합동계획집행본부는 개입하지 않을 것이다. 국방부는 에너지부와 접촉하라고 권했다.

- **에너지부** 에너부의 유전체 과학 프로그램은 바이오연료의 연구와 재개발을 관리하며, 해당 공격이 미국이 비축한 핵무기를 건드리지 않는 한 자신들은 도울 수 없다는 회신을 받았다.

- **연방재난관리청** 마지막으로 우리는 연방재난관리청과 접촉해서 엄청난 수의 미국인을 사망으로 이끌 수도 있는 치명적 공격의 가능성을 경고했다. 우리는 국가 대응 조치가 마련되어 있을 것이라고 확신했다. 그러나 연방재난관리청은 자연재해 및 기타 긴급 상황이 벌어졌을 때 혼란이 확산되는 것을 막는다는 답변을 받았다. 사이버 생물 복합 테러에 관한 대응 조치가 따로 있는지 묻자 연방수사국에 물어보라고 답했다. 우리는 우리가 연방수사국이라고 답해 주었다.

사이버 생물 테러 협력 부서나 사이버안전과 생물안전을 모두 담당하는 기관은 없는 듯 보인다. 악성 컴퓨터 코드에서 시작하여 생물 무기로 작동하도록 설계된 유전자 암호를 생성하는 복합적인 테러에 대응할 대항 조치나 전략을 다루는 기관을 찾지 못했다. 미국 국토에서 대량 생물 테러 공격이 일어나는 초기 단계를 목도하고 있지만 우리는 대처할 핵심 기관도, 마련된 대항 조치도, 임박한 위협을 막을 전략도 없다.

조언을 바란다.[1]

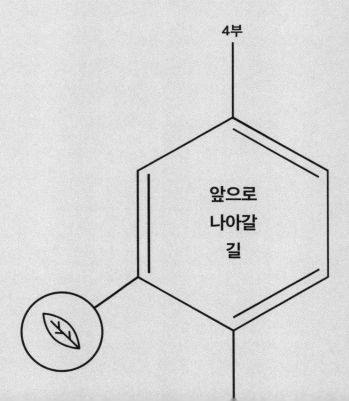

The
Genesis
Machine

4부

앞으로
나아갈
길

15

새로운 시작

연방수사국 샌프란시스코 현장 사무소에서 남쪽으로 차를 몰고 내려가다가 1번 도로와 하프 문 베이를 연결하는 도로로 빠지면, 눈앞에 사파이어 블루로 빛나는 소용돌이와 바다에서 튀어나온 들쭉날쭉한 바위들이 만들어 내는 숨 막히는 절경이 펼쳐진다. 여기, 태평양 해안선 가장자리는 거친 모래 언덕과 키 큰 풀, 오래된 삼나무와 사이프러스, 소나무 숲으로 둘러싸여 있다. 몬터레이 근처 갈림길을 따라 노란색과 주황색 야생화들을 스쳐 지나가면, 자연환경과 사람이 설계한 환경을 통합하려는 발상을 실현하기 위해 지붕처럼 우거진 나무들 아래 둥지를 튼 은신처인 아실로마 컨퍼런스 센터가 나온다.

19세기 말이 되자 여성은 공장과 사무실에서 저임금 노동을 시작했다. 당시 엘런 브라우닝 스크립스Ellen Browning Scripps(출판인), 메리 스러프 메릴Mary Sroufe Merrill(운동가, 자선가, 작가), 피비 애퍼슨 허스트Phoebe Apperson Hearst(유명한 여성 참정권론자이자 자선가, 출판계의 거물 윌리엄 랜돌프 허스트William Randolph Hearst의 어머니)라는 페미니스트 세 명이 샌프란시스코 기독교여성청년회Young Womens' Christian Association(YWCA)를 이끌었다. 세 사람은 YWCA의 전초 기지로 같은 해안가를 지목했지만 이들에게는 더 큰 야망이 있었다. 셋 모두 부유층 여성이었으므로 건물을 지을 때 당대 최고의 남성 건축가를 고용할 수 있었다. 하지만 이들은 그러는 대신 잘 알려지지 않은 공학자이자 건축가인 줄리아 모건Julia Morgan을 고용해서 작은 캠퍼스를 설계했다. 스탠퍼드대학교 학생이었던 헬렌 솔즈베리Helen Salisbury는 스페인어 단어 두 개, 즉 피난 혹은 은신처라는 뜻의 *아실로asilo*와 바다를 뜻하는 *마르mar*를 합성한 이름으로 센터 이름 공모전에서 입상했다. 1913년에 아실로마에서 첫 번째 여성 지도자 대회가 열렸을 때 이곳은 '바닷가 은신처'이자 YWCA의 단순한 전초 기지 그 이상이었다. 아실로마는 약속이었다. 여성이 서로에게 배우고 진보적인 사상가와 교류하는 장소였고, 시간이 흐르자 선택된 남성 집단을 수용하면서 성장했다. 아실로마에 모여든 사람들은 미국 사회를 가장 기본 단위까지 분해한 뒤 포괄적이고 평등하며 더 나은 미래를 준비하도록 처음부터 다시 조립하려 했다.[1]

스크립스, 메릴, 허스트는 엄청난 불확실성으로 이어지더라도 모든 사람에게는 삶을 지배하는 강력한 제도에 의문을 제기할 신성한 의무가 있다고 믿었다. 그들은 과학과 기술을 발전시킨 과학자처럼 삶을 계속 재해석해야 한다는 사실을 알고 있었다.

1973년 아실로마에서 멀지 않은 곳에서 곧 엄청난 영향력을 입증할 연구가 진행되고 있었다. 캘리포니아대학교 샌프란시스코 캠퍼스와 스탠퍼드대학교 과학자들은 제한효소로 긴 뉴클레오타이드 가닥을 작은 조각으로 자른 뒤 다른 세포에 삽입하는 실험을 하는 중이었다. 연구 팀은 다른 종 간에 DNA를 교환하는 과정을 만들고 싶어 했다. 그 결과 나온 기술이 재조합 DNA 혹은 rDNA라고 불렸고 엄청난 영향을 미쳤다. 만약 세균 DNA를 교환할 수 있다면 다음 목표가 될 생물은 무엇일까? 걱정거리도 하나 있었다. 이론적으로 생쥐에 암을 일으키는 미생물을 말에 삽입할 수 있다면 말 바이러스도 인간에게 전파되지 않을까? 이 생각은 끔찍하지만 새로운 가능성을 펼쳐 보였다. 과학자들은 의도적이든 모르고 했든, 거의 알려지지 않았고 그래서 예방책이나 치료법이 없는 새로운 질병을 만들 수 있었다. (이 시대에는 유전자 서열분석기가 없었으므로 새로운 병원체의 암호를 해독하는 일은 길고 고된 노동이었다는 점을 상기하자.) 편집한 생물이 야생에서 어떻게 될지, 어떻게 진화할지 예측할 방법도 없었다. 그러나 한 가지만은 확실했다. 인간은 신 비슷한 것이 되어 가고 있었다. 그저 생명체를 재해석한 수준이 아니었다. 그들은 생명을 재창조하고 변형했다.

이 발견에 참여한 연구자 중 스탠퍼드대학교 생화학자 폴 버그[Paul

Berg는 1972년 최초로 재조합 DNA 분자를 합성한 후 《사이언티스트 Scientist》에 편지를 보냈다. 버그는 "일부 과학자는 이 기술로 다양한 바이러스와 동물, 세균에서 재조합 DNA를 창조하려 한다. 이런 실험은 이론적이며 실제적인 중요한 생물학적 문제를 해결하는 데 도움이 되겠지만, 완벽하게 예측할 수 없는 생물학적 특성을 가진 신종 감염성 DNA 요소를 창조할 수도 있다"라고 경고했다.[2] 버그는 저명한 과학자들과 만났고, 여기에는 생물학자 맥신 싱어Maxine Singer, 데이비드 볼티모어David Baltimore, 노턴 진더Norton Zinder, 제임스 왓슨James Watson도 있다. 왓슨은 당시 세계적으로 유명한 콜드스프링 하버연구소Cold Spring Harbor Laboratory 소장이었다. 그들은 자가복제 바이러스, 위험한 세균, 재앙을 불러올 생물무기로 이어질 재조합 DNA 분자의 위험성을 우려했다. 동시에 재조합 DNA의 잠재력도 인정했다. 연구가 계속되어 과학자들이 기술을 안전하게 길들인다면 삶을 향상하고 확장하는 데 엄청난 영향을 미칠 수 있다. 합성 인슐린을 만들고, 항생제를 창조하며, 이제껏 상상하지 못했던 새로운 치료법을 만들 수도 있다. 버그 연구 팀은 유전자 편집 연구의 활용에 관한 원칙을 세울 때까지 실험을 유예하자고 요청했다.[3]

이는 두 가지 거대한 의문으로 이어졌다. 어떤 원칙을 세워야 할까? 누가 원칙을 세울 것인가? 여기서는 지정학적 문제를 고려해야 했다. 미국 군대는 베트남 전쟁에서 막 돌아왔고, 소비에트 연방은 동남아시아, 라틴아메리카, 아프가니스탄에 공산주의 정권을 세울 준비 작업을 하고 있었다.[4,5] 미국과 중국은 아직 외교 관계를 맺지 않았다.[6] 미국 과학자들만 모여서 원칙을 정하면 다른 국가에서 무시하거나 거부할지도 모른다. 도덕적, 윤리적, 종교적 문제도 고려해야했다. 영국 의사들은 '시험관에서' 배아를 창조하는 새로운 과정을 실험하고 있었다.[7] 이는 발전이 가져올 심오한 도덕적 문제를 다룰 준비가 전혀 되지 않은 신학자들을 당혹스럽게 만들었다.[8] 유전자 편집 연구의 원칙은 특히 유전물질을 조작하거나 파괴하는 일이 절대적인 죄악이라고 주장하는 사람들에게 생명이 형성되는 과정에 대한 오래된 종교적 신념을 더욱 증폭시킬 것이고, 이는 연구를 돕기보다는 방해할 수 있었다. 또한 유전자 편집 원칙을 과학자들만 모여서만든다면, 생명을 다루는 원칙을 포함해서 어떤 법이든 법률은 과학자가 아니라 정부가 제정해야 한다고 합리적으로 주장할 정치인들에게 공격당할 수도 있었다.

버그와 동료들은 이 연구에 내재한 위험을 낮추는 원칙에 동의해야 할 이해 당사자가 너무나 많다는 사실을 알았다. 그들은 1975년 2월 24일 아래의 두 가지 기본 질문에 초점을 맞춘 회담을 열기로 했다.

1. 과학 연구의 자유 보장과 공익 보호가 균형을 이루는 지점은 어디인가?
2. 특히 불확실성이 지배적인 사회 풍조에서 과학 연구와 기술 적용은 어떻게 결정해야 하는가?[9]

그들은 유전공학적 삶으로 향하는 길을 닦기 위해 엘리트 분자생물학자, 기자, 의사, 법률가, 그 외 핵심 전문가들을 아실로마 즉 근본적인 재해석의 장소로 초대했다.[10]

개회 모두발언을 위해 버그와 볼티모어가 아실로마 무대에 올랐을 때, 그들은 학회에 모인 사람 모두가 재조합 DNA를 제대로 알지는 못한다는 사실을 알았다. 그래서 재조합 DNA의 영향력을 과장이나 선정성을 빼고 명확한 용어로 설명하는 일부터 시작했다. 동시에 이 모임의 중대성도 분명하게 밝혔다. 미국, 소비에트 연방, 서독, 캐나다, 일본, 영국, 이스라엘, 스위스, 그 외 여러 곳에서 온 사람들은 이미 생명공학판 헌법 제정 의회로 불리고 있었다.[11] 그런 이유로 볼티모어는 여기 모인 사람들이 재조합 DNA의 활용에 합의를 이루지 못한다면 누구도 할 수 없을 것이라는 불길한 논평으로 회기를 마무리했다.

조직위원들에게는 또 다른 동기도 있었다. 재조합 DNA 기술과 앞으로 출현할 다른 생명공학 기술은 결국 법률가의 주의를 끌 것이다. 법률가와 일반 대중이 재조합 DNA 기술을 이해하려면 오랜 시간이 걸릴 것이다. 기술을 이해하지 못한 사람들에게는 역정보가 빨리 전파된다. 조직위원들은 과학의 독립성은 중요하지만 그를 위해서는 과학자가 대중의 신뢰를 얻고 법률가의 안전에 관한 우려를 해소해야 한다는 사실도 알았다. 여러 분야에서 신중하게 선발된 사람들이 모인 아실로마 학회에서 공개적으로 자신의 신념을 논의하고 합의에 이를 수 있다면, 과학자들은 학문적 흥미를 자발적인 자제력과 조화시킬 수 있음을 입증할 것이다.

이것이 《뉴욕타임스》, 《월스트리트저널》, 캐나다 방송협회, 《프랑크푸르터 알게마이네Frankfurter Allgemeine》, 《롤링스톤》의 기자 열두 명을 초대한 이유였다.[12] 기자들이 아실로마에서 나온 최종 결과뿐 아니라 논의가 이루어지는 모든 과정을 기사로 쓰기를 바랐다. 이는 과학자들 사이에 오가는 언쟁, 욕설, 끔찍한 공방이 모두 기사화되어 정치인과 대중에게 전해진다는 뜻이었다. 대개 닫힌 연구실 문 뒤에만 존재하며, 읽기도 어려운 학술 연구를 발표하고, 보통은 주목받기 싫어하는 과학자들은 대중 토론이 생명공학 기술에 대한 정밀 조사로 이어질 것을 우려했다. 그러나 버그와 동료들은 다른 결과를 기대했다. 대중이 재조합 DNA가 무엇인지 정확하게 이해한다면, 그리고 과학자들이 최악의 경우를 막으려 애쓴다는 사실을 알게 된다면, 대중은 과학자와 과학을 모두 신뢰할 것이다.

조직위원들의 생각은 옳았다. 참가자들은 합의에 이르렀고, 재조합 DNA 연구를 재개하기 전에 규제와 안전 규약을 확립하기로 했다. 공식 지침서가 얼마 뒤 발표되었다. 《롤링스톤》은 1인칭 시점으로 조금은 중구난방인 듯한 아실로마 관련 기사를 냈다. 기사는 음악가 스티비 원더와 유전학자 제임스 왓슨을 동시에 거론했다. 스티비 원더를 그린 1970년대풍의 현란한 일러스트가 잡지 표지를 장식했다. 알록달록한 추상적 문양이 원더의 선글라스에 반사되었고, 헤드폰을 끼고 거친 갈색 털 코트와 목걸이 그리고 형형색색의 불룩한 모자를 쓴 스티비 원더를 그린 기사에는 휴식 시간에 쭈글쭈글한 스웨터를 입은 왓슨이 어색한 표정으로 다른 참가자(이 사람은 왓슨보다는 조금 덜 구겨진 스웨터를 입고 있었다)와 대화하는 흑백 사진이 있었다.[13] 가장 중요한 점은 지난 40년 동안 재조합 DNA 기술이 공중보건에 부정적 영향을 미치지 않고 엄청난 과학적 진전을 이루었다는 것이고, 가장 놀라운 점은 아주 최근까지 역정보의 범유행도 없었다는 것이다. 과학자들은 위험을 분석하고 합의에 도달하며 업무를 자율적으로 운영할 수 있다는 점을 입증하면서 대중의 신뢰를 얻었다. 과학, 투명성, 공공 정책의 새로운 시대가 아실로마에서 시작되었다.

허젠쿠이의 크리스퍼 실험과 mRNA 백신에 관한 역정보, 인간-동물 키메라 개발 가능성을 고려할 때, 지금 아실로마에서 새로운 이해당사자들이 모여 합성생물학에 내재한 위험과 보상을 논의해야 한다는 요구가 있다.[14] 그러나 현재 세계는 1975년의 세계와는 완전히 달라졌다. 많은 생명공학 기술이 우리의 삶을 근본적으로 바꾸었고, 인공지능, 컴퓨터 네트워크 기반 시설, 5G와 6G 무선 기술의 발달은 새로운 연구개발을 이끌었다. 이는 혁신을 장려하고 새로운 상용 제품의 꾸준한 흐름을 촉진한다. 인공지능의 심층 신경망의 위험과 보상에 대한 논의 없이 크리스퍼의 영향력에만 초점을 맞추면 오류가 날 것이다. 합성생물학을 구성하는 기술 전반에 대한 합의를 이루려는 노력은 만만치 않은 도전이 될 것이다. 더불어 이 시점에서 특허 문제가 혼란을 일으키면서 법정에서는 법적 분쟁이 계속되고 있다. 합성생물학의 미래에 관한 합의를 구축하기 위해 초빙할 과학자 중에는 서로를 고소한 사람들도 있다.

기술은 발전하지만 발전을 이끈 국가의 세계적인 야심과 복잡한 문제도 커진다. 러시아는 더 이상 생명공학 기술의 협력자가 아니다. 중국은 세계 과학기술 패권을 쥐기 위해 합성생물학을 국가 우선 정책으로 세웠다. 미국 정부는 과학기술 관리 직원들이 백악관을 들고 나면서 일관된 정책을 내놓지 못하고 있다. 생명과학은 벤처투자자, 헤지펀드, 사모펀드에 가장 크고 매력적인 분야로, 현재는 더 많은 투자자가 연구를 후원하고 있다. 오늘날의 아실로마는 상업용 제품을 신속하게 시장에 출시해야 성공하고, 장기 위험 모델링에 대한 편견을 갖기 쉬운 투자사의 수장도 초대해야 한다.

아실로마가 열렸던 1975년은 리처드 닉슨 대통령의 연설문 작성자가 저널리즘에 불신의 씨앗을 심으려 '미디어'라는 단어를 경멸적인 어조로 사용하기 시작했을 때였다.[15] 현재 미디어에 대한 신뢰도는 항상 최저치이며, 소셜 미디어의 관심과 영향력은 저질스럽고 선정적인 콘텐츠를 게시하는 소비자에게 돌아간다.[16] 만약 새로운 아실로마가 지금 소집되고 그 과정을 기자들이 보도하면, 기사 내용이 반복적으로 전파되면서 얼마나 빨리 맥락에서 벗어나는지에 관한 오버-언더 배팅(통계를 근거로 특정 게임의 승률을 예측하고 사람들이 게임의 실제 승률이 그보다 높거나 낮은 쪽에 베팅하는 것-옮긴이)은 얼마나 될까? 새로운 아실로마 조직위원들은 아무리 충실하게 토론 과정을 보도해도 온라인에서 거짓으로 비틀릴 것을 예상하고 대비해야 할 것이다.

한편, 우리가 글을 쓰는 지금 미래의 삶을 구축하는 세 가지 사건이 진행되는 중이다. 캘리포니아주 의원들은 우편 주문 DNA 기업이 생물안전 검사를 반드시 거치게 하는 새로운 규칙을 제안했다. 긴코바이오웍스사는 주식을 상장해서 150억 달러(20조 6325억 원)의 가치를 인정받았다. 백신 반대주의자들은 대학 캠퍼스를 점거하고 2021년 가을학기를 시작하기 전까지 학생들에게 코로나19 백신 접종을 강제한 새 정책에 항의했다.[17,18] 합성생물학 분야는 빠르게 진화하고 있지만 이를 뒷받침할 법률 기반, 바이오경제, 대중의 신뢰 같은 토대는 불안정하다.

새로운 아실로마 협의가 부재한 상황에서 일부 정책 입안자들은 합성생물학의 미래를 정의하는 상세한 로드맵을 요구했다. 종종 이런 로드맵은 선형적인 타임라인을 따라 발전, 획기적인 사건, 수량화할 수 있는 결과를 예측한 경제 로드맵과 비슷하게 만든다. 그러나 과학은 선형적으로 발전하지 않으며 특히 새롭게 출현한 기술이라면 더더욱 그렇다. 돌파구는 진보를 이끌지만 대부분의 실험은 실패한다. 발견은 대개 수많은 전환, 우회, 궁지, 막다른 골목에 이른 뒤에야 겨우 등장한다.

합성생물학의 미래를 긍정적 방향으로 이끌 방법은 있다. 여기에는 버그 연구 팀이 제시한 기본 질문이 크게 영향을 미쳤으며 스크립스, 메릴, 허스트가 사례를 제시했다. 우리는 합성생물학의 미래가 정확히 어떻게 펼쳐질지 알 수 없다. 하지만 "공익을 위해"로 시작해서 "어떻게 해야 하는가?" "만약 (…) 한다면?" "(…)할 수 있는가?"로 끝나는 질문을 던지면 불확실성에 기대어 배울 수는 있다. 그러면 현재 우리가 믿는 것과는 상반된 미래를 상상하게 될 것이다. 불편할 수도 있다. 용기를 내야 할 수도 있다. 정보를 아는 상태에서 미래를 결정하도록 시야를 넓히고, 그런 뒤에 여러분의 탐색이 이끈 곳이 어디든 그곳을 향해 발걸음을 옮겨야 한다.

합성생물학의 위험을 최소화하면서 최대의 잠재력을 발휘하려면 규제가 시행되고, 지정학적 합의가 이루어지며, 투자 전략이 현재와는 다른 낯선 미래에 우리가 서 있다고 상상해야 한다. 이러한 미래에 신뢰는 포용, 소통, 책임에서 비롯될 것이다. 과학 지식과 이해는 민주화할 것이고, 종교는 과학과 공존하며, 정치는 혁신에 이르는 길을 닦을 것이다. (물론 사회를 재구성하는 터무니없이 환상적인 계획 같지만 말이다.)

이 책은 우리 나름대로 구성한 아실로마다. 우리는 전 세계의 이해당사자인 바로 여러분과 이 책을 읽는 모든 독자를 초청해서 합성생물학 기술과 지금에 이르기까지 일어난 사건들을 설명했다. 여러분은 과학자들을 만났고, 그들이 티격태격 다투는 모습을 보았으며, 그들의 전망을 들었다. 우리는 여러분에게 바이오경제 속 투자자와 기업을 일부 소개했다. 각각의 장을 전개하면서 여러분의 신념에 도전했다. 우리는 과학 연구가 어떻게 수행되어야 하는지, 미래에는 합성생물학 기술을 어떻게 적용해야 하는지 여러분의 생각을 물었다.

과학 연구의 자유 보장과 공익 보호 사이에서 어떻게 균형을 맞추어야 할까? 특히 불확실한 환경에서 과학 연구와 기술을 사회에 어떻게 적용해야 할까? 다음은 국제 협력, 규제, 사업, 합성생물학 공동체를 위한 우리의 권고안이다. 이것은 출발점이다. 또한 계속 질문하고 합의를 구축할 기회이기도 하다.

공통 기반을 찾아라

진일보한 신기술이 도입될 때마다 경쟁이 뒤따르며, 특히 그 발전이 경제 및 국가 안보에 엄청난 영향을 미친다면 더욱 그렇다. 우주 탐사가 그랬고(미국과 소비에트 연방이 우위를 선점하려 경쟁했다), 인공지능이 그랬으며(이번에는 미국과 중국이 경쟁한다), 이제는 합성생물학 차례다. 승자는 자본 투자를 주도하고, 최고의 학자들을 끌어모으며, 혁신 속도를 설정하고, 국제 표준을 결정하는 엄청난 이익을 거둘 것이다.

3장에서 일찍이 1820년대에 개념이 만들어지고 1956년에 이름이 붙여진 인공지능의 간략한 역사를 돌아보았다. 인공지능 기술의 첫 번째 파도는 1960년대와 1980년대 사이에 밀려왔으며, 이를 통해 새로운 사업 생태계를 형성했고 재능 있는 사람들과 투자를 유치했으며, 현재의 일상을 움직이는 보이지 않는 사회 기반 시설을 만들었다. 자동차의 잠김 방지 브레이크(급제동을 할 때 바퀴가 잠기고 핸들 조작의 불능을 막는 장치-옮긴이)나 신용카드를 감시하는 사기 탐지 시스템 등이 그런 사례다. 그러나 인공지능은 이제 확실히 다른 의도를 가지고 서로 다른 개발 경로를 따라 움직이고 있다. 미국은 인공지능에 관한 전략이나 통합 정책이 없으며 목표나 성장을 이끌 계획도 없다. 이로 인해 공공의 이익보다는 주주의 이익을 우선하는 민간 기업에 모든 결정권이 넘어갔다. 실질적으로 말하자면 소비자의 프라이버시를 희생하고, 부도덕한 제삼자에게 소비자 정보를 팔아넘기며, 중요 제품과 페이스북과 유튜브 같은 주요 서비스가 알고리즘 편향으로 어지럽혀지는 결과를 낳았다.

대기업은 정책과 규제에 영향을 미치려 항상 로비를 벌여 왔다. 그러나 거대 기술기업은 한때는 상상할 수 없었던 권력과 부를 축적했고, 이를 통해 중대한 외교적 지정학적 영향을 미치는 주요 결정을 내렸다. 일부 기업은 자체적으로 외교 정책 부서를 만들기도 했다. 마이크로소프트사 사장인 브래드 스미스Brad Smith는 국가 수반들과 외무부 장관을 정기적으로 만나 새로 출현하는 사이버 위협을 논의하고 개발도상국의 디지털 격차를 해소하는 문제를 모색한다. 2017년에 스미스는 국가 주도의 사이버 공격으로부터 시민을 보호하기 위한 국제 협약인 디지털 제네바 협약Digital Geneva Convention을 도입했다.[19] 마이크로소프트의 디지털 외교 부서는 수십 명의 정책 전문가와 함께 사이버 보안을 위한 국제 조약을 개발하고 현지 규정을 제정하도록 돕는 등 기술에 초점을 맞춘 외교 정책에 적극적으로 관여한다. 이들은 외교관들과 인권에 관한 막후협상을 주관하기도 했다.[20]

마이크로소프트사는 신뢰를 구축하고 장기 계획을 지원하는 기업의 외교 정책이 훌륭한 사업이라는 점을 잘 알고 있다. 페이스북, 애플, 구글, 아마존도 모두 비슷한 전략을 구사한다. 이제 기술기업이 지리경제학에 미치는 장기적 영향력을 생각해 보자. 페이스북 같은 기업의 우선순위가 정부와 다르다면 어떨까? 외교 회의에서 민간 기업이 정부 정책 입안자가 아직 다루지 않았거나 혹은 더 최악의 상황으로 미국 정책과 상충하는 정책을 밀고 있다면 어떨까? 점점 더 그럴듯해 보이는 이런 시나리오는 주와 연방 의원의 골칫거리를 늘렸고, 규제 기관의 조사로 이어졌으며, 미국 행정부의 분노를 불러일으켰다. 현재 이런 민간 기업은 미국의 가장 거대한 인공지능 기업이며, 너무 많은 권력과 부를 축적한 것을 빌미로 공격당하고 있다. 기술 산업계, 투자자, 정부는 이후 십 년을 이에 관한 논쟁으로 흘려보낼 것이다.

한편 중국에서 인공지능의 발전은 주요 기술기업 세 곳이 이끌고 있다. 바로 BAT라고 부르는 바이두Baidu, 알리바바Alibaba, 텐센트Tencent와 다양한 학술 기관이 주도하고 있다. BAT 기업은 상장 기업이지만 개인정보 보호, 감시, 인권에 대한 관점이 미국 및 그 동맹국들과는 크게 다른 중국 공산당의 지도를 받는다. 베이징은 인공지능을 권위주의 정권을 완벽하게 만드는 데 활용하고 있으며, 국내 통치 및 부채로 신흥 시장의 사회 기반 시설 개발을 지원하는 일대일로 같은 정책에도 모두 적용한다. 인공지능 초강대국인 중국과 미국은 인공지능을 국가 안보, 경제 성장, 군사적 우위를 점하는 핵심축으로 여긴다. 그러나 인공지능을 향한 무한 경쟁에 내재된 위험은 명백하며, 이는 중국과 미국이 서로가 성공할 수 있는 관계를 구축해야 할 수많은 이유가 된다.

합성생물학의 발전 경로는 우리가 인공지능에서 본 것과 유사하다. 실제로 선구적인 인공지능 경제를 구축했던 기업 일부는 현재 바이오경제를 구축하는 데 깊이 관여하고 있다. 마이크로소프트사는 DNA 저장을 연구하면서 바이오테크 파운드리를 지원할 자동화 기술을 구축하고 있다. 지난 몇 년간 빌 게이츠는 전 세계적 기아와 기후 변화에 맞서기 위해 합성생물학에 대한 투자를 옹호해 왔다.[21] 제프 베이조스Jeff Bezos는 합성생물학 기업 여러 곳을 후원하고 있으며, 그가 운영하는 우주 기업 블루 오리진Blue Origin은 인간이 지구 바깥에서 생존하는 데 도움이 될 수 있는 도구와 기술로 이익을 얻을 것이다.[22] 구글 최고경영자였던 에릭 슈밋Eric Schmidt은 인공지능과 생물학의 융합을 촉진하기 위해 브로드연구소에 1억 5000만 달러(2067억 원)를 투자했다.[23] 학계는 연구를 수행하고 상업 분야는 우리를 새로운 혁신으로 내달리게 할 자금을 제공하고 있다. 자금은 물론 영향력을 의미하며, 특히 연구 방향에 영향력을 행사한다.

중국은 인공지능과 합성생물학에서 국제 패권을 쥐려는 계획을 아주 분명하게 드러냈다. 중국의 국가 정책은 중국이 2050년까지 "과학 및 기술 혁신의 패권국"이 되겠다고 선언한다.[24] 지난 십 년 동안 중국 공산당은 지치지 않고 미국의 오랜 기술적 우위를 무너뜨리려 노력해 왔다.[25] 중국 정부는 자체적으로 국립 유전자은행National GeneBank을 만들고, 2016년까지 세계에서 가장 큰 유전자 정보 저장소로 만든다는 목표를 세웠다.[26] 중국 공산당은 신약 개발, 농업 발전, 사회 질서 유지에 유용한 DNA의 전략적 가치에 주목하고 있으며, 이 책 다른 곳에서 언급했던 값싼 유전자 서열분석의 선두주자인 베이징유전체연구소가 이 노력에 동참하고 있다.

베이징유전체연구소의 연구와 유전자 정보를 처리하기 위해 슈퍼컴퓨터를 유지하고 관리하는 중국인민해방군 사이에는 연결 고리가 있는 듯 보인다. 인민해방군이 여러 공격 역량 중에서 유전자 편집 및 행동 강화에 대한 연구를 후원한다는 사실은 충분히 입증되었으며, 인민해방군 지도자들은 특히 합성생물학을 전쟁의 미래 영역으로 언급했다. 공개적으로 뇌를 통제하는 무기를 만든다는 언급을 한 지도자도 있었다. 인민해방군과 연계한 의료 기관에서는 놀라울 정도로 많은 크리스퍼 실험이 시행되고 있다.[27,28]

분명히 해두고 싶은 것이 있다. 중국의 많은 과학자들은 중국 공산당과 인민해방군의 야심에 동조하지 않는다. 세계적으로 합성생물학 공동체는 개방적이고 협력적이며, 여기에는 일일이 나열하기 어려울 만큼 많은 중국 과학자들의 편견 없는 태도도 함께 한다. 농학자 위안룽핑袁隆平은 1970년대에 잡종 벼를 개발해서 아시아와 아프리카 지역이 기근에서 벗어나도록 도왔다.[29] 그는 연구실에만 머물거나 중국 공산당에 들어가 정부의 알짜 자리를 차지하는 대신 기아를 퇴치하는 데 평생을 바쳤고, 농부들과 이야기를 나누며 현장에서 시간을 보냈다. 위안룽핑은 전 세계에 있는 신세대 과학자들의 멘토이기도 했다.[30] 코로나19 범유행 초기 단계에 중국 공산당이 예의주시하던 소셜 미디어 웨이보를 통해 동료들에게 이를 경고한 우한시 안과의사 리원량李文亮을 기억할 것이다.[31] 게시글이 퍼지면서 리원량은 자신이 정부의 무자비한 처벌을 받을 것이라고 시인하면서도 계속 소식을 알렸고, 결국 근무하던 병원 침대에서 사망할 때까지 게시글을 올렸다. 장융전 연구 팀은 SARS-CoV-2 유전체의 염기서열을 분석하고 더 큰 생물학 공동체가 이 자료를 볼 수 있도록 염기서열을 공개하려 애썼다.

과학계는 개방적이고 전 세계적으로 연결되어 있지만 중국 공산당은 중국의 인재를 본국으로 송환하고 싶어 한다. 이 글을 쓰는 지금 생명과학 전문가 25만 명이 그런 요구에 응답했다.[32] 중국은 현재 특허와 학술 출판에서 세계 선도국이다. 부분적으로는 생명공학 발전에 따른 "메이드 인 차이나" 산업 전략 덕분에 첨단기술 제조업에서는 거대한 도약을 이루기도 했다.[33] 중국의 지식재산권 법률과 규제 환경이 여전히 국제 기준에 미치지 못하지만, 중국 정부는 바이오 기업 역량, 교육, 전국 곳곳에 생명과학 연구단지를 적극적으로 구축하고 있다. 세계는 허젠쿠이가 크리스퍼로 편집한 배아가 실제로 태어났다는 사실에 충격을 받았지만, 중국 공산당은 그의 연구를 인지하고 있었을 것이다. 허젠쿠이가 비밀리에 실험한 것도 아니었고, 중국은 세계에서 가장 빈틈없는 감시 체계를 보유하고 있다. 중국은 다른 어디서도 상상할 수 없었던 유전공학 실험을 허용했고 어쩌면 장려했을지도 모른다.

중국이 세계의 생명공학 공장이 되는 일에 관심이 없다는 사실은 분명하다. 그보다는 합성생물학과 인공지능 분야에서 세계를 지배하는 초강대국이 되려 한다. 중국은 2030년까지 GDP 규모로 볼 때 세계에서 가장 큰 경제 대국이 될 것으로 예상한다. 2050년이면 가장 많은 특허와 지식재산권을 소유한 국가가 될 것이고, 태어나는 모든 아기의 유전체 서열이 분석되는 최초의 국가가 될 것이다. 중국은 바이오경제가 자신들의 조건에 따라 구축되도록 상당한 장려책을 시행한다. 중국의 인구는 엄청나고, 세계는 기후 난민과 식량 생산 문제를 마주하고 있다. 만약 중국이 성공하면 염기서열 분석기, 의약품, 필수 농작물을 수출하고 오염 및 극심한 기상 이변을 완화하는 해결책을 제시하는 세계 최고의 수출국이 될 것이다.[34]

유전공학, 생명공학, 개인정보에 관한 법률이 국제 규범과 부합하지 않는 여러 나라에서도 중요한 발전이 이루어지고 있다. 인도는 2050년이면 세계에서 인구가 가장 많은 나라가 되어 가장 큰 경제 대국이 될 것이다. 인도는 또한 주요 식량 생산국이기도 할 것이다. 식량 생산국으로서 인도의 시장 크기와 규모, 중요성을 볼 때 인도는 필연적으로 합성생물학의 발전 궤도에 영향을 미칠 것이다. 인도 정부는 1980년대에 생명공학부를 신설해서 유전자 변형과 그 외 기술의 미래 전략을 개발했다.[35] 그러나 인도의 악명 높은 관료주의는 규제의 틀을 개발하고 시행하려는 생명공학부의 효율성을 갉아먹었다. 동시에 의약품 제조 공장은 생산 과정에서 기준을 준수하지 않고, 목표 이익률을 달성하려 데이터를 조작했다.[36] 현재 인도는 재능 있는 과학자와 기술 공학자, 기업가를 수없이 배출하지만, 고품질의 생명공학 제품을 개발하고 생산하기에는 국가 전략이 없고 세계의 신뢰도 부족하다. 인도의 해이한 관리 및 감독은 모두를 위협할 수 있다. 투자를 유치하고 상품을 판매할 시장을 찾기 위해 다양한 규제를 제정할 수도 있지만, 인도의 역사를 생각해 보면 그 후 규제를 시행하는 데 실패할 것이다.

이스라엘과 싱가포르도 생명공학 역량을 구축하고 다른 국가와 협력하며 해외 투자를 바라고 있다. 두 국가 모두 혁신을 촉진하는 정책을 적용했다. 이스라엘은 법인세 감면 및 그 외 재정 장려책으로 다국적기업의 연구개발 부서를 이스라엘로 이전하도록(아니면 최소한 시설을 공유하도록) 설득하는 "이노베이션 박스Innovation Box" 프로그램을 시작했다.[37] 이스라엘이 운영하는 차탐Tzatam 프로그램은 합성생물학 연구개발에 필요한 장비와 그 외 지원을 제공한다.[38] 인간 생식세포 유전자 편집은 금지되었지만 식물과 동물 연구는 장려되며, 제품의 상업적 판매 여부는 엄격한 위험 평가 과정을 거친다. 싱가포르는 생명공학 기술의 혁신을 위해 교육, 경제, 보건, 농업 부문을 아우르는 최신 정책을 만들었다. 세계 최초의 바이오파운드리에서 재배한 합성고기가 현재 싱가포르 시장에서 판매되는 것은 놀라운 일이 아니다.[39]

그렇다면 유럽연합은 어떨까? 유럽연합은 1997년에 유전자 변형 식품에 엄격한 규정을 적용했고, 합성생물학 기술에 대한 유럽인의 신뢰는 지극히 낮다. 2020년 유로바로미터 조사(유럽연합 집행위원회에서 모든 회원국을 대상으로 하는 월 단위 여론 조사-옮긴이)에 따르면, 유럽인의 삼분의 이는 유전자 변형 과일이 더 맛있거나 환경을 파괴하지 않고 재배되었더라도 구매하지 않겠다고 답했다. 2018년에 프랑스는 크리스퍼 기술에 대한 규제를 유전자 변형 생물 규제에 필적하는 수준으로 높였다.[40] 그러나 식물을 방사선에 노출시켜 무작위 돌연변이를 유발하는 것과 같은 더 오래된 기술은 규제하지 않는다. 이런 태도는 유럽과 영국의 과학 연구 공동체를 위축시키는 결과를 낳았다. 크리스퍼를 사용해 식물을 편집하는 통섭 연구 프로젝트는 곧 중단되었다. 크리스퍼로 양구슬냉이(씨앗에서 기름을 얻는다-옮긴이)가 더 건강한 오메가3 오일을 생산하도록 편집했던 한 과학자는 그가 재배하는 양구슬냉이가 땅에서 자라고 있는 와중에 현장 실험의 규제가 바뀌었다는 말을 들었다.

과학과 과학 정책이 조화를 이루지 못하는 것은 분명하다. 합성생물학으로 해결할 수 있는 지구적 규모의 문제 즉 기후 변화의 긴급성, 생물다양성의 급락, 식량 부족, 새로운 병원체의 출현 등은 세계가 협력해야 한다. 그러나 각 국가는 시장 점유율을 두고 경쟁하도록 장려하며, 아직 국제 협약조차 없는 생물무기를 개발하라고 독려한다. 자연이 스스로 하는 일을 막을 방법은 없다. 인간이 개발하는 기술이 이중 용도로 악용될 모든 경우의 수를 예측할 방법도 없다. 그래도 우리는 합성생물학과 연관된 위험을 줄이기 위해 세 가지 방법을 권하는 바다.

권장 사항 1: 기능 획득 연구를 금지한다

기술이 발명되면 사람들은 해당 기술의 오프라벨(원래 승인된 기능과 다른 용도로 활용하는 것-옮긴이) 용도를 찾아낸다. 합성생물학에서도 마찬가지라고 가정해야 한다. 기능 획득 연구를 금지해야 하는 이유가 여기에 있다. 기능 획득 연구가 바이러스를 더 위험하게 만든다는 사실을 기억하라(7장 참조). 그냥 솔직하게 생물무기 개발이라고 부르겠다.

지구상의 모든 국가와 실험실, 독학 생물학자가 합성생물학 기술 사용을 중단하기로 동의하더라도 자연은 여전히 자체적으로 이중 용도 문제를 만들어 낼 것이다. 1340년대 몽골 제국의 칸 자니베크 Jani Beg의 군대를 공격한 *페스트균 Yersinia pestis*을 떠올려 보라. 자니베크 군대는 서쪽 적군과의 전쟁에서는 승리했을지 몰라도 내부적으로는 이 치명적인 병원체와의 면역 전투에서 패배하고 있었다. 페스트는 콘스탄티노플에 주둔한 군대에 퍼져 나갔고 이어서 시칠리아를 비롯해 결국에는 마르세유까지 점령했다. 페스트가 페르시아 제국에 도착했을 즈음에는 그저 흑사병이라고 불렸다. 세균은 수백 년 동안 진화하여 벼룩, 토양, 포유류를 거쳐 결국 유럽인에게까지 도달했다. 이로 인해 유럽 인구의 삼분의 일이 끔찍하고 처참한 죽음을 맞았다.[41] 그러나 이런 사례는 얼마든지 있다. 말라리아, 광견병, 결핵, 에볼라, 코로나바이러스 SARS-CoV-2까지. 물론 여러분이 SARS-CoV-2가 자연에서 생긴 바이러스라고 믿는다면 말이다. 우리가 자연에 도움의 손길을 내밀 이유는 전혀 없다.

　오늘날 모델링 및 서열분석 기술을 언제든지 사용할 수 있다는 점을 고려할 때, 바이러스 발생에 대비하기 위해 기능 획득 연구를 수행할 필요는 거의 없다. 론 푸시에가 2012년에 H5N1 조류인플루엔자에서 '지옥의 돌연변이'를 만들었을 때는 바이러스 모델을 구축한다는 연구 목적이 있었다. 당시 일부 과학자들은 새로운 병원체가 발견되면 유전체 서열을 분석하는 데 시간이 너무 오래 걸릴 것을 우려했다. 만약 과학계가 치명적인 초전염성 바이러스 유전체를 질병이 발생하기 전에 미리 확보한다면 백신과 치료법을 더 신속하게 개발할 수 있을 것이라고 생각했다. 그러나 대부분의 과학자와 합성생물학계는 푸시에의 연구에 경악했다. 합성생물학 도구가 지속적으로 발전함에 따라 이런 유형의 연구는 훨씬 더 위험하고, 우리는 이런 연구가 필요 없다고 믿는다.

푸시에의 실험이 있은 지 십 년이 지난 지금 컴퓨터 시스템은 기하급수적으로 강력해졌고 유전자 데이터베이스는 거대해졌다. 서열분석기는 몇 시간이면 유전자 암호를 밝혀낼 수 있다. 일어날 수 있는 돌연변이에 관한 분석과 모델링은 컴퓨터 시뮬레이션으로 모두 알 수 있다. 그동안 미국과 여러 나라에서 보안이 가장 철저한 생물연구소조차 재고 관리 소홀부터 폐수의 불완전한 오염 제거에 이르기까지 안전 문제가 불거졌다. 아직은 코로나19가 우한의 기능 획득 연구의 산물이라는 점을 쉽게 배제할 수 없지만(이 글을 쓰는 시점이 2021년 중반이므로), 기능 획득 연구가 공공 안전이라는 측면에서 위험이 이득을 훨씬 능가한다고 할 수 있다. 게다가 코로나19는 인류가 제법 감염성이 있고 제법 치명적인 바이러스에 전혀 준비되지 않았다는 점을 드러냈다. 이 바이러스가 조금 더 전염성이 강하고 치명적이었다면 어떤 일이 일어났을지 생각해 보라.

2017년 12월에 트럼프 행정부는 정부가 기능 획득 연구를 지원하는 데 방해가 되는 장애물을 모두 제거하는 새로운 지침을 발표했다. 잠재적인 새로운 병원체를 감시할 뿐 아니라 의도적인 기능 획득 돌연변이 연구를 장려하는 내용이었다. 이는 다른 국가들에게 미국이 바이러스 생물무기를 개발하고 있다는 분명한 메시지를 전달한다. 지금 우리에게 가장 쓸모없는 것이 바로 생물무기 경쟁이다. 백신을 만드는 기업이 공개적으로 기능 획득 연구가 필요하다고 요청하거나 기능 획득 연구가 미래의 백신 공급망을 늘리는 데 도움이 된다고 명시하지 않았다는 점은 주목할 만하다.[42]

기능 획득 연구를 금지하는 것은 합성 바이러스, 백신, 항바이러스제 또는 바이러스 검사에 대한 작업을 금지하는 것이 아니다. 우리는 바이러스에 둘러싸여 있다. 바이러스는 생태계에서 중요한 필수 요소다. 바이러스의 유익한 기능을 활용하면 내성을 가진 미생물을 제거하는 정확한 항생제, 암 치료제, 유전자 치료 전달체 등을 만들 수 있다. 그러나 이런 연구는 핵기술의 발달을 감독하듯이 면밀하게 감독해야 한다.

권장 사항 2: 생명공학판 브레턴우즈 체제를 확립한다

국가들은 대개 위기가 오기 전이 아니라 위기가 닥치고 나서야 힘을 모은다. 위험이 닥쳐왔을 때는 힘을 합치기가 쉽다. 이에 비해 공동의 비전과 위대한 변화에 합의하기는 훨씬 더 어렵다. 그러나 각 국가는 새로운 생물무기를 만드는 데 자원을 낭비하기보다는 바이오경제를 발전시키는 데 관심이 더 많으므로 공익을 위해 협력하도록 장려할 수는 있다.

1944년 2차 세계대전 동맹국들 간에 맺은 브레턴우즈 협정Bretton

Woods agreement은 새로운 국제 통화 체제의 기반을 마련한 협정으로 훌륭한 모델이다. 브레턴우즈 협정에는 신체제를 감독하고 경제 성장을 촉진하는 업무를 맡을 새로운 조직인 세계은행과 국제통화기금 (IMF)을 설립한다는 계획도 있었다. 브레턴우즈 협정에 서명한 국가들은 협력을 약속했다. 한 국가의 통화가 위태로워지면 다른 국가들이 돕고, 특정 기준치 아래로 가치가 떨어지면 국제통화기금이 해당 국가를 구제하기로 한 것이다. 무역 전쟁도 하지 않기로 합의했다. 그러나 국제통화기금은 세계의 중앙은행 역할을 하지 못했다. 그 대신 무료 도서관처럼 운영되었는데, 회원국은 필요할 때 통화를 빌리고 체제가 지속되도록 금과 통화 풀을 채웠다. 결국 브레턴우즈 체제는 44개국이 모여 국제무역을 촉진하고 규제하기로 합의했다. 누군가가 협정을 위반하면 모든 회원국이 영향을 받으므로 협력 체제는 제대로 작동했다. 브레턴우즈 체제는 1970년대에 끝났지만 국제통화기금과 세계은행은 여전히 국제 환율의 든든한 기반이다.[43,44]

우리가 제안하는 체제는 세계 통화 풀을 감독하고 통제하는 대신에 세계 유전자 정보 풀을 통제할 것이다. 회원국은 블록체인에 기반해 조작할 수 없는 거래명세 원장과 유전자 서열을 기록할 추적 체제, 부품·주문·제품의 표준화에 동의할 것이다. 과학자들이 태즈매니아 호랑이를 복원하든, 크리스퍼로 성인의 콜라겐 생성을 강화하든, 새로운 병원체를 발견하든, 사용하거나 창조한 유전자 정보는 세계가 공유하는 이 체제에 기록될 것이다. 엄격하게 강화한 기준을 충족하는 시설과 제품 검수를 통해 체제에 기록되면서 책임의 사슬이 형성된다. 예를 들어 평판 좋은 기업은 엄격한 생물안전 예방 조치를 준수한다. 트위스트 바이오사이언스사는 매달 학계 연구소, 제약 기업, 화학품 제조업자가 주문한 유전자 서열 주문 수천 건을 점검해서 이상한 점이 없는지 감독한다. 가끔 위험한 주문을 발견하기도 한다 (대개는 소비자의 부주의한 실수로 밝혀진다). 그러나 우리가 FBI 시나리오를 쓴 이유는 트위스트사의 동료 기업이 모두 트위스트사 같지는 않기 때문이다. 이런 국제 체제는 기업이 유전자 합성 주문을 받았을 때 규제 대상인 다양한 병원체와 독소 DNA 데이터베이스와 비교 검사하도록 요구하며, 이후 공개 데이터베이스에서 소비자와 거래 기록이 진짜임을 증명해야 한다.

전 세계 유전자 정보 풀에는 우리의 가장 민감하고 개인적인 비밀이 담겨 있는 DNA가 포함된다. 보험사, 경찰, 적들이 이 DNA 정보에 깊은 관심을 보일 것이다. 현재 국립 DNA 등록소를 운영하는 국가는 최소 70개국으로, 이 중에는 당사자의 동의를 받지 않고 수집한 정보도 일부 포함되어 있다. 현재 국립 등록소에 보관된 DNA 정보는 치안 유지의 도구로 활용하며, 인류 전체에 이로울 수 있는 세계적 규모의 연구 프로젝트를 위해 유전자 정보를 통합할 기회는 사라지고 있다.[45]

인구 130만 명의 아주 작은 나라 에스토니아는 더 나은 방법을 알려 준다.[46,47] 북유럽의 취약한 위치에 있으며 적대국인 러시아와 불안할 정도로 가까운 에스토니아는 오랫동안 세계에서 가장 발전한 형태로 여겨지는 디지털 생태계를 구축했다. 국가에서 발행하는 디지털 신분증명서 덕분에 국민은 정부 관공서, 세무서와 등기소, 그 외 공공 및 민간 서비스와의 온라인 거래를 안전하게 이용할 수 있다. 2005년 이후 에스토니아인들은 디지털 신분증으로 인증하고 전자 투표를 해왔다. 디지털 신분증은 에스토니아 보건 체계의 뼈대를 이루며, 시민과 중앙에 저장된 시민의 건강 및 의료 기록을 의사와 의료보건 종사자에게 연결해 준다. 에스토니아의 디지털 생태계는 데이터 집약적인 유전자 연구도 원활하게 한다. 에스토니아 바이오은행에는 성인의 20퍼센트가 유전자 연구 프로그램에 참여한다고 동의한 후 제공한 유전자 정보와 건강 정보가 보관된다. 에스토니아는 무료로 유전자형분석genotyping(유전자 염기서열을 비교 분석하는 것-옮긴이)과 관련 교육을 제공하며, 에스토니아 국민은 실제로 강의를 활용한다. 디지털 신분증 체계는 참가자의 보안과 익명성도 보장한다.[48]

생명공학판 브레턴우즈 체제에서 회원국은 이와 유사한 블록체인 기반 디지털 신분 증명 체계를 구축해서 조작할 수 없는 개인 유전체 정보 거래명세 원장을 만들 수 있으며, 이를 연구에 활용할 수 있다. 참가자에게 정보를 제공하고 동의를 얻는 에스토니아 모델은 회원국에 우리가 제안한 체제의 훌륭한 모델 역할을 한다. 회원국은 자국의 유전자 정보를 일정 수준까지 세계 유전자 정보 풀에 제공할 것이다. 이 시스템은 유전자 정보를 활용하고 개발할 때 책임감을 북돋고 장려할 것이다. 유전자 서열 정보의 저장과 검색의 표준 체계를 사용하면 검사는 더 쉽고 확장 가능해질 것이다.

권장 사항 3: 면허를 도입한다

현대의 자동차는 강력한 기술이다. 모든 나라는 운전자와 자동차 제조 업체에게 교육, 운전면허, 승인된 안전 장치, 등록, 감독, 규제 집행을 요구한다. 모든 개인은 국가에 등록한 운전면허가 있으며 운전면허는 정기적으로 갱신해야 한다. 오토바이, 대형 트럭, 운송 차량을 몰려면 더 특별한 증명서와 면허가 있어야 하고, 가까운 미래에는 자율주행차도 그에 걸맞은 특별한 면허가 만들어질 것이라 생각한다. 운전자는 필기 시험과 실기 시험을 치러서 도로교통법을 알고 있다는 사실을 증명해야 한다. 현재 150개 나라에서는 입국한 외국인이 자동차를 운전하려면 국제운전면허가 있어야 하고, 국제운전면허를 받으려면 신청서와 유효한 자국 운전면허증이 있어야 한다.[49]

제조 업체는 차량을 판매하려면 수십 가지의 다양한 검사를 반드시 통과해야 한다. 에어백은 정확하게 작동해야 하고, 브레이크는 제대로 멈출 수 있어야 하며, 안전띠는 제대로 고정되어야 한다. 차량은 먼저 컴퓨터 시뮬레이션으로 검사하며, 그 후 폐쇄된 환경에서 충돌 테스트 인체 모형으로 모의실험을 한 뒤 사람이 직접 폐쇄된 야외 코스에서 시험한다. 차량에는 번호판을 달고 환경 검사 증명서를 갖춰야 한다. 일단 차량이 도로에 진입하면 레이더로 속도를 측정하고, 적외선 카메라로 언제 어디서든 멈춰야 할 때 멈추는지 확인하며, 지역의 경찰 기관은 난폭 운전자, 음주 운전자, 불량한 운전자가 있는지 순찰한다. 중고차를 누군가에게 팔고 싶으면 검사, 면허, 등록에 대한 서류 작업과 절차가 처음부터 다시 시작된다.

비슷한 면허 체계를 합성생물학에 구축할 수는 없을까? 합성생물학 역시 DIY 바이오해커부터 전문 연구자까지 모든 사람을 면허 체계에 포괄하고, 제품과 생산 과정을 통제하고 철저한 검사를 거치며, 무역과 상거래를 면밀하게 감독하는 것이다. 합리적인 접근법이다. 게다가 이건 우리 생각이 아니라 조지 처치의 제안이다. 처치는 저서 《부활Regenesis》에서 "현재 자동차에 적용하는 안전 조치에 상응하는 조치"를 권장했다.[50]

우리는 여기서 몇 걸음 더 나아가려 한다. 국제 면허 체계를 통해 증명서를 발부하면 현재 인공지능과 경쟁하는 합성생물학 분야로 더 많은 사람을 끌어올 수 있을 것이다. 생물학은 계속 발전하는 학문이므로 증명서는 지속적인 교육을 통해 갱신해야 하며, 이를 통해 취미 연구자들도 최신 정보를 알고 있다는 사실을 증명해야 한다. 국가는 더 많은 청년이 바이오경제에 참여하도록 면허 비용에 보조금을 지급하거나 관련 교육 프로그램 정책을 만들어야 한다. 면허는 회원국끼리 국제적으로 통용되도록 해서 연구자들의 협력을 촉진한다. 국제 면허 체계는 합성생물학 장비 제조 업계, 바이오파운드리, 모든 분야에 걸쳐 운영되는 상업 기업의 안전 기준도 관리할 것이다. 미래의 서열분석기나 합성기에는 검사 기기가 하드웨어에 장착되어 이론적으로는 의도적이거나 우연으로라도 파괴적인 생물을 설계하기가 훨씬 어려워질 것이다. 미래의 안전 조치는 세포에 자폭auto-destruct 기전을 암호화해서 연구실 밖으로 유출되는 일을 막는 비상 제

동 체제를 포함할 수도 있다. 면허 체계는 또 표준화된 체계와 상호
운용성interoperability도 촉진하면서 바이오경제가 모든 나라에서 번영하
는 데 도움이 될 것이다.

한 가지는 확실하다. 지금 우리가 가는 길은 지정학적 긴장, 혼란한
경쟁, 서로 상충되는 규제를 조장한다는 것이다. 이는 국제적 충돌로
이어질 것이다. 처치의 대안을 우리 식대로 적용한다면 협력을 통해
안전과 경제적 이익을 얻을 수 있다.

미국은 더 나은 과학기술 정책이 절실하다

지금은 미국이 합성생물학의 세계적 선도국일지 모르지만 연구자,
투자자, 현지 규제 기관 사이에는 긴장이 조성되어 왔다. 관련자들이
볼 때 미국의 규제는 혁신을 억누르면서 미래 위험에서 시민을 보호
하지도 못한다. 생명공학규제협력안은 환경보호국(EPA), 식품의약국
(FDA), 농무부(USDA) 세 기관이 생명공학 기술의 규제에서 각자 역할
을 분담하도록 규정하지만, 이 체계는 정기적으로 갱신되지 않는다.
이는 감독 체계에 커다란 취약점을 남긴다. 우리는 합성생물학 제품
과 유전자 정보 해킹을 모두 감독하는 정부 기관을 찾아본 후에 앞에
소개한 연방수사국 현장 사무소 시나리오를 썼다.[51] 우리가 호기심을
가진 이유는 2020년 11월에 이스라엘 네게브벤구리온대학교가 이
런 시나리오와 비슷한 신 사이버-생물 공격, 즉 과학자를 속여서 위
험한 독소를 생산하는 유전자 서열을 만들었기 때문이다.[52,53] 당연히

우리는 깜짝 놀랐고, 사흘 동안 국토안보부Department of Homeland Security 정책과 국가안전보장회의 문서를 살펴보면서 생물 악성 소프트웨어에 대한 관할권이 어느 기관에 있는지 조사했다. 국방부, 국무부, 회계감사원, 질병통제예방센터의 주요 소식통은 물론 국가 안보 분석가와 의회 직원들도 인터뷰했다. 우리는 각각 다른 사람과 다양한 기관으로 떠넘겨졌고, 마침내 한 고위 직원이 미국은 사이버 생물 공격에 전혀 대비하지 않고 있다고 답했다.

트럼프 행정부는 2019년에 생명공학규제협력안을 완화했다. 이제 생명공학규제협력안은 합성생물학 기술의 진화를 위한 특별 지침을 제공하는 대신 정밀 조사 없이도 비상업적 실험을 허가한다. 정부 개입이 없다면 그저 생명공학규제협력안에 더 많은 법 개정과 추가 조항만 덧붙여질 뿐이고, 이는 앞으로 더 큰 혼란과 법적 분쟁을 일으킬 뿐이다. 이런 상황은 시간이 흐르면서 인터넷의 기반이 짜 맞추어지고 현재 우리가 사용하는 체계로 완성되어 가는 과정을 상기시킨다. 인터넷 프로토콜은 꼭 필요하며, DNA처럼 기반을 이루는 요소다. 그러나 중앙 집권식 계획과 조직의 부재는 인터넷 체계를 취약하게 했고, 수단 통제권의 독점을 허용했으며, 사람보다는 이윤을 장려하는 기업 모델이 나타났다. 합성생물학은 이 같은 도구적인 학습 곡선을 따라가서는 안 된다.

7장에서 설명한 버섯 소동은 앞으로 반복되어서는 안 되지만 이를 방지하기 위한 노력은 거의 없다. 우리는 합성생물학 기술과 바이오 경제의 책임 있는 발전을 촉진하는 체계를 구축해야 한다. 사이버–

바이오 보안을 담당하는 부서를 설립하고 현대적인 규제 정책을 만들려는 양당의 계획은 출발점이 될 것이다. 이 계획은 생명공학 생태계의 안전과 장기적인 연구개발 지원을 보장할 수 있고, 합성생물학 기술이 어떻게 경제 발전을 자극하고 미래 노동 인구를 준비시키며 국가 안보를 확대하고 시민의 행복을 고취하는지에 관한 미국의 비전을 분명하게 보여 줄 수 있다. 여기서 핵심은 장기*long term*라는 단어다. 어떤 계획이든 의회를 주도하는 당이 바뀌고(대개 2년) 대통령이 바뀌는(대체로 4년이나 8년) 주기적 변화를 버틸 수 있어야 한다.

연방 정부는 복잡한 사회 문제가 발생하면 주 정부가 원하는 대로 허용하는 경향이 있다. 이는 미국의 민주적 통치 구조를 보존하고 이념적 패권주의를 막는 방법이다. 또 누구도 건드리기 싫어하는 문제를 책임지지 않을 편리한 방법이기도 하다. 코로나19 범유행 초기에 연방 정부는 부족한 개인 보호 장비와 인공호흡기를 구매해서 분배하지 않았고, 이에 따라 주 정부 사이에는 소모적이고 치열한 입찰 전쟁이 일어났다. 마스크는 범유행 동안 정치적 메시지가 되었고, 첨예한 분열과 함께 광범위한 저항으로 이어졌다. 트럼프와 바이든 행정부 모두 마스크 착용 의무화 지정을 거부했고, 이 일을 주 정부에 떠넘겼다. 주지사 중에는 유권자들의 반발이 두려워서 시장과 시의회로 결정을 떠넘긴 사람도 있었다. 마스크는 정치적 논쟁거리가 되었지만 과학은 명확했다. 코로나바이러스는 사람들이 재채기를 하거나 말하고 기침하고 숨 쉴 때 나오는 호흡기 비말로 전파된다. 마스크로 비말의 원천을 막으면 바이러스는 전파되거나 전염되기 어렵다.

과학이 훨씬 더 복잡하다면 어떻게 될까? 플로리다반도 남쪽 키 웨스트섬은 지카바이러스를 전파하는 모기가 끔찍한 골칫거리다. 유전자 편집 모기는 해결책이 될 수 있다. 연구 팀은 수컷 모기의 생식세포를 편집해서 암컷 후손(사람을 무는 쪽이다)이 살아남지 못하게 하는 방안을 제안했다. 곤충의 생식세포 편집은 환경보호국의 허가를 받아야 했고 연구 팀은 허가받았다. 남은 것은 키 웨스트 이슬라모라다 마을 의회의 동의였다. 당시 이 의회는 사진가, 은퇴한 부동산 변호사이자 시간제로 일하는 어부, 지역 사업가, 또 다른 지역 사업가, 은퇴한 페덱스 조종사 다섯 명으로 구성되었다.[54] 이들은 과학자가 아니었다. 그런데도 그들은 청문회를 요구했고 복잡한 유전자 편집 문제를 결정하려 했다. 위험은 엄청나게 높았다. 작은 주민공동체가 의회에 반기를 들 수 있다. 시험용 프로그램pilot program이 끔찍하게 잘못될 수도 있다. 키 웨스트 환경에 의도하지 않은 결과를 가져올지도 모른다. 이런 생각은 작은 의회에 엄청난 권력을 쥐여 주었다. 합성생물학의 미래에 대한 지도력과 일관되고 장기적인 국가 비전은 지역 사회의 혼란을 줄이고, 지역 공무원이 올바른 결정을 내리게 하며, 책임감 있는 바이오경제의 성장에 더 많은 기회를 만들어 낼 것이다.

기업: **혼란을 대비하라**

합성생물학은 결국 모든 산업 영역과 교차할 것이고, 따라서 모든 사업과 연결될 것이다. 합성생물학의 발전은 산업 원료, 도료, 재활용, 포장, 식품, 음료, 화장품, 의약품, 보건의료, 에너지, 운송, 공급망을 바꿀 것이다. 합성생물학은 설계(창조할 대상과 방법), 업무(더 적은 병가), 법률(보호할 대상과 인물), 뉴스와 오락(우리가 즐기는 이야기), 교육(가르치는 내용), 종교(우리가 믿는 대상)도 바꿀 것이다. 결국 가치 사슬 전체가 변화할 것이다. 시간이 오래 걸리고 비용도 많이 드는 현재의 육류 산업의 가치 사슬을 생각해 보자. 지금은 동물을 사육하고, 먹이를 주고, 보호하고, 도축하고, 다양한 제품으로 가공하고, 운송하는 과정을 거친다. 가까운 미래에는 배양육이 이 공급망을 몇 개의 연결 고리로 빠르게 압축할 것이다. 조직 표본을 선별해 보관하고, 세포를 배양하고, 고기를 키워서 육질을 살리고, 운송한다. 이 모든 과정이 한 장소에서 일어난다. 이런 발전은 냉장 트럭 운송 기업과 냉장 창고는 물론이고 육류 포장재 제조 업계와 수만 개의 도축장에도 광범위한 영향을 미칠 것이다. 수직 농업에서는 이 시나리오가 이미 현실이 되었고, 바워리 파밍Bowery Farming사, 플랜티Plenty사, 에어로팜Aerofarms사 같은 기업은 컴퓨터로 관리하는 실내 농장을 도시 중심부에 세웠다.

그러나 지금까지의 경험으로 볼 때 광범위하게 활용하려면 아직 5~10년은 족히 걸릴 수 있는 기술에 대한 비전과 전략을 발전시키려는 기업은 극소수다. 기업이 가능한 기술의 궤적을 설명할 시나리오를 개발하는 데 더 오래 걸릴수록 파생되는 위험은 더 커지고 혼란을 조장하는 자들에 더 취약해진다. 합성생물학은 다른 혁신적인 기술처럼 혁신, 실패, 성공 사이에서 계속 변화하는 파도를 헤쳐 나갈 것이다. 기업은 사회 기반 시설, 절차, 노동자의 기술 숙련도를 평가할 능력을 지금 당장 갖춰야 한다. 어떻게 진화할지 결정하려면 자신들의 사업 모델을 검토해야 할 것이다. 경영진이 자주 하는 질문은 "합성생물학이 정확하게 언제 우리 사업과 산업계를 무너뜨릴까?"이다. 답은 "언제인지는 중요하지 않다"이다. 기업은 변곡점이 나타나기 전에 인지해야 하며, 그에 따라 대비해야 한다.

바이오경제 속에서 굴러가는 기업은 합성생물학의 궁극적인 이해당사자가 지구 생태계와 그 안의 모든 생물이라는 점을 기억해야 한다. 학계에는 동료 심사라는 전통이 있다. 기업에는 없다. 유명한 격언을 반복하자면 기업은 빠르게 혁신하고 규칙을 깨뜨리며 사과는 나중에 한다. 기초 연구는 종종 투자자의 기대를 충족하지 않는다. 투자자, 이사회, 마케팅 담당자는 과학자에게 연구하고 관찰하며 현장 실험을 할 공간과 시간을 주되 섣부르게 결과를 예측하지 말아야 하며, 제품을 서둘러 시장에 내놓지 말아야 한다. 합성생물학 생태계에서 사업의 성공(혹은 실패)은 모든 기업에 영향을 준다. 우리는 긴코바이오웍스사가 주식 상장을 발표한 며칠 뒤에 신바이오베타SynBioBeta사의 설립자인 존 컴버스John Cumbers와 이 문제를 인터뷰했다. 컴버스는 들떠 보였다. 그는 걱정하는 듯 보이기도 했다. "확실히 엄청난 성공입니다"라고 그는 답했다. "우리에게는 제조 업계에 혁신을 일으킬 새로운 플랫폼이라는 비전이 있지만, 밸류에이션(기업 가치를 판단해서 적정 주가를 산정하는 기업 가치 평가-옮긴이)의 규모에 깜짝 놀랐습니다.

이 업계에 있는 모두에게 영향을 미치게 될 미래를 건 엄청난 도박, 일반적인 관점에서 보면 거액의 도박을 하는 셈입니다."[55]

생명공학 기업은 일반 시민이 명확하게 이해할 데이터 통합 관리 정책도 개발해야 한다. 2018년에 23앤드미23andMe사는 오랫동안 제조업을 운영한 글락소스미스클라인GlaxoSmithKline사와 협력 관계를 맺었다고 발표했다. 제약 업계의 거인은 스타트업 지분을 3억 달러(4120억 원)에 사들이고 스타트업이 수집한 유전자 정보로 신약을 개발하려 했다. 두 기업은 이를 '협력'이라고 말했으나 이 거래로 23앤드미사의 고객 수백만 명은 거대 제약 회사의 신약 개발 과정에 강제로 정보를 제공하게 되었다.[56] 당연히 제약 회사가 거대한 수익을 올릴 수 있는 의학 연구를 지원하는 데 동의한 적 없는 소비자는 분노했다. 수많은 대중이 격렬하게 항의했지만, 지금도 소비자와 직접 소통하는 유전자 분석 기업 대부분은 소비자 정보를 제삼자에게 판매한다. 이는 유전자 분석 기업의 사업 모델로 자리 잡았지만, 기업은 이 중대한 세부 사항을 아주 작은 글자로 모호하게 표현한다. 정보를 사가는 측은 주요 소매 업체로, DNA 정보를 활용해서 소비자를 온라인 쇼핑으로 끌어들여 매출을 올린다.[57,58]

소비자의 유전자 표본을 수집하고 보관하는 기업이 다른 기업에 매각되면 어떻게 될까? (조상 찾기, 제대혈 보관, 불임 산업에서 이미 일어난 사건이다.) 민간 기업을 사고파는 일은 흔하고, 다른 산업계의 사례를 보면 구매자가 부유한 개인, 사모펀드, 신탁, 다른 기업일 수도 있다. 기업이 인수되는 순간 소비자 정보는 어떻게 될까? 소비자 정보를 사고팔 때 무슨 일이 일어나며, 결국 이 정보가 외국 정부에 팔리면 무슨 일이 벌어질까? 데이터 통합 관리 정책은 명확하고 이해하기 쉬워야 한다. 소비자의 신뢰를 얻고 유지하려면 모든 노력을 다해야 한다.

더 명확하게 과학을 전달하기

대중의 신뢰는 명확한 의사소통으로 얻을 수 있다. 2007년에 카네기 멜론대학교, 스탠퍼드대학교, 매사추세츠 공과대학교 연구자들은 사람들이 쇼핑할 때 뇌의 어느 영역이 활성화하는지에 관한 협력 연구를 진행했다. 연구 팀은 성인 실험 대상자에게 20달러(2만 7000원)를 주고 특별히 설계한 온라인 상점에서 상품을 사게 하면서 실험 대상자 뇌의 기능자기공명영상(fMRI)을 찍었다. 연구가 끝날 무렵에는 사람들이 물건을 살지 말지 고민할 때 뇌의 어느 영역이 활성화하는지 밝혀냈고, 그 물건을 결국 살 것인지도 예측할 수 있었다. 연구 팀은 자신들의 연구 결과를 진지하게 논의한 논문을 《뉴런Neuron》에 발표했다. 잠들기 전에 읽을 만한 글은 아니었지만, 물론 빨리 잠들고 싶다면 선택할 만한 글이었다. 이 논문은 미시 경제 이론("소비자 선호도와 가격의 조합으로 상품 구매가 일어난다고 주장"하는 이론)을 설명하는 것으로 시작한다. 논문은 미묘하고 복잡했지만 상당한 성과를 거두었다.[59] 대학들은 이 논문으로 주목받으려 했고, 카네기멜론대학교 홍보부의 발표는 논문과는 명백하게 방향이 달랐다. 홍보부 발표 자료는 "연구 팀은 뇌 스캔을 이용해서 사람들이 언제 상품을 살지 예측했다"라는 제목이었다.[60] 결국 이 논문은 MTV에서 "섹스와 쇼핑, 어떤 게 더 나을까?"라는 제목으로 방송되었다. MTV는 인간의 뇌가 쇼핑을 침낭에서 자연 그대로 지내는 하룻밤처럼 매혹적으로 느낀다고 설명했다.[61] 과학을 연구하는 사람과 과학을 홍보하는 사람의 말이 거의 일치하지 않는다는 또 다른 예시다.

과학자들은 배경지식이 없어서 세부 사항과 연구의 맥락을 이해하지 못하는 사람들이 자신의 연구와 논문을 읽는다고 가정해야 한다. 과학 논문은 학술 논문 프리프린트 서버(전통적인 학술 잡지의 동료 심사를 아직 거치지 않은 온라인 논문 보관소)에서 동료 심사를 거치는 학술 잡지를 통해 홍보부, 기자, 규제 기관, 적대자(경쟁자인 과학자들과 기업, 국가, 악당), 운동가, 투자자, 그리고 물론 소셜 미디어에 기사 제목을 뿌리는 사람들에게 전해진다. 합성생물학 분야가 발전할수록 과학자들은 자신의 연구를 명확하게 전달할 수 있어야 한다. 홍보 부서의 전화를 무시하라는 말이 아니라 연구 결과를 과장하거나 모호하거나 완전히 잘못 설명했을 때 기사를 수정하겠다고 말하라는 뜻이다. 오해가 생기기 전에 해결 방법을 찾는 것도 좋다. 한 연구 팀은 유전적 특징과 교육적 성공의 연관성을 발견한 논문을 생물학 프리프린트 서버인 biorxiv.org에 게시하기 전 온라인에 쉽고 명확한 언어로 엄청난 양의 FAQ를 게시했다. 이 FAQ는 상상할 수 있는 모든 질문의 답을 풀어놓았다. 사실 FAQ가 논문보다 더 길었다.[62] 그보다 더 중요한 점은 엄청나게 읽기 쉬웠다는 것이다. 이 사례는 과학자, 프리프린트 서버, 동료 심사를 거치는 학술지 모두가 표준 관행으로 삼을 만하며, 모든 논문은 온라인에 출판했을 때 (해당 분야 과학자들을 위해 쓴 초록에 덧붙여서) 과학자가 아닌 사람들을 위해 한 문단의 요약을 싣게 할 수 있다. 요약과 FAQ를 함께 읽으면 오해를 막을 수 있다.

과학계의 인종차별 문제

과학 연구에 참여하기로 동의했는데, 여러분의 공동체를 괴롭히는 질병의 유전적 연관성을 확인하기 위해 혈액을 기증해야 한다면 어떻게 하겠는가? 아마 제공한 유전자 표본이 유출되지 않기를 바랄 것이다. 그런데 몇 년 후에 여러분이 속았고, 다른 과학자들이 여러분에게 알리지 않은 채 여러분의 DNA를 연구하고 있다고 생각해 보자. 지금의 애리조나주 지역에서 수백 년 동안 살아왔던 하바수파이족Havasupai이 바로 이 혐오스러운 일을 겪었다.[63] 20세기 말에 들어서면서 하바수파이족 내부에는 당뇨병이 늘어났다. 1990년에 부족은 애리조나주립대학교 과학자들에게 연구를 허락하면서 당뇨병이 근절되기를 기대했다. 과학자들은 부족의 혈액 표본을 채집했다. 그러나 그 후 그들은 하바수파이족에게는 알리지 않은 채 연구 범위를 알코올중독 유전자 마커와 여러 정신장애 마커를 찾는 것으로 확대했다. 애리조나주립대학교 과학자들은 학술지에 이 연구 결과를 강조하면서 관련 논문을 수없이 발표했고, 이 논문을 바탕으로 하바수파이족의 근친 교배와 조현병에 관한 뉴스가 보도되었다. 당연히 하바수파이족은 충격을 받고 굴욕감을 느꼈으며, 애리조나주립대학교를 상대로 2004년에 첫 번째 소송을 제기했다. 애리조나주립대학교는 자체 조사에 나섰고 결국 2010년에 소송에 대한 판결이 나왔는데, 대학교 측은 부족에게 혈액 표본을 돌려주고 더는 논문을 발표하지 않겠다고 약속했다.[64] 그러나 이 사건은 하바수파이족과 다른 원주민들의 분노를 샀다. 미국에 사는 원주민 집단 중 두 번째로 큰 집단인 나바호 자치국Navajo Nation은 자치국 원주민을 대상으로 한 모든 유전자 염기서열 분석 및 관련 연구를 금지했다. 나바호 자치국의 반대는 절대적으로 정당했다. 그러나 지금은 다른 문제가 생겼다. 미국의 유전자 정보 풀에서 원주민의 유전자 정보가 누락되고 말았다.[65]

미국 유전자 정보 저장소에는 흑인들의 DNA도 없다. 연구에 사용된 최초의 인간 세포주가 흑인 여성의 세포였다는 사실을 생각할 때 이는 다소 놀라운 일이다. 1951년에 과학자들은 볼티모어 존스홉킨스병원에서 치료받던 헨리에타 랙스Henrietta Lacks라는 환자의 암세포를 추출했다. 랙스는 자궁경관에 커다란 악성 종양이 있었는데, 당시에는 암을 라듐으로 치료했다. 라듐 치료를 받은 대부분의 환자는 암세포가 사멸했지만, 랙스의 암세포는 여전히 살아 있었고 20~24시간마다 두 배로 증식했다. 존스홉킨스 연구자들은 랙스의 세포를 계속 사용하기로 하고 그의 이름을 따서 헬라HeLa 세포주라고 이름을 붙였으며, 이 세포주를 이용해서 다양한 암 치료법을 연구했다. 그러나 연구자들은 랙스나 랙스의 가족에게 이 사실을 알리지 않았다. 암 치료법을 개발하는 데 엄청난 공헌을 했는데도 랙스의 가족에게 보상도 하지 않았다. (2020년 말에 랙스 유가족은 비영리 의료 연구 기관에서 커다란 선물을 받았다.)[66]

랙스의 이야기는 흑인들이 자기도 모르게 의료 연구에 이용되었던 수많은 사례 중 하나일 뿐이다. 1932년에 미국 공중보건국은 앨라배마주의 역사적으로 유명한 흑인 대학교 터스키기연구소Tuskegee Institute에서 매독 연구를 시작했다. 처음에는 흑인 남성 600명을 대상으로 시작했다. 이 연구에 참여한 흑인 남성 399명은 매독이 있었고 201명은 매독이 없었다.[67] 연구자들은 실험 대상자 모두에게 그들이 '나쁜 피bad blood'를 치료받고 있다고 말했다. 나쁜 피는 해당 지역에서 매독, 빈혈, 피로를 포함해서 여러 질병을 가리키는 포괄적인 말이었다. 연구에 참여하는 대신 실험 대상자들은 무료 의료 검진과 무료 식사권을 받았고, 다소 음산하게 들리겠지만 장례 보험도 들 수 있었다. 1943년에 페니실린이 발명되면서 매독 치료제가 되었고 어디서나 페니실린을 구할 수 있었다. 하지만 실험 대상자들은 페니실린을 받지 못했다. 실험 대상자 중 최소 28명이 사망해 버렸다. 나머지 실험 대상자 수백 명은 통증과 발진, 체중 감소, 피로감, 기관 손상으로 불필요하게 고통받았다. 헨리에타 랙스 사건과 터스키기 매독 연구, 여기에 더해 잘 알려지지 않았을 수많은 사례를 생각해 보면 흑인들이 의사에게 진료받고 의학 연구에 참여하기를 주저하는 이유를 쉽게 이해할 수 있다.

그 결과 미국 유전자 정보 풀은 대부분 유럽계 선조를 둔 사람들로 구성된다. 영국에도 비슷한 문제가 있다. 2019년에 매사추세츠 공과

대학교 브로드연구소, 하버드대학교, 매사추세츠종합병원은 영국
인의 키, 체질량지수, 2형 당뇨병, 그 외의 특성과 질병의 예측 점수
를 개발하기 위해 영국 바이오은행의 유전자 정보를 재검토했다. 예
측 점수는 의사가 환자를 치료하고 제약 회사가 신약을 개발할 때 활
용할 기준을 설정한다. 위험한 패턴은 바로 드러났고, 유럽계 조상을
가진 사람들의 예측 점수는 아프리카계 조상을 가진 사람들의 점수
보다 4.5배 더 정확했다. 세계에서 가장 큰 영어권 국가 두 곳에서 흑
인의 건강과 질병을 이해하기에는 충격적일 정도로 정보가 부족했
다.[68]

유전자 정보는 보건 연구에 점점 더 많이 활용되고 있다. 유전자 데
이터베이스의 평등을 이루지 못하는 한 지식과 돌봄에서 거대한 불
평등을 해소하지 못할 것이다. 공정하게 말하자면 연구의 다양성을
개선하기 위한 노력이 일부 이루어지고 있다. 오바마 행정부 시대인
2018년에 올오브어스 연구 프로그램All of Us Research Program을 통해 국민
등록이 시작되었다. 목표는 미국인 백만 명(혹은 그 이상)에게서 표본
을 수집하는 것이었다. 2020년 12월이 되자 27만 명이 생체 표본을
기증했고, 이 중 80퍼센트 이상이 역사적으로 생의학 연구가 제대로
살피지 않았던 집단이었다.[69] 그러나 여전히 만회해야 할 부분이 더
많다.

대학, 출판사, 정책 입안자를 포함하는 광범위한 과학계에도 다양
성, 형평성, 포용성 문제가 존재한다. 미국과학진흥협회, 영국왕립학
회, 비영리 오픈액세스 출판사 플로스(PLOS)처럼 생명과학을 지지하

는 조직은 압도적으로 동질성이 높다. 미국과학진흥협회 지도부는 백인이 거의 80퍼센트에 이르고, 영국왕립학회 편집위원회는 백인이 90퍼센트를 차지하며, 플로스가 고용한 편집자의 74퍼센트가 백인이다.[70] 동료 심사를 거치는 가장 명망 높은 생명공학 학술지의 편집위원회는 대개 다양성이 부족하며, 중동인이나 북아프리카인은 몰락 수준이고 라티노는 심각하게 대표성이 부족하다. 합성생물학 관련 학술 논문들의 종착지인 학술지 《셀Cell》의 발행인란에는 편집자 15명, 직원 7명, 자문위원회 119명이 명시된다. 여기서 흑인은 단 한 명이다.[71] 연구 논문을 최상위 학술지에 발표하는 것은 학문적 가치가 있으며, 이 과정에서 대개 연구자와 논문을 검토하는 학술지 편집자 사이에는 개인적 연줄이 작용한다. 인류 전체를 대표하는 합성 생물학의 미래를 그린다면 생태계의 다양성을 높여야 한다.

여러분의 삶, 다시 상상하라

창조 기계는 이미 전원이 켜졌고 작동 중이다. 사회와 인간 종의 위대한 변혁을 향해 우리를 가차 없이 몰아간다. 앞으로 다가올 몇 년 안에 유전공학 신기술은 여러분의 핵심 신념을 뒤흔들 것이다. 여러분은 DNA 서열분석을 할지, 자녀에게 mRNA 백신을 접종할지 선택해야 할 것이다. 유전자 선별 및 강화를 허가할지, 삶을 향상할 기술 접근권을 누가 가져야 할지를 두고도 많은 이야기를 듣게 될 것이다. 아마 이 문제를 어떻게 생각하는지도 정리해야 할 것이고, 때가 되면 여러분 자신을 강화할지도 결정해야 할 것이다. 기후 변화는 여러분의 직업, 생활 환경, 속해 있는 공동체를 바꾸면서 삶의 질에 영향을 미칠 것이다. 그때가 되면 여러분은 배양육을 먹게 될까? 유전자 변형 작물을 신뢰하는가? 신뢰하지 못한다면 어떻게 해야 생각이 바뀔 것 같은가?

많은 사람과 함께, 여러분은 가장 어렵고 절대 사라지지 않을 질문을 계속해서 생각할 것이다. 생명은 무엇일까? 해답을 찾는 동안 여러분은 합성생물학의 수많은 발전, 합성 인슐린, 벤터가 만든 최소한의 유전체 생물, 털 많은 매머드, 원숭이에서 자라는 인간 췌장 세포 덩어리, 혹시나 싶지만 배아로 전환되길 기다리는 여러분의 피부 세포를 고려해야 할 것이다.

전 세계가 현재 이 문제를 논의하고 있으며, 이 논의를 통해 모든 공동체에서 합성생물학의 궤도를 결정할 것이다. 여러분은 지금 그 논의에 발을 들였다. 여러분은 창조 기계의 일부이자 인류의 위대하고 새로운 상상의 일부다.

생명공학 기술은 우리에게 가족을 선물했다.

우리는 상당한 연구 결과와 합성생물학 분야에서 일했던 경험을 활용해서 임신 문제를 해결하려 했다. 동료들과 의논하고 전문가와 그들의 네트워크에서 상담받았으며 최첨단 기술을 활용했다. 앤드루와 아내는 건강한 아이 두 명을 얻었다. 딸은 로절린드, 아들은 다윈이다. 우리는 체외수정을 이용했고, 다윈은 착상 전에 유전자 검사도 했다. 에이미와 남편은 유전자 검사와 배란 유도제, 침술을 이용해서 딸을 낳았다.

우리가 운이 좋았다는 사실을 안다. 이렇게 고통받는 세대는 우리가 마지막이기를, 미래에는 보조 생식 기술 즉 유전자 검사, 유전자 서열 결정, 배아 선별, 모두에게 열린 다양한 임신 선택사항이 사회에 수용되고 널리 활용되기를, 보조 생식 기술이 임신할 수 없는 부유층이 절망에 빠진 채 선택하는 마지막 선택지가 아니기를 바란다.

삶에 위대한 변화가 일어나고 있다. 창조 기계는 앞으로 우리가 임신을 하고, 가족을 만들고, 질병을 치료하고, 어디에 어떻게 가정을 만들고 어떻게 스스로를 성장시킬지 결정할 것이다. 창조 기계는 우리가 기후 변화와 싸우도록 돕고, 생물다양성이 번창하게 할 것이다. 아이들에게 더 나은 세상을 만들어 주고, 어쩌면 다른 세상을 탐험하도록 도울지도 모른다. 아이들을 위해 우리는 합성생물학이 최고의 미래를 이루리라는 희망을 품는다.

감사의 말

우리가 생명공학의 미래와 다양한 관점을 탐색했던 지난 십 년 동안 이 책도 합성생물학처럼 변화하고 진화했다. 감사드릴 분들이 너무나 많다.

에이미—이 책은 수백 번의 회의, 통화, 인터뷰, 이메일 교환, 훌륭한 식사와 함께한 폭넓은 토론의 결과물이다. 아르피야 에리, 제이크 소티리아디스, 조디 핼펀, 존 컴버스, 카라 스네스코, 프랜시스 콜론, 노리유키 시카타, 존 뉴넌, 마사오 타카하시, 캐스린 켈리, 크레이그 보샹, 짐 베이커, 빌 맥베인, 슈얼 찬, 로스 디간, 알폰소 웬커, 줄리아 모스브리지, 카미유 푸르니에, 파올라 안토넬리, 크리스 셴크, 하디 카기모토, 매기 루이스, 제프 레, 메건 파머, 앤드리아 웡, 매트 체센에게 감사한다. 이분들은 모두 이 책에 설명한 문제 즉 인공지능, 생명공학, 전쟁, 지정학, 세계 경제, 세계 공급망, 미국 정부 최고위급의 의사결정뿐 아니라 합성생물학의 윤리적 문제, 지정학적 영향, 경제적 기회 등을 너그럽게 알려 주었다. 인내심을 가지고 생물학의 복잡한 부분을 설명해 주고 원고를 검토해 주었고, 각 분야에 몸담은 분

418

들을 소개해 주기도 했다.

내 파트너이자 남편인 브라이언 울프에게도 큰 도움을 받았다. 그는 내 가설에 귀 기울이고, 초고를 읽어 주고, 내 생각에 이의를 제기했다. 이 책을 쓰는 동안 학술 연구에 관해 묻고, 유전자 편집의 상세한 부분을 이해될 때까지 이야기 나누었으며, 생물체가 텔레포테이션할 수 있는지(아니면 최첨단 팩스 머신을 설명하고 있었는지도 모르겠다)를 두고 끝없이 토론하면서 그의 인내심을 계속 시험했다. 아버지 돈 웹은 코로나19 범유행의 첫해를 우리와 함께 살면서 초고를 수없이 읽어 주셨고, 딸 페트라는 시나리오를 쓰기 위한 브레인스토밍을 도왔다.

믿기 힘든 스파크캠프 모임은 초기 아이디어와 컨셉을 함께 논의해 주었다. 특히 에스터 다이슨은 끝없는 내 영감의 원천이었다. 다이슨은 내가 소중히 간직한 신념에 도전하도록 깨우쳐 주고, 반성하도록 격려했으며, 더 넓게 생각하도록 기운을 북돋워 주었다. 하버드 대학교의 제임스 기어리와 앤 마리 리핀스키는 오랫동안 너무나 친절하게 대해 주었고, 내가 모임을 열어 미래를 이야기하고 통찰하는 방법론을 더 깊이 개발하도록 도와주었다.

내가 특별 회원으로 있는 미국-일본 리더십 프로그램은 힘이 되는 멋진 모임으로, 회원들은 더 나은 미래를 구축하는 데 헌신한다. 켈리 닉슨, 제임스 울라크, 조지 패커드, 토모유키 와타나베, 아야 츠지타에게 여러분의 헌신과 노력 덕분에 내가 세상을 달리 보게 되었다고 전하고 싶다. 워크숍을 함께하면서, 그리고 리더십 프로그램 회원들과 나눈 대화 덕분에 이 책과《빅 나인The Big Nine》모두 방향을 바꾸었다.

신바이오베타 모임은 매우 따뜻했고, 나는 자신의 작업을 배울 기회를 준 혁신가들을 보며 겸손을 배웠다. 코로나19 범유행이 한창일 때 신바이오베타사는 2020년 가을 연례 총회를 온라인 형식으로 바꾸었는데, 때마침 이 책을 막 쓰기 시작했을 때였다. 온라인과 오프라인에서 연사와 참석자와 나눈 대화는 매우 유용했다. 여기에 더해 외교관계협회 회원들과의 비공개 대화는 내 연구에 중요한 역할을 했다.

뉴욕대학교 스턴경영대에서 기업과 그들이 미래를 계획하는 방법을 연구하면서 전략적인 미래 예측에 대한 사고를 연마했던 것은 내게 행운이었다. MBA 프로그램을 권하고 지난 몇 년간 내게 조언해 주신 샘 크레이그 교수에게 감사드린다. 내 강의를 들었던 경이로울 정도로 밝고 창의적인 MBA 학생들에 대해서는 더 말할 것도 없다. 2020년 가을부터 2021년 봄학기까지 학생들과 함께 합성생물학 시나리오를 시험해 볼 기회가 있었는데, 학생들은 뛰어난 통찰력을 보여 주었다.

우버 커넥터이며 내게 더 급진적으로 생각하라고 권하던 대니 스턴을 만난 것은 행운이었다. 멜 블레이크는 내게 멘토가 되어 주었고, 내 생각을 다듬어 주었으며, 안전지대를 벗어나도록 등을 밀어주고, 원래 가졌던 것보다 더 원대한 목적을 향해 달리라고 말해 주었다. 게다가 내게 앤드루를 소개해 주었으니 죽을 때까지 감사해도 모자랄 것이다. 포티어 퍼블릭 릴레이션의 마크 포티어와 리사 반스에게, 인내심이 끝이 없을 것 같은 퍼블릭어페어의 제이미 라이퍼와 미겔 세르반테스에게도 감사한다. 내 책을 뉴스 미디어 담당자들과 신문사 기자들에게 소개하고 내가 언제나 대화를 나눌 준비가 되어 있다고 홍보해 주었다. 내 이전 책 두 권을 출판했고, 내가 도전적인 주제를 탐색하게 해 주었던 클리브 프리들에게 가장 깊은 감사를 드리고 싶다. 언제나 그랬듯이, 컬럼비아대학교 대학원에 다닐 때 저술 작업을 시작하도록 권해 주신 샘 프리드먼 교수에게 감사드린다.

퓨처투데이연구소 팀이 없었더라면 나는 이 책을 완성하지 못했을 것이다. 셰릴 쿠니는 고객 프로젝트와 업무를 조정해서 내가 연구하고 글을 쓸 시간을 만들어 주었다. 놀라운 동료 에밀리 코필드는 내가 마지막 장을 마무리하는 동안 연례 동향 보고서를 구성하고 제작했다. 모린 애덤스는 모두가 순조롭게 일을 마치도록 우리를 관리했고, 온라인 업무로 몹시 바빴던 해에 내가 제대로 일할 수 있도록 해 주었다.

마지막으로 존 파인, 캐럴 프랑코, 켄트 라인백, 존 매헤니에게는 큰 빚을 졌다. 존은 여러 해 동안 내 글을 편집해 왔고, 나를 누구보다 잘 안다(그리고 그는 내가 방금 쓴 말에 반대한다). 존은 이 책의 이야기들이 생동감을 띠도록 도왔고, 특색과 상세한 부분을 다듬었으며, 과학을 설명하라고 우리에게 상기시켰다. 존은 펑크록 스타(단어 그대로다)이자 재능 있는 편집자이며, 더 중요한 점은 내 소중한 친구다. 새 프로젝트를 시작할 때마다 내 작가 대리인인 캐럴과 그의 남편 켄트는 나를 산타페에 있는 그들의 사랑스러운 집으로 초대해서 아이디어를 열심히 다듬고, 주제를 손질하며, 책의 '약속'을 뚜렷하게 만든다. 낮과 밤이 지나는 동안 연구, 개념, 특성, 아이디어를 증류해서 핵심 주장을 응축하고, 일하는 중간중간 마을을 거닐며 멋진 식당에서 활발하게 토론했다. 캐럴 덕분에 나는 편집자 존 매헤니를 만났고, 벌써 내 책 세 권이 그의 손을 거쳤다. 이 책은 더 깊은 신념과 상당한 신뢰가 필요했고, 특히나 첫 마감일이 지났을 때가 그랬다. 존, 여러 해 동안 당신을 알게 되어 무척 기뻤고, 당신과 작업하게 되어서 내가 얼마나 행운아인지 믿기지 않을 정도랍니다.

앤드루-너무나 많은 사람의 경험 일부가 이 책에 녹아들었으니, 그들 모두의 이름을 올리기는 어려운 일이다. 다음에 나열한 이름은 내가 발전하는 데 핵심 역할을 한 사람들이며 그들 모두에게 항상 감사할 것이다. 베티 맥카프리는 나라는 사람 대부분을 만들었다. 프랭크 허버트, 아서 클라크, 제임스 캐머런, 리들리 스콧, 마이클 크라이튼, 그 외 놀라운 이야기를 만든 수많은 사람. 켄 샌더슨 박사는 나를 세균과 유전체 지도의 놀라운 세계로 이끌었고, 탁 막 박사와 암젠사는 내게 거대 과학과 거대 제약사의 세계를 알려 주었다. 크레이그 벤터 박사와 햄 스미스는 유전체를 읽고 쓰는 활발한 콤비로 너무나 멀리 앞서가 있다. 스테퍼니 셀리그는 괴짜 과학자에게 삶, 사랑, 영성이라는 완전히 다른 세계를 보여 주었다. 톰 레이 박사는 내게 마음을 세포처럼 프로그래밍할 수 있다고 가르쳐 주었다. 드루 앤디, 롭 칼슨, 톰 나이트, 랜디 렛버그, 미건 리자라조, 그 외 다른 이들은 놀라운 국제유전공학기기 대회와 공동체를 창조했다.

또한 오브리 드 그레이와 케빈 퍼로타에게는 나를 장수와 노화 연구로 이끌어 준 데 대해 감사한다. 마크 하더쉬에게는 테드메드 TEDMED에 대해, 크리스 댐브로위츠, 한스 요아킴 위든, 크리스티안 제이컵, 마이클 엘리슨, 그 외 캐나다 앨버타에서 신바이오 공동체를 이끌어 가는 동료들에게도 감사를 전한다. 존 칼슨과 제이슨 팀코에게는 함께 생명공학을 탐구한 것에, 피터 다이어맨디스에게는 학제간 연구대학과 X-프라이즈에 대해, 오토데스크의 모든 직원, 특히 조너선 놀스, 칼 배스, 제프 코왈스키, 카를로스 올긴, 래리 펙에게는 생물 CAD를 만든 것에, 알리시아 잭슨에게는 그의 넓은 마음에, 조지 처치, 제프 보크, 낸시 켈리에게는 유전체 프로젝트-창조를 공동 창립한 데 대해, 에이미 슈워츠에게는 유전체 프로젝트-창조의 성장을 진두지휘해 준 것에, 제인 멧커프에게는 《와이어드Wired》와 NEO. LIFE와의 긴 대화에 감사드린다.

라지브 로난키, 채드 몰즈, 피터 바이마르샤우센에게도 감사를 드리며, 2048 벤처스에게도 인간 유전체학에 생기를 불어넣은 데 대해 감사를 전한다. 마이클 합마이어에게는 그가 내게 베푼 우정과 관점, 미사일 격납고를, NASA에는 그들이 선사한 대담하고 장대한 것들을, 일론 머스크에게는 거의 불가능한 일들을 계속 시도하는 것에, 미키 맥매너스에게는 그토록 놀랍고 다재다능한 인간으로 존재해 줘서, 그리고 물론 하니, 로, 덱스, 그리고 홍씨 가족 모두에게 조건

없는 사랑과 더 나은 미래를 만들어야 할 이유를 준 것에 대해 감사를 전한다. 허락을 받는다면 나는 여러분 모두를 복제하고 싶다. 그러나 이 책은 에이미의 폭넓은 연구, 글쓰기, 출판 기계에 대한 숙련도가 없었다면 존재하지 않았을 것이다. 에이미에게 끝없는 감사를 전하며 우리를 만나게 해 준 멜 블레이크와 대니 스턴에게도 감사한다. 첫 책을 쓰는 모든 작가에게 나처럼 행운이 깃들기를.

주

서문: 생명은 확률 게임의 결과여야만 하는가

1   Amy Webb, "All the Pregnancies I Couldn't Talk About," as first published in *The Atlantic*, October 21, 2019.

2   Heidi Ledford, "Five Big Mysteries About CRISPR's Origins," *Nature News* 541, no. 7637 (January 19, 2017): 280, https://doi.org/10.1038/541280a.

3   "Daily Updates of Totals by Week and State," Centers for Disease Control and Prevention, www.cdc.gov/nchs/nvss/vsrr/covid19/index.htm.

4   Julius Fredens, Kaihang Wang, Daniel de la Torre, Louise F. H. Funke, Wesley E. Robertson, Yonka Christova, Tiongsun Chia, et al., "Total Synthesis of *Escherichia coli* with a Recoded Genome," *Nature* 569, no. 7757 (May 1, 2019): 514–18, https://doi.org/10.1038/s41586-019-1192-5.

5   Embriette Hyde, "Why China Is Primed to Be the Ultimate SynBio Market," SynBioBeta, February 12, 2019, https://synbiobeta.com/why-china-is-primed-to-be-the-ultimate-synbio-market.

6   Thomas Hout and Pankaj Ghemawat, "China vs the World: Whose Technology Is It?," *Harvard Business Review*, December 1, 2010, https://hbr.org/2010/12/china-vs-the-world-whose-technology-is-it.

1. 나쁜 유전자에 '아니'라고 말하기: 창조 기계의 탄생

1   Video interview conducted by Amy Webb with Bill McBain on October 9, 2020.

2   Awad M. Ahmed, "History of Diabetes Mellitus," *Saudi Medical Journal*

23, no. 4 (April 2002): 373–78.

3   Jacob Roberts, "Sickening Sweet," Science History Institute, December 8, 2015, www.sciencehistory.org/distillations/sickening-sweet.

4   L. J. Dominguez and G. Licata. "The discovery of insulin: what really happened 80 years ago," *Annali Italiani di Medicina Interna* 16, no. 3 (September 2001): 155–62.

5   Robert D. Simoni, Robert L. Hill, and Martha Vaughan, "The Discovery of Insulin: The Work of Frederick Banting and Charles Best," *Journal of Biological Chemistry* 277, no. 26 (June 28, 2002): e1–2, https://doi.org/10.1016/S0021-9258(19)66673-1.

6   Simoni et al., "Discovery of Insulin."

7   "The Nobel Prize in Physiology or Medicine 1923," Nobel Prize, www.nobelprize.org/prizes/medicine/1923/summary.

8   "100 Years of Insulin," Eli Lilly and Company, www.lilly.com/discovery/100-years-of-insulin.

9   "Two Tons of Pig Parts: Making Insulin in the 1920s," National Museum of American History, November 1, 2013, https://americanhistory.si.edu/blog/2013/11/two-tons-of-pig-parts-making-insulin-in-the-1920s.html.

10 "Statistics About Diabetes," American Diabetes Association, www.diabetes.org/resources/statistics/statistics-about-diabetes.

11 "Eli Lilly Dies at 91," *New York Times*, January 25, 1977, www.nytimes.com/1977/01/25/archives/eli-lilly-dies-at-91-philanthropist-and-exhead-of-drug-company.html.

12 "Cloning Insulin," Genentech, April 7, 2016, www.gene.com/stories/cloning-insulin.

13 "Our Founders," Genentech, www.gene.com/about-us/leadership/our-founders.

14 Victor K. McElheny, "Technology: Making Human Hormones with Bacteria," *New York Times*, December 7, 1977, http://timesmachine.nytimes.com/timesmachine/1977/12/07/96407192.html.

15 Victor K. McElheny, "Coast Concern Plans Bacteria Use for Brain Hormone and Insulin," *New York Times*, December 2, 1977, www.nytimes.com/1977/12/02/archives/coast-concern-plans-bacteria-use-for-brain-hormone-and-insulin.html.

16 "Kleiner-Perkins and Genentech: When Venture Capital Met Science,"

https://store.hbr.org/product/kleiner-perkins-and-genentech-when-venture-capital-met-science/813102.

17 "Value of 1976 US Dollars Today—inflation Calculator," https://www.inflationtool.com/us-dollar/1976-to-present-value?amount=1000000.

18 K. Itakura, T. Hirose, R. Crea, A. D. Riggs, H. L. Heyneker, F. Bolivar, and H. W. Boyer, "Expression in *Escherichia coli* of a Chemically Synthesized Gene for the Hormone Somatostatin," *Science* 198, no. 4321 (December 9, 1977): 1056–63, https://doi.org/10.1126/science.412251.

19 "Genentech," Kleiner Perkins, www.kleinerperkins.com/case-study/genentech.

20 "Cloning Insulin."

21 "Cloning Insulin."

22 Suzanne White Junod, "Celebrating a Milestone: FDA's Approval of First Genetically-Engineered Product," https://www.fda.gov/media/110447/download.

23 "An Estimation of the Number of Cells in the Human Body," *Annals of Human Biology*, https://informahealthcare.com/doi/abs/10.3109/03014460.2013.807878.

24 Christopher T. Walsh, Robert V. O'Brien, and Chaitan Khosla, "Nonproteinogenic Amino Acid Building Blocks for Nonribosomal Peptide and Hybrid Polyketide Scaffolds," *Angewandte Chemie* 52, no. 28 (July 8, 2013): 7098–124, https://doi.org/10.1002/anie.201208344.

25 Kavya Balaraman, "Fish Turn on Genes to Adapt to Climate Change," *Scientific American*, October 27, 2016, www.scientificamerican.com/article/fish-turn-on-genes-to-adapt-to-climate-change.

26 Ewen Callaway, "DeepMind's AI Predicts Structures for a Vast Trove of Proteins," *Nature News*, July 22, 2021, www.nature.com/articles/d41586-021-02025-4.

27 AlphaFold team, "A Solution to a 50-Year-Old Grand Challenge in Biology," DeepMind, November 30, 2020, https://deepmind.com/blog/article/alphafold-a-solution-to-a-50-year-old-grand-challenge-in-biology.

28 "Why Diabetes Patients Are Getting Insulin from Facebook," Science Friday, December 13, 2019, www.sciencefriday.com/segments/diabetes-insulin-facebook.

29 "Diabetic Buy Sell Trade Community," Facebook, www.facebook.com/

groups/483202212435921.

30   Michael Fralick and Aaron S. Kesselheim, "The U.S. Insulin Crisis—
Rationing a Lifesaving Medication Discovered in the 1920s," *New England
Journal of Medicine* 381, no. 19 (November 7, 2019): 1793–95, https://doi.
org/10.1056/NEJMp1909402.

31   "'The Absurdly High Cost of Insulin'—as High as $350 a Bottle, Often
2 Bottles per Month Needed by Diabetics," National AIDS Treatment
Advocacy Project, www.natap.org/2019/HIV/052819_02.htm.

32   "Insulin Access and Affordability Working Group: Conclusions and
Recommendations | Diabetes Care," accessed May 31, 2021, https://care.
diabetes journals.org/content/41/6/1299.

33   William T. Cefalu, Daniel E. Dawes, Gina Gavlak, Dana Goldman,
William H. Herman, Karen Van Nuys, Alvin C. Powers, Simeon I. Taylor,
and Alan L. Yatvin, on behalf of the Insulin Access and Affordability
Working Group, "Insulin Access and Affordability Working Group:
Conclusions and Recommendations," *Diabetes Care* 41, no. 6 (2018):
1299–1311, https://care.diabetesjournals.org/content/41/6/1299.

34   Briana Bierschbach, "What You Need to Know About the Insulin Debate
at the Capitol," MPR News, August 16, 2019, www.mprnews.org/
story/2019/08/16/what-you-need-to-know-about-the-insulin-debate-at-
the-capitol.

35   Fralick and Kesselheim, "The U.S. Insulin Crisis."

36   Daniel G. Gibson, John I. Glass, Carole Lartigue, Vladimir N. Noskov, Ray-
Yuan Chuang, Mikkel A. Algire, Gwynedd A. Benders, et al., "Creation of
a Bacterial Cell Controlled by a Chemically Synthesized Genome," *Science*
329, no. 5987 (July 2, 2010): 52–56, https://doi.org/10.1126/science.
1190719.

37   "No More Needles! Using Microbiome and Synthetic Biology Advances to
Better Treat Type 1 Diabetes," J. Craig Venter Institute, March 25, 2019,
www.jcvi.org/blog/no-more-needles-using-microbiome-and-synthetic-
biology-advances-better-treat-type-1-diabetes.

38   Carl Zimmer, "Copyright Law Meets Synthetic Life Meets James Joyce,"
National Geographic, March 15, 2011, www.nationalgeographic.com/
science/article/copyright-law-meets-synthetic-life-meets-james-joyce.

2. 출발선에 서기 위한 전쟁

1   "A Brief History of the Department of Energy," US Department of Energy, www.energy.gov/lm/doe-history/brief-history-department-energy.

2   Robert Cook-Deegan, "The Alta Summit, December 1984," *Genomics* 5 (October 1989): 661–63, archived at Human Genome Project Information Archive, 1990–2003, https://web.ornl.gov/sci/techresources/Human_Genome/project/alta.shtml.

3   Deegan, "The Alta Summit."

4   "Oral History Collection," National Human Genome Research Institute, www.genome.gov/leadership-initiatives/History-of-Genomics-Program/oral-history-collection.

5   "About the Human Genome Project," Human Genome Project Information Archive, 1990–2003, https://web.ornl.gov/sci/techresources/Human_Genome/project/index.shtml.

6   Institute of Medicine, Committee to Study Decision, Division of Health and Sciences Policy, Biomedical Politics, ed. Kathi Hanna (Washington, DC: National Academies Press, 1991).

7   "Human Genome Project Timeline of Events," National Human Genome Research Institute, www.genome.gov/human-genome-project/Timeline-of-Events.

8   "Human Genome Project Timeline of Events."

9   "Mills HS Presents Craig Venter, Ph.D.," Millbrae Community Television, 2017, https://mctv.tv/events/mills-hs-presents-craig-venter-ph-d.

10 Stephen Armstrong, "How Superstar Geneticist Craig Venter Stays Ahead in Science," *Wired UK*, June 9, 2017, www.wired.co.uk/article/craig-venter-synthetic-biology-success-tips.

11 Jason Schmidt, "The Genome Warrior," *New Yorker*, June 4, 2000, www.newyorker.com/magazine/2000/06/12/the-genome-warrior-2.

12 "Genetics and Genomics Timeline: 1991," Genome News Network, www.genomenewsnetwork.org/resources/timeline/1991_Venter.php.

13 Schmidt, "Genome Warrior."

14 At the time, there was no consensus on how many genes were in the human genome. Even as late as 2000, scientists were betting on the number, with the average estimate being around 62,500.

15 Douglas Birch, "Race for the Genome," *Baltimore Sun*, May 18, 1999.

16 John Crace, "Double Helix Trouble," *The Guardian*, October 16, 2007, www.theguardian.com/education/2007/oct/16/highereducation.research.

17 "Human Genome Project Budget," Human Genome Project Information Archive, 1990–2003, https://web.ornl.gov/sci/techresources/Human_ Genome/project/budget.shtml.

18 "CPI Calculator by Country," Inflation Tool, www.inflationtool.com.

19 "Rosalind Franklin: A Crucial Contribution," reprinted from Ilona Miko and Lorrie LeJeune, eds., *Essentials of Genetics* (Cambridge, MA: NPG Education, 2009), Unit 1.3, Nature Education, www.nature.com/scitable/ topicpage/rosalind-franklin-a-crucial-contribution-6538012.

20 James D. Watson, *The Double Helix: A Personal Account of the Discovery of the Structure of DNA* (London: Weidenfeld and Nicolson, 1981).

21 Julia Belluz, "DNA Scientist James Watson Has a Remarkably Long History of Sexist, Racist Public Comments," Vox, January 15, 2019, www. vox.com/2019/1/15/18182530/james-watson-racist.

22 Tom Abate, "Nobel Winner's Theories Raise Uproar in Berkeley: Geneticist's Views Strike Many as Racist, Sexist," SF Gate, November 13, 2000, www.sfgate.com/science/article/Nobel-Winner-s-Theories-Raise-Uproar-in-Berkeley-3236584.php.

23 Brandon Keim, "James Watson Suspended from Lab, but Not for Being a Sexist Hater of Fat People," *Wired*, October 2007, www.wired. com/2007/10/james-watson-su.

24 "James Watson: Scientist Loses Titles After Claims over Race," BBC News, January 13, 2019, www.bbc.com/news/world-us-canada-46856779.

25 John H. Richardson, "James Watson: What I've Learned," *Esquire*, October 19, 2007, www.esquire.com/features/what-ive-learned/ESQ0107 jameswatson.

26 Belluz, "James Watson Has a Remarkably Long History."

27 Clive Cookson, "Gene Genies," *Financial Times*, October 19, 2007, www. ft.com/content/3cd61dbc-7b7d-11dc-8c53-0000779fd2ac.

28 J. Craig Venter, *A Life Decoded: My Genome, My Life* (New York: Viking, 2007).

29 L. Roberts, "Why Watson Quit as Project Head," *Science* 256, no. 5055 (April 17, 1992): 301–2, https://doi.org/10.1126/science.256.5055.301.

30 "Norman Schwarzkopf, U.S. Commander in Gulf War, Dies at 78,"

Reuters, December 28, 2012, www.reuters.com/news/picture/norman-schwarzkopf-us-commander-in-gulf-idUSBRE8BR01920121228.

31 Anjuli Sastry and Karen Grigsby Bates, "When LA Erupted in Anger: A Look Back at the Rodney King Riots," National Public Radio, April 26, 2017, www.npr.org/2017/04/26/524744989/when-la-erupted-in-anger-a-look-back-at-the-rodney-king-riots.

32 Schmidt, "Genome Warrior."

33 Leslie Roberts, "Scientists Voice Their Opposition," *Science* 256, no. 5061 (May 29, 1992): 1273ff, https://link.gale.com/apps/doc/A12358701/HRC A?sid=googleScholar&xid=72ac1090.

34 Schmidt, "The Genome Warrior."

35 Robert Sanders, "Decoding the Lowly Fruit Fly," *Berkeleyan*, February 3, 1999, www.berkeley.edu/news/berkeleyan/1999/0203/fly.html.

36 Nicholas J. Loman and Mark J. Pallen, "Twenty Years of Bacterial Genome Sequencing," *Nature Reviews Microbiology* 13, no. 12 (December 2015): 787–94, https://doi.org/10.1038/nrmicro3565.

37 "Genetics and Genomics Timeline: 1995," Genome News Network, www.genomenewsnetwork.org/resources/timeline/1995_Haemophilus.php.

38 Kate Reddington, Stefan Schwenk, Nina Tuite, Gareth Platt, Danesh Davar, Helena Coughlan, Yoann Personne, et al., "Comparison of Established Diagnostic Methodologies and a Novel Bacterial SmpB Real-Time PCR Assay for Specific Detection of *Haemophilus influenzae* Isolates Associated with Respiratory Tract Infections," *Journal of Clinical Microbiology* 53, no. 9 (September 2015): 285460, https://doi.org/10.1128/JCM.00777-15.

39 "Two Bacterial Genomes Sequenced," *Human Genome News* 7, no. 1 (May-June 1995), Human Genome Project Information Archive, 1990–2003, https://web.ornl.gov/sci/techresources/Human_Genome/publicat/hgn/v7n1/05microb.shtml.

40 H. O. Smith, J. F. Tomb, B. A. Dougherty, R. D. Fleischmann, and J. C. Venter, "Frequency and Distribution of DNA Uptake Signal Sequences in the Haemophilus Influenzae Rd Genome," *Science* 269, no. 5223 (July 28, 1995): 538–40, https://doi.org/10.1126/science.7542802.

41 Claire M. Fraser, Jeannine D. Gocayne, Owen White, Mark D. Adams, Rebecca A. Clayton, Robert D. Fleischmann, Carol J. Bult, et al., "The Minimal Gene Complement of Mycoplasma Genitalium," *Science* 270,

no. 5235 (October 20, 1995): 397–404, https://doi.org/10.1126/science.270.5235.397.

42 "3700 DNA Analyzer," National Museum of American History, https://americanhistory.si.edu/collections/search/object/nmah_1297334.

43 Unknown to Dovichi, Hideki Kambara at Hitachi Corporation had developed similar technology at the same time. Applied Biosystems eventually licensed both technologies and worked with Hitachi to develop the device. In 2001, *Science* would call both researchers "unsung heroes" of the genome project.

44 Jim Kling, "Where the Future Went," *EMBO Reports* 6, no. 11 (November 2005): 1012–14, https://doi.org/10.1038/sj.embor.7400553.

45 Douglas Birch, "Race for the Genome," *Baltimore Sun*, May 18, 1999.

46 Nicholas Wade, "In Genome Race, Government Vows to Move Up Finish," *New York Times*, September 15, 1998, www.nytimes.com/1998/09/15/science/in-genome-race-government-vows-to-move-up-finish.html.

47 Lisa Belkin, "Splice Einstein and Sammy Glick. Add a Little Magellan," *New York Times*, August 23, 1998, www.nytimes.com/1998/08/23/magazine/splice-einstein-and-sammy-glick-add-a-little-magellan.html.

48 Schmidt, "Genome Warrior."

49 Douglas Birch, "Daring Sprint to the Summit. The Quest: A Determined Hamilton Smith Attempts to Scale a Scientific Pinnacle—and Reconcile with Family," *Baltimore Sun*, April 13, 1999, www.baltimoresun.com/news/bs-xpm-1999-04-13-9904130335-story.html.

50 "Gene Firm Labelled a 'Con Job,'" BBC News, March 6, 2000, http://news.bbc.co.uk/2/hi/science/nature/667606.stm.

51 Mark D. Adams, Susan E. Celniker, Robert A. Holt, Cheryl A. Evans, Jeannine D. Gocayne, Peter G. Amanatides, Steven E. Scherer, et al., "The Genome Sequence of *Drosophila melanogaster*," *Science* 287, no. 5461 (March 24, 2000): 2185–95, https://doi.org/10.1126/science.287.5461.2185.

52 Nicholas Wade, "Rivals on Offensive as They Near Wire in Genome Race," *New York Times*, May 7, 2000, www.nytimes.com/2000/05/07/us/rivals-on-offensive-as-they-near-wire-in-genome-race.html.

53 Nicholas Wade, "Analysis of Human Genome Is Said to Be Completed," *New York Times*, April 7, 2000, https://archive.nytimes.com/www.nytimes.com/library/national/science/040700sci-human-genome.html.

54 Wade, "Analysis of Human Genome."

55 "Press Briefing by Dr. Neal Lane, Assistant to the President for Science and Technology; Dr. Frances Collins, Director of the National Human Genome Research Institute; Dr. Craig Venter, President and Chief Scientific Officer, Celera Genomics Corporation; and Dr. Ari Patrinos, Associate Director for Biological and Environmental Research, Department of Energy, on the Completion of the First Survey of the Entire Human Genome," White House Press Release, June 26, 2000, Human Genome Project Information Archive, 1990–2003, https://web.ornl.gov/sci/techresources/Human_Genome/project/clinton3.shtml.

56 "June 2000 White House Event," White House Press Release, June 26, 2000, National Human Genome Research Institute, www.genome.gov/10001356/june-2000-white-house-event.

57 "June 2000 White House Event."

58 "June 2000 White House Event."

59 Andrew Brown, "Has Venter Made Us Gods?," *The Guardian*, May 20, 2010, www.theguardian.com/commentisfree/andrewbrown/2010/may/20/craig-venter-life-god.

3. 생명의 기본 단위

1 "Marvin Minsky, Ph.D," Academy of Achievement, https://achievement.org/achiever/marvin-minsky-ph-d.

2 Martin Campbell-Kelly, "Marvin Minsky Obituary," *The Guardian*, February 3, 2016, www.theguardian.com/technology/2016/feb/03/marvin-minsky-obituary.

3 Jeremy Bernstein, "Marvin Minsky's Vision of the Future," *New Yorker*, December 6, 1981, www.newyorker.com/magazine/1981/12/14/a-i.

4 Amy Webb, *The Big Nine: How the Tech Titans and Their Thinking Machines Could Warp Humanity* (New York: PublicAffairs, 2019).

5 "HMS Beagle: Darwin's Trip Around the World," National Geographic Resource Library, n.d., www.nationalgeographic.org/maps/hms-beagle-darwins-trip-around-world.

6 Webb, *The Big Nine*.

7   "Tom Knight," Internet Archive Wayback Machine, http://web.archive.org/web/20040202103232/http://www.ai.mit.edu/people/tk/tk.html.

8   "Synthetic Biology, IGEM and Ginkgo Bioworks: Tom Knight's Journey," iGem Digest, 2018, https://blog.igem.org/blog/2018/12/4/tom-knight.

9   Sam Roberts, "Harold Morowitz, 88, Biophysicist, Dies; Tackled Enigmas Big and Small," *New York Times*, April 1, 2016, www.nytimes.com/2016/04/02/science/harold-morowitz-biophysicist-who-tackled-enigmas-big-and-small-dies-at-88.html.

10 Adam Bluestein, "Tom Knight, Godfather of Synthetic Biology, on How to Learn Something New," *Fast Company*, August 28, 2012, www.fastcompany.com/3000760/tom-knight-godfather-synthetic-biology-how-learn-something-new.

11 Bluestein, "Tom Knight, Godfather."

12 "Synthetic Biology, IGEM and Ginkgo Bioworks."

13 Roger Collis, "The Growing Threat of Malaria," *New York Times*, December 10, 1993, www.nytimes.com/1993/12/10/style/IHT-the-growing-threat-of-malaria.html.

14 Institute of Medicine, Committee on the Economics of Antimalarial Drugs, *Saving Lives, Buying Time: Economics of Malaria Drugs in an Age of Resistance*, eds. Kenneth J. Arrow, Claire Panosian, and Hellen Gelband (Washington, DC: National Academies Press, 2004).

15 Nicholas J. White, Tran T. Hien, and François H. Nosten, "A Brief History of Qinghaosu," *Trends in Parasitology* 31, no. 12 (December 2015): 607–10, https://doi.org/10.1016/j.pt.2015.10.010.

16 Eran Pichersky and Robert A. Raguso, "Why Do Plants Produce So Many Terpenoid Compounds?," *New Phytologist* 220, no. 3 (2018): 692–702, https://doi.org/10.1111/nph.14178.

17 Michael Specter, "A Life of Its Own," *New Yorker*, September 21, 2009, www.newyorker.com/magazine/2009/09/28/a-life-of-its-own.

18 Institute of Medicine, *Saving Lives, Buying Time*.

19 Ben Hammersley, "At Home with the DNA Hackers," *Wired UK*, October 8, 2009, www.wired.co.uk/article/at-home-with-the-dna-hackers.

20 Lynn Conway, "The M.I.T. 1978 MIT VLSI System Design Course," University of Michigan, accessed May 31, 2021, https://ai.eecs.umich.edu/people/conway/VLSI/MIT78/MIT78.html.

21   Oliver Morton, "Life, Reinvented," *Wired*, January 1, 2005, www.wired. com/2005/01/mit-3.

22   If you have kids who watch *Phineas & Ferb*, a "repressilator" is exactly the kind of fantastical machine Dr. Doofenshmirtz would have invented.

23   Drew Endy, Tom Knight, Gerald Sussman, and Randy Rettberg, "IAP 2003 Activity," IAP website hosted by MIT, last updated December 5, 2002, http://web.mit.edu/iap/www/iap03/searchiap/iap-4968.html.

24   "Synthetic Biology 1.0 SB 1.0," collaborative notes hosted at www. coursehero.com/file/78510074/Sb10doc.

25   Vincent J J Martin, Douglas J. Pitera, Sydnor T. Withers, Jack D. Newman, and Jay D. Keasling, "Engineering a Mevalonate Pathway in *Escherichia coli* for Production of Terpenoids," *Nature Biotechnology* 21 (2003): 796–802, doi:10.1038/nbt833.

26   Specter, "A Life of Its Own."

27   Ron Weiss, Joseph Jacobson, Paul Modrich, Jim Collins, George Church, Christina Smolke, Drew Endy, David Baker, and Jay Keasling, "Engineering Life: Building a FAB for Biology," *Scientific American*, June 2006, www. scientificamerican.com/article/engineering-life-building.

28   Richard Van Noorden, "Demand for Malaria Drug Soars," *Nature* 466, no. 7307 (August 2010): 672–73, https://doi.org/10.1038/466672a.

29   Daniel Grushkin, "The Rise and Fall of the Company That Was Going to Have Us All Using Biofuels," Fast Company, August 8, 2012, www. fastcompany.com/3000040/rise-and-fall-company-was-going-have-us-all-using-biofuels.

30   Grushkin, "The Rise and Fall of the Company."

31   Kevin Bullis, "Amyris Gives Up Making Biofuels: Update," *MIT Technology Review*, February 10, 2012, www.technologyreview.com/2012/02/10/20483/amyris-gives-up-making-biofuels-update.

32   "Not Quite the Next Big Thing," Prism, February 2018, www.asee-prism. org/not-quite-the-next-big-thing.

33   James Hendler, "Avoiding Another AI Winter," *IEEE Intelligent Systems* 23, no. 2 (March 1, 2008): 2–4, https://doi.org/10.1109/MIS.2008.20.

4. 신, 조지 처치, 그리고 (대체로) 털이 많은 매머드

1   Jill Lepore, "The Strange and Twisted Life of 'Frankenstein,'" *New Yorker*, February 5, 2018, www.newyorker.com/magazine/2018/02/12/the-strange-and-twisted-life-of-frankenstein.

2   Paul Russell and Anders Kraal, "Hume on Religion," in *The Stanford Encyclopedia of Philosophy*, ed. Edward N. Zalta, Stanford University, Spring 2020, https://plato.stanford.edu/archives/spr2020/entries/hume-religion.

3   "George Church," *Colbert Report*, season 9, episode 4, October 4, 2012 (video clip), Comedy Central, www.cc.com/video-clips/fkt99i/the-colbert-report-george-church.

4   "George Church," Oral History Collection, National Human Genome Research Institute, www.genome.gov/player/h5f7sh3K7L0/PL1ay9 ko4A8sk0o9O-YhseFHzbU2I2HQQp.

5   "George Church," Oral History Collection.

6   Sharon Begley, "A Feature, Not a Bug: George Church Ascribes His Visionary Ideas to Narcolepsy," Stat News, June 8, 2017, www.statnews.com/2017/06/08/george-church-narcolepsy.

7   Begley, "A Feature, Not a Bug."

8   Patricia Thomas, "DNA as Data," *Harvard Magazine*, January 1, 2004, www.harvardmagazine.com/2004/01/dna-as-data.html.

9   J. Tian, H. Gong, N. Sheng, X. Zhou, E. Gulari, X. Gao, G. Church, "Accurate Multiplex Gene Synthesis from Programmable DNA Microchips," *Nature*, December 23, 2004, 432(7020): 1050–54, doi: 10.1038/nature 03151, PMID: 15616567.

10   Jin Billy Li, Yuan Gao, John Aach, Kun Zhang, Gregory V. Kryukov, Bin Xie, Annika Ahlford, et al., "Multiplex Padlock Targeted Sequencing Reveals Human Hypermutable CpG Variations," *Genome Research* 19, no. 9 (September 1, 2009): 1606–15, doi.org/10.1101/gr.092213.109.

11   Jon Cohen, "How the Battle Lines over CRISPR Were Drawn," *Science*, February 15, 2017, www.sciencemag.org/news/2017/02/how-battle-lines-over-crispr-were-drawn.

12   "The Nobel Prize in Chemistry 2020," Nobel Prize, www.nobelprize.org/prizes/chemistry/2020/summary.

13   Elizabeth Cooney, "George Church Salutes Fellow CRISPR Pioneers'

Historic Nobel Win," Stat News, October 7, 2020, www.statnews.com/
2020/10/07/a-terrific-choice-george-church-salutes-fellow-crispr-pioneers-
historic-nobel-win.

14   "George M. Church, Ph.D., Co-Founder and Advisor," eGenesis, www.
egenesisbio.com/portfolio-item/george-m-church.

15   Peter Miller, "George Church: The Future Without Limit," *National Geographic*,
June 1, 2014, www.nationalgeographic.com/science/article/140602-george-
church-innovation-biology-science-genetics-de-extinction.

16   Personal Genome Project website: https://www.personalgenomes.org/.

17   Blaine Bettinger, "Esther Dyson and the 'First 10,'" The Genetic Genealogist,
July 27, 2007, https://thegeneticgenealogist.com/2007/07/27/esther-dyson-
and-the-first-10/.

18   Amy Harmon, "6 Billion Bits of Data About Me, Me, Me!" *New York Times*,
June 3, 2007, sec. Week in Review. https://www.nytimes.com/2007/06/03/
weekinreview/03harm.html.

19   Bettinger, "Esther Dyson."

20   Stephen Pinker, "My Genome, My Self," *New York Times*, January 7, 2009,
www.nytimes.com/2009/01/11/magazine/11Genome-t.html.

21   "The Life of Dolly," University of Edinburgh, https://dolly.roslin.ed.ac.uk/
facts/the-life-of-dolly/index.html.

22   Charles Q. Choi, "First Extinct-Animal Clone Created," *National Geographic*,
February 10, 2009, www.nationalgeographic.com/science/article/news-
bucardo-pyrenean-ibex-deextinction-cloning.

23   Nicholas Wade, "The Woolly Mammoth's Last Stand," *New York Times*,
March 2, 2017, www.nytimes.com/2017/03/02/science/woolly-mammoth-
extinct-genetics.html.

24   David Biello, "3 Billion to Zero: What Happened to the Passenger
Pigeon?," *Scientific American*, June 27, 2014, www.scientificamerican.com/
article/3-billion-to-zero-what-happened-to-the-passenger-pigeon.

25   TEDx DeExtinction, https://reviverestore.org/events/tedxdeextinction.

26   "Hybridizing with Extinct Species: George Church at TEDx DeExtinction,"
www.youtube.com/watch?v=oTH_fmQo3Ok.

27   Christina Agapakis, "Alpha Males and Adventurous Human Females:
Gender and Synthetic Genomics," *Scientific American*, January 22, 2013,
https://blogs.scientificamerican.com/oscillator/alpha-males-and-

adventurous-human-females-gender-and-synthetic-genomics.

28 George Church and coauthor Ed Regis described this scenario in the introduction of *Regenesis: How Synthetic Biology Will Reinvent Nature and Ourselves* (New York: Basic Books, 2014).

29 Gina Kolata, "Scientist Reports First Cloning Ever of Adult Mammal," *New York Times*, February 23, 1997, https://archive.nytimes.com/www.nytimes.com/books/97/12/28/home/022397clone-sci.html.

30 "Experts Detail Obstacles to Human Cloning," *MIT News*, May 14, 1997, https://news.mit.edu/1997/cloning-0514.

31 "Human Cloning: Ethical Issues," Church of Scotland, Church and Society Council, pamphlet, n.d., www.churchofscotland.org.uk/__data/assets/pdf_file/0006/3795/Human_Cloning_Ethical_Issues_leaflet.pdf.

32 "President Bill Clinton, March 4, 1997," transcript at CNN, www.cnn.com/ALLPOLITICS/1997/03/04/clinton.money/transcript.html.

33 "Poll: Most Americans Say Cloning Is Wrong," CNN.com, March 1, 1997, www.cnn.com/TECH/9703/01/clone.poll.

34 Editors, "Why Efforts to Bring Extinct Species Back from the Dead Miss the Point," *Scientific American*, June 1, 2013, www.scientificamerican.com/article/why-efforts-bring-extinct-species-back-from-dead-miss-point, https://doi.org/10.1038/scientificamerican0613-12.

35 George Church, "George Church: De-Extinction Is a Good Idea," *Scientific American*, September 1, 2013, www.scientificamerican.com/article/george-church-de-extinction-is-a-good-idea, https://doi.org/10.1038/scientificamerican0913-12.

36 TEDx DeExtinction, https://reviverestore.org/projects/woolly-mammoth/.

37 Ross Andersen, "Welcome to Pleistocene Park," *The Atlantic*, April 2017, www.theatlantic.com/magazine/archive/2017/04/pleistocene-park/517779.

38 Nathan Nunn and Nancy Qian, "The Columbian Exchange: A History of Disease, Food, and Ideas," *Journal of Economic Perspectives* 24, no. 2 (May 1, 2010): 163–88, https://doi.org/10.1257/jep.24.2.163.

39 Nunn and Qian, "The Columbian Exchange."

40 "The Human Cost of Disasters," UNDRR, October 12, 2020, https://reliefweb.int/report/world/human-cost-disasters-overview-last-20-years-2000-2019.

41 "The Human Cost of Disasters—An Overview of the Last 20 Years, 2000–

2019," Relief Web, October 12, 2020, https://reliefweb.int/report/world/human-cost-disasters-overview-last-20-years-2000-2019.

42 Camilo Mora, Chelsie W. W. Counsell, Coral R. Bielecki, and Leo V Louis, "Twenty-Seven Ways a Heat Wave Can Kill You in the Era of Climate Change," *Circulation: Cardiovascular Quality and Outcomes* 10, no. 11 (November 1, 2017): e004233, https://doi.org/10.1161/CIRCOUTCOMES.117.004233.

43 "UN Report: Nature's Dangerous Decline 'Unprecedented'; Species Extinction Rates 'Accelerating,'" United Nations, Sustainable Development Goals, May 6, 2019, www.un.org/sustainabledevelopment/blog/2019/05/nature-decline-unprecedented-report.

44 Sinéad M. Crotty, Collin Ortals, Thomas M. Pettengill, Luming Shi, Maitane Olabarrieta, Matthew A. Joyce, and Andrew H. Altieri, "Sea-Level Rise and the Emergence of a Keystone Grazer Alter the Geomorphic Evolution and Ecology of Southeast US Salt Marshes," *Proceedings of the National Academy of Sciences* 117, no. 30 (July 28, 2020): 17891–902, www.pnas.org/content/117/30/17891.

45 "The Almond and Peach Trees Genomes Shed Light on the Differences Between These Close Species: Transposons Could Lie at the Origin of the Differences Between the Fruit of Both Species or the Flavor of the Almond," Science Daily, September 25, 2019, www.sciencedaily.com/releases/2019/09/190925123420.htm.

46 "President Obama Announces Intent to Nominate Francis Collins as NIH Director," White House Press Release, July 8, 2009, https://obamawhitehouse.archives.gov/the-press-office/president-obama-announces-intent-nominate-francis-collins-nih-director.

5. 바이오경제

1 Zhuang Pinghui, "Chinese Laboratory That First Shared Coronavirus Genome with World Ordered to Close for 'Rectification,' Hindering Its Covid-19 Research," *South China Morning Post*, February 28, 2020, www.scmp.com/news/china/society/article/3052966/chinese-laboratory-first-shared-coronavirus-genome-world-ordered.

2   Grady McGregor, "How an Overlooked Scientific Feat Led to the Rapid Development of COVID-19 Vaccines," *Fortune*, December 23, 2020, https://fortune.com/2020/12/23/how-an-overlooked-scientific-feat-led-to-the-rapid-development-of-covid-19-vaccines.

3   Yong-Zhen Zhang and Edward C. Holmes, "A Genomic Perspective on the Origin and Emergence of SARS-CoV-2," *Cell* 181, no. 2 (April 16, 2020): 223–27, https://doi.org/10.1016/j.cell.2020.03.035.

4   "Novel 2019 Coronavirus Genome," Virological, January 11, 2020, https://virological.org/t/novel-2019-coronavirus-genome/319.

5   "GenBank Overview," National Center for Biotechnology Information, www.ncbi.nlm.nih.gov/genbank.

6   "Novel 2019 Coronavirus Genome."

7   Walter Isaacson, "How mRNA Technology Could Upend the Drug Industry," *Time*, January 11, 2021, https://time.com/5927342/mrna-covid-vaccine.

8   Susie Neilson, Andrew Dunn, and Aria Bendix, "Moderna Groundbreaking Coronavirus Vaccine Was Designed in Just 2 Days," *Business Insider*, December 19, 2020, www.businessinsider.com/moderna-designed-coronavirus-vaccine-in-2-days-2020-11.

9   "The Speaking Telephone: Prof. Bell's Second Lecture Sending Multiple Dispatches in Different Directions over the Same Instrument at the Same Time Doing Away with Transmitters and Batteries a Substitute for a Musical Ear Autographs and Pictures By Telegraph," *New York Times*, May 19, 1877, www.nytimes.com/1877/05/19/archives/the-speaking-telephone-prof-bells-second-lecture-sending-multiple.html.

10 "The Speaking Telephone."

11 "AT&T's History of Invention and Breakups," *New York Times*, February 13, 2016, www.nytimes.com/interactive/2016/02/12/technology/att-history.html.

12 Arthur C. Clarke, "Extra-Terrestrial Relays: Can Rocket Stations Give World-Wide Radio Coverage?," In *Progress in Astronautics and Rocketry*, ed. Richard B. Marsten, 19: 3–6, Communication Satellite Systems Technology (Amsterdam: Elsevier, 1966), https://doi.org/10.1016/B978-1-4832-2716-0.50006-2.

13 Donald Martin, Paul Anderson, and Lucy Bartamian, "The History of Satellites," *Sat Magazine*, reprinted from Communication Satellites, 5th ed.

(Reston, VA: American Institute of Aeronautics and Astronautics, 2007), www.satmagazine.com/story.php?number=768488682.

14 Mark Erickson, *Into the Unknown Together: The DOD, NASA, and Early Spaceflight* (Maxwell Air Force Base, AL: Air University Press, 2005).

15 As of this book's writing in 2021.

16 J. C. R. Licklider, "Memorandum for Members and Affiliates of the Intergalactic Computer Network," April 23, 1963, Advanced Research Projects Agency, archived at Metro Olografix, www.olografix.org/gubi/estate/libri/wizards/memo.html.

17 Leonard Kleinrock, "The First Message Transmission," Internet Corporation for Assigned Names and Numbers (ICANN), October 29, 2019, www.icann.org/en/blogs/details/the-first-message-transmission-29-10-2019-en.

18 Ryan Singel, "Vint Cerf: We Knew What We Were Unleashing on the World," *Wired*, April 23, 2012, www.wired.com/2012/04/epicenter-isoc-famers-qa-cerf.

19 "History of the Web," World Wide Web Foundation, https://webfoundation.org/about/vision/history-of-the-web.

20 Sharita Forrest, "NCSA Web Browser 'Mosaic' Was Catalyst for Internet Growth," Illinois News Bureau, April 17, 2003, https://news.illinois.edu/view/6367/212344.

21 "Net Benefits," *The Economist*, March 9, 2013, www.economist.com/finance-and-economics/2013/03/09/net-benefits.

22 "U.S. Bioeconomy Is Strong, But Faces Challenges—Expanded Efforts in Coordination, Talent, Security, and Fundamental Research Are Needed," National Academies of Sciences, Engineering, and Medicine, press release, January 14, 2020, www.nationalacademies.org/news/2020/01/us-bioeconomy-is-strong-but-faces-challenges-expanded-efforts-in-coordination-talent-security-and-fundamental-research-are-needed.

23 Michael Chui, Matthias Evers, James Manyika, Alice Zheng, and Travers Nisbet, "The Bio Revolution: Innovations Transforming Economies, Societies, and Our Lives," McKinsey and Company, May 13, 2020, www.mckinsey.com/industries/pharmaceuticals-and-medical-products/our-insights/the-bio-revolution-innovations-transforming-economies-societies-and-our-lives.

24 Stephanie Wisner, "Synthetic Biology Investment Reached a New Record of

Nearly $8 Billion in 2020—What Does This Mean for 2021?," SynBioBeta, January 28, 2021, https://synbiobeta.com/synthetic-biology-investment-set-a-nearly-8-billion-record-in-2020-what-does-this-mean-for-2021.

25   Zhou Xin and Coco Feng, "ByteDance Value Approaches US$400 Billion as It Explores Douyin IPO," *South China Morning Post*, April 1, 2021, www.scmp.com/tech/big-tech/article/3128002/value-tiktok-maker-bytedance-approaches-us400-billion-new-investors.

26   Wisner, "Synthetic Biology Investment Reached a New Record."

27   "DNA Sequencing in Microgravity on the International Space Station (ISS) Using the MinION," Nanopore, August 29, 2016, https://nanoporetech.com/resource-centre/dna-sequencing-microgravity-international-space-station-iss-using-minion.

28   "Polynucleotide Synthesizer Model 280, Solid Phase Microprocessor Controller Model 100B," National Museum of American History, https://americanhistory.si.edu/collections/search/object/nmah_1451158.

29   US Security and Exchange Commission Form S-1/A filing by Twist Bioscience on October 17, 2018, SEC Archives, www.sec.gov/Archives/edgar/data/1581280/000119312518300580/d460243ds1a.htm.

30   "Building a Platform for Programming Technology," Microsoft Station B, https://www.microsoft.com/en-us/research/project/stationb.

31   Microsoft DNA Storage, https://www.microsoft.com/en-us/research/project/dna-storage.

32   "With a 'Hello,' Microsoft and UW Demonstrate First Fully Automated DNA Data Storage," Microsoft Innovation Stories, March 21, 2019, https://news.microsoft.com/innovation-stories/hello-data-dna-storage.

33   Robert F. Service, "DNA Could Store All of the World's Data in One Room," *Science*, March 2, 2017, www.sciencemag.org/news/2017/03/dna-could-store-all-worlds-data-one-room.

34   Nathan Hillson, Mark Caddick, Yizhi Cai, Jose A. Carrasco, Matthew Wook Chang, Natalie C. Curach, David J. Bell, et al., "Building a Global Alliance of Biofoundries," *Nature Communications* 10, no. 1 (May 9, 2019): 2040, https://doi.org/10.1038/s41467-019-10079-2.

35   "Moderna's Work on Our COVID-19 Vaccine," Moderna, www.modernatx.com/modernas-work-potential-vaccine-against-covid-19.

36   "Moderna's Work on Our COVID-19 Vaccine."

37　"'The Never Again Plan': Moderna CEO Stéhane Bancel Wants to Stop the Next Covid-19—Before It Happens," Advisory Board Company, December 22, 2020, www.advisory.com/Blog/2020/12/moderna-ceo-covid-vaccine-bancel.

38　Jacob Knutson, "Baltimore Plant Ruins 15 Million Johnson & Johnson Coronavirus Vaccines," Axios, March 31, 2021, www.axios.com/emergent-biosolutions-johnson-and-johnson-vaccine-dfd781a8-d007-4354-910a-e30d5007839b.html.

39　Jinshan Hong, Chloe Lo, and Michelle Fay Cortez, "Hong Kong Suspends BioNTech Shot over Loose Vial Caps, Stains," Bloomberg, March 24, 2021, www.bloomberg.com/news/articles/2021-03-24/macau-halts-biontech-shots-on-vials-hong-kong-rollout-disrupted.

40　Beatriz Horta, "Yale Lab Develops Revolutionary RNA Vaccine for Malaria," *Yale Daily News*, March 12, 2021, https://yaledailynews.com/blog/2021/03/12/yale-lab-develops-revolutionary-rna-vaccine-for-malaria.

41　Gordon E. Moore, "Cramming More Components onto Integrated Circuits, Reprinted from Electronics," *IEEE Solid-State Circuits Society Newsletter* 11, no. 3 (September 2006): 33–35, https://doi.org/10.1109/N-SSC.2006.4785860.

42　"The Cost of Sequencing a Human Genome," National Human Genome Research Institute, www.genome.gov/about-genomics/fact-sheets/Sequencing-Human-Genome-cost.

43　Antonio Regalado, "China's BGI Says It Can Sequence a Genome for Just $100," *MIT Technology Review*, February 26, 2020, www.technologyreview.com/2020/02/26/905658/china-bgi-100-dollar-genome.

44　Brian Alexander, "Biological Teleporter Could Seed Life Through Galaxy," *MIT Technology Review*, August 2, 2017, www.technologyreview.com/2017/08/02/150190/biological-teleporter-could-seed-life-through-galaxy.

6. 생물학 시대

1　As told to Amy Webb in a video interview on September 24, 2020.

2　Philippa Roxby, "Malaria Vaccine Hailed as Potential Breakthrough," BBC

News, April 23, 2021, www.bbc.com/news/health-56858158.

3   Hayley Dunning, "Malaria Mosquitoes Eliminated in Lab by Creating All-Male Populations," Imperial College London, News, May 11, 2020, www.imperial.ac.uk/news/197394/malaria-mosquitoes-eliminated-creating-all-male-populations.

4   "Scientists Release Controversial Genetically Modified Mosquitoes in High-Security Lab," National Public Radio, www.npr.org/sections/goatsandsoda/2019/02/20/693735499/scientists-release-controversial-genetically-modified-mosquitoes-in-high-securit.

5   "Landmark Project to Control Disease Carrying Mosquitoes Kicks Off in the Florida Keys," Cision, April 29, 2021, www.prnewswire.com/news-releases/landmark-project-to-control-disease-carrying-mosquitoes-kicks-off-in-the-florida-keys-301280593.html.

6   Lindsay Brownell, "Human Organ Chips Enable Rapid Drug Repurposing for COVID-19," Wyss Institute, May 3, 2021, https://wyss.harvard.edu/news/human-organ-chips-enable-rapid-drug-repurposing-for-covid-19.

7   "Body on a Chip," Wake Forest School of Medicine, https://school.wakehealth.edu/Research/Institutes-and-Centers/Wake-Forest-Institute-for-Regenerative-Medicine/Research/Military-Applications/Body-on-A-Chip.

8   Cleber A. Trujillo and Alysson R. Muotri, "Brain Organoids and the Study of Neurodevelopment," *Trends in Molecular Medicine* 24, no. 12 (December 2018): 982–90, https://doi.org/10.1016/j.molmed.2018.09.005.

9   "Stanford Scientists Assemble Human Nerve Circuit Driving Voluntary Movement," Stanford Medicine News Center, December 16, 2020, http://med.stanford.edu/news/all-news/2020/12/scientists-assemble-human-nerve-circuit-driving-muscle-movement.html.

10 "DeCODE Launches DeCODEmeTM," DeCODE Genetics, www.decode.com/decode-launches-decodeme.

11 Thomas Goetz, "23AndMe Will Decode Your DNA for $1,000. Welcome to the Age of Genomics," *Wired*, November 17, 2007, www.wired.com/2007/11/ff-genomics.

12 "23andMe Genetic Service Now Fully Accessible to Customers in New York and Maryland," 23andMe, December 4, 2015, https://mediacenter.23andme.com/press-releases/23andme-genetic-service-now-fully-accessible-to-customers-in-new-york-and-maryland.

13 "'Smart Toilet' Monitors for Signs of Disease," Stanford Medicine News Center, April 6, 2020, http://med.stanford.edu/news/all-news/2020/04/smart-toilet-monitors-for-signs-of-disease.html.

14 Mark Mimee, Phillip Nadeau, Alison Hayward, Sean Carim, Sarah Flanagan, Logan Jerger, Joy Collins, et al., "An Ingestible Bacterial-Electronic System to Monitor Gastrointestinal Health," *Science* 360, no. 6391 (May 25, 2018): 915–18, https://doi.org/10.1126/science.aas9315.

15 Tori Marsh, "Live Updates: January 2021 Drug Price Hikes," GoodRx, January 19, 2021, www.goodrx.com/blog/january-drug-price-hikes-2021.

16 "2019 Employer Health Benefits Survey. Section 1: Cost of Health Insurance," Kaiser Family Foundation, September 25, 2019, www.kff.org/report-section/ehbs-2019-section-1-cost-of-health-insurance.

17 Bruce Budowle and Angela van Daal, "Forensically Relevant SNP Classes," *BioTechniques* 44, no. 5 (April 1, 2008): 603–10, https://doi.org/10.2144/000112806.

18 Leslie A. Pray, "Embryo Screening and the Ethics of Human Genetic Engineering," *Nature Education* 1, no. 1 (2008): 207, www.nature.com/scitable/topicpage/embryo-screening-and-the-ethics-of-human-60561.

19 Antonio Regalado, "Engineering the Perfect Baby," *MIT Technology Review*, March 5, 2015, www.technologyreview.com/2015/03/05/249167/engineering-the-perfect-baby.

20 Rachel Lehmann-Haupt, "Get Ready for Same-Sex Reproduction," NEO.LIFE, February 28, 2018, https://neo.life/2018/02/get-ready-for-same-sex-reproduction.

21 Daisy A. Robinton and George Q Daley, "The Promise of Induced Pluripotent Stem Cells in Research and Therapy," *Nature* 481, no. 7381 (January 18, 2012): 295-305, doi:10.1038/nature10761.

22 "'Artificial Womb' Invented at the Children's Hospital of Philadelphia," WHYY PBS, April 25, 2017, https://whyy.org/articles/artificial-womb-invented-at-the-childrens-hospital-of-philadelphia.

23 Antonio Regalado, "A Mouse Embryo Has Been Grown in an Artificial Womb—Humans Could Be Next," *MIT Technology Review*, March 17, 2021, www.technologyreview.com/2021/03/17/1020969/mouse-embryo-grown-in-a-jar-humans-next.

24 "Our Current Water Supply," Southern Nevada Water Authority, https://

www.snwa.com/water-resources/current-water-supply/index.html.

25 "Food Loss and Waste Database," United Nations, Food and Agriculture Organization, www.fao.org/food-loss-and-food-waste/flw-data.

26 "Sustainable Management of Food Basics," US Environmental Protection Agency, August 11, 2015, www.epa.gov/sustainable-management-food/sustainable-management-food-basics.

27 "Worldwide Food Waste," Think Eat Save, United Nations Environment Programme, www.unep.org/thinkeatsave/get-informed/worldwide-food-waste.

28 Kenneth A. Barton, Andrew N. Binns, Antonius J.M. Matzke, and Mary-Dell Chilton, "Regeneration of Intact Tobacco Plants Containing Full Length Copies of Genetically Engineered T-DNA, and Transmission of T-DNA to R1 Progeny," *Cell* 32, no. 4 (April 1, 1983): 1033–43, https://doi.org/10.1016/0092-8674(83)90288-X.

29 "Tremors in the Hothouse," *New Yorker*, July 19, 1993, www.newyorker.com/magazine/1993/07/19/tremors-in-the-hothouse.

30 "ISAAA Brief 55-2019: Executive Summary: Biotech Crops Drive Socio-Economic Development and Sustainable Environment in the New Frontier," International Service for the Acquisition of Agri-biotech Applications, 2019, www.isaaa.org/resources/publications/briefs/55/executivesummary/default.asp.

31 "Recent Trends in GE Adoption," US Department of Agriculture Economic Research Service, www.ers.usda.gov/data-products/adoption-of-genetically-engineered-crops-in-the-us/recent-trends-in-ge-adoption.aspx.

32 Javier Garcia Martinez, "Artificial Leaf Turns Carbon Dioxide into Liquid Fuel," *Scientific American*, June 26, 2017, www.scientificamerican.com/article/liquid-fuels-from-sunshine.

33 Max Roser and Hannah Ritchie, "Hunger and Undernourishment," Our World in Data, October 8, 2019, https://ourworldindata.org/hunger-and-undernourishment.

34 "Growing at a Slower Pace, World Population Is Expected to Reach 9.7Billion in 2050 and Could Peak at Nearly 11 Billion Around 2100," United Nations, Department of Economic and Social Affairs, June 17, 2019, www.un.org/development/desa/en/news/population/world-population-prospects-2019.html.

35 Julia Moskin, Brad Plumer, Rebecca Lieberman, Eden Weingart, and Nadja Popovich, "Your Questions About Food and Climate Change, Answered," *New York Times*, April 30, 2019, www.nytimes.com/interactive/2019/04/30/dining/climate-change-food-eating-habits.html.

36 "China's Breeding Giant Pigs That Are as Heavy as Polar Bears," Bloomberg, October 6, 2019, www.bloomberg.com/news/articles/2019-10-06/china-is-breeding-giant-pigs-the-size-of-polar-bears.

37 Kristine Servando, "China's Mutant Pigs Could Help Save Nation from Pork Apocalypse," Bloomberg, December 3, 2019, www.bloomberg.com/news/features/2019-12-03/china-and-the-u-s-are-racing-to-create-a-super-pig.

38 "Belgian Blue," The Cattle Site, www.thecattlesite.com/breeds/beef/8/belgian-blue.

39 Antonio Regalado, "First Gene-Edited Dogs Reported in China," *MIT Technology Review*, October 19, 2015, www.technologyreview.com/2015/10/19/165740/first-gene-edited-dogs-reported-in-china.

40 Robin Harding, "Vertical Farming Finally Grows Up in Japan," *Financial Times*, January 22, 2020, www.ft.com/content/f80ea9d0-21a8-11ea-b8a1-584213ee7b2b.

41 Winston Churchill, "Fifty Years Hence," *Maclean's*, November 15, 1931, https://archive.macleans.ca/article/1931/11/15/fifty-years-hence.

42 Alok Jha, "World's First Synthetic Hamburger Gets Full Marks for 'Mouth Feel,'" *The Guardian*, August 6, 2013, www.theguardian.com/science/2013/aug/05/world-first-synthetic-hamburger-mouth-feel.

43 Bec Crew, "Cost of Lab-Grown Burger Patty Drops from $325,000 to $11.36," Science Alert, April 2, 2015, www.sciencealert.com/lab-grown-burger-patty-cost-drops-from-325-000-to-12.

44 Karen Gilchrist, "This Multibillion-Dollar Company Is Selling Lab-Grown Chicken in a World-First," CNBC, March 1, 2021, www.cnbc.com/2021/03/01/eat-just-good-meat-sells-lab-grown-cultured-chicken-in-world-first.html.

45 Kai Kupferschmidt, "Here It Comes...The $375,000 Lab-Grown Beef Burger," *Science*, August 2, 2013, www.sciencemag.org/news/2013/08/here-it-comes-375000-lab-grown-beef-burger.

46 "WHO's First Ever Global Estimates of Foodborne Diseases Find Children

Under 5 Account for Almost One Third of Deaths," World Health Organization, December 3, 2015, www.who.int/news/item/03-12-2015-who-s-first-ever-global-estimates-of-foodborne-diseases-find-children-under-5-account-for-almost-one-third-of-deaths.

47 "Outbreak of *E. coli* Infections Linked to Romaine Lettuce," Centers for Disease Control and Prevention, January 15, 2020, www.cdc.gov/ecoli/2019/o157h7-11-19/index.html.

48 Kevin Jiang, "Synthetic Microbial System Developed to Find Objects' Origin," *Harvard Gazette*, June 4, 2020, https://news.harvard.edu/gazette/story/2020/06/synthetic-microbial-system-developed-to-find-objects-origin.

49 Jen Alic, "Is the Future of Biofuels in Algae? Exxon Mobil Says It's Possible," *Christian Science Monitor*, March 13, 2013, www.csmonitor.com/Environment/Energy-Voices/2013/0313/Is-the-future-of-biofuels-in-algae-Exxon-Mobil-says-it-s-possible.

50 "J. Craig Venter Institute–Led Team Awarded 5-Year, $10.7 M Grant from US Department of Energy to Optimize Metabolic Networks in Diatoms, Enabling Next-Generation Biofuels and Bioproducts," J. Craig Venter Institute, October 3, 2017, www.jcvi.org/media-center/j-craig-venter-institute-led-team-awarded-5-year-107-m-grant-us-department-energy.

51 "Advanced Algal Systems," US Department of Energy, www.energy.gov/eere/bioenergy/advanced-algal-systems.

52 Morgan McFall-Johnsen, "These Facts Show How Unsustainable the Fashion Industry Is," World Economic Forum, January 31, 2020, www.weforum.org/agenda/2020/01/fashion-industry-carbon-unsustainable-environment-pollution.

53 Rachel Cormack, "Why Hermè, Famed for Its Leather, Is Rolling Out a Travel Bag Made from Mushrooms," *Robb Report*, March 15, 2021, https://robbreport.com/style/accessories/hermes-vegan-mushroom-leather-1234601607.

54 "Genomatica to Scale Bio-Nylon 50-Fold with Aquafil," Genomatica, press release, November 19, 2020, www.genomatica.com/bio-nylon-scaling-50x-to-support-global-brands.

55 L. Lebreton, B. Slat, F. Ferrari, B. Sainte-Rose, J. Aitken, R. Marthouse, S. Hajbane, et al., "Evidence That the Great Pacific Garbage Patch Is Rapidly

Accumulating Plastic," *Scientific Reports* 8, no. 1 (March 22, 2018): 4666, https://doi.org/10.1038/s41598-018-22939-w.

56 "Ocean Trash: 5.25 Trillion Pieces and Counting, but Big Questions Remain," National Geographic Resource Library, n.d., www.nationalgeographic. org/article/ocean-trash-525-trillion-pieces-and-counting-big-questions-remain/6th-grade.

7. 아홉 가지 위험

1 Emily Waltz, "Gene-Edited CRISPR Mushroom Escapes U.S. Regulation: Nature News and Comment," *Nature* 532, no. 293 (2016), www.nature.com/news/gene-edited-crispr-mushroom-escapes-us-regulation-1.19754.

2 Waltz, "Gene-Edited CRISPR Mushroom."

3 Antonio Regalado, "Here Come the Unregulated GMOs," *MIT Technology Review*, April 15, 2016, www.technologyreview.com/2016/04/15/8583/here-come-the-unregulated-gmos.

4 Waltz, "Gene-Edited CRISPR Mushroom."

5 Doug Bolton, "Mushrooms that don't turn brown could soon be on sale thanks to loophole in GM food regulations," *The Independent*, April 18, 2016, https://www.independent.co.uk/news/science/gene-editing-mushrooms-usda-regulations-approved-edited-brown-a6989531.html.

6 "如果你不能接受转基因，基因编辑食品你敢吃吗？| 转基因 | 基因编辑 | 食物_新浪科技_新浪网," Sina Technology, June 30, 2016, http://tech.sina.com.cn/d/i/2016-06-30/doc-ifxtsatn7803705.shtml.

7 Andrew MacFarlane, "Genetically Modified Mushrooms May Lead the Charge to Ending World Hunger," Weather Channel, April 20, 2016, https://weather.com/science/news/genetically-modified-mushrooms-usda.

8 "Secretary Perdue Issues USDA Statement on Plant Breeding Innovation," US Department of Agriculture, Animal and Plant Health Inspection Service, March 28, 2018, https://content.govdelivery.com/accounts/USDAAPHIS/bulletins/1e599ff.

9 Pam Belluck, "Chinese Scientist Who Says He Edited Babies' Genes Defends His Work," *New York Times*, November 28, 2018, www.nytimes.com/2018/11/28/world/asia/gene-editing-babies-he-jiankui.html.

10 Belluck, "Chinese Scientist."

11 "He Jiankui's Gene Editing Experiment Ignored Other HIV Strains," Stat News, April 15, 2019, www.statnews.com/2019/04/15/jiankui-embryo-editing-ccr5.

12 Antonio Regalado, "China's CRISPR Twins Might Have Had Their Brains Inadvertently Enhanced," *MIT Technology Review*, February 21, 2019, www.technologyreview.com/2019/02/21/137309/the-crispr-twins-had-their-brains-altered.

13 For the original agenda, see "Second International Summit on Human Gene Editing," National Academies of Sciences, Engineering, and Medicine, November 27, 2018, www.nationalacademies.org/event/11-27-2018/second-international-summit-on-human-gene-editing.

14 David Cyranoski, "What CRISPR-Baby Prison Sentences Mean for Research," *Nature* 577, no. 7789 (January 3, 2020): 154–55, https://doi.org/10.1038/d41586-020-00001-y.

15 Anders Lundgren, "Carl Wilhelm Scheele: Swedish Chemist," Encyclopedia Britannica, www.britannica.com/biography/Carl-Wilhelm-Scheele.

16 Gilbert King, "Fritz Haber's Experiments in Life and Death," *Smithsonian Magazine*, June 6, 2012, www.smithsonianmag.com/history/fritz-habers-experiments-in-life-and-death-114161301.

17 Jennifer Couzin-Frankel, "Poliovirus Baked from Scratch," *Science*, July 11, 2002, www.sciencemag.org/news/2002/07/poliovirus-baked-scratch.

18 "Traces of Terror. The Science: Scientists Create a Live Polio Virus," *New York Times*, July 12, 2002, www.nytimes.com/2002/07/12/us/traces-of-terror-the-science-scientists-create-a-live-polio-virus.html.

19 Kai Kupferschmidt, "How Canadian Researchers Reconstituted an Extinct Poxvirus for $100,000 Using Mail-Order DNA," *Science*, July 6, 2017, www.sciencemag.org/news/2017/07/how-canadian-researchers-reconstituted-extinct-poxvirus-100000-using-mail-order-dna.

20 Denise Grady and Donald G. McNeil Jr., "Debate Persists on Deadly Flu Made Airborne," *New York Times*, December 27, 2011, www.nytimes.com/2011/12/27/science/debate-persists-on-deadly-flu-made-airborne.html.

21 Monica Rimmer, "How Smallpox Claimed Its Final Victim," BBC News, August 10, 2018, www.bbc.com/news/uk-england-birmingham-45101091.

22 J. Kenneth Wickiser, Kevin J. O'Donovan, Michael Washington, Stephen

Hummel, and F. John Burpo, "Engineered Pathogens and Unnatural Biological Weapons: The Future Threat of Synthetic Biology," *CTC Sentinel* 13, no. 8 (August 31, 2020): 1–7, https://ctc.usma.edu/engineered-pathogens-and-unnatural-biological-weapons-the-future-threat-of-synthetic-biology.

23 Ian Sample, "Craig Venter Creates Synthetic Life Form," *The Guardian*, May 20, 2010, www.theguardian.com/science/2010/may/20/craig-venter-synthetic-life-form.

24 Margaret Munro, "Life, From Four Chemicals," *Ottawa Citizen*, May 21, 2010, www.pressreader.com/canada/ottawa-citizen/20100521/285121404908322.

25 Sample, "Craig Venter Creates Synthetic Life Form."

26 Ian Sample, "Synthetic Life Breakthrough Could Be Worth over a Trillion Dollars," *The Guardian*, May 20, 2010, www.theguardian.com/science/2010/may/20/craig-venter-synthetic-life-genome.

27 Clyde A. Hutchison, Ray-Yuan Chuang, Vladimir N. Noskov, Nacyra Assad-Garcia, Thomas J. Deerinck, Mark H. Ellisman, John Gill, et al., "Design and Synthesis of a Minimal Bacterial Genome," *Science* 351, no. 6280 (March 25, 2016), https://doi.org/10.1126/science.aad6253.

28 "Scientists Create Simple Synthetic Cell That Grows and Divides Normally," National Institute of Standards and Technology, March 29, 2021, www.nist.gov/news-events/news/2021/03/scientists-create-simple-synthetic-cell-grows-and-divides-normally.

29 Ken Kingery, "Engineered Swarmbots Rely on Peers for Survival," Duke Pratt School of Engineering, February 29, 2016, https://pratt.duke.edu/about/news/engineered-swarmbots-rely-peers-survival.

30 Rob Stein, "Blind Patients Hope Landmark Gene-Editing Experiment Will Restore Their Vision," National Public Radio, May 10, 2021, www.npr.org/sections/health-shots/2021/05/10/993656603/blind-patients-hope-landmark-gene-editing-experiment-will-restore-their-vision.

31 Sigal Samuel, "A Celebrity Biohacker Who Sells DIY Gene-Editing Kits Is Under Investigation," Vox, May 19, 2019, www.vox.com/future-perfect/2019/5/19/18629771/biohacking-josiah-zayner-genetic-engineering-crispr.

32 Arielle Duhaime-Ross, "In Search of a Healthy Gut, One Man Turned to

an Extreme DIY Fecal Transplant," The Verge, May 4, 2016, www.theverge.com/2016/5/4/11581994/fmt-fecal-matter-transplant-josiah-zayner-microbiome-ibs-c-diff.

33 Stephanie M. Lee, "This Biohacker Is Trying to Edit His Own DNA and Wants You to Join Him," BuzzFeed, October 14, 2017, www.buzzfeednews.com/article/stephaniemlee/this-biohacker-wants-to-edit-his-own-dna.

34 Molly Olmstead, "The Fuzzy Regulations Surrounding DIY Synthetic Biology," Slate, May 4, 2017, https://slate.com/technology/2017/05/the-fuzzy-regulations-surrounding-diy-synthetic-biology.html.

35 Doudna and Zheng each founded four, including Scribe Therapeutics, Intellia Therapeutics, Mammoth Biosciences, and Caribou Biosciences (Doudna) and Sherlock Biosciences, Arbor Biotechnologies, Beam Therapeutics, and Editas Medicine (Zheng). Charpentier founded two: CRISPR Therapeutics and ERS Genomics. Doudna was an original cofounder of Editas, but broke ties with Zheng over the patent dispute.

36 "Statement from Ambassador Katherine Tai on the Covid-19 Trips Waiver," Office of the United States Trade Representative, May 5, 2021, https://ustr.gov/about-us/policy-offices/press-office/press-releases/2021/may/statement-ambassador-katherine-tai-covid-19-trips-waiver.

37 Kate Taylor, "More Parents Plead Guilty in College Admissions Scandal," *New York Times*, October 21, 2019, www.nytimes.com/2019/10/21/us/college-admissions-scandal.html.

38 Andrew Martinez, "Lawyer Who Paid $75G to Fix Daughter's Test Answers Gets One-Month Prison Term," *Boston Herald*, October 3, 2019, www.bostonherald.com/2019/10/03/lawyer-who-paid-75g-to-fix-daughters-test-answers-gets-one-month-prison-term.

39 Matthew Campbell and Doug Lyu, "China's Genetics Giant Wants to Tailor Medicine to Your DNA," Bloomberg, November 13, 2019, www.bloomberg.com/news/features/2019-11-13/chinese-genetics-giant-bgi-wants-to-tailor-medicine-to-your-dna.

40 "China: Minority Region Collects DNA from Millions," Human Rights Watch, December 13, 2017, www.hrw.org/news/2017/12/13/china-minority-region-collects-dna-millions.

41 Sui-Lee Wee, "China Uses DNA to Track Its People, with the Help of American Expertise," *New York Times*, February 21, 2019, www.nytimes.

com/2019/02/21/business/china-xinjiang-uighur-dna-thermo-fisher.html.

42 "China's Ethnic Tinderbox," BBC, July 9, 2009, http://news.bbc.co.uk/2/
hi/asia-pacific/8141867.stm.

43 Simon Denyer, "Researchers May Have 'Found' Many of China's 30 Million
Missing Girls," *Washington Post*, November 30, 2016, www.washingtonpost.
com/news/worldviews/wp/2016/11/30/researchers-may-have-found-many-
of-chinas-30-million-missing-girls.

44 Kirsty Needham, "Special Report: COVID Opens New Doors for China's
Gene Giant," Reuters, August 5, 2020, www.reuters.com/article/us-health-
coronavirus-bgi-specialreport-idUSKCN2511CE.

45 The Seasteading Institute hopes to create ocean-based communities outside
the governing frameworks of established countries. Nobel Prize–winning
economist Milton Friedman's grandson, Patri Friedman, and PayPal
cofounder and venture capitalist Peter Thiel are cofounders. https://www.
seasteading.org/.

46 "Todai-Led Team Creates Mouse Pancreas in Rat in Treatment Breakthrough,"
Japan Times, January 26, 2017, www.japantimes.co.jp/news/2017/01/26/
national/science-health/treatment-breakthrough-todai-led-team-creates-
mouse-pancreas-rat-transplants-diabetic-mouse.

47 Nidhi Subbaraman, "First Monkey–Human Embryos Reignite Debate over
Hybrid Animals," *Nature* 592, no. 7855 (April 15, 2021): 497, https://doi.
org/10.1038/d41586-021-01001-2.

48 Julian Savulescu and César Palacios-González, "First Human–Monkey
Embryos Created—A Small Step Towards a Huge Ethical Problem,"
The Conversation, April 22, 2021, https://theconversation.com/first-
human-monkey-embryos-created-a-small-step-towards-a-huge-ethical-
problem-159355.

49 Alex Fox, "Compared with Hummingbirds, People Are Rather Colorblind,"
Smithsonian Magazine, June 18, 2020, www.smithsonianmag.com/smart-
news/compared-hummingbirds-were-all-colorblind-180975111.

50 Guy Rosen, "How We're Tackling Misinformation Across Our Apps,"
Facebook, March 22, 2021, https://about.fb.com/news/2021/03/how-were-
tackling-misinformation-across-our-apps.

51 Rosen, "How We're Tackling Misinformation."

52 Fortune 500, https://fortune.com/fortune500.

53 Healthy and Natural World Facebook Page, "Scientists Warn People to Stop Eating Instant Noodles Due to Cancer and Stroke Risks," Facebook.com, March 20, 2019, www.facebook.com/HealthyAndNaturalWorld/posts/scientists-warn-people-to-stop-eating-instant-noodles-due-to-cancer-and-stroke-r/2262994090426410.

54 Michelle R. Smith and Johnathan Reiss, "Inside One Network Cashing In on Vaccine Disinformation," Associated Press, May 13, 2021, https://apnews.com/article/anti-vaccine-bollinger-coronavirus-disinformation-a7b8e1f33990670563b4c469b462c9bf.

55 Smith and Reiss, "Inside One Network."

56 Ben Guarino, Ariana Eunjung Cha, Josh Wood, and Griff Witte, "'The Weapon That Will End the War': First Coronavirus Vaccine Shots Given Outside Trials in U.S.," December 14, 2020, www.washingtonpost.com/nation/2020/12/14/first-covid-vaccines-new-york.

57 "Coronavirus (COVID-19) Vaccinations," Our World In Data, https://ourworldindata.org/covid-vaccinations?country=USA.

58 "Provisional COVID-19 Death Counts by Week Ending Date and State," Centers for Disease Control and Prevention, https://data.cdc.gov/NCHS/Provisional-COVID-19-Death-Counts-by-Week-Ending-D/r8kw-7aab.

59 Jack Healy, "These Are the 5 People Who Died in the Capitol Riot," *New York Times*, January 11, 2021, https://www.nytimes.com/2021/01/11/us/who-died-in-capitol-building-attack.html.

60 "Public Trust in Government: 1958–021," Pew Research Center, https://www.pewresearch.org/politics/2021/05/17/public-trust-in-government-1958-2021.

8. 황금쌀 이야기

1 Ian McNulty, "Next Generation to Reopen Li'l Dizzy's, Reviving New Orleans Restaurant Legacy," January 2, 2021, NOLA.com, www.nola.com/entertainment_life/eat-drink/article_a346001a-4d49-11eb-b927-a73cacd63596.html.

2 Confucius, *The Analects of Confucius*, trans. Arthur Waley (New York: Random House, 1989), Bk. 10.

3 Sarah Zhang, "Archaeologists Find Evidence of the First Rice Ever Grown,"

The Atlantic, May 29, 2017, www.theatlantic.com/science/archive/2017/05/rice-domestication/528288.

4   John Christensen, "Scientist at Work. Ingo Potrykus: Golden Rice in a Grenade-Proof Greenhouse," *New York Times*, November 21, 2000, www.nytimes.com/2000/11/21/science/scientist-at-work-ingo-potrykus-golden-rice-in-a-grenade-proof-greenhouse.html.

5   Interview with Dr. Brian Woolf by Amy Webb, August 15, 2020.

6   J. Madeleine Nash, "This Rice Could Save a Million Kids a Year," *Time*, July 31, 2000, http://content.time.com/time/magazine/article/0,9171,997586,00.html.

7   "The Rockefeller Foundation: A Long-Term Bet on Scientific Breakthrough," Rockefeller Foundation, https://engage.rockefellerfoundation.org/story-sketch/rice-biotechnology-research-network.

8   Christensen, "Scientist at Work."

9   Mary Lou Guerinot, "The Green Revolution Strikes Gold," *Science* 287, no. 5451 (January 14, 2000): 241–43, https://doi.org/10.1126/science.287.5451.241.

10   Nash, "This Rice Could Save a Million Kids."

11   David Barboza, "AstraZeneca to Sell a Genetically Engineered Strain of Rice," *New York Times*, May 16, 2000, www.nytimes.com/2000/05/16/business/astrazeneca-to-sell-a-genetically-engineered-strain-of-rice.html.

12   "GM Rice Patents Given Away," BBC News, August 4, 2000, http://news.bbc.co.uk/2/hi/science/nature/865946.stm.

13   Margaret Wertheim, "Frankenfoods," *LA Weekly*, July 5, 2000, www.laweekly.com/frankenfoods.

14   "Monsanto Pushes 'Golden Rice,'" CBS News, August 4, 2000, www.cbsnews.com/news/monsanto-pushes-golden-rice.

15   Ed Regis, "The True Story of the Genetically Modified Superfood That Almost Saved Millions," *Foreign Policy*, October 17, 2019, https://foreignpolicy.com/2019/10/17/golden-rice-genetically-modified-superfood-almost-saved-millions.

16   Robert Paarlberg, "A Dubious Success: The NGO Campaign Against GMOs," *GM Crops and Food* 5, no. 3 (November 6, 2014): 223–28, https://doi.org/10.4161/21645698.2014.952204.

17   Mark Lynas, "Anti-GMO Activists Lie About Attack on Rice Crop (and

About So Many Other Things)," Slate, August 26, 2013, https://slate.com/technology /2013/08/golden-rice-attack-in-philippines-anti-gmo-activists-lie-about-protest-and-safety.html.

18 Regis, "The True Story of the Genetically Modified Superfood."

19 Joel Achenbach, "107 Nobel Laureates Sign Letter Blasting Greenpeace over GMOs," *Washington Post*, June 30, 2016, www.washingtonpost.com/news/speaking-of-science/wp/2016/06/29/more-than-100-nobel-laureates-take-on-greenpeace-over-gmo-stance.

20 Jessica Scarfuto, "Do You Trust Science? These Five Factors Play a Big Role," *Science*, February 16, 2020, www.sciencemag.org/news/2020/02/do-you-trust-science-these-five-factors-play-big-role.

21 Cary Funk, Alex Tyson, Brian Kennedy, and Courtney Johnson, "Scientists Are Among the Most Trusted Groups Internationally, Though Many Value Practical Experience over Expertise," Pew Research Center, September 29, 2020, www.pewresearch.org/science/2020/09/29/scientists-are-among-the-most-trusted-groups-in-society-though-many-value-practical-experience-over-expertise.

9. 최근에 나온 그럴듯한 결과물

1 Sam Meredith, "Brazil Braces for Renewed Covid Surge as Bolsonaro Faces Parliamentary Inquiry over Pandemic Response," CNBC, May 14, 2021, www.cnbc.com/2021/05/14/brazil-fears-third-covid-wave-as-bolsonaro-faces-parliamentary-inquiry.html.

2 Sanjeev Miglani and Devjyot Ghoshal, "PM Modi's Rating Falls to New Low as India Reels from COVID-19," Reuters, May 18, 2021, www.reuters.com/world/india/pm-modis-rating-falls-india-reels-covid-19-second-wave-2021-05-18.

3 "English Rendering of PM's Address at the World Economic Forum's Davos Dialogue," Press Information Bureau, Government of India, January 28, 2021, https://pib.gov.in/PressReleseDetail.aspx?PRID=1693019.

4 David Klepper and Neha Mehrotra, "Misinformation Surges amid India's COVID-19 Calamity," *Seattle Times*, May 13, 2021, www.seattletimes.com/business/misinformation-surges-amid-indias-covid-19-calamity.

10. 시나리오 1: 웰스프링에서 자녀를 만드세요

1   Katsuhiko Hayashi, Orie Hikabe, Yayoi Obata, and Yuji Hirao, "Reconstitution of Mouse Oogenesis in a Dish from Pluripotent Stem Cells," *Nature Protocols* 12, no. 9 (September 2017): 1733–44, https://doi.org/10.1038/nprot.2017.070.

2   Tess Johnson, "Human Genetic Enhancement Might Soon Be Possible—but Where Do We Draw the Line?," The Conversation, December 3, 2019, http://theconversation.com/human-genetic-enhancement-might-soon-be-possible-but-where-do-we-draw-the-line-127406.

3   David Cyranoski, "The CRISPR-Baby Scandal: What's Next for Human Gene-Editing," *Nature* 566, no. 7745 (February 26, 2019): 440–42, https://doi.org/10.1038/d41586-019-00673-1.

4   Nathaniel Scharping, "How Are Neanderthals Different from Homo Sapiens?," *Discover*, May 5, 2020, www.discovermagazine.com/planet-earth/how-are-neanderthals-different-from-homo-sapiens.

5   Rachel Becker, "An Artificial Womb Successfully Grew Baby Sheep—and Humans Could Be Next," The Verge, April 25, 2017, www.theverge.com/2017/4/25/15421734/artificial-womb-fetus-biobag-uterus-lamb-sheep-birth-premie-preterm-infant.

6   Emily A. Partridge, Marcus G. Davey, Matthew A. Hornick, Patrick E. Mc-Govern, Ali Y. Mejaddam, Jesse D. Vrecenak, Carmen Mesas-Burgos, et al., "An Extra-Uterine System to Physiologically Support the Extreme Premature Lamb," *Nature Communications* 8, no. 1 (April 25, 2017): 15112, https://doi.org/10.1038/ncomms15112.

7   Neera Bhatia and Evie Kendal, "We May One Day Grow Babies Outside the Womb, but There Are Many Things to Consider First," The Conversation, November 10, 2019, http://theconversation.com/we-may-one-day-grow-babies-outside-the-womb-but-there-are-many-things-to-consider-first-125709.

11. 시나리오 2: 노화가 멈추면 일어나는 일

1   "CRISPR/Cas9 Therapy Can Suppress Aging, Enhance Health and Extend

Life Span in Mice," Science Daily, February 19, 2019, www.sciencedaily. com/releases/2019/02/190219111747.htm.

2   Chinese Academy of Sciences, "Scientists Develop New Gene Therapy Strategy to Delay Aging and Extend Lifespan," SciTechDaily, January 9, 2021, https://scitechdaily.com/scientists-develop-new-gene-therapy-strategy-to-delay-aging-and-extend-lifespan.

3   Adolfo Arranz, "Betting Big on Biotech," *South China Morning Post*, October 9, 2018, https://multimedia.scmp.com/news/china/article/2167415/china-2025-biotech/index.html.

4   Georgina M. Ellison-Hughes, "First Evidence That Senolytics Are Effective at Decreasing Senescent Cells in Humans," EBioMedicine, May 23, 2020, www.thelancet.com/journals/ebiom/article/PIIS2352-3964(19)30641-3/fulltext.

5   "CRISPR/Cas9 Therapy Can Suppress Aging."

6   Hughes, "First Evidence."

7   Amber Dance, "Science and Culture: The Art of Designing Life," *Proceedings of the National Academy of Sciences* 112, no. 49 (December 8, 2015): 14999–15001, https://doi.org/10.1073/pnas.1519838112.

8   Ning Zhang and Anthony A. Sauve, "Nicotinamide Adenine Dinucleotide," Science Direct, n.d., www.sciencedirect.com/topics/neuroscience/nicotinamide-adenine-dinucleotide.

9   Jared Friedman, "How Biotech Startup Funding Will Change in the Next 10 Years," YC Startup Library, n.d., www.ycombinator.com/library/4L-how-biotech-startup-funding-will-change-in-the-next-10-years.

10   Emily Mullin, "Five Ways to Get CRISPR into the Body," *MIT Technology Review*, September 22, 2017, www.technologyreview.com/2017/09/22/149011/five-ways-to-get-crispr-into-the-body.

11   We used historical S&P data and company financials from 2015 to 2020.

12   "Population Distribution by Age," Kaiser Family Foundation, 2019, www. kff.org/other/state-indicator/distribution-by-age/?currentTimeframe=0&so rtModel=%7B%22colId%22:%22Location%22,%22sort%22:%22asc%22 %7D.

13   "Policy Basics: The Supplemental Nutrition Assistance Program (SNAP)," Center on Budget and Policy Priorities, www.cbpp.org/research/food-assistance/the-supplemental-nutrition-assistance-program-snap.

14 "Trust Fund Data," Social Security, www.ssa.gov/oact/STATS/table4a3. html.

15 *Nijikai-jin* is a word Amy invented.

16 With apologies to Anthony Rizzo, who was arguably the Chicago Cubs' best first baseman of all time. Statistics from MLB.com.

17 "The Age Discrimination in Employment Act of 1967," US Equal Employment Opportunity Commission, www.eeoc.gov/statutes/age-discrimination-employment-act-1967.

12. 시나리오 3: 아키라 골드가 추천하는 2037년 '최고의 식당'

1 Adam Platt, senior restaurant critic for *New York Magazine*, inspired this scenario. We imagined him in the year 2037, creating his annual "Where to Eat" guide.

2 Niina Heikkinen, "U.S. Bread Basket Shifts Thanks to Climate Change," *Scientific American*, December 23, 2015, www.scientificamerican.com/article/u-s-bread-basket-shifts-thanks-to-climate-change.

3 Euromonitor data, July 2020, www.euromonitor.com/usa.

4 "The Future of Agriculture: The Convergence of Tech and Bio Bringing Better Food to Market," SynBioBeta, February 9, 2020, https://synbiobeta.com/the-future-of-agriculture-the-convergence-of-tech-and-bio-bringing-better-food-to-market.

5 "Fermentation & Bioreactors," Sartorius, www.sartorius.com/en/products/fermentation-bioreactors.

6 Bioreactor market value data, Statista, February 2020, www.statista.com.

7 Gareth John Macdonald, "Bioreactor Design Adapts to Biopharma's Changing Needs," Genetic Engineering and Biotechnology News (GEN), July 1, 2019, www.genengnews.com/insights/bioreactor-design-adapts-to-biopharmas-changing-needs.

8 Senthold Asseng, Jose R. Guarin, Mahadev Raman, Oscar Monje, Gregory Kiss, Dickson D. Despommier, Forrest M. Meggers, and Paul P. G. Gauthier, "Wheat Yield Potential in Controlled-Environment Vertical Farms," *Proceedings of the National Academy of Sciences*, July 23, 2020, https://doi.org/10.1073/pnas.2002655117.

9   Karen Gilchrist, "This Multibillion-Dollar Company Is Selling Lab-Grown Chicken in a World-First," CNBC, March 1, 2021, www.cnbc.com/2021/03/01/eat-just-good-meat-sells-lab-grown-cultured-chicken-in-world-first.html.

10   Emily Waltz, "Club-Goers Take First Bites of Lab-Made Chicken," *Nature Biotechnology* 39, no. 3 (March 1, 2021): 257–58, https://doi.org/10.1038/s41587-021-00855-1.

11   Forecast for cultured meat by 2026, Source: BIS Research, April 2021.

12   Zoë Corbyn, "Out of the Lab and into Your Frying Pan: The Advance of Cultured Meat," *The Guardian*, January 19, 2020, www.theguardian.com/food/2020/jan/19/cultured-meat-on-its-way-to-a-table-near-you-cultivated-cells-farming-society-ethics.

13   Raito Ono, "Robotel: Japan Hotel Staffed by Robot Dinosaurs," Phys.org, August 31, 2018, https://phys.org/news/2018-08-robotel-japan-hotel-staffed-robot.html.

14   Global sales of service robots for professional use between 2018 and 2020. Source: IFR, September 2020.

15   James Borrell, "All Our Food Is 'Genetically Modified' in Some Way—Where Do You Draw the Line?," The Conversation, April 4, 2016, http://theconversation.com/all-our-food-is-genetically-modified-in-some-way-where-do-you-draw-the-line-56256.

16   Billy Lyons, "Is Molecular Whiskey the Futuristic Booze We've Been Waiting For?," *Fortune*, May 25, 2019, https://fortune.com/2019/05/25/endless-west-glyph-engineered-whiskey.

17   "Morpheus," DC Comics, February 29, 2012, www.dccomics.com/characters/morpheus.

18   Alice Liang, "World's First Molecular Whiskey Expands Its Portfolio," *Drinks Business*, November 5, 2020, www.thedrinksbusiness.com/2020/11/worlds-first-molecular-whiskey-expands-its-portfolio.

19   Nicole Trian, "Australia Prepares for 'Day Zero'—The Day the Water Runs Out," France 24, September 19, 2019, www.france24.com/en/20190919-australia-day-zero-drought-water-climate-change-greta-thunberg-paris-accord-extinction-rebe.

20   Kevin Winter, "Day Zero Is Meant to Cut Cape Town's Water Use: What Is It, and Is It Working?," The Conversation, February 20, 2018, http://

theconversation.com/day-zero-is-meant-to-cut-cape-towns-water-use-what-is-it-and-is-it-working-92055.

21 Dave McIntyre, "It Was Only a Matter of Time. Lab-Created 'Molecular' Wine Is Here," *Washington Post*, March 6, 2020, www.washingtonpost.com/lifestyle/food/it-was-only-a-matter-of-time-lab-created-molecular-wine-is-here/2020/03/06/2f354ce8-5ef3-11ea-b014-4fafa866bb81_story.html.

22 Esther Mobley, "SF Startup Is Making Synthetic Wine in a Lab. Here's How It Tastes," *San Francisco Chronicle*, February 20, 2020, www.sfchronicle.com/wine/article/San-Francisco-startup-unveils-synthetic-wine-and-15068890.php.

23 Collin Dreizen, "Test-Tube Tasting? Bev Tech Company Unveils Grapeless 'Molecular Wine,'" *Wine Spectator*, February 26, 2020, www.winespectator.com/articles/test-tube-tasting-bev-tech-company-unveils-grape-less-molecular-wine-unfiltered.

13. 시나리오 4: 지표면 아래

1 The Underground was inspired by Coober Pedy, an Australian mining town where many people live in a subterranean community because the summers now top 120°F. Atlas Obscura offers a detailed overview of Coober Pedy at www.atlasobscura.com/places/coober-pedy. This scenario was also informed by *The Expanse* series by the writing duo James S. A. Corey and by Elon Musk's relentless desire to colonize Mars, which has been written about extensively.

2 "Climate Action Note—Data You Need to Know," United Nations Environment Programme, April 19, 2021, www.unep.org/explore-topics/climate-change/what-we-do/climate-action-note.

3 "The Paris Agreement," United Nations Framework Convention on Climate Change, https://unfccc.int/process-and-meetings/the-paris-agreement/the-paris-agreement.

4 "Transforming Food Systems," United Nations Environment Programme, April 20, 2021, www.unep.org/resources/factsheet/transforming-food-systems.

5   "Facts About the Climate Emergency," United Nations Environment Programme, January 25, 2021, www.unep.org/explore-topics/climate-change/facts-about-climate-emergency.

6   Mark Fischetti, "We Are Living in a Climate Emergency, and We're Going to Say So," *Scientific American*, April 12, 2021, www.scientificamerican.com/article/we-are-living-in-a-climate-emergency-and-were-going-to-say-so.

7   Mike Wall, "Elon Musk, X Prize Launch $100 Million Carbon-Removal Competition," Space.com, April 23, 2021, www.space.com/elon-musk-carbon-removal-x-prize.

8   Eric Berger, "Inside Elon Musk's Plan to Build One Starship a Week—and Settle Mars," Ars Technica, March 5, 2020, https://arstechnica.com/science/2020/03/inside-elon-musks-plan-to-build-one-starship-a-week-and-settle-mars.

9   Morgan McFall-Johnsen and Dave Mosher, "Elon Musk Says He Plans to Send 1 Million People to Mars by 2050 by Launching 3 Starship Rockets Every Day and Creating 'a Lot of Jobs' on the Red Planet," *Business Insider*, January 17, 2020, www.businessinsider.com/elon-musk-plans-1-million-people-to-mars-by-2050-2020-1.

10 Wall, "Elon Musk, X Prize Launch $100 Million Carbon-Removal Competition."

11 "Astronauts Answer Student Questions," NASA, www.nasa.gov/centers/johnson/pdf/569954main_astronaut%20_FAQ.pdf.

12 Eric Berger, "Meet the Real Ironman of Spaceflight: Valery Polyakov," Ars Technica, March 7, 2016, Valery Polyakov held the record for a single mission, spending an impressive 437 days on the Mir station in the 1990s.

13 "Longest Submarine Patrol," *Guinness Book of World Records*, www.guinnessworldrecords.com/world-records/submarine-patrol-longest.

14 Jackie Wattles, "Colonizing Mars Could Be Dangerous and Ridiculously Expensive. Elon Musk Wants to Do It Anyway," CNN, September 8, 2020, www.cnn.com/2020/09/08/tech/spacex-mars-profit-scn/index.html.

15 Gael Fashingbauer Cooper, "Elon Musk's First Name Shows Up in 1953 Book About Colonizing Mars," CNET, May 7, 2021, www.cnet.com/news/elon-musks-first-name-shows-up-in-1953-book-about-colonizing-mars.

16 Ali Bekhtaoui, "Egos Clash in Bezos and Musk Space Race," Phys.org, May

2, 2021, https://phys.org/news/2021-05-egos-clash-bezos-musk-space.html.

17 Sean O'Kane, "The Boring Company Tests Its 'Teslas in Tunnels' System in Las Vegas," The Verge, May 26, 2021, www.theverge.com/2021/5/26/ 22455365/elon-musk-boring-company-las-vegas-test-lvcc-loop-teslas.

18 Kathryn Hardison, "What Will Become of All This?," American City Business Journals, May 28, 2021, www.bizjournals.com/houston/ news/2021/05/28/tesla-2500-acres-travis-county-plans.html.

19 Philip Ball, "Make Your Own World with Programmable Matter," IEEE Spectrum, May 27, 2014, https://spectrum.ieee.org/robotics/robotics-hardware/make-your-own-world-with-programmable-matter.

20 Neuralink website: https://neuralink.com.

21 Chia website: https://www.chia.net.

22 NOVOFARM website: https://www.f6s.com/novofarm.

23 Chris Impey, "This Is the Year the First Baby Will Be Born in Space," Inverse, May 30, 2021, www.inverse.com/science/when-will-the-first-baby-be-born-in-space.

24 Lisa Ruth Rand, "Colonizing Mars: Practicing Other Worlds on Earth," Origins 11, no. 2 (November 2017), https://origins.osu.edu/article/colonizing-mars-practicing-other-worlds-earth.

25 Derek Thompson, "Is Colonizing Mars the Most Important Project in Human History?," The Atlantic, June 29, 2018, www.theatlantic.com/ technology/archive/2018/06/could-colonizing-mars-be-the-most-important-project-in-human-history/564041.

26 "What Is Biosphere 2," Biosphere 2, University of Arizona, https:// biosphere2.org/visit/what-is-biosphere-2.

27 Our thinking about the EST economy and governing structure was loosely informed by Norway and Sweden. Interview with Dr. Christian Guilette, Scandinavian Faculty at University of California, Berkeley, April 23, 2021.

14. 시나리오 5: 메모

1 After reading a few papers, we were curious about which part of the US government would respond in the event of a cyber-bio attack. (The papers included Dor Farbiash and Rami Puzis, "Cyberbiosecurity: DNA Injection

Attack in Synthetic Biology," ArXiv:2011.14224 [cs.CR], November 28, 2020, http://arxiv.org/abs/2011.14224; and Antonio Regalado, "Scientists Hack a Computer Using DNA," *MIT Technology Review*, August 10, 2017, www.technologyreview.com/2017/08/10/150013/scientists-hack-a-computer-using-dna.) We began byasking contacts at the US Department of Homeland Security and the Cybersecurity and Infrastructure Security Agency, discovering that neither organization had developed any protocol for such a situation. We pressed on, speaking with contacts in the US Air Force, US Navy, US Department of Defense, US State Department, US Government Accountably Office, and Centers for Disease Control and Prevention, as well as national security analysts and congressional staffers. A few contacts did walk us through the step-by-step process that would be involved in the event of a cyber-bio attack. Here was a representative response, and it's worth noting that no two people gave us the same answers: "It's a great question. I suspect this would look quite similar to COVID's response, in that an interagency task force would be created at the National Security Council. Your top officials there would likely be the 4-star general who dual-hats as US Cyber Command's commander and runs the National Security Agency. That's for the cyber element. The CDC, HHS, and NIH would be brought in, the State Department to see what we knew about the Chinese lab that did the [work], and ultimately the FBI to conduct any necessary domestic investigations (assume this left-wing group is US based). The US national security advisor, or more likely the Deputy NSA, would lead the task force. If it were serious enough, the Vice President would take over leadership of the task force."

15. 새로운 시작

1   "Park History," Asilomar Conference Grounds, www.visitasilomar.com/discover/park-history.

2   Paul Berg, David Baltimore, Herbert W. Boyer, Stanley N. Cohen, Ronald W. Davis, David S. Hogness, Daniel Nathans, et al., "Potential Biohazards of Recombinant DNA Molecules," *Science* 185, no. 4148 (July 26, 1974): 303, https://doi.org/10.1126/science.185.4148.303.

3   Nicolas Rasmussen, "DNA Technology: 'Moratorium' on Use and Asilomar Conference," Wiley Online Library, January 27, 2015, https://onlinelibrary. wiley.com/doi/abs/10.1002/9780470015902.a0005613.pub2.

4   "Transcript of Nixon's Address on Troop Withdrawals and Situation in Vietnam," *New York Times*, April 27, 1972, www.nytimes.com/1972/04/27/ archives /transcript-of-nixons-address-on-troop-withdrawals-and-situation-in.html.

5   Douglas MacEachin, "Predicting the Soviet Invasion of Afghanistan: The Intelligence Community's Record," Center for the Study of Intelligence Monograph, March 2003, posted at Federation of American Scientists, Intelligence Resource Program, https://fas.org/irp/cia/product/afghanistan/ index.html.

6   "A Guide to the United States' History of Recognition, Diplomatic, and Consular Relations, by Country, Since 1775: China," US Department of State, Office of the Historian, https://history.state.gov/countries/china/ china-us-relations.

7   Ashley M. Eskew and Emily S. Jungheim, "A History of Developments to Improve in Vitro Fertilization," *Missouri Medicine* 114, no. 3 (2017): 156–59, full text at National Center for Biotechnology Information, www. ncbi.nlm.nih.gov/pmc/articles/PMC6140213.

8   Ariana Eunjung Cha, "40 Years After 1st 'Test Tube' Baby, Science Has Produced 7 Million Babies—and Raised Moral Questions," *Chicago Tribune*, April 27, 2018, www.chicagotribune.com/lifestyles/parenting/ct-test-tube-babies-moral-questions-20180427-story.html.

9   Institute of Medicine (US) Committee to Study Decision Making; Hanna KE, editor, "Asilomar and Recombinant DNA: The End of the Beginning," *Biomedical Politics*, Washington (DC): National Academies Press (US), 1991, www.ncbi.nlm.nih.gov/books/NBK234217.

10   Institute of Medicine, *Biomedical Politics*.

11   Institute of Medicine, *Biomedical Politics*.

12   Institute of Medicine, *Biomedical Politics*.

13   Michael Rogers, "The Pandora's Box Congress," *Rolling Stone*, June 19, 1975, 37–42, 74–82.

14   Dan Ferber, "Time for a Synthetic Biology Asilomar?," *Science* 303, no. 5655 (January 9, 2004): 159, https://doi.org/10.1126/science.303.5655.159.

15 Richard Harris, "The Presidency and the Press," *New Yorker*, September 24, 1973, www.newyorker.com/magazine/1973/10/01/the-presidency-and-the-press.

16 "Edelman Trust Barometer 2021," Edelman, www.edelman.com/trust/2021-trust-barometer.

17 Tomi Kilgore, "Ginkgo Bioworks to Be Taken Public by SPAC Soaring Eagle at a Valuation of $15 Billion," MarketWatch, May 11, 2021, www.marketwatch.com/story/ginkgo-bioworks-to-be-taken-public-by-spac-soaring-eagle-at-a-valuation-of-15-billion-2021-05-11.

18 "New Jersey Coronavirus Update: Rutgers Students Protest COVID-19 Vaccine Requirement," ABC7 New York, May 21, 2021, https://abc7ny.com/health/rutgers-students-protest-covid-19-vaccine-requirement-/10672983.

19 Brad Smith, "The Need for a Digital Geneva Convention," Microsoft, February 14, 2017, https://blogs.microsoft.com/on-the-issues/2017/02/14/need-digital-geneva-convention.

20 Romesh Ratnesar, "How Microsoft's Brad Smith is Trying to Restore Your Trust in Big Tech," Time.com, September 9, 2019, https://time.com/5669537/brad-smith-microsoft-big-tech.

21 Bill Gates, "Here's My Plan to Improve Our World—and How You Can Help," *Wired*, November 12, 2013, www.wired.com/2013/11/bill-gates-wired-essay.

22 "News, Trends, and Stories from the Synthetic Biology Industry," Synbiobeta Digest, August 2019, https://synbiobeta.com/wp-content/uploads/2019/08/Digest-288.html.

23 "Broad Institute Launches the Eric and Wendy Schmidt Center to Connect Biology, Machine Learning for Understanding Programs of Life," Broad Institute, March 25, 2021, www.broadinstitute.org/news/broad-institute-launches-eric-and-wendy-schmidt-center-connect-biology-machine-learning.

24 "China Focus: China Stepping Closer to 'Innovative Nation,'" Xinhua, May 5, 2017, www.xinhuanet.com/english/2017-05/05/c_136260598.htm.

25 Simon Johnson, "China, the Innovation Dragon," Peterson Institute for International Economics, January 3, 2018, www.piie.com/blogs/china-economic-watch/china-innovation-dragon.

26 Ayala Ochert, "National Gene Bank Opens in China," BioNews, September

26, 2016, www.bionews.org.uk/page_95701.

27 See, for example, a sample of search results from ClinicalTrials.gov, US National Library of Medicine, https://clinicaltrials.gov/ct2/results?cond=cancer+&term=crispr&cntry=CN&state=&city=&dist=.

28 Elsa B. Kania and Wilson Vorndick, "Weaponizing Biotech: How China's Military Is Preparing for a 'New Domain of Warfare,'" Defense One, August 14, 2019, www.defenseone.com/ideas/2019/08/chinas-military-pursuing-biotech/159167.

29 "Yuan Longping Died on May 22nd," *The Economist*, May 29, 2021, www.economist.com/obituary/2021/05/29/yuan-longping-died-on-may-22nd.

30 Keith Bradsher and Chris Buckley, "Yuan Longping, Plant Scientist Who Helped Curb Famine, Dies at 90," *New York Times*, May 23, 2021, www.nytimes .com/2021/05/23/world/asia/yuan-longping-dead.html.

31 Li Yuan and Rumsey Taylor, "How Thousands in China Gently Mourn a Coronavirus Whistle-Blower," *New York Times*, April 13, 2020, www.nytimes.com/interactive/2020/04/13/technology/coronavirus-doctor-whistleblower-weibo.html.

32 Shannon Ellis, "Biotech Booms in China," *Nature* 553, no. 7688 (January 17, 2018): S19–22, https://doi.org/10.1038/d41586-018-00542-3.

33 James McBride and Andrew Chatzky, "Is 'Made in China 2025' a Threat to Global Trade?," Council on Foreign Relations, updated May 13, 2019, www.cfr.org/backgrounder/made-china-2025-threat-global-trade.

34 "The World in 2050," PricewaterhouseCoopers, www.pwc.com/gx/en/research-insights/economy/the-world-in-2050.html.

35 Renu Swarup, "Biotech Nation: Support for Innovators Heralds a New India," Nature India, April 30, 2018, www.natureasia.com/en/nindia/article/10.1038/nindia.2018.55.

36 Meredith Wadman, "Falsified Data Gets India's Largest Generic Drug-Maker into Trouble," *Nature*, March 2, 2009, https://doi.org/10.1038/news.2009.130.

37 "New Israeli Innovation Box Regime: An Update and Review of Key Features," Ernst and Young, Tax News Update, May 31, 2019, https://taxnews.ey.com/news/2019-1022-new-israeli-innovation-box-regime-an-update-and-review-of-key-features.

38 Endless Possibilities to Promote Innovation brochure, available as a PDF

from https://innovationisrael.org.il.

39   Aradhana Aravindan and John Geddie, "Singapore Approves Sale of Lab-Grown Meat in World First," Reuters, December 2, 2020, www.reuters.com/article/us-eat-just-singapore-idUKKBN28C06Z.

40   Patrice Laget and Mark Cantley, "European Responses to Biotechnology: Research, Regulation, and Dialogue," *Issues in Science and Technology* 17, no. 4 (Summer 2001), https://issues.org/laget.

41   Jenny Howard, "Plague Was One of History's Deadliest Diseases—Then We Found a Cure," *National Geographic*, July 6, 2020, www.nationalgeographic.com/science/article/the-plague.

42   Nidhi Subbaraman, "US Officials Revisit Rules for Disclosing Risky Disease Experiments," *Nature*, January 27, 2020, https://doi.org/10.1038/d41586-020-00210-5.

43   Sandra Kollen Ghizoni, "Creation of the Bretton Woods System," Federal Reserve History, November 22, 2013, www.federalreservehistory.org/essays/bretton-woods-created.

44   Michael Bordo, Owen Humpage, and Anna J. Schwartz, "U.S. Intervention During the Bretton Wood Era, 1962–1973," Working Paper 11-08, Federal Reserve Bank of Cleveland, www.clevelandfed.org/en/newsroom-and-events/publications/working-papers/2011-working-papers/wp-1108-us-intervention-during-the-bretton-woods-era-1962-to-1973.aspx.

45   "DNA," Interpol, www.interpol.int/en/How-we-work/Forensics/DNA.

46   "Population, Total—Estouia," World Bank, https://data.worldbank.org/indicator/SP.POP.TOTL?locations=EE.

47   "Estonia," Place Explorer, Data Commons, https://datacommons.org/place/country/EST?utm_medium=explore&mprop=count&popt=Person&hl.

48   "The Estonian Biobank," EIT Health Scandinavia, www.eithealth-scandinavia.eu/biobanks/the-estonian-biobank.

49   "International Driving Permit," AAA, www.aaa.com/vacation/idpf.html.

50   George M. Church and Edward Regis, *Regenesis: How Synthetic Biology Will Reinvent Nature and Ourselves* (New York: Basic Books, 2014).

51   "FBI Laboratory Positions," Federal Bureau of Investigation, www.fbi.gov/services/laboratory/laboratory-positions.

52   "New Cyberattack Can Trick Scientists into Making Dangerous Toxins or Synthetic Viruses, According to BGU Cyber-Researchers," Ben-Gurion

University of the Negev, November 30, 2020, https://in.bgu.ac.il/en/pages/news/toxic_viruses.aspx.

53 Rami Puzis, Dor Farbiash, Oleg Brodt, Yuval Elovici, and Dov Greenbaum, "Increased Cyber-Biosecurity for DNA Synthesis," *Nature Biotechnology* 38, no. 12 (December 2020): 1379–81, https://doi.org/10.1038/s41587-020-00761-y.

54 Islamorada, Florida, town council website: https://www.islamorada.fl.us/village_council/index.php.

55 Amy Webb interviewed John Cumbers on May 20, 2021.

56 Megan Molteni, "23andMe's Pharma Deals Have Been the Plan All Along," *Wired*, August 3, 2018, www.wired.com/story/23andme-glaxosmithkline-pharma-deal.

57 Ben Stevens, "Waitrose Launches DNA Test Pop-Ups Offering Shoppers Personal Genetic Health Advice," Charged, December 3, 2019, www.chargedretail.co.uk/2019/12/03/waitrose-launches-dna-test-pop-ups-offering-shoppers-personal-genetic-health-advice.

58 Catherine Lamb, "CES 2020: DNANudge Guides Your Grocery Shopping Based Off of Your DNA," The Spoon, January 7, 2020, https://thespoon.tech/dnanudge-guides-your-grocery-shopping-based-off-of-your-dna.

59 Brian Knutson, Scott Rick, G. Elliott Wimmer, Drazen Prelec, and George Loewenstein, "Neural Predictors of Purchases," *Neuron* 53, no. 1 (January 4, 2007): 147–56, https://doi.org/10.1016/j.neuron.2006.11.010.

60 "Researchers Use Brain Scans to Predict When People Will Buy Products," Carnegie Mellon University, January 3, 2007, press release, posted at EurekAlert, American Association for the Advancement of Science, www.eurekalert.org/pub_releases/2007-01/cmu-rub010307.php.

61 Carl Williott, "What's Better, Sex or Shopping? Your Brain Doesn't Know and Doesn't Care," MTV News, www.mtv.com/news/2134197/shopping-sex-brain-study.

62 "FAQs About 'Resource Profile and User Guide of the Polygenic Index Repository,'" Social Science Genetic Association Consortium, www.thessgac.org/faqs.

63 Nanibaa' A. Garrison, "Genomic Justice for Native Americans: Impact of the Havasupai Case on Genetic Research," *Science, Technology and Human Values* 38, no. 2 (2013): 201–23, https://doi.org/10.1177/0162243912470009.

64 Amy Harmon, "Indian Tribe Wins Fight to Limit Research of Its DNA," *New York Times*, April 21, 2010, www.nytimes.com/2010/04/22/us/22dna.html.

65 Sara Reardon, "Navajo Nation Reconsiders Ban on Genetic Research," *Nature* 550, no. 7675 (October 6, 2017): 165–66, www.nature.com/news/navajo-nation-reconsiders-ban-on-genetic-research-1.22780.

66 "The Legacy of Henrietta Lacks," Johns Hopkins Medicine, www.hopkinsmedicine.org/henriettalacks.

67 "The Tuskegee Timeline," The U.S. Public Health Service Syphilis Study at Tuskegee, CDC.com, www.cdc.gov/tuskegee/timeline.htm.

68 "Need to Increase Diversity Within Genetic Data Sets: Diversifying Population-Level Genetic Data Beyond Europeans Will Expand the Power of Polygenic Scores," Science Daily, March 29, 2019, www.sciencedaily.com/releases/2019/03/190329134743.htm.

69 Data from the All of Us Research Program, National Institutes of Health, https://allofus.nih.gov.

70 Katherine J. Wu, "Scientific Journals Commit to Diversity but Lack the Data," *New York Times*, October 30, 2020, www.nytimes.com/2020/10/30/science/diversity-science-journals.html.

71 "Staff and Advisory Board," *Cell*, www.cell.com/cell/editorial-board, accessed May 15, 2021.

이것은 요약한 참고문헌이다. 연구 및 집필 중에 사용한 전체 목록을 보려면 Dropbox(http://bit.ly/GenesisMachine)에 있는 추가 정보를 참고하면 된다.

Abbott, Timothy R., Girija Dhamdhere, Yanxia Liu, Xueqiu Lin, Laine Goudy, Leiping Zeng, Augustine Chemparathy, et al. "Development of CRISPR as an Antiviral Strategy to Combat SARS-CoV-2 and Influenza." *Cell* 181, no. 4 (May 14, 2020): 865–76.e12. https://doi.org/10.1016/j.cell.2020.04.020.

"About the Protocol." Convention on Biological Diversity, https://bch.cbd.int/protocol/background.

Agius, E. "Germ-Line Cells: Our Responsibilities for Future Generations." In *Our Responsibilities Towards Future Generations*, ed. S. Busuttil. Malta: Foundation for International Studies, 1990.

Ahammad, Ishtiaque, and Samia Sultana Lira. "Designing a Novel mRNA Vaccine Against SARS-CoV-2: An Immunoinformatics Approach." *International Journal of Biological Macromolecules* 162 (November 1, 2020): 820–37. https://doi.org/10.1016/j.ijbiomac.2020.06.213.

Akbari, Omar S., Hugo J. Bellen, Ethan Bier, Simon L. Bullock, Austin Burt, George M. Church, Kevin R. Cook, et al. "Safeguarding Gene Drive Experiments in the Laboratory." *Science* 349 (2015): 972–79.

Alem, Sylvain, Clint J. Perry, Xingfu Zhu, Olli J. Loukola, Thomas Ingraham, Eirik Sovik, and Lars Chittka. "Associative Mechanisms Allow for Social Learning and Cultural Transmission of String Pulling in an Insect." *PLOS Biology* 14 (2016): e100256.

Alivisatos, A. Paul, Miyoung Chun, George M. Church, Ralph J. Greenspan,

Michael L. Roukes, and Rafael Yuste. "The Brain Activity Map Project and the Challenge of Functional Connectomics." *Neuron* 74, no. 6 (June 21, 2012): 970–74. https://doi.org/10.1016/j.neuron.2012.06.006.

———. "A National Network of Neurotechnology Centers for the BRAIN Initiative." *Neuron* 88, no. 3 (2015): 445–48. https://doi.org/10.1016/j.neuron.2015.10.015.

Allen, Garland. "Eugenics and Modern Biology: Critiques of Eugenics, 1910–945." *Annals of Human Genetics* 75 (2011): 314–25.

———. "Mendel and Modern Genetics: The Legacy for Today." *Endeavour* 27 (2003): 63–68.

Andersen, Ross. "Welcome to Pleistocene Park." *The Atlantic*, April 2017, www.theatlantic.com/magazine/archive/2017/04/pleistocene-park/517779.

Anderson, Sam. "The Last Two Northern White Rhinos on Earth." *New York Times*, January 6, 2021, www.nytimes.com/2021/01/06/magazine/the-last-two-northern-white-rhinos-on-earth.html.

Andrianantoandro, Ernesto. "Manifesting Synthetic Biology." *Trends in Biotechnology* 33, no. 2 (February 1, 2015): 55–56. https://doi.org/10.1016/j.tibtech.2014.12.002.

Arkin, Adam. "Setting the Standard in Synthetic Biology." *Nature Biotechnology* 26, no. 7 (July 2008): 771–74. https://doi.org/10.1038/nbt0708-771.

Asseng, Senthold, Jose R. Guarin, Mahadev Raman, Oscar Monje, Gregory Kiss, Dickson D. Despommier, Forrest M. Meggers, and Paul P. G. Gauthier. "Wheat Yield Potential in Controlled-Environment Vertical Farms." *Proceedings of the National Academy of Sciences*, July 23, 2020. https://doi.org/10.1073/pnas.2002655117.

Ball, Philip. "The Patent Threat to Designer Biology." *Nature*, June 22, 2007. https://doi.org/10.1038/news070618-17.

Baltes, Nicholas J., and Daniel F. Voytas. "Enabling Plant Synthetic Biology Through Genome Engineering." *Trends in Biotechnology* 33, no. 2 (February 1, 2015): 120–31. https://doi.org/10.1016/j.tibtech.2014.11.008.

Bartley, Bryan, Jacob Beal, Kevin Clancy, Goksel Misirli, Nicholas Roehner, Ernst Oberortner, Matthew Pocock, et al. "Synthetic Biology Open Language (SBOL) Version 2.0.0." *Journal of Integrative Bioinformatics* 12, no. 2 (June 1, 2015): 902–91. https://doi.org/10.1515/jib-2015-272.

Bartley, Bryan A., Jacob Beal, Jonathan R. Karr, and Elizabeth A. Strychalski.

"Organizing Genome Engineering for the Gigabase Scale." *Nature Communications* 11, no. 1 (February 4, 2020): 689. https://doi.org/10.1038/s41467-020-14314-z.

Beal, Jacob, Traci Haddock-Angelli, Natalie Farny, and Randy Rettberg. "Time to Get Serious About Measurement in Synthetic Biology." *Trends in Biotechnology* 36, no. 9 (September 1, 2018): 869–71. https://doi.org/10.1016/j.tibtech.2018.05.003.

Belluck, Pam. "Chinese Scientist Who Says He Edited Babies' Genes Defends His Work." *New York Times*, November 28, 2018, www.nytimes.com/2018/11/28/world/asia/gene-editing-babies-he-jiankui.html.

Benner, Steven A. "Synthetic Biology: Act Natural." *Nature* 421, no. 6919 (January 2003): 118. https://doi.org/10.1038/421118a.

Berg, Paul, David Baltimore, Herbert W. Boyer, Stanley N. Cohen, Ronald W. Davis, David S. Hogness, Daniel Nathans, et al. "Potential Biohazards of Recombinant DNA Molecules." *Science* 185, no. 4148 (July 26, 1974): 303. https://doi.org/10.1126/science.185.4148.303.

Bettinger, Blaine. "Esther Dyson and the 'First 10.'" The Genetic Genealogist, July 27, 2007, https://thegeneticgenealogist.com/2007/07/27/esther-dyson-and-the-first-10.

Bhattacharya, Shaoni. "Stupidity Should Be Cured, Says DNA Discoverer." *New Scientist*, February 28, 2003, www.newscientist.com/article/dn3451-stupidity-should-be-cured-says-dna-discoverer.

Biello, David. "3 Billion to Zero: What Happened to the Passenger Pigeon?" *Scientific American*, June 27, 2014, www.scientificamerican.com/article/3-billion-to-zero-what-happened-to-the-passenger-pigeon.

Billiau, Alfons. "At the Centennial of the Bacteriophage: Reviving the Overlooked Contribution of a Forgotten Pioneer, Richard Bruynoghe (1881–1957)." *Journal of the History of Biology* 49, no. 3 (August 1, 2016): 559–80. https://doi.org/10.1007/s10739-015-9429-0.

"Biosecurity and Dual-Use Research in the Life Sciences," in National Research Council, Committee on a New Government-University Partnership for Science and Security, *Science and Security in a Post 9/11 World: A Report Based on Regional Discussions Between the Science and Security Communities.* Washington, DC: National Academies Press, 2007, 57–68, www.ncbi.nlm.nih.gov/books/NBK11496.

Birch, Douglas. "Race for the Genome." *Baltimore Sun*, May 18, 1999.

Blake, William J., and Farren J. Isaacs. "Synthetic Biology Evolves." *Trends in Biotechnology* 22, no. 7 (July 1, 2004): 321–24. https://doi.org/10.1016/j.tibtech.2004.04.008.

Blendon, Robert J., Mary T. Gorski, and John M. Benson. "The Public and the Gene-Editing Revolution." *New England Journal of Medicine* 374, no. 15 (April 14, 2016): 1406–11. https://doi.org/10.1056/NEJMp1602010.

Bonnet, Jérôme, and Drew Endy. "Switches, Switches, Every Where, in Any Drop We Drink." *Molecular Cell* 49, no. 2 (January 24, 2013): 232–33. https://doi.org/10.1016/j.molcel.2013.01.005.

Borrell, James. "All Our Food Is 'Genetically Modified' in Some Way—Where Do You Draw the Line?" The Conversation, April 4, 2016, http://theconversation.com/all-our-food-is-genetically-modified-in-some-way-where-do-you-draw-the-line-56256.

Brandt, K., and R. Barrangou. "Applications of CRISPR Technologies Across the Food Supply Chain." *Annual Review of Food Sciences Technology* 10, no. 133 (2019).

Bueno de Mesquita, B., and A. Smith. *The Dictator's Handbook: Why Bad Behavior Is Almost Always Good Politics*. New York: PublicAffairs, 2012.

Bueso, Yensi Flores, and Mark Tangney. "Synthetic Biology in the Driving Seat of the Bioeconomy." *Trends in Biotechnology* 35, no. 5 (May 1, 2017): 373–78. https://doi.org/10.1016/j.tibtech.2017.02.002.

Büllesbach, Erika E., and Christian Schwabe. "The Chemical Synthesis of Rat Relaxin and the Unexpectedly High Potency of the Synthetic Hormone in the Mouse." *European Journal of Biochemistry* 241, no. 2 (1996): 533–37. https://doi.org/10.1111/j.1432-1033.1996.00533.x.

Burkhardt, Peter K., Peter Beyer, Joachim Wünn, Andreas Klöti, Gregory A. Armstrong, Michael Schledz, Johannes von Lintig, and Ingo Potrykus. "Transgenic Rice (*Oryza sativa*) Endosperm Expressing Daffodil (*Narcissus pseudonarcissus*) Phytoene Synthase Accumulates Phytoene, a Key Intermediate of Provitamin A Biosynthesis." *Plant Journal* 11, no. 5 (1997): 1071–78. https://doi.org/10.1046/j.1365-313X.1997.11051071.x.

Caliendo, Angela M., and Richard L. Hodinka. "A CRISPR Way to Diagnose Infectious Diseases." *New England Journal of Medicine* 377, no. 17 (October 26, 2017): 1685–87. https://doi.org/10.1056/NEJMcibr1704902.

Callaway, Ewen. "Small Group Scoops International Effort to Sequence Huge Wheat Genome." *Nature News*, October 31, 2017. https://doi.org/10.1038/nature.2017.22924.

Calos, Michele P. "The CRISPR Way to Think About Duchenne's." *New England Journal of Medicine* 374, no. 17 (April 28, 2016): 1684–86. https://doi.org/10.1056/NEJMcibr1601383.z

Carlson, Robert H. *Biology Is Technology: The Promise, Peril, and New Business of Engineering Life*. Cambridge, MA: Harvard University Press, 2010.

Carrington, Damian. "Giraffes Facing Extinction After Devastating Decline, Experts Warn." *The Guardian*, December 8, 2016, www.theguardian.com/environment/2016/dec/08/giraffe-red-list-vulnerable-species-extinction.

Carter, William. Statement Before the House Armed Services Committee, Subcommittee on Emerging Threats and Capabilities, 115th Cong., 2nd sess., January 9, 2018, Homeland Security Digital Library, www.hsdl.org/?abstract&did=822422.

Ceballos, Gerardo, Paul R. Ehrlich, Anthony D. Barnosky, Andrés García, Robert M. Pringle, and Todd M. Palmer. "Accelerated Modern Human–Induced Species Losses: Entering the Sixth Mass Extinction." *Science Advances* 1, no. 5 (June 2015): e1400253. https://doi.org/10.1126/sciadv.1400253.

"Celera Wins Genome Race." *Wired*, April 6, 2000, www.wired.com/2000/04/celera-wins-genome-race.

Cha, Ariana Eunjung. "Companies Rush to Build 'Biofactories' for Medicines, Flavorings and Fuels." *Washington Post*, October 24, 2013, www.washingtonpost.com/national/health-science/companies-rush-to-build-biofactories-for-medicines-flavorings-and-fuels/2013/10/24/f439dc3a-3032-11e3-8906-3daa2bcde110_story.html.

Chadwick, B. P., L. J. Campbell, C. L. Jackson, L. Ozelius, S. A. Slaugenhaupt, D. A. Stephenson, J. H. Edwards, J. Wiest, and S. Povey. "Report on the Sixth International Workshop on Chromosome 9 Held at Denver, Colorado, 27 October 1998." *Annals of Human Genetics* 63, no. 2 (1999): 101–17. https://doi.org/10.1046/j.1469-1809.1999.6320101.x.

Chalmers, D. J. *The Conscious Mind: In Search of a Fundamental Theory*. Philosophy of Mind Series. New York: Oxford University Press, 1996.

Check, Erika. "Synthetic Biologists Try to Calm Fears." *Nature* 441, no. 7092 (May 1, 2006): 388–89. https://doi.org/10.1038/441388a.

Chen, Ming, and Dan Luo. "A CRISPR Path to Cutting-Edge Materials." *New England Journal of Medicine* 382, no. 1 (January 2, 2020): 85–88. https:// doi.org/10.1056/NEJMcibr1911506.

Chen, Shi-Lin, Hua Yu, Hong-Mei Luo, Qiong Wu, Chun-Fang Li, and André Steinmetz. "Conservation and Sustainable Use of Medicinal Plants: Problems, Progress, and Prospects." *Chinese Medicine* 11 (July 30, 2016). https://doi.org/10.1186/s13020-016-0108-7.

Chien, Wade W. "A CRISPR Way to Restore Hearing." *New England Journal of Medicine* 378, no. 13 (March 29, 2018): 1255–56. https://doi.org/10.1056/ NEJMcibr1716789.

Cho, Renee. "How Climate Change Will Alter Our Food." State of the Planet, Columbia Climate School, July 25, 2018, https://blogs.ei.columbia. edu/2018/07/25/climate-change-food-agriculture.

Christiansen, Jen. "Gene Regulation, Illustrated." Scientific American Blog Network, May 12, 2016, https://blogs.scientificamerican.com/sa-visual/ gene-regulation-illustrated.

Christensen, Jon. "Scientist at Work. Ingo Potrykus: Golden Rice in a Grenade-Proof Greenhouse." *New York Times*, November 21, 2000, www.nytimes. com/2000/11/21/science/scientist-at-work-ingo-potrykus-golden-rice-in-a-grenade-proof-greenhouse.html.

Church, George. "Compelling Reasons for Repairing Human Germlines." *New England Journal of Medicine* 377, no. 20 (November 16, 2017): 1909–11. https://doi.org/10.1056/NEJMp1710370.

———. "Genomes for All." *Scientific American*, January 2006, www. scientificamerican.com/article/genomes-for-all. https://doi.org/10.1038/ scientificamerican0106-46.

———. "George Church: De-Extinction Is a Good Idea." *Scientific American*, September 1, 2013, www.scientificamerican.com/article/george-church-de-extinction-is-a-good-idea. https://doi.org/10.1038/scientificamerican 0913-12.

Church, George, and Ed Regis. *Regenesis: How Synthetic Biology Will Reinvent Nature and Ourselves.* New York: Basic Books, 2014.

Clarke, Arthur C. "Extra-Terrestrial Relays: Can Rocket Stations Give World-Wide Radio Coverage?" In *Progress in Astronautics and Rocketry*, ed. Richard B. Marsten, 19: 3–6. Communication Satellite Systems Technology.

Amsterdam: Elsevier, 1966. https://doi.org/10.1016/B978-1-4832-2716-0.50006-2.

"Cloning Insulin." Genentech, April 7, 2016, www.gene.com/stories/cloning-insulin.

Coffey, Rebecca. "Bison versus Mammoths: New Culprit in the Disappearance of North America's Giants." *Scientific American*, www.scientificamerican.com/article/bison-vs-mammoths.

Cohen, Jacques, and Henry Malter. "The First Clinical Nuclear Transplantation in China: New Information About a Case Reported to ASRM in 2003." Reproductive BioMedicine Online 33, no. 4 (October 1, 2016): 433–35. https://doi.org/10.1016/j.rbmo.2016.08.002.

Cohen S. N., A. C. Chang, H. W. Boyer, and R. B. Helling. "Construction of Biologically Functional Bacterial Plasmids *in Vitro*." *Proceedings of the National Academy of Sciences* 70, no. 11 (November 1, 1973): 3240–44. https://doi.org/10.1073/pnas.70.11.3240.

Coley, Conner W., Dale A. Thomas III, Justin A.M. Lummiss, Jonathan N. Jaworski, Christopher P. Breen, Victor Schultz, Travis Hart, et al. "A Robotic Platform for Flow Synthesis of Organic Compounds Informed by AI Planning." *Science* 365, no. 6453 (August 2019).

Committee on Strategies for Identifying and Addressing Potential Biodefense Vulnerabilities Posed by Synthetic Biology, Board on Chemical Sciences and Technology, Board on Life Sciences, Division on Earth and Life Studies, and National Academies of Sciences, Engineering, and Medicine. *Biodefense in the Age of Synthetic Biology*. Washington, DC: National Academies Press, 2018. https://doi.org/10.17226/24890.

Coxworth, Ben. "First Truly Synthetic Organism Created Using Four Bottles of Chemicals and a Computer." *New Atlas*, May 21, 2010, https://newatlas.com/first-synthetic-organism-created/15165.

Cravens, A., J. Payne, and C. D. Smolke. "Synthetic Biology Strategies for Microbial Biosynthesis of Plant Natural Products." *Nature Communications* 10, no. 2142 (May 13, 2019).

Cyranoski, David. "What CRISPR-Baby Prison Sentences Mean for Research." *Nature* 577, no. 7789 (January 3, 2020): 154–55. https://doi.org/10.1038/d41586-020-00001-y.

Dance, Amber. "Science and Culture: The Art of Designing Life." *Proceedings of the National Academy of Sciences* 112, no. 49 (December 8, 2015): 14999–15001.https://doi.org/10.1073/pnas.1519838112.

Davey, Melissa. "Scientists Sequence Wheat Genome in Breakthrough Once Thought 'Impossible.'" *The Guardian*, August 16, 2018, www.theguardian.com/science/2018/aug/16/scientists-sequence-wheat-genome-in-breakthrough-once-thought-impossible.

Diamond, Jared. *Collapse: How Societies Choose to Fail or Succeed*, rev. ed. New York: Penguin, 2011.

Dolgin, Elie. "Synthetic Biology Speeds Vaccine Development." *Nature Research*, September 28, 2020. https://doi.org/10.1038/d42859-020-00025-4.

Doudna, Jennifer A., and Samuel H. Sternberg. *A Crack in Creation: Gene Editing and the Unthinkable Power to Control Evolution*. Boston: Houghton Mifflin Harcourt, 2017.

Dowdy, Steven F. "Controlling CRISPR-Cas9 Gene Editing." *New England Journal of Medicine* 381, no. 3 (July 18, 2019): 289–90. https://doi.org/10.1056/NEJMcibr1906886.

Drexler, Eric K. *Engines of Creation—The Coming Era of Nanotechnology*. New York: Anchor, 1987.

Duhaime-Ross, Arielle. "In Search of a Healthy Gut, One Man Turned to an Extreme DIY Fecal Transplant." *The Verge*, May 4, 2016, www.theverge.com/2016/5/4/11581994/fmt-fecal-matter-transplant-josiah-zayner-microbiome-ibs-c-diff.

Dyson, Esther. "Full Disclosure." *Wall Street Journal*, July 25, 2007, www.wsj.com/articles/SB118532736853177075.

Dyson, George B. *Darwin Among the Machines: The Evolution of Global Intelligence*. New York: Basic Books, 1997.

Eden, A., J. Søraker, J. H. Moor, and E. Steinhart, eds. *Singularity Hypotheses: A Scientific and Philosophical Assessment*. The Frontiers Collection. Berlin: Springer, 2012.

Editors, The. "Why Efforts to Bring Extinct Species Back from the Dead Miss the Point." *Scientific American*, June 1, 2013, www.scientificamerican.com/article/why-efforts-bring-extinct-species-back-from-dead-miss-point.

Ellison-Hughes, Georgina M. "First Evidence That Senolytics Are Effective at Decreasing Senescent Cells in Humans." EBioMedicine, May 23, 2020, www.thelancet.com/journals/ebiom/article/PIIS2352-3964(19)30641-3/fulltext.

Endy, Drew. "Foundations for Engineering Biology." *Nature* 438, no. 7067 (November 2005): 449–53. https://doi.org/10.1038/nature04342.

"Engineered Swarmbots Rely on Peers for Survival." Duke Pratt School of Engineering, February 29, 2016, https://pratt.duke.edu/about/news/engineered-swarmbots-rely-peers-survival.

European Commission, Directorate-General for Research. *Synthetic Biology: A NEST Pathfinder Initiative*, 2007, www.eurosfaire.prd.fr/7pc/doc/1182320848_5_nest_synthetic_080507.pdf.

Evans, Sam Weiss. "Synthetic Biology: Missing the Point." *Nature* 510, no. 7504 (June 2014).

Extance, Andy. "The First Gene on Earth May Have Been a Hybrid." *Scientific American*, June 22, 2020, www.scientificamerican.com/article/the-first-gene-on-earth-may-have-been-a-hybrid.

Farny, Natalie G. "A Vision for Teaching the Values of Synthetic Biology." *Trends in Biotechnology* 36, no. 11 (November 1, 2018): 1097–1100. https://doi.org/10.1016/j.tibtech.2018.07.019.

"FBI Laboratory Positions." Federal Bureau of Investigation, www.fbi.gov/services/laboratory/laboratory-positions.

Filosa, Gwen. "GMO Mosquitoes Have Landed in the Keys. Here's What You Need to Know." *Miami Herald*, May 3, 2021, www.miamiherald.com/news/local/community/florida-keys/article251031419.html.

Fisher, R. A. "The Use of Multiple Measurements in Taxonomic Problems." *Annals of Eugenics* 7, no. 2 (1936): 179–88. https://doi.org/10.1111/j.1469-1809.1936.tb02137.x.

———. "The Wave of Advance of Advantageous Genes." *Annals of Eugenics* 7, no. 4 (1937): 355–69. https://doi.org/10.1111/j.1469-1809.1937.tb02153.x.

Fralick, Michael, and Aaron S. Kesselheim. "The U.S. Insulin Crisis—Rationing a Lifesaving Medication Discovered in the 1920s." *New England Journal of Medicine* 381, no. 19 (November 7, 2019): 1793–95. https://doi.org/10.1056/NEJMp1909402.

French, H. *Midnight in Peking: How the Murder of a Young Englishwoman Haunted the Last Days of Old China*, rev. ed. New York: Penguin, 2012.

Friedman, Jared. "How Biotech Startup Funding Will Change in the Next 10 Years." YC Startup Library, n.d., www.ycombinator.com/library/4L-how-biotech-startup-funding-will-change-in-the-next-10-years.

Funk, Cary. "How Much the Public Knows About Science, and Why It Matters." *Scientific American*, April 9, 2019, https://blogs.scientificamerican.com/ observations/how-much-the-public-knows-about-science-and-why-it-matters.

Gao, Huirong, Mark J. Gadlage, H. Renee Lafitte, Brian Lenderts, Meizhu Yang, Megan Schroder, Jeffry Farrell, et al. "Superior Field Performance of Waxy Corn Engineered Using CRISPR-Cas9." *Nature Biotechnology* 38, no. 579 (March 9, 2020).

"Genetics and Genomics Timeline: 1995." Genome News Network, www.genomenewsnetwork.org/resources/timeline/1995_Haemophilus.php.

"George Church." *Colbert Report*, season 9, episode 4, October 4, 2012 (video clip). Comedy Central, www.cc.com/video-clips/fkt99i/the-colbert-report-george-church.

"George Church" (oral history). National Human Genome Research Institute, National Institutes of Health, July 26, 2017, www.genome.gov/Multimedia/Transcripts/OralHistory/GeorgeChurch.pdf.

"German Research Bodies Draft Synthetic-Biology Plan." *Nature* 460, no. 563 (July 2009): 563, www.nature.com/articles/460563a.

Gilbert, C., and T. Ellis. "Biological Engineered Living Materials: Growing Functional Materials with Genetically Programmable Properties." *ACS Synthetic Biology* 8, no. 1 (2019).

Gostin, Lawrence O., Bruce M. Altevogt, and Andrew M. Pope. "Future Oversight of Recombinant DNA Research: Recommendations of an Institute of Medicine Committee." *JAMA* 311, no. 7 (February 19, 2014): 671–72. https://doi.org/10.1001/jama.2013.286312.

Gronvall, Gigi Kwik. "US Competitiveness in Synthetic Biology." *Health Security* 13, no. 6 (December 1, 2015): 378–89. https://doi.org/10.1089/hs.2015.0046.

Gross, Michael. "What Exactly Is Synthetic Biology?" *Current Biology* 21, no. 16 (August 23, 2011): R611–14. https://doi.org/10.1016/j.cub.2011.08.002.

Grushkin, Daniel. "The Rise and Fall of the Company That Was Going to Have Us All Using Biofuels." *Fast Company*, August 8, 2012, www.fastcompany.com/3000040/rise-and-fall-company-was-going-have-us-all-using-biofuels.

"Hacking DNA Sequences: Biosecurity Meets Cybersecurity." American Council on Science and Health, January 14, 2021, www.acsh.org/news/2021/01/14/

hacking-dna-sequences-biosecurity-meets-cybersecurity-15273.

Hale, Piers J. "Monkeys into Men and Men into Monkeys: Chance and Contingency in the Evolution of Man, Mind and Morals in Charles Kingsley's Water Babies." *Journal of the History of Biology* 46, no. 4 (November 1, 2013): 551–97. https://doi.org/10.1007/s10739-012-9345-5.

Hall, Stephen S. "New Gene-Editing Techniques Could Transform Food Crops—or Die on the Vine." *Scientific American*, March 1, 2016, www.scientificamerican.com/article/new-gene-editing-techniques-could-transform-food-crops-or-die-on-the-vine. https://doi.org/10.1038/scientificamerican0316-56.

Harmon, Amy. "Golden Rice: Lifesaver?" *New York Times*, August 24, 2013, www.nytimes.com/2013/08/25/sunday-review/golden-rice-lifesaver.html.

———. "My Genome, Myself: Seeking Clues in DNA." *New York Times*, November 17, 2007, www.nytimes.com/2007/11/17/us/17dna.html.

———. "6 Billion Bits of Data About Me, Me, Me!" *New York Times*, June 3, 2007, www.nytimes.com/2007/06/03/weekinreview/03harm.html.

Harmon, Katherine. "Endangered Species Get Iced in Museum DNA Repository." *Scientific American*, July 8, 2009, www.scientificamerican.com/article/endangered-species-dna.

———. "Gene Sequencing Reveals the Dynamics of Ancient Epidemics." *Scientific American*, September 1, 2013, www.scientificamerican.com/article/gene-sequencing-reveals-the-dynamics-of-ancient-epidemics. https://doi.org/10.1038/scientificamerican0913-24b.

"He Jiankui's Gene Editing Experiment Ignored Other HIV Strains," Stat News, April 15, 2019, www.statnews.com/2019/04/15/jiankui-embryo-editing-ccr5.

Heinemann, Matthias, and Sven Panke. "Synthetic Biology: Putting Engineering into Bioengineering." In *Systems Biology and Synthetic Biology*, ed. Pengcheng Fu and Sven Panke, 387–409. Hoboken, NJ: John Wiley and Sons, 2009. https://doi.org/10.1002/9780470437988.ch11.

Herrera, Stephan. "Synthetic Biology Offers Alternative Pathways to Natural Products." *Nature Biotechnology* 23, no. 3 (March 1, 2005): 270–71. https://doi.org/10.1038/nbt0305-270.

"How Diplomacy Helped to End the Race to Sequence the Human Genome." *Nature* 582, no. 7813 (June 24, 2020): 460. https://doi.org/10.1038/

d41586-020-01849-w.

"How Do Scientists Turn Genes on and off in Living Animals?" *Scientific American*, August 8, 2005, www.scientificamerican.com/article/how-do-scientists-turn-ge.

Ingbar, Sasha. "Japan's Population Is in Rapid Decline." National Public Radio, December 21, 2018, www.npr.org/2018/12/21/679103541/japans-population-is-in-rapid-decline.

Institute of Medicine, Committee on the Economics of Antimalarial Drugs. *Saving Lives, Buying Time: Economics of Malaria Drugs in an Age of Resistance*, eds.

Kenneth J. Arrow, Claire Panosian, and Hellen Gelband. Washington, DC: National Academies Press, 2004.

Institute of Medicine, Committee to Study Decision Making, Division of Health Sciences Policy. *Biomedical Politics*, ed. Kathi E. Hanna. Washington, DC: National Academies Press, 1991.

Isaacs, Farren J., Daniel J. Dwyer, and James J. Collins. "RNA Synthetic Biology." *Nature Biotechnology* 24, no. 5 (May 2006): 545–54. https://doi.org/10.1038/nbt1208.

Jenkins, McKay. *Food Fight: GMOs and the Future of the American Diet*. New York: Penguin, 2018.

Jia, Jing, Yi-Liang Wei, Cui-Jiao Qin, Lan Hu, Li-Hua Wan, and Cai-Xia Li. "Developing a Novel Panel of Genome-Wide Ancestry Informative Markers for Bio-Geographical Ancestry Estimates." *Forensic Science International: Genetics* 8, no. 1 (January 2014): 187–94. https://doi.org/10.1016/j.fsigen.2013.09.004.

Jones, Richard. "The Question of Complexity." *Nature Nanotechnology* 3, no. 5 (May 2008): 245–46. https://doi.org/10.1038/nnano.2008.117.

Juhas, Mario, Leo Eberl, and George M. Church. "Essential Genes as Antimicrobial Targets and Cornerstones of Synthetic Biology." *Trends in Biotechnology* 30, no. 11 (November 1, 2012): 601–7. https://doi.org/10.1016/j.tibtech.2012.08.002.

Kania, Elsa B., and Wilson Vorndick. "Weaponizing Biotech: How China's Military Is Preparing for a 'New Domain of Warfare.'" Defense One, August 14, 2019, www.defenseone.com/ideas/2019/08/chinas-military-pursuing-biotech/159167.

Karp, David. "Most of America's Fruit Is Now Imported. Is That a Bad Thing?" *New York Times*, March 13, 2018, www.nytimes.com/2018/03/13/dining/fruit-vegetables-imports.html.

Keating, K. W., and E. M. Young. "Synthetic Biology for Bio-Derived Structural Materials." *Current Opinion in Chemical Engineering* 24, no. 107 (2019).

Keim, Brandon. "James Watson Suspended from Lab, But Not for Being a Sexist Hater of Fat People." *Wired*, October 2007, www.wired.com/2007/10/james-watson-su.

Kerlavage, Anthony R., Claire M. Fraser, and J. Craig Venter. "Muscarinic Cholinergic Receptor Structure: Molecular Biological Support for Subtypes." *Trends in Pharmacological Sciences* 8, no. 11 (November 1, 1987): 426–31. https://doi.org/10.1016/0165-6147(87)90230-6.

Kettenburg, Annika J., Jan Hanspach, David J. Abson, and Joern Fischer. "From Disagreements to Dialogue: Unpacking the Golden Rice Debate." *Sustainability Science* 13, no. 5 (2018): 1469–82. https://doi.org/10.1007/s11625-018-0577-y.

Kovelakuntla, Vamsi, and Anne S. Meyer. "Rethinking Sustainability Through Synthetic Biology." *Nature Chemical Biology*, May 10, 2021, 1–2. https://doi.org/10.1038/s41589-021-00804-8.

Kramer, Moritz. "Epidemiological Data from the NCoV-2019 Outbreak: Early Descriptions from Publicly Available Data." Virological, January 23, 2020, https://virological.org/t/epidemiological-data-from-the-ncov-2019-outbreak-early-descriptions-from-publicly-available-data/337.

Lander, Eric S. "Brave New Genome." *New England Journal of Medicine* 373, no. 1 (July 2, 2015): 5–8. https://doi.org/10.1056/NEJMp1506446.

Lane, Nick. *The Vital Question: Energy, Evolution, and the Origins of Complex Life*. New York: W. W. Norton, 2015.

Lavickova, Barbora, Nadanai Laohakunakorn, and Sebastian J. Maerkl. "A Partially Self-Regenerating Synthetic Cell." *Nature Communications* 11, no. 1 (December 11, 2020): 6340. https://doi.org/10.1038/s41467-020-20180-6.

Lentzos, Filippa. "How to Protect the World from Ultra-Targeted Biological Weapons." *Bulletin of the Atomic Scientists*, December 7, 2020, https://thebulletin.org/premium/2020-12/how-to-protect-the-world-from-ultra-targeted-biological-weapons.

Lin, F. K., S. Suggs, C. H. Lin, J. K. Browne, R. Smalling, J. C. Egrie, K. K. Chen, G.

M. Fox, F. Martin, and Z. Stabinsky. "Cloning and Expression of the Human Erythropoietin Gene." *Proceedings of the National Academy of Sciences* 82, no. 22 (1985): 7580–84. https://doi.org/10.1073/pnas.82.22.7580.

Liu, Wusheng, and C. Neal Stewart. "Plant Synthetic Biology." *Trends in Plant Science* 20, no. 5 (May 1, 2015): 309–17. https://doi.org/10.1016/j.tplants. 2015.02.004.

Lynas, Mark. "Anti-GMO Activists Lie About Attack on Rice Crop (and About So Many Other Things)." Slate, August 26, 2013, https://slate.com/technology/ 2013/08/golden-rice-attack-in-philippines-anti-gmo-activists-lie-about-protest-and-safety.html.

Macilwain, Colin. "World Leaders Heap Praise on Human Genome Landmark." *Nature* 405, no. 6790 (June 1, 2000): 983. https://doi.org/10.1038/ 35016696.

Malech, Harry L. "Treatment by CRISPR-Cas9 Gene Editing—A Proof of Principle." *New England Journal of Medicine* 384, no. 3 (January 21, 2021): 286–87. https://doi.org/10.1056/NEJMe2034624.

Mali, Prashant, Luhan Yang, Kevin M. Esvelt, John Aach, Marc Guell, James E. DiCarlo, Julie E. Norville, and George M. Church. "RNA-Guided Human Genome Engineering via Cas9." *Science* 339, no. 6121 (February 15, 2013): 823–26. https://doi.org/10.1126/science.1232033.

Marner, Wesley D. "Practical Application of Synthetic Biology Principles." *Biotechnology Journal* 4, no. 10 (2009): 1406–19. https://doi.org/10.1002/ biot.200900167.

Maxson Jones, Kathryn, Rachel A. Ankeny, and Robert Cook-Deegan. "The Bermuda Triangle: The Pragmatics, Policies, and Principles for Data Sharing in the History of the Human Genome Project." *Journal of the History of Biology* 51, no. 4 (December 1, 2018): 693–805. https://doi.org/10.1007/ s10739-018-9538-7.

Menz, J., D. Modrzejewski, F. Hartung, R. Wilhelm, and T. Sprink. "Genome Edited Crops Touch the Market: A View on the Global Development and Regulatory Environment." *Frontiers in Plant Science* 11, no. 586027 (2020).

Metzl, Jamie. *Hacking Darwin: Genetic Engineering and the Future of Humanity.* Naperville, IL: Sourcebooks, 2019.

Mitka, Mike. "Synthetic Cells." *JAMA* 304, no. 2 (July 14, 2010): 148. https://doi.org/10.1001/jama.2010.879.

"Modernizing the Regulatory Framework for Agricultural Biotechnology Products." Federal Register, June 14, 2019, www.federalregister.gov/documents/2019/06/14/2019-12802/modernizing-the-regulatory-framework-for-agricultural-biotechnology-products.

Molteni, Megan. "California Could Be First to Mandate Biosecurity for Mail-Order DNA." Stat News, May 20, 2021, www.statnews.com/2021/05/20/california-could-become-first-state-to-mandate-biosecurity-screening-by-mail-order-dna-companies.

Moore, James. "Deconstructing Darwinism: The Politics of Evolution in the 1860s." *Journal of the History of Biology* 24, no. 3 (September 1, 1991): 353–408. https://doi.org/10.1007/BF00156318.

Mora, Camilo, Chelsie W. W. Counsell, Coral R. Bielecki, and Leo V. Louis. "Twenty-Seven Ways a Heat Wave Can Kill You: Deadly Heat in the Era of Climate Change." *Circulation: Cardiovascular Quality and Outcomes* 10, no. 11 (November 1, 2017), https://doi.org/10.1161/CIRCOUTCOMES.117.004233.

Morowitz, Harold J. "Thermodynamics of Pizza." *Hospital Practice* 19, no. 6 (June 1, 1984): 255–58. https://doi.org/10.1080/21548331.1984.11702854.

Mukherjee, Siddhartha. *The Gene: An Intimate History.* New York: Scribner, 2016.

Müller, K. M., and K. M. Arndt. "Standardization in Synthetic Biology." *Methods in Molecular Biology* 813 (2012): 23–43.

Musk, Elon. "Making Humans a Multi-Planetary Species." *New Space* 5, no. 2 (June 1, 2017): 46–61. https://doi.org/10.1089/space.2017.29009.emu.

National Academies of Sciences, Engineering, and Medicine. *Biodefense in the Age of Synthetic Biology.* Washington, DC: National Academies Press, 2018. https://doi.org/10.17226/24890.

———. *The Current Biotechnology Regulatory System: Preparing for Future Products of Biotechnology.* Washington, DC: National Academies Press, 2017.

———. *Safeguarding the Bioeconomy.* Washington, DC: National Academies Press, 2020. https://doi.org/10.17226/25525.

Nielsen, Jens, and Jay D. Keasling. "Engineering Cellular Metabolism."

Cell 164, no. 6 (March 10, 2016): 1185–97. https://doi.org/10.1016/j.cell.2016.02.004.

"No More Needles! Using Microbiome and Synthetic Biology Advances to Better Treat Type 1 Diabetes." J. Craig Venter Institute, March 25, 2019, www.jcvi.org/blog/no-more-needles-using-microbiome-and-synthetic-biology-advances-better-treat-type-1-diabetes.

O'Neill, Helen C., and Jacques Cohen. "Live Births Following Genome Editing in Human Embryos: A Call for Clarity, Self-Control and Regulation." Reproductive BioMedicine Online 38, no. 2 (February 1, 2019): 131–32. https://doi.org/10.1016/j.rbmo.2018.12.003.

Ossola, Alexandra. "Scientists Build a Living Cell with Minimum Viable Number of Genes." *Popular Science*, March 24, 2016, www.popsci.com/scientists-create-living-cell-with-minimum-number-genes. "Park History." Asilomar Conference Grounds, www.visitasilomar.com/discover/park-history.

"Parties to the Cartagena Protocol and Its Supplementary Protocol on Liability and Redress." Convention on Biological Diversity, https://bch.cbd.int/protocol/parties.

Patterson, Andrea. "Germs and Jim Crow: The Impact of Microbiology on Public Health Policies in Progressive Era American South." *Journal of the History of Biology* 42, no. 3 (October 29, 2008): 529. https://doi.org/10.1007/s10739-008-9164-x.

People's Republic of China, State Council. Made in China 2025. July 2015.

———. Notice on the Publication of the National 13th Five-Year Plan for S&T Innovation. July 2016.

Pinker, Steven. "My Genome, My Self." *New York Times*, January 7, 2009, www.nytimes.com/2009/01/11/magazine/11Genome-t.html.

"Polynucleotide Synthesizer Model 280, Solid Phase Microprocessor Controller Model 100B." National Museum of American History, https://americanhistory.si.edu/collections/search/object/nmah_1451158.

"President Clinton Announces the Completion of the First Survey of the Entire Human Genome." White House Press Release, June 25, 2000. Human Genome Project Information Archive, 1990–2003, https://web.ornl.gov/sci/techresources/Human_Genome/project/clinton1.shtml.

"Press Briefing by Dr. Neal Lane, Assistant to the President for Science and

Technology; Dr. Frances Collins, Director of the National Human Genome Research Institute; Dr. Craig Venter, President and Chief Scientific Officer, Celera Genomics Corporation; and Dr. Ari Patrinos, Associate Director for Biological and Environmental Research, Department of Energy, on the Completion of the First Survey of the Entire Human Genome." White House Press Release, June 26, 2000. Human Genome Project Information Archive, 1990–2003, https://web.ornl.gov/sci/techresources/Human_Genome/project/clinton3.shtml.

Puzis, Rami, Dor Farbiash, Oleg Brodt, Yuval Elovici, and Dov Greenbaum. "Increased Cyber-Biosecurity for DNA Synthesis." *Nature Biotechnology* 38, no. 12 (December 2020): 1379–81. https://doi.org/10.1038/s41587-020-00761-y.

Race, Tim. "New Economy: There's Gold in Human DNA, and He Who Maps It First Stands to Win on the Scientific, Software and Business Fronts." *New York Times*, June 19, 2000, www.nytimes.com/2000/06/19/business/new-economy-there-s-gold-human-dna-he-who-maps-it-first-stands-win-scientific.html.

"Reading the Book of Life: White House Remarks on Decoding of Genome." *New York Times*, June 27, 2000, www.nytimes.com/2000/06/27/science/reading-the-book-of-life-white-house-remarks-on-decoding-of-genome.html.

Reardon, Sara. "US Government Lifts Ban on Risky Pathogen Research." *Nature* 553, no. 7686 (December 19, 2017): 11. https://doi.org/10.1038/d41586-017-08837-7.

Regis, Ed. "Golden Rice Could Save Children. Until Now, Governments Have Barred It." *Washington Post*, November 11, 2019, www.washingtonpost.com/opinions/2019/11/11/golden-rice-long-an-anti-gmo-target-may-finally-get-chance-help-children.

———. "The True Story of the Genetically Modified Superfood That Almost Saved Millions." *Foreign Policy*, October 17, 2019, https://foreignpolicy.com/2019/10/17/golden-rice-genetically-modified-superfood-almost-saved-millions.

Remington, Karin A., Karla Heidelberg, and J. Craig Venter. "Taking Metagenomic Studies in Context." *Trends in Microbiology* 13, no. 9 (September 1, 2005): 404. https://doi.org/10.1016/j.tim.2005.07.001.

Rich, Nathaniel. "The Mammoth Cometh." *New York Times*, February 27, 2014, www.nytimes.com/2014/03/02/magazine/the-mammoth-cometh.html.

Ro, D. K., E. Paradise, M. Ouellet, K. J. Fisher, K. L. Newman, J. M. Ndungu, K. A. Ho, et al. "Production of the Antimalarial Drug Precursor Artemisinic Acid in Engineered Yeast." *Nature* 440, no. 7086 (2006): 940–43. https://doi.org/10.1038/nature04640.

Robbins, Rebecca. "A Genomics Pioneer Is Selling a Full DNA Analysis for $1,400. Is It Worth It?" Stat News, March 21, 2017, www.statnews.com/2017/03/21/craig-venter-sequence-genome.

———. "Judge Dismisses Lawsuit Accusing Craig Venter of Stealing Trade Secrets." Stat News, December 19, 2018, www.statnews.com/2018/12/19/judge-dismisses-lawsuit-accusing-craig-venter-of-stealing-trade-secrets.

Roosth, Sophia. *Synthetic—How Life Got Made*. Chicago: University of Chicago Press, 2017.

Rutjens, Bastiaan. "What Makes People Distrust Science? Surprisingly, Not Politics." Aeon, May 28, 2018, https://aeon.co/ideas/what-makes-people-distrust-science-surprisingly-not-politics.

Salem, Iman, Amy Ramser, Nancy Isham, and Mahmoud A. Ghannoum. "The Gut Microbiome as a Major Regulator of the Gut-Skin Axis." *Frontiers in Microbiology* 9 (July 10, 2018). https://doi.org/10.3389/fmicb.2018.01459.

Scarfuto, Jessica. "Do You Trust Science? These Five Factors Play a Big Role." *Science*, February 16, 2020, www.sciencemag.org/news/2020/02/do-you-trust-science-these-five-factors-play-big-role.

Schmidt, Markus, Malcolm Dando, and Anna Deplazes. "Dealing with the Outer Reaches of Synthetic Biology Biosafety, Biosecurity, IPR, and Ethical Challenges of Chemical Synthetic Biology." In *Chemical Synthetic Biology*, ed. P. L. Luisi and C. Chiarabelli, 321–42. New York: John Wiley and Sons, 2011. https://doi.org/10.1002/9780470977873.ch13.

Scudellari, Megan. "Self-Destructing Mosquitoes and Sterilized Rodents: The Promise of Gene Drives." *Nature* 571, no. 7764 (July 9, 2019): 160–62. https://doi.org/10.1038/d41586-019-02087-5.

Selberg, John, Marcella Gomez, and Marco Rolandi. "The Potential for Convergence Between Synthetic Biology and Bioelectronics." *Cell Systems* 7, no. 3 (September 26, 2018): 231–44. https://doi.org/10.1016/j.cels.2018.08.007.

Simon, Matt. "Climate Change Is Turning Cities into Ovens." *Wired*, January 7, 2021, www.wired.com/story/climate-change-is-turning-cities-into-ovens.

Skerker, Jeffrey M., Julius B. Lucks, and Adam P. Arkin. "Evolution, Ecology and the Engineered Organism: Lessons for Synthetic Biology." *Genome Biology* 10, no. 11 (November 30, 2009): 114. https://doi.org/10.1186/gb-2009-10-11-114.

Sprinzak, David, and Michael B. Elowitz. "Reconstruction of Genetic Circuits." *Nature* 438, no. 7067 (November 2005): 443–48. https://doi.org/10.1038/nature04335.

Telenti, Amalio, Brad A. Perkins, and J. Craig Venter. "Dynamics of an Aging Genome." *Cell Metabolism* 23, no. 6 (June 14, 2016): 949–50. https://doi.org/10.1016/j.cmet.2016.06.002.

Topol, Eric. "A Deep and Intimate Inquiry of Genes." *Cell* 165, no. 6 (June 2, 2016): 1299–1300. https://doi.org/10.1016/j.cell.2016.05.065.

US Department of Defense. "Summary of the 2018 National Defense Strategy of the United States of America: Sharpening the American Military's Competitive Edge." 2018, https://dod.defense.gov/Portals/1/Documents/pubs/2018-National-Defense-Strategy-Summary.pdf.

US Department of Health and Human Services, Office of the Assistant Secretary for Preparedness and Response (ASPR). "National Health Security Strategy, 2019–2222." ASPR, 2019, www.phe.gov/Preparedness/planning/authority/nhss/Pages/default.aspx.

US Department of Health and Human Services and US Department of Energy. "Understanding Our Genetic Inheritance. The Human Genome Project: The First Five Years, FY 1991–1995." DOE/ER-0452P, April 1990, https://web.ornl.gov/sci/techresources/Human_Genome/project/5yrplan/firstfiveyears.pdf.

US Department of State and US Agency for International Development, "Joint Strategic Plan FY 2018–2022," February 2018, www.state.gov/wp-content/uploads/2018/12/Joint-Strategic-Plan-FY-2018-2022.pdf.

Venter, J. Craig. *Life at the Speed of Light*. New York: Viking, 2013.

Venter, J. Craig, Mark D. Adams, Antonia Martin-Gallardo, W. Richard McCombie, and Chris Fields. "Genome Sequence Analysis: Scientific Objectives and Practical Strategies." *Trends in Biotechnology* 10 (January 1, 1992): 8–11. https://doi.org/10.1016/0167-7799(92)90158-R.

Venter, J. Craig, and Claire M. Fraser. "The Structure of α- and β-Adrenergic Receptors." *Trends in Pharmacological Sciences* 4 (January 1, 1983): 256–58. https://doi.org/10.1016/0165-6147(83)90390-5.

Vinge, V. "The Coming Technological Singularity: How to Survive in the Post-Human Era." In *Vision-21: Interdisciplinary Science and Engineering in the Era of Cyberspace*, NASA Conference Publication 10129, 1993, 11–22, http://ntrs.nasa.gov/archive/nasa/casi.ntrs.nasa.gov/19940022855_1994022855.pdf.

Waltz, Emily. "Gene-Edited CRISPR Mushroom Escapes US Regulation: Nature News and Comment." *Nature* 532, no. 293 (2016). www.nature.com/news/gene-edited-crispr-mushroom-escapes-us-regulation-1.19754.

Webb, Amy. "CRISPR Makes It Clear: The US Needs a Biology Strategy, and Fast." *Wired*, May 11, 2017, www.wired.com/2017/05/crispr-makes-clear-us-needs-biology-strategy-fast.

Wee, Sui-Lee. "China Uses DNA to Track Its People, with the Help of American Expertise." *New York Times*, February 21, 2019, www.nytimes.com/2019/02/21/business/china-xinjiang-uighur-dna-thermo-fisher.html.

Weiss, Robin A. "Robert Koch: The Grandfather of Cloning?" *Cell* 123, no. 4 (November 18, 2005): 539–42. https://doi.org/10.1016/j.cell.2005.11.001.

Weiss, Ron, Joseph Jacobson, Paul Modrich, Jim Collins, George Church, Christina Smolke, Drew Endy, David Baker, and Jay Keasling. "Engineering Life: Building a FAB for Biology." *Scientific American*, June 2006, www.scientificamerican.com/article/engineering-life-building.

Weiss, Sheila Faith. "Human Genetics and Politics as Mutually Beneficial Resources: The Case of the Kaiser Wilhelm Institute for Anthropology, Human Heredity and Eugenics During the Third Reich." *Journal of the History of Biology* 39, no. 1 (March 1, 2006): 41–88. https://doi.org/10.1007/s10739-005-6532-7.

White House, National Biodefense Strategy. Washington, DC: White House, 2018.

White House. "White House Precision Medicine Initiative." https://obamawhitehouse.archives.gov/node/333101.

Wickiser, J. Kenneth, Kevin J. O'Donovan, Michael Washington, Stephen Hummel, and F. John Burpo. "Engineered Pathogens and Unnatural Biological Weapons: The Future Threat of Synthetic Biology," *CTC Sentinel*

13, no. 8 (August 31, 2020): 1–7, https://ctc.usma.edu/engineered-pathogens-and-unnatural-biological-weapons-the-future-threat-of-synthetic-biology.

Wong, Pak Chung, Kwong-kwok Wong, and Harlan Foote. "Organic Data Memory Using the DNA Approach." *Communications of the ACM* 46, no. 1 (January 2003): 95–98. https://doi.org/10.1145/602421.602426.

Wood, Sara, Jeremiah A. Henning, Luoying Chen, Taylor McKibben, Michael L. Smith, Marjorie Weber, Ash Zemenick, and Cissy J. Ballen. "A Scientist Like Me: Demographic Analysis of Biology Textbooks Reveals Both Progress and Long-Term Lags." *Proceedings of the Royal Society B: Biological Sciences* 287, no. 1929 (June 24, 2020): 20200877. https://doi.org/10.1098/rspb.2020.0877.

Woolfson, Adrian. *Life Without Genes.* New York: HarperCollins, 2000.

Wu, Katherine J. "Scientific Journals Commit to Diversity but Lack the Data." *New York Times*, October 30, 2020, www.nytimes.com/2020/10/30/science/diversity-science-journals.html.

Wurtzel, Eleanore T., Claudia E. Vickers, Andrew D. Hanson, A. Harvey Millar, Mark Cooper, Kai P. Voss-Fels, Pablo I. Nikel, and Tobias J. Erb. "Revolutionizing Agriculture with Synthetic Biology." *Nature Plants* 5, no. 12 (December 2019): 1207–10. https://doi.org/10.1038/s41477-019-0539-0.

Yamey, Gavin. "Scientists Unveil First Draft of Human Genome." *British Medical Journal* 321, no. 7252 (July 1, 2000): 7.

Yang, Annie, Zhou Zhu, Philipp Kapranov, Frank McKeon, George M. Church, Thomas R. Gingeras, and Kevin Struhl. "Relationships Between P63 Binding, DNA Sequence, Transcription Activity, and Biological Function in Human Cells." *Molecular Cell* 24, no. 4 (November 17, 2006): 593–602. https://doi.org/10.1016/j.molcel.2006.10.018.

Yetisen, Ali K., Joe Davis, Ahmet F. Coskun, George M. Church, and Seok Hyun Yun. "Bioart." *Trends in Biotechnology* 33, no. 12 (December 1, 2015): 724–34. https://doi.org/10.1016/j.tibtech.2015.09.011.

Zayner, Josiah. "How to Genetically Engineer a Human in Your Garage. Part III—The First Round of Experiments." Science, Art, Beauty, February 15, 2017, www.josiahzayner.com/2017/02/how-to-genetically-engineer-human-part.html.

Zimmer, Carl. "James Joyce's Words Come to Life, and Are Promptly Desecrated." *Discover*, May 21, 2010, www.discovermagazine.com/planet-earth/james-joyces-words-come-to-life-and-are-promptly-desecrated.